한국의 근대성과 기독교의 문화정치

Korean Modernity and the Cultural Politics of Christianity

Kim Yerim & Kim Sungyeun ed.

이 저서는 2008년도 정부(교육과학기술부)의 재원으로
한국연구재단의 지원을 받아 수행된 연구임(NRF-2008-361-A00003)
This work was supported by the National Research Foundation of Korea(NRF) Grant funded
by the Korean Government (MEST) (NRF-2008-361-A00003)

연세국학총서 111

한국의 근대성과 기독교의 문화정치

김예림 · 김성연 편

혜안

간행사

한국의 근현대를 이해하기 위해서는 우리 사회와 문화의 형성에 지대한 영향을 미친 기독교에 대한 심층적인 연구가 이루어져야 한다는 생각을 평소 갖고 있었다. 기독교 연구는 넓게는 한국의 근현대 역사를 파악하는 데도 중요하지만, 기독교 정신을 실현하면서 장구한 시간을 함께 해온 연세대학교의 역사와 이념을 되새기는 데도 필요한 일이 아닐 수 없다. 2015년은 마침 연세대학교가 창립한 지 130주년이 되는 의미깊은 해였다. 국학연구원 HK사업단은 이 해 6월 "한국의 근대성과 기독교의 문화정치 : 지식, 망탈리테, 운동"이라는 주제로 학술대회를 개최하여 기독교를 중심으로 한국의 근대성을 규명하는 작업을 시도했다. 『한국의 근대성과 기독교의 문화정치』는 이 학술발표회의 성과를 모은 저작이다.

널리 알려져 있듯이 기독교는 근대 초와 식민지 시기에 걸쳐 교육·교양 사업, 사회사업, 사회운동을 폭넓게 전개하면서 근대적 제도와 인식을 구성하고 나아가 다양한 사회정치적 참여를 지속해 왔다. 이러한 기독교의 실천적 움직임이 해방 이후로도 계속 이어졌음은 물론이다. 개발주의적 근대화가 본격화된 시기에는 대항적인 운동과 이념을 낳는 기반이 되기도 했다. 한국 근현대사의 굴곡과 함께 하며 제도사와 지성사, 민중사 전 영역에 걸쳐 영향력을 행사한 한국 기독교는 세계적으로 주목할 만한 사례로 논의되고 있다. 이 책은 한국 기독교가 해온 역할을 문화적 차원에서 조명하기 위해, 기독교가 각종 문화기구나 사회제도를 구축하고 주체의 이념이나 내면에 작용하는 과정에 초점을 맞추고 있다.

이 책을 통해 선교병원, 미션스쿨, 사회조사기술 등 기독교가 사회적 장치를 만들어내고 근대 지식을 형성하는 데 관여한 현상을 파악할 수 있을 것이다. 더불어 기독교적 세계관이 낳은 근대 조선인의 사유와 담론적 실천 역시 확인하게 된다. 식민지 조선의 대표적인 기독교 주체인 여성 선교사와 일본유학생 집단이나 기독교적 상상력을 운용한 문학인들이 기독교가 종교·교육·문학 영역에 미친 영향을 알려주기 때문이다. 한편 기독교가 전통적 이념체계 또는 다른 종교와 갈등하거나 교섭하는 양상도 흥미롭게 복원되어 있다. 또 공동체론이나 평화론, 민족론 등에 대한 논고를 거쳐 해방 후 기독교의 이념적 움직임을 분석하고 있는 만큼, 전체적으로 통시적 관점을 유지하면서 기독교의 여러 면모를 살펴볼 수 있을 것이다.

　선교사로 조선에 첫발을 디딘 언더우드가 1885년에 교육활동을 시작한 후, 연희-세브란스는 근대 기독교의 문화형성력이 집결된 역사적 장소가 되었다. 국학연구원은 그동안 기독교가 근대 한국 사회 및 문화에 남긴 중요한 유산에 대해 지속적인 연구를 진행해 왔고 선구적인 업적 또한 남긴 바 있다. 기존의 두터운 연구 성과를 바탕으로 한국 기독교의 위상을 새롭게 고찰하는 『한국의 근대성과 기독교의 문화정치』가 기독교의 역사와 운동에 대한 적극적이고 진지한 학문적 관심을 지피는 데 의미있는 계기가 되기를 바란다. 끝으로 이 책을 기획하고 출판하는 데 수고해 주신 여러 선생님들께 깊은 감사를 드린다.

2016년 7월
국학연구원장 도현철

서문

　1885년 고종은 미국 공사 대리 포크(George C. Foulk)로부터 '미국인 교육자 아펜젤러'를 소개받는다. "미국에서 교육 활동을 했던 아펜젤러라는 사람이 조선에 가르치러 왔습니다. 그에게 학교 건물과 학생을 제공해주지 않아도 되며 그는 조선 정부가 하는 교육 방침에 충돌하는 활동은 하지 않을 것입니다."[1] 고종은 조선을 도와 교육 활동을 펴겠다는 외국인의 의지에 기쁨을 표하며 교육사업을 허락했고 이후 '배재학당'이라는 현판도 하사했다. 선교사 아펜젤러는 그렇게 조선에서의 활동을 시작했다. 그리고 20여 년이 지난 1906년, 고종은 교육과 의료 활동을 한 선교사들에게 훈장을 내렸다. "미국인 언더우드(元杜尤 : Horace G. Underwood)는 우리나라에 오랫동안 주재한 공로가 있고, 영국 의사 에비슨(魚飛信 : Oliver R. Avison)은 여러 번 시술(試術)한 공이 있으니, 모두 특별히 4등에 서훈(敍勳)하고 각각 태극장(太極章)을 하사하라."[2]

　이 역사의 장면들은 근대 한국에 기독교가 도래하고 이후 긴 시간을 거치면서 내화되는 과정과 관련하여 중요하게 고려해야 할 점을 알려준다. 기독교는 한국 사회 혹은 국가를 강하게 사로잡은 '문명화'의 주요 기제로 기능했다는 점, 근대적 이념·인식·심성체계의 형성에 지대한 영향을 미쳤다는 점, 그리고 이 과정에서 기존의 전통적인 삶의 문법과 치열한 갈등이나 경합을 벌였다는 점이 그것이다. 『한국의 근대성과 기독교의

---

[1] *Sixty-Seventh Annual Report of the Missionary Society of the Methodist Episcopal Church for the Year 1885*, p.239.
[2] 『고종실록』 47권, 고종 43년 4월 28일 양력 2번째 기사(1906년 대한 광무(光武) 10년).

문화정치』는 개인, 공동체, 정치체를 가로지르며 여러 차원에서 발현된 기독교의 역할을 포착하고 그것이 발휘한 효과를 종합적으로 파악하기 위해 '기독교의 문화정치'라는 개념을 제시한다. 칼 슈미트의 논의를 빌어 '정치'의 개념을 종교, 문화, 교양, 경제와 같은 근대국가의 거의 모든 영역으로 확장한 광의의 의미로 이해한다면,3) 이러한 영역을 관통한 기독교의 역할은 '정치'라는 관점에서 적극적으로 해석할 수 있을 것이다.

각종 기구나 제도를 구축하고 실천적 운동과 담론을 생성했다는 점에서, 나아가 집단의 생활방식과 가치규범을 생산하고 개개인의 내면영역에 관여했다는 점에서, 기독교는 근대 한국에서 진행된 광범위하고 다양한 문화정치의 뚜렷한 발원지이자 실연 장소가 되었다. 따라서 이 책은 근대 초기, 식민화, 냉전기를 거치면서 지속적으로 움직이고 변화해온 기독교라는 무대의 안팎을 통시적으로 살펴보고자 했다. 정치사회적 상황의 변화에 따라 기독교는 통치와 규율의 자원이 되기도 했고 지배적인 권력에 맞서는 대항의 자원이 되기도 했다. 시대적 조건과 현실적 국면에 끊임없이 반응해온 기독교를 입체적으로 포착하기 위해서는 무엇보다도 그 면모를 여러 각도에서 살펴보는 일이 수반되어야 한다. 제도, 이념, 감각, 지식, 운동으로서의 기독교와 같이, 그것의 얼굴과 표정은 하나가 아니기 때문이다.『한국의 근대성과 기독교의 문화정치』는 근거리에서 관찰하는 작업을 충실하게 수행하면서 이를 통해 원거리에서 기독교 혹은 기독교적 근대의 위치를 잡아보는 작업을 실행할 수 있기를 바랐다.

---

3) 카를 슈미트,『정치적인 것의 개념』, 살림, 2012, 34쪽.

위의 문제의식을 바탕으로 이 책의 1장 <사회·문화 장치로서의 기독교>에서는 선교병원, 미션스쿨, 사회조사기술에 주목하여 기독교가 근대의 다양한 사회적 장치를 구축하고 지식을 형성하는 데 관여한 현상을 살펴본다. 여기 모은 글들은 기독교가 '의료－교육－연구'라는 근대 지식 생산기구와 사회제도를 구축하며 식민지 조선과 교섭한 장면, 그리고 서구와 연결된 기독교 자본이 조선의 인적 자원과 결합하여 식민통치와 제휴하거나 헤게모니 경쟁구도를 형성한 양상을 규명하고 있다.

신규환은 한국의 제중원과 중국의 시의원의 설립과 운영 주체를 사료적으로 규명하고 비교하면서 지속적으로 불거져온 '제중원' 정체성 논쟁에 참여한다. 논쟁의 핵심이 왕실과 정부가 주도한 관립의원이냐 선교부와 일반인들이 주도했던 사립의원이냐는 데 있던 것은 사실이나, 이 논문은 이에 답하는 데 그치지 않는다. 서구 의료선교진의 동아시아 진출은 종교적 진입의 발판을 마련하기 위해 과학의 이름으로 들어온 전략적 포석이라는 측면이 있었지만, 사실상 정치, 경제, 외교적 역학 관계 속에서 이루어졌고 민간의 차원에서는 일상 전반에 걸친 변화를 일으켰다는 점에서 근대화의 복합적인 국면을 보여주는 스펙트럼을 제공한다.

김성연은 미션스쿨인 연희전문학교 도서관의 도서 기증의 역사를 정리함으로써 선교사, 신자, 해외 기구를 통해 서양 도서와 최신 문서를 확보하고 조선인 교수들의 활약으로 유학자들로부터 한학 서적까지 유입할 수 있게 된 정황을 밝힌다. 사실상 제국대학 이외의 대학이 허락되지 않던 식민지 시기, 연희전문학교의 도서관은 학교에서 대학으로의 승격을 도모하던 연희전문의 전략적 거점이었으며 이를 통해 조선학과 국학연구를 양산할 수 있는 자원의 보고가 생성되었다. 서양인 선교사의 기독교 학교였던 '미션스쿨'이 조선의 전통적 학문과 결합하며 동서의 자료를 흡수하고 조선 사회에서 문서의 저장고로 인식되게 되는 과정은 근대 지식의 구축에 능동적으로 개입했던 다원적 주체들의 활약과 문서고의 재편 과정, 그리고 그 혼종성을 드러내준다.

김인수는 조선총독부가 산출해낸 통계가 지배적이었던 식민지 시기, 이훈구가 미국 태평양문제연구회(IPR)의 지원으로 토지이용조사를 기획했던 정황과 그 의의를 밝히고 있다. 기독교인이었던 이훈구는 기독교 국제네트워크를 통해 영어라는 학술어와 사회조사 방법 그리고 자금을 확보하고, 이를 토대로 식민권력에 대항할 수 있는 지적 자원을 획득했다. 식민국가에서 국제 기독교네트워크를 통해 제한된 형태로나마 유입될 수 있었던 서구 학술네트워크와 방법론을 해방 후 냉전기에 전개된 미국 주도의 개발경제학 농정관과의 연속선상에서 고찰해야 한다는 필자의 주장은 우리에게 새롭고 흥미로운 논제를 제시해주고 있다.

2장 <인식·사상 자원으로서의 기독교>에서는 기독교적 세계관이 촉발시킨 사유와 담론적 실천을 검토한다. 이를 위해 식민지 조선의 대표적인 기독교 주체인 여성 선교사와 일본유학생 집단에 주목한 연구와 함께 기독교적 상상력과 사유에 접속하는 심미적 주체를 조명한 연구를 모았다. 이들의 담론형성=실천행위에 접근한다면 기독교가 '종교·교육·문학' 영역에 미친 영향을 파악할 수 있을 것이다.

정미현은 연희전문을 세운 선교사 언더우드의 부인으로만 알려졌던 릴리어스 호튼 언더우드의 사상과 활약을 조명하며 그가 식민지 조선에서 이방인 여성으로서 개척한 영역의 의미를 적극적으로 평가하고 있다. 필자는 조선에서 일생을 보낸 '서양 선교사 부인'이 보여준 의식이 19세기 미국 페미니즘이나 서구 오리엔탈리즘의 맥락으로만 볼 수는 없는 복합적 측면을 갖는다는 데 주목한다. 의료 선교사로 파송되어 조선 왕실을 드나들고 조선 이북 지방을 횡단했으며 교역사업과 문서작업도 행한 릴리어스 호튼 언더우드의 생애는 제국주의, 민족주의, 남성중심주의 시선으로는 읽어낼 수 없었던 근대의 사각지대가 존재함을 환기시켜준다.

정한나는 재동경조선기독교청년회라는 식민지 시기 엘리트 청년 집단의 사상적 궤적을 추적하고 있다. 이를 위해, 식민지민의 국제적 감각과 정치적 저항의 촉발 지점으로서 YMCA에 주목한다. 이 글은 이들이 발간한 잡지 『기독청년』에서 두드러지는 '덕'과 '지상천국'에 대한 논의로부터 기독교의 사회화와 식민지민의 정치적 모색을 읽어내고 있다. 또 재동경 YMCA의 공간적 특수성을 검토하며 조선 유학생들이 한·중·일뿐 아니라 세계 기독청년들과의 접촉 속에서 코스모폴리탄적 지향성을 띠게 됨을 밝힌다. 필자는 이들이 일본의 자유주의 신학을 통해 기독교를 받아들이며 조선의 현실을 적극화하는 신앙을 모색하게 되는 장면, 그리고 1919년을 기점으로 자유와 평등에 대한 모색에 사회주의가 유입되는 장면을 포착하고 있다.

강동호는 근대적 감각의 주조에 기독교적 세계관이 결정적 동력으로 작용했음을 전제로 종교적 상상력과 근대시의 접합 지점을 규명하고자 했다. 그는 근대시에서 내면과 초월성에 대한 상상력이 동시적으로 구축되는 과정에 주목하고 그 형성 과정에서 기독교적 세계관이 담당한 역할을 밝히기 위해 '세속화' 개념을 활용하고 있다. 이 글은 막스 베버, 찰스 테일러 등의 세속화와 초월성 논의의 계보를 정리하고 이를 바탕으로 한국 근대시의 낭만주의적 성향을 고찰하고 있는데, 이러한 시도는 근대시의 형성과 본질에 관한 새로운 해석 가능성을 제기한다.

3장 <이입, 접속, 습합하는 기독교>에서는 기독교와 다른 사상과의 접촉, 길항 양상을 밝힌다. 기독교는 외래적인 이념이자 신문물이었고 그래서 전통적 신념의 세계 또는 여타 종교와 부딪치거나 뒤섞이는 과정을 거칠 수밖에 없었다. 이 장의 연구들은 기독교와 불교의 융합, 천주교와 유교의 만남, 그리고 초기 개신교 신자의 개종을 논의하면서 기독교가 이질적인 인식·가치체계와 경합, 협상, 교류하는 양상을 인상적으로 보여 주고 있다.

나종석은 정약용 및 다산학 다시읽기를 통해, 다산이 이룬 패러다임의 전환을 서구적 근대성의 확보라는 면에서 평가해온 기존의 입장에 반론을 제기하고 있다. 그는 다산학 형성에 기여한 서학이나 천주교의 영향을 인정하면서도 그 구체적인 수용과 변용에 관해서는 보다 신중하고 주체적인 관점이 요구된다는 점을 강조한다. 이같은 비판적 지평에 설 때 다산의 실천지향적 윤리관은 유교적 정치신학으로 새롭게 의미화될 수 있다. 이 연구의 목표는 서학의 충격과 자극에 응전한 조선 지식인의 사유를 경유하여 동아시아의 자기혁신의 가능성을 짚어보는 데 있다.

장석만은 초기 개신교 신자의 개종을 분석하면서 개종과 한국의 근대성을 연관지어 논하고 있다. 이 글이 잘 말해주듯이, 개종은 과거와의 급격한 단절을 주장한다는 점에서 그리고 낡음과 새로움이라는 명확한 이분법을 운용한다는 점에서 근대 그 자체의 논리와 아주 가까이 닿아 있다. 개종하는 자는 '새로운' 것을 향한 신심과 충실을 다짐하는 자이며 이런 까닭에 근대적인 세계관, 가치의 구성에 적극적으로 복무하는 자이기도 한 것이다. 필자는 조선인의 개종 논리, 외국인 선교사가 바라보는 조선인의 개종 동기 등 다양한 자료를 함께 놓고 당시의 개종의 문화, 개종의 내면을 드러내 보여준다. '개종하는 자'가 근대의 공적, 사적 가치를 어떤 식으로 구축하려 했는지 알려준다는 점에서 이 연구는 주목할 만하다.

이선호는 기독교와 불교가 서로 융합하는 현장을 변선환의 사상적 변화를 통해 보여주고 있다. 그는 한국의 종교간 융합을 알려주는 첫 장면인 경교(景敎)에서 시작하여, 서구 기독교가 이곳의 다른 종교와 반응해온 긴 역사를 설명한다. 그리고 종교 간 대화의 계보 속에서 근대 기독교의 위상을 논하고 변선환이 서있는 자리를 검토하고 있다. '종교들의 공존'이라는 문제에 깊은 관심을 가졌던 변선환은 토착화 논의를 한단계 뛰어넘어 종교다원주의로 접근하는 행로를 취한다. 그는 기독교 정신의 구현과 한국적 기독교를 지향했지만, 동시에 종교 간 대화의 단절과 폭력적인 선교를 거부했다. 이 글을 읽으면서 변선환의 사상이 오늘날 재평가되어야 하는 이유를 분명하게 확인할 수 있을 것이다.

4장 <현대 한국의 이념, 운동 혹은 기독교의 대항가치>는 해방, 분단, 전쟁, 국가수립의 시간을 지나면서 기독교가 획득하게 된 대항적 실천성을

14

조망한다. 지금까지 주로 근대 초기와 식민지기를 중심으로 기독교의 문화정치를 논했다면 이 장은 1945년 이후의 양상에 접근하고 있다. 여기에서 다루는 해방 직후 무교회주의자들의 공동체 구상, 한국전쟁기 기독교계의 평화 담론, 산업화 시대의 산업선교, 기독교의 민족담론 등은 반공과 개발 논리에 휩싸인 냉전기의 한국기독교에 작용한 구속력과 탈구속의 가능성을 살펴보는 데 중요한 지점들이다.

김건우는 무교회주의의 무정부주의적 성격에 관해 그리고 그것이 국가주의와 대립함으로써 획득한 정치적 의의에 관해 논하고 있다. 이 글은 우치무라 간조, 김교신, 류달영을 잇는 공동체론을 분석하면서 특히 덴마크를 모델로 하는 류달영의 구상이 전후 한국사회에서 국가주의의 자장에 걸쳐지게 되는 현상을 비판적으로 검토한다. 한편 해방 후 무교회주의의 가장 중요한 대목을 점하고 있는 이찬갑의 사상과 운동을 통해 류영모-함석헌 계보의 사상과 운동의 맥을 짚고 있다. 이 흐름이 중요한 까닭은 이들의 혁명적이고 비타협적인 공동체 사유가 농촌지역을 준거로 한 기독교적 실천의 정점에 도달해 있기 때문이다.

임진영은 여태까지 충분히 논의되지 않았던 기독교 평화담론의 전개를 고찰하고 있다. 주지하듯이 반공의 이념과 기독교의 이념은 '친밀'했고 서로를 필요로 했으며, 이 점에서 한국 기독교는 한계를 드러낸다. 이 연구는 반공주의가 지배하는 사회에서 한국 교회가 평화를 위한 역할을 어떻게 정립했는지 정면에서 묻고 있다. 특히 그동안 크게 주목받지 못한 1959년의 평화론을 호출하여 재독하고 있다는 점에서 의미를 지닌다. 한국전쟁을 '성전'으로 파악하는 것이 냉전기 기독교계의 지배적인 인식이었던 만큼, 1950년대 말에 등장한 『기독교사상』의 평화론은 반공주의의 지평 '내'에서 솟아난 의문과 비판의 작은 싹이었다고 할 수 있겠다.

이상록은 1960~70년대 개발주의 시대에 도시산업선교가 맡았던 대항 정치적 운동의 실제를 조지 오글 목사의 활동을 통해 살펴보고 있다. 앞서 무교회주의를 분석한 연구가 기독교와 농촌사회가 접속하는 장면을 보여준다면 이 연구는 기독교와 도시노동자가 결합하는 장면을 보여준다. 도시산업선교는 1980년대 마르크시즘이 노동(자)문제를 이론화하고 현실 투쟁을 끌어내는 자원으로 수용되기 이전에 산업화의 모순에 응대하는 주요한 추동력이었다. 이 글에서 지적되고 있듯이, 노동자의 동등한 사회 참여와 공장 내부의 민주화를 주장한 조지 오글의 산업민주주의론이 '노동자를 대표하기'라는 논리의 반정치성에서 완전히 자유로운 것은 아니다. 하지만 그의 산업민주주의론이 한국 개신교의 현실을 비춰보는 데 중요한 의미를 가질 것이라는 필자의 전언은 오늘날 더 강한 호소력을 갖는 듯하다.

이철호는 1970년대 초반 이후의 생명론의 진행을 따라가면서 일군의 생명론자들이 민족이라는 이념을 구성해가는 과정에서 보인 유사성과 이질성을 추적하고 있다. 함석헌, 백낙청, 김지하가 기독교적 생명주의, 리얼리즘·제3세계론, 동학과 같이 서로 다른 이념소와 언어를 운용했음에도 불구하고 생명론적 세계관이라는 장에서 서로 만나고 있다는 사실, 그리고 이들의 민족론이 서구적 보편에의 강박을 공유하고 있다는 사실에 주목할 필요가 있겠다. 이 연구는 민족에의 지향이 오히려 민족에의 자유로운 상상을 제약하고 마는 모순을 향해 그리고 민족표상에의 의지가 궁극적으로 민족표상의 불가능성을 노정하게 되는 회로를 향해 도전적인 질문을 던지고 있다.

'기독교'라는 질문을 안고 새롭게 역사적 현장을 발굴하거나 방문한 이 책의 연구들은 한국의 근대성과 기독교적 근대성의 깊은 연관을 다시 한 번 확인시켜주고 있다. 그리고 이 둘의 오랜 관계를 규명하기 위해서는 기독교 자체를 생성력, (재)생산력의 차원에서 파악해야 한다고도 말해주고 있다. 즉 기독교는, 그것이 여기 있기 전에는 없었거나 다른 방식으로 있었던 많은 것들을 그것의 방식으로 만들어내거나 다시-만들어낸 것이다. 더불어 기독교는 외래적인 것이었던 만큼 인적, 제도적, 인식론적 월경과 번역 현상을 염두에 두고 고찰되어야 한다는 점 역시 알려준다. 이 책에 직접적으로 기록되어 있는, 멀리는 다산에서부터 가까이는 1990년대까지를 포괄하는 시간동안 기독교는 제도, 지식, 이념, 심성, 운동의 생성과 (재)생산에 복무하거나 활용되었다. 이 작동의 복잡함과 거듭됨을 보면 기독교가 곧 근대를 생성하고 (재)생산했다고 말해도 무리가 아닐 듯하다. 물론 기독교가 근대를 지배한 전일적인 생성·(재)생산 기제였다는 의미는 아니다. 전일적이지 않았기 때문에 그것은 늘 현존하는 거대한 질서와 협상하거나 갈등할 수밖에 없었고 또 로컬의 실제적인 조건에 부응·대응해가며 그 터에 밀착하여 구현되곤 했다. 이런 관점에서 『한국의 근대성과 기독교의 문화정치』는 기독교의 생성·(재)생산 능력, 이 능력이 발휘되거나 변형되는 데 관여한 여타의 힘들 그리고 특정하게 조성된 환경에서 기독교가 남긴 흔적을 탐색하고자 했다.

이 책은 연세대학교 비교사회문화연구소와 국학연구원 인문한국 사업단의 협력 작업의 산물이다. 2014년 여름에 비교사회문화연구소 연구원들이 한국의 근대성과 기독교의 위상을 새로운 시각에서 다시 보는 공동연구를 기획했는데 이 기획은 '21세기 실학으로서의 사회인문학'을 추구하는 국학연구원 인문한국 사업단의 이론연구팀 및 사상연구팀과 결합할 수 있었다. 애초의 흐릿한 구상은 문학, 철학, 역사학, 사회학, 신학, 의사학 등 여러 분야의 연구자들의 적극적인 참여와 도움으로 비로소 온전한 모양과 수준을 갖추게 되었다. 워크숍, 학술대회 그리고 출간에 이르기까지 함께 해준 필자들에게 인사를 전한다. 그리고 이 연구가 진행될 수 있도록 도움과 배려를 아끼지 않으신 연세대학교 국학연구원의 도현철 원장님, 백영서 전 원장님 그리고 비교사회문화연구소의 김현주 소장님께 감사드린다.

2016년 7월
김예림·김성연

목 차

제2장 인식·사상 자원으로서의 기독교

제3장 이입, 접속, 습합하는 기독교

제4장 현대 한국의 이념, 운동 혹은 기독교의 대항가치

제1장
사회·문화 장치로서의 기독교

한중 선교병원의 '정체성' 논쟁 비교연구
: 제중원과 시의원의 사례를 중심으로

신 규 환

1. 머리말

1884년 12월, 갑신정변(甲申政變)의 발발로 심각한 자상(刺傷)을 입은 민영익(閔泳翊, 1860~1914)을 성공적으로 치료한 알렌(Horace Newton Allen, 1858~1932, 한국명 安連)은 한국 최초의 서양식 근대병원인 제중원(濟衆院)을 건설하기 위한 병원 건립 제안서인 「조선정부경중건설병원절론(朝鮮政府京中建設病院節論, 이하 병원건설안)」(1885. 1. 17)을 조선정부에 제안하였다. 제안서 중에서 알렌은 조선정부가 병원을 건설한다면 자신이 책임자의 역할을 수행할 것이며, 조선정부가 제공하는 급여를 받지 않겠다고 말하고, 그 이유로 자신은 미국의 자선조직[病院社, benevolent society]에서 급여를 받고 있기 때문이라고 말한 바 있다. 또 알렌은 그와 같은 병원이 세계 여러 곳에 있고, 중국의 이홍장(李鴻章, 1823~1901)이 재정을 지원하는 병원도 마찬가지로 운영되고 있다고 소개한 바 있다.[1] 그 병원은

---

1) 「朝鮮政府京中建設病院節論」은 『美原案』 영문, 규장각 18046의 1, 한역, 규장각 18046의 1 ; 『美案』, 한역, 규장각 17733 ; 『美館公信』, 규장각 18047, 고종 21년 (1884.12.12) 양력 1885년 1월 27일 등에 실려 있다.

바로 존 맥켄지(John Kenneth Mackenzie, 1850~1888, 중국명 馬根濟)가 이홍장의 지원을 받아 1879년 9월 설립한 시의원(施醫院)이다. 알렌은 시의원의 설명을 통해 자신이 의료선교사이며, 중국에서도 이와 같은 병원들이 중국정부의 지원을 받아 광범위하게 설치되어 있다는 점을 들어 병원건설의 타당성과 자신의 활동의 정당성을 설파하고자 하였다. 그 결과 알렌은 1885년 4월, 조선정부의 지원을 받아 제중원을 개원하게 되었다.

흥미롭게도 제중원과 시의원은 19세기 후반 의료선교사의 기적적인 치료행위를 배경으로 탄생한 점, 의료선교사의 병원설립 제안과 정부지원을 통해 병원이 설립된 점, 병원과 의학교를 설립 운영한 점, 병원의 환수를 둘러싸고 선교부와 정부가 논쟁했던 점 등 적지 않은 유사성을 가지고 있다. 특히 최근 한국과 중국의 두 학계에서는 제중원과 시의원의 정체성을 둘러싼 논쟁을 계속하고 있다. 논쟁의 핵심은 각 병원이 정부병원 혹은 선교병원이었는지, 병원에 부속된 제중원의학당(濟衆院醫學堂)과 시의원 부속의학관(施醫院 附屬醫學館)이 관립 혹은 사립이었는지에 관한 것이다. 각 병원은 의료선교사들의 병원운영과 정부/민간지원이 결합된 이원/삼원구조를 갖고 있었기 때문에 병원 설립 당시부터 그와 같은 논쟁에 휩싸여 있었다.

1888년 4월, 맥켄지 선교사 사망 이후 시의원의 소유권을 둘러싸고 논쟁이 벌어진 바 있는데, 선교부는 시의원이 선교병원이라고 주장하였고, 중국정부는 총독이 설립한 관립의원이라고 주장하였다. 그런 점에서 일부 연구자들은 시의원을 '중국 근대 최초의 관립의원[官辦醫院]'[2] 혹은 '근대 중국 최초의 공립의원(公立醫院)'[3]이라고 평가하였다. 그러나 이러

---

2) 李傳斌은 李鴻章이 시의원의 경비를 부담했기 때문에 중국근대 최초의 관판의원이라고 평가하였다. 李傳斌,「李鴻章與近代西醫」,『安徽史學』, 合肥 : 安徽省社會科學院, 2001年 第3期, 23~24쪽.

3) 羅澍偉는 1893년 중국정부가 설립한 天津儲藥施醫總醫院의 기원으로서 시의원과 의학관을 지목하고 있으며, 周利成·王勇則는 제목에는 중국 최초의 공립의원이라

한 평가는 이홍장이 시의원에 경비를 제공했다는 단편적인 사실에 근거한 것으로 병원의 운영 주체가 의료선교사였다는 사실을 간과한 것이다.

반면 『톈진통지(天津通志)』(1994)가 시의원을 '근대 중국 최초의 규모가 완비된 서양식 사립병원[近代中國第一所規模完整的私立西醫醫院]'이라고 평가한 이래로, 적지 않은 연구들이 시의원을 '중국 최초의 서양식 사립병원'이라고 평가하고 있다.[4] 여기서 한발 더 나아가 최근 위신중(余新忠)은 시의원은 공립의원이 아니라 '중외합작의 자선기구'이며, 의학교는 '중국 최초의 관립 의학교육기관[中國最早的官辦醫學敎育機構]'이라고 평가하였다.[5] 시의원의 성격이 사립병원이라는 평가로 전환되고 있는 반면 시의원 부속의학관에 대해서는 대부분의 연구들이 거의 예외 없이 '중국 최초의 서양식 관립의학교'라고 평가하고 있다.

최근 한국의학사 분야에서는 제중원을 둘러싸고 학계와 일반에서 논란과 관심사가 되고 있다. 제중원은 한국 서양의학의 기원과 상징성을 가지고 있는데, 연세대학교 세브란스병원이 선교병원인 제중원을 계승하였다고 주장하고 있는 반면,[6] 서울대학교병원은 제중원은 조선정부가

고 하고 있지만, 실제 내용 설명에는 시의원이 '근대 중국 최초의 규모가 완비된 사립 서의의원(近代中國第一所規模完整的私立西醫醫院)'이라고 말하고 있다. 羅澍偉 編著, 『引領近代文明 : 百年中國看天津』, 天津 : 天津人民出版社, 2005, 83~85쪽 ; 周利成·王勇則 編, 『外國人在舊天津』, 天津 : 天津人民出版社, 2007, 147~151쪽.

4) 『天津通志·科學技術志』, 1994 ; 張紹祖, 「英國醫生馬根濟與馬大夫醫院」, 『每日新報』 2010. 12. 27. http://www.chinanews.com/cul/2010/12-27/2748483.shtml ; 陳社生, 『絶版李鴻章』, 文淮出版社, 2009.

5) 余新忠·楊璐瑋, 「馬根濟近代天津醫療事業考論 : 兼談馬大夫與李中堂興醫的訴求歧異與相處之道」, 『社會科學輯刊』 200, 2012年 第3期 ; Yu Xinzhong and Yang Luwei, "A Study on Mackenzie and His Medical Career in Tianjin in Modern China," 연세대학교 의학사연구소 엮음, 『동아시아 역사 속의 선교병원』, 서울 : 역사공간, 2015.

6) 『의학백년』, 서울 : 연세대학교출판부, 1986 ; 박형우, 『제중원』, 서울 : 21세기북스, 2010 ; 박형우·박윤재, 『사람을 구하는 집, 제중원』, 서울 : 사이언스북스, 2010 ; 여인석 외, 『한국의학사』, 서울 : 의료정책연구소, 2012 ; 신규환·박윤재, 『제중원·세브란스 이야기』, 서울 : 역사공간, 2015.

세운 정부병원이며, 국립병원의 시초가 된다고 주장하고 있기 때문이다.[7)
반면 제중원의학당이 관립인지 사립인지에 대해서는 별다른 논란이 없다.
왜냐하면 제중원의학당이 졸업생을 배출하지 못했고, 서울대학교 의과대
학이 자신의 기원으로 1899년 대한제국 정부가 설립한 의학교(醫學校)를
지목하고 있기 때문이다.

제중원과 시의원과 같은 최초의 서양식 병원의 정체성에 대한 이해는
동아시아에서 서양의학이 어떻게 정착되어 갔는지를 이해할 수 있는
핵심적인 주제이다. 또한 두 병원에 대한 비교연구는 정치적 이해관계에
따라 병원의 정체성이 어떻게 달라질 수 있는지를 보여주는 흥미로운
사례를 제공하기도 한다.

제중원과 시의원은 정부지원을 받은 까닭에 '정부병원(政府病院)' 또는
'공립의원(公立醫院)'으로 지칭되어 왔으며, 지원의 구체적인 주체가 국왕
또는 총독이었던 까닭에 '왕립병원(王立病院)' 또는 '총독의원(總督醫院)'
등으로 칭해지기도 했다. 그러나 병원의 정체성과 성격을 판단하기 위해서
는 병원재정을 누가 지원했느냐보다는 병원운영의 주체가 누구였는지
그리고 병원이 어떻게 변화되었는지를 검토해야 한다. 두 병원의 병원건설
의 제안자 및 운영주체는 의료선교사들이었고, 이들 병원이 선교병원으로
전환된 것은 분명한 사실이다. 이들 병원이 정부병원, 공립병원, 선교병원
(사립병원) 등으로 시작하여 선교병원이 된 것인지 아니면 정부와 선교부
의 합작병원으로 출범하여 선교병원으로 전환된 것인지 면밀한 검토가
필요하다.

더 나아가 제중원과 시병원은 적지 않은 유사성을 갖고 있음에도 불구하

---

7) 서울대학교 의과대학,『서울대학교 의과대학사(1885~1978)』, 서울대학교 의과
   대학, 1978 ; 김상태,『제중원 이야기』, 서울 : 웅진지식하우스, 2010 ; 황상익,
   『근대의료의 풍경』, 서울 : 푸른역사, 2013 ; 황상익,『한국 최초의 근대식 국립병
   원, 제중원 그 역사와 신화』, 서울 : 여백, 2015.

고 서로 다른 양상으로 발전해 나갔다. 한중의 대표적인 선교병원이
어떤 점에서 공통적이고, 어떤 점에서 차이를 보이는지 밝혀봄으로써
본고가 19세기말 동아시아 선교병원의 성격과 의미를 재조명하는 데도
기여할 수 있을 것으로 기대한다.

2. 서양식 근대병원의 역사적 기원 논쟁

1) 한국 근대병원의 기원

동아시아에서 병원 시설은 당대(唐代) 비전원(悲田院)에서 시작된 것으
로 여겨지고, 병원(病院)이라는 명칭은 중국 송대(宋代)에 처음 사용된
것으로 알려져 있다. 그러나 병원이라는 명칭이 동아시아에서 보편적으로
사용된 것은 근대 이후의 일이고, 한국에서는 개항 이후 1880년대에
조선인 사절이 일본의 병원과 의학교 등을 방문하면서부터 병원이라는
명칭이 등장하기 시작했다.[8]

한국에서 서양식 근대병원의 기원에 대해서는 약간의 논란이 있다.
일반적으로는 1885년 4월 설립된 제중원을 서양식 근대병원의 시초라고
여기고 있다. 반면 일부에서는 1877년 2월 부산 왜관(倭館)에 설립된 제생의
원(濟生醫院)이 8년이나 앞선 한국 최초의 서양식 병원이라고 주장하고
있다.[9] 왜관은 일본과의 대외교섭과 무역을 위한 창구로써 조선에 거주하

---

8) 신규환, 「근대 병원건축의 공간변화와 성격 : 제중원에서 세브란스병원으로의
   변화를 중심으로」, 『역사와경계』 97, 2015. 12.
9) 대표적으로 서울대병원과 부산대병원이 그와 같은 인식을 보여준다. 서울대학교
   병원 병원역사문화센터, 『한국 근현대 의료문화사 1879~1960』, 웅진지식하우스,
   2009, 56쪽 ; 서용태, 「1877년 부산 제생의원의 설립과 그 의의」, 『지역과역사』
   28호, 2011. 4.

는 일본인들을 위한 치료시설을 필요로 했고, 제생의원은 그러한 요구에 부응한 것이었다.

제생의원은 일차적으로 부산에 거류하는 일본인을 위한 관립병원으로 일본 외무성이 운영비용을 지원하였다. 초대 원장은 해군 군의인 야노 기테츠(矢野義徹)였다. 제생의원은 일본인을 위한 것이었지만, 서양의학에 관심을 가진 조선인 혹은 조선인 환자들의 관심을 받았고, 부산지역에서 일본식 서양의학의 존재를 알리는 역할을 담당했다. 제생의원의 설립 목적은 일차적으로는 조선에 건너간 일본 자국민을 병환으로부터 보호하기 위한 것에 있지만, 일본정부는 제생의원의 설립을 통해 조선인들이 일본인을 존숭하게 하고 조선을 개화시키고자 하는 부차적인 목적도 가지고 있었다.

왜관은 무역실무를 담당하는 일본인이 머물던 동관과 일본의 외교사절이 머물던 서관으로 나뉘어 있었는데, 제생의원은 동관의 일대관옥(一代官屋)이라는 건물에 위치하고 있었다. 1880년에는 질그릇을 굽던 번조소(燔造所) 자리에 병원을 신축하여 이전하였다. 「부산항시가 및 부근지도(釜山港市街及附近地圖)」(1906)에는 신축병원을 공립병원(公立病院)이라 표기하고 있다.

1883년 제생의원은 해군 소관에서 육군 소관으로 전환되었고, 고이케 마사나오(小池正直)라는 육군 군의가 병원의 운영을 책임졌다. 그러나 일본인 거류조직이 점차 커지고 자생력을 가지면서 더 이상 관립병원을 유지할 필요가 없어졌다. 이에 1885년 4월 30일 제생의원을 폐지하고, 거류민들이 공동으로 운영하는 부산일본공립병원(釜山日本共立病院)이 1885년 10월 1일 공식 개원하였다.

이처럼 제생의원은 개항 이후 치외법권이 보장된 개항지에서 일본인을 위한 일본정부의 관립의원(官立醫院)으로 시작되어, 공립병원(公立病院)으로 발전하였으며, 거류민의 공립병원(共立病院)으로 대체되었다. 즉 제생의원은 조선인의 병환을 치료하기 위한 목적으로 설립된 것은 아니기 때문에 제생의원을 한국 최초의 서양식 근대병원이라고 평가하기는 어렵다. 반면 1885년 4월 성립된 제중원은 조선백성들을 위해 만든 병원이기 때문에 '한국 최초의 서양식 근대병원'이라는 역사적 의미를 부여할 수 있다.

　제중원의 설립은 1884년 12월 4일 발생한 갑신정변이라는 정치적 사건과 밀접한 관련이 있다. 갑신정변은 김옥균(金玉均), 박영효(朴泳孝), 서광범(徐光範), 홍영식(洪英植), 서재필(徐載弼) 등 급진개화파(急進開化派, 이른바 개화당)가 청(淸)에 기대어 온건개혁을 추진하던 한규직(韓圭稷), 윤태준(尹泰駿), 이조연(李祖淵), 조영하(趙寧夏) 등과 민영익을 비롯한 민영목(閔泳穆), 민태호(閔台鎬) 등 민씨(閔氏) 일파를 제거하기 위한 정변이었다.

　자객의 습격을 받은 민영익은 심각한 자상을 입고 목숨이 위태로운 상황이었으나 미공사관 소속 알렌 의사의 외과치료를 받고 기적적으로 살아났다. 이를 계기로 고종과 조선정부는 서양의학과 미국인 의사에 대한 깊은 신뢰를 쌓게 되었다. 왕실의 신뢰를 얻은 알렌은 의료선교사로서 합법적인 활동을 보장받고 싶었고, 조선정부에 「병원건설안」을 정식으로 제안하였다. 1882년 혜민서(惠民署)의 혁파 등으로 새로운 대민의료기관을 필요로 했던 조선정부도 알렌의 제안에 적극적으로 호응하였다. 이렇게 해서 알렌의 제안과 조선정부의 지원을 통해 1885년 4월 10일 재동(齋洞, 또는 잿골)에 한국 최초의 서양식 근대병원이 건립되었다. 처음엔 병원의 이름이 없었다. 4월 12일, '은혜를 널리 베푸는 집'이라는 뜻으로 광혜원(廣惠院)이라 하였으며, 2주 뒤인 4월 27일부터는 '사람을 구하는 집'이라는 뜻으로 제중원(濟衆院)이라 하였다. 1886년 초에는 제중원 북쪽을 확장하여 제중원의학당(濟衆院醫學堂)이 설립되었고, 병원 부지가 더 많이 필요해짐에 따라 1887년 초에는 제중원을 재동에서 동현(銅峴, 또는 구리개)으로 이전하였다.[10)]

제중원은 의료선교사들의 진료활동과 조선인 주사들의 지원활동이 결합된 일종의 합작병원 형태로 시작되었으나, 제4대 제중원 원장으로 재임하던 에비슨(Oliver R. Avison, 1860~1956, 한국명 魚丕信) 박사가 1894년 제중원 운영권의 이양을 요구했고, 이에 조선정부는 그 운영권을 미 북장로회(北長老會) 선교부로 이관하였다. 이에 따라 제중원은 선교병원으로 그 성격이 완전히 전환되었고, 1904년에는 남대문밖 도동(桃洞, 또는 복사골)에 최신식 근대병원인 세브란스병원을 설립하여 이전하게 된다. 이처럼 한국 최초의 서양식 근대병원인 제중원은 알렌 등 의료선교사들과 조선정부의 지원이 결합된 합작병원에서 독자적인 선교병원으로 전환하였고, 세브란스 씨의 기부금으로 세브란스병원으로 성장·발전하였다.

제중원이 갑신정변을 통해 탄생한 것처럼, 제중원의 탄생과 성장과정에는 한국근대사의 정치, 경제, 외교, 사회, 문화, 종교, 과학, 의학 등 다양한 내용이 포함되어 있다. 특히 제중원이라는 병원 공간이 의미하는 바는 더욱 크다. 서양의학 지식이 일부 지식인들에 의해 간헐적으로 도입되던 방식에서 벗어나 제중원이라는 공간에서 서양의학이 전면적으로 시술되고 교육될 수 있었기 때문이다. 서양의학적 관점에서 보면, 제중원 시기는 미아즈마설에 기초한 의학에서 세균설에 기초한 의학으로 나아간 과도기라고 할 수 있으며, 세브란스병원 시기는 세균설에 입각한 실험의학의 시대로 나아간 것이라고 볼 수 있다. 또한 재동 제중원에서 구리개 제중원으로, 다시 도동 세브란스병원으로의 변화는 단순히 병원 공간의 확장이나 서양식 건축양식의 도입이라는 표면적인 변화 이외에도 근대 서양의학의 성과를 한국의 병원공간에 내면화하고 체계화하는 과정을 엿볼 수 있다.[11] 이 때문에 제중원과 그것을 계승한 세브란스병원은 한국의 근대 서양의학을 대표하는 상징적인 단어가 되었다.

---

10) 박형우, 앞의 책, 2010.
11) 신규환, 앞의 글, 2015.

그런데 1970년대 중반부터 서울대 의대는 제중원을 '한국 최초의 서양식 국립병원'이며 제중원이 서울대학교병원의 뿌리가 된다는 주장을 내놓기 시작하였고, 이를 계기로 이른바 '제중원 뿌리논쟁'이 시작되었다. 최근 서울대 의대와 서울대학교병원이 '한국 최초의 서양식 근대병원'으로 제생의원을 지목하거나 제중원을 '한국 최초의 서양식 국립병원'이라고 주장하는 것은 제중원이 지니는 한국 근대 서양의학의 상징성에 균열을 내고자 의도로 파악된다.

서울대 의대는 1946년 설립 이후 약 30년 동안 자신들의 역사와 관련하여 제중원을 언급한 적이 한 번도 없다. 이와 관련해 한 가지 주목할 기록은 1954년 5월 15일자 『세브란쓰』지이다. 여기에는 세브란스의과대학 70주년을 축하하는 각계의 축하광고가 실렸는데, 서울대 의대도 세브란스의대 70주년을 축하하는 광고를 실었다.[12] 이는 당시 서울대 의대가 제중원을 세브란스의 기원이라고 인정하고 있었다는 분명한 증거이다.

1960년대 서울대학교병원은 병원『연보』에 연혁을 기록하면서, 서울대학교병원이 1899년 광제원을 시작으로 1908년 대한의원, 1910년 조선총독부의원, 1928년 경성제대 의학부 부속의원, 1945년 경성대학 의학부 부속의원 등으로 계승되었다고 보았다.[13] 이러한 인식은 1920년대 조선총독부의원의 역사 인식과 동일한 것이다.[14]

1970년대 중반부터 서울대 의대와 서울대학교병원은 자신들의 뿌리를 찾기 위한 준비를 시작했다. 1978년 7월, 서울대학교병원 법인 창립과 1985년 4월, 근대의학 100주년을 앞두고 서울대학교병원의 뿌리 찾기에 나섰다. 필요한 연구비는 China Medical Board로부터 조달받았다. 그 결과 1978년 발간한 『서울대학교 의과대학사(1885~1978)』를 시작으로 서울대

12) 『세브란쓰』 1954. 5. 15, 1면.
13) 『연보』 1, 서울대학교 의과대학 부속병원, 1964, 연혁.
14) 『朝鮮總督府醫院 第13回 年報』, 1926, 沿革略.

학교병원은 제중원이 정부지원을 받은 병원이기 때문에 국립 서울대학교
병원의 뿌리가 된다는 주장을 내세우기 시작했다.[15] 그 주요한 근거로
첫째, 제중원은 조선정부가 세운 국립병원이라는 것이다. 둘째, 조선정부
는 알렌을 고용했고, 1894년 선교부에 운영권이 이관된 이후에는 조선정부
가 에비슨에게 위탁경영을 시킨 것이라고 주장하였다. 셋째, 1905년 제중
원을 환수하여 '제중원 찬성금'과 '광제원 확장비'에 사용하였다고 주장하
였다.[16]

그러나 그러한 주장들은 즉각적인 비판을 받았다. 첫째, 국립(national)이
라는 용어는 제2차 세계대전 이후 사용되기 시작한 개념으로 국립병원을
이전시기로 소급할 수 없으며, 왕립병원, 정부병원과 국립병원이 개념상
동일한 것이 아니라는 것이다. 둘째, 알렌과 의료선교사들은 「병원건설안」
에서 이미 선교부로부터 월급을 받고 있기 때문에 월급을 받지 않겠다고
선언한 바 있다. 조선정부가 제공한 부정기적인 일종의 수고비를 고용에
따른 월급이라고 주장할 수는 없다는 것이다. 셋째, 1998년 3월, '제중원
찬성금'과 '광제원 확장비'에 대한 자료조사 결과, 제중원 찬성금은 조선정
부가 세브란스병원에 지원한 비용이고, 광제원 확장비는 건물 확장 비용이
아니라 광제원 운영비를 추가로 배정받기 위한 비용이었음이 밝혀졌다.[17]

이와 같은 반론과 비판이 제기됨에 따라 서울대학교병원은 제중원의
진정한 계승자는 자신들뿐이라는 주장에서 한발 물러나 제중원은 서울대
학교병원과 세브란스병원 두 가지 흐름으로 계승될 수도 있다는 입장으로
선회하였다.

서울대학교병원이 제중원 기념식을 개최하기 시작한 것은 100주년이나

---

15) 서울대학교 의과대학, 앞의 책, 1978.

16) 여인석·신규환 지음, 『제중원 뿌리논쟁』, 서울 : 역사공간, 2015, 18~41쪽.

17) 「광혜원은 분명 연세의 효시, 사실 입증할 주본존안 발견」, 『연세춘추』1998.
   3. 30.

120주년도 아닌 122주년부터였다. 2007년 대한의원 100주년 기념사업을 준비하면서 대한의원 100주년 및 제중원 122주년을 기념행사를 추진하면서 제중원, 대한의원, 서울대학교병원의 연계성을 다시 주장하기에 이르렀다.

제중원을 국립병원이라고 주장하는 시각들의 의도와 목표는 분명하다. 아무런 선후관계가 없는 제중원과 서울대학교병원을 연결시켜 자신들의 짧은 역사를 100년 이상으로 연장시키고, 식민의료기관의 역사적 기억을 탈각시키며, 한국 근대의학 130년의 상징성을 전유하려는 시도이다. 그러나 1946년 설립된 국립 서울대학교병원이 제중원과 연결되기 위해서는 적지 않은 장벽을 넘어서야 한다. 그 하나는 일제가 식민통치를 위해 설립한 의료기관인 대한의원, 조선총독부의원, 경성제대 의학부 부속의원 등과 서울대학교병원의 계승관계를 어떻게 설명할 것인가의 문제가 있다. 다른 하나는 서울대학교병원이 제중원, 광제원, 경성제대 의학부 부속의원으로 연결될 경우, 선교병원(제중원), 한방병원(초기 광제원), 식민의료기관(후기 광제원, 대한의원, 조선총독부의원, 경성제대 의학부 부속의원), 대한민국 정부의 국립병원 등 성격이 전혀 다른 병원의 여러 개의 정체성을 하나의 정체성으로 담아내야 한다는 문제가 남게 된다.[18)

2) 중국 근대병원의 기원

중국 최초의 서양식 근대병원은 1835년 11월 미국의 의료선교사인 피터 파커(Peter Parker, 1804~1888, 중국명 伯駕)가 광저우(廣州) 신두란가(新豆蘭街)에 세운 안과의국(Ophthalmic Hospital, 중국어로는 眼科醫局 또는 新豆蘭街醫局)이다. 피터 파커는 1846년 외교관으로 변신했지만, 1857년

---

18) 여인석·신규환 지음, 앞의 책, 2015.

귀국할 때까지 의료활동도 병행했다.[19] 피터 파커는 의사로서 뿐만 아니라 외교관으로 변신하여 큰 성공을 거두었는데, 제중원을 설립한 호러스 알렌을 비롯한 일부 의료선교사들은 피터 파커를 자신들의 롤 모델로 삼기도 했다.

1855년 미장로회 의료선교사인 존 커(John Glasgow Kerr, 1824~1901, 중국명 嘉約翰)는 피터 파커의 안과의국을 인수하여 1859년 박제의원(博濟醫院)으로 개칭하였고, 1865년 종합병원으로 변모시켰다. 1866년 존 커는 박제의원 내에 박제의학당(博濟醫學堂)을 설립하였는데, 1879년에는 박제의원 부설 남화의학교(南華醫學校)가 되었다. 의학교의 학제는 3년제였고, 그 해에 최초로 여학생이 입학하였다. 1886년 손문(孫文, 1866~1925)이 남화의학교에서 의학교육을 받은 바 있다. 1904년 화남의학원(華南醫學院)으로 개칭되었고, 1914년에는 간호학교가 부설되었다. 1917년 의료선교사들의 모임인 광저우 박의회(廣州博醫會)가 박제의원과 화남의학원을 접수하였다.[20] 1936년 박제의원과 화남의학원은 기독교계통의 사립 영남대학 의학원(岭南大學醫學院)으로 이관되어 그 부속의원이 되었으며, 1953년 중산대학의학원(中山大學醫學院)이 영남대학의학원과 광화의학원(光華醫學院)을 통합하여 중산의과대학(中山醫科大學)이 되었다. 2001년 중산대학과 중산의과대학이 통합되었고, 박제의원은 중산대학(中山大學) 손일선기념의원(孫逸仙紀念醫院)이 되었다. 박제의원과 박제의학당은 중국 최초의 서양식 근대병원임과 동시에 중국 최초의 서양의학 교육기관이자 간호교육기관이었다.[21]

---

19) Edward V. Gulick, *Peter Parker and the Opening of China*, Harvard University Press, 1973.

20) 梁碧瑩, 「嘉約翰與西醫學在中國的傳播」, 『中山大學學報』(社會科學版), 1996年 第3期, 128쪽.

21) 현재 박제의원은 중산대학 부속병원이 되었으며, 1965년 안과학교실에 단 2명이 근무하였다. 1983년 중산대학은 중산안과중심을 개설하였는데, 현재는 800명의

피터 파커가 세운 안과의국은 존 커의 박제의원과 박제의학당으로 발전하였고, 박제의원과 박제의학당은 광저우박의회를 거쳐 미북장로회 의료선교사 하퍼(Andrew Patton Happer, 1818~1894, 중국명 哈巴安德)가 광저우에 세운 격치서원(格致書院)의 후신인 영남대학의학원에 의해 이관됨으로써 신중국 성립 이전까지 선교병원과 의학교의 정체성을 계속 유지할 수 있었다.

반면 알렌이 「병원건설안」에서 중국의 대표적인 선교병원으로 지목했던 이홍장이 지원하는 시의원은 1880년대 이래로 병원의 정체성을 둘러싸고 오랜 논쟁에 휩싸여 있었다. 시의원은 의료선교사인 맥켄지의 주도로 병원이 설립되었으나, 안과의국이나 박제의원과는 달리 이홍장이라는 정치적 거물로부터 각종 지원을 받고 있었기 때문이다.

1888년 4월, 맥켄지 의료선교사의 사망으로 촉발된 시의원의 정체성 논쟁은 런던선교회와 중국정부가 병원의 소유권을 차지하기 위한 실리적인 이유로 시작된 것이다. 런던선교회는 자신들 소유의 대지에 총독을 포함한 여러 환자들의 기부금으로 병원이 설립된 것이므로 시의원은 런던선교회의 소유라고 주장하였다. 반면 중국정부는 시의원은 총독이 설립하고 지원한 병원이며, 병원은 공적 기관으로서 중국정부의 관리감독을 받아야 한다고 주장하였다. 결국 런던선교회는 병원의 소유권이라는 실리를 위해 병원 건축비와 운영비에 대한 보상금을 중국정부에 지급하였고, 중국정부는 새로운 정부병원을 시의원 길 건너편에 짓기로 합의하였다.

그 후 시의원의 정체성에 대해서는 2000년 이후 새롭게 주목받기 시작했다. 시의원이 중국정부의 재정지원을 받은 '중국 최초의 서양식 관립의원' 혹은 '중국 최초의 서양식 공립의원'이라는 것이다. 그러나 연구가 심화됨

스탭이 매년 5만명 이상의 환자를 진료하고 있다. Chi-Chao Chan, "The First Western-Style Hospital in China," *Arch Ophthalmol* 129(6), June 2011, p.791.

에 따라 시의원의 운영주체와 후속기관의 연속성에 주목하였고, 최근에는 오히려 시의원은 '중국 최초의 서양식 사립병원'이라는 평가가 우세하게 되었다.

3. 한중 선교병원의 기원과 성격

1) 합작병원에서 선교병원으로

알렌의 제중원과 맥켄지의 시의원이 어떤 성격을 가진 병원이었는지를 해명하기 위해서는 병원의 초기 설립 과정과 운영 주체에 주목할 필요가 있다. 알렌은 「병원건설안」에서 조선정부가 병원을 건립해준다면, 자신은 병원의 최고책임자가 될 것이며, 조선정부가 제공하는 급여는 한 푼도 받지 않겠다고 제안했다. 심지어 한 명의 의사를 더 초빙할 예정이며, 그 역시 급여를 받지 않을 계획인데, 자신들은 본국의 자선기관으로부터 급여를 받고 있다고 말했다. 또한 중국의 이홍장도 이와 같은 병원의 재정을 지원하고 있다고 언급했다.

조선정부로서도 알렌의 제안은 매혹적인 것이었다. 삼의사가 혁파되어 혜민서와 같은 대민의료시설이 필요한 시점이었고, 외국인 의료진에게 급여를 제공하지 않고 서양식 병원을 갖는다는 것은 매력적인 제안이었다. 또한 새로운 병원은 미국이라는 강력한 열강을 조선의 지원군으로 얻게 된다는 상징적 의미를 가질 수 있었다.

당시 조선에서는 선교가 합법화되지 않았기 때문에, 알렌 자신이 의료선교사임을 구체적으로 밝히지 않았지만, 은연중에 자신이 의료선교사임을 드러냈다. 그러나 알렌이나 조선정부에게 선교문제는 자칫 잘못하면 모든 일을 어그러뜨릴 수 있는 일이었기 때문에 이 문제를 본격적으로 언급하지는 않았다. 그들의 공통적인 관심사는 성공적으로 병원을 개원하는 일이었다.

「병원건설안」은 미공사관을 통해 조선정부에 전해졌고, 조선정부는 외아문을 통해 새로운 병원을 관리하도록 했다. 재동의 홍영식 가옥이 새로운 병원 건물로 낙점되었다. 제중원 설립과정에는 알렌과 조선정부만 있었던 것이 아니라, 미공사관, 일본공사관, 청국공사관 등 다양한 세력들이 개입되어 있었다. 제중원은 알렌의 제안 및 병원 운영, 조선정부의 재정 지원이 결합해 탄생한 이원구조적 합작병원이었지만, 각 세력마다 입장차가 있었다. 예를 들어, 병원 건립을 중재했던 미공사관은 제중원을 한미우호의 상징이자 미국정부가 설립한 병원으로 간주하기도 했다.[22]

병원의 성격을 규정짓는 가장 중요한 근거는 제중원의 운영방침을 정한 「병원 규칙」과 「공립의원 규칙(公立醫院規則)」(1885. 4)이었다. 병원 규칙의 제정과정에는 일본공사관이 개입했는데, 「병원 규칙」의 제정과 수정 과정에는 알렌과 조선정부의 대립과 타협과정이 고스란히 드러나 있다.

외아문에서 알렌에게 보내온 「병원 규칙」 초안에는 조선정부의 입장이 많이 반영되었다. 조선정부의 관리를 병원 책임자로 임명하고, 병원 운영에 개입하는 관리를 별도로 두고, 병원에서 잡일을 하는 하인들의 역할까지 세세하게 규정하였다. 반면 의사들의 지위나 보수에 대한 규정은 명시하지 않은 채 의사들의 독립성을 인정해 주었다. 「병원 규칙」의 수정안은 「공립의원 규칙」으로 마련되었다. 수정안의 가장 큰 변화는 기존 병원 책임자 규정이 삭제된 것과 치료비는 회복되었을 때만 지급한다는 전통적인 방식에서 벗어나 치료비를 전원 지불해야 한다는 규정으로 바뀐 점이다.

「공립의원 규칙」에서 책임자 규정을 삭제했기 때문에, 제중원의 공식적

---

22) 신규환·박윤재, 앞의 책, 2015, 28쪽.

인 책임자는 없었다. 다만 외아문 독판 김윤식이 제중원 설립을 도왔고, 제중원의 중요사안을 외아문 독판과 협판이 결정했기 때문에, 형식적인 책임자는 외아문의 고급관리였을 것이다. 그러나 제중원의 운영을 실질적으로 책임진 것은 알렌 등을 비롯한 의료선교사들이었다. 알렌은 수차례의 설계도면을 작성하여 제중원의 공간을 서양의학적 시술공간으로 재편하였는데, 전통 병원에서는 찾아볼 수 없었던 수술실, 전염병실, 예방접종실, 화학실험실, 의학교 등을 새롭게 배치하였다.[23]

제중원의 재정구조는 이원화되어 있었다. 건물설비, 부식비, 의복비, 연료비 등은 조선인 주사들이 관리했고, 의약품비, 기구비, 발전기, 학교기자재 등은 알렌이 직접 관리했다. 알렌은 진료활동비 이외에 필요경비를 외아문에서 직접 받아 집행할 수 있었다.

제중원 운영에서 가장 어려운 점은 고정적인 재원이 없다는 점이었다. 조선정부가 제중원 운영에 필요한 자금을 대기로 했지만, 만성적인 재정적자에 허덕였다. 조선정부는 환자급식을 중단하거나 하인 고용을 중단하는 식으로 임의적인 재정운용을 했다. 이 때문에 의료선교사들과 제중원의 살림을 도맡았던 주사들 사이의 마찰과 갈등은 점차 고조되어 갔다.[24]

제중원 의사들과 주사들 사이의 긴장관계가 최고조에 이르게 된 사건은 1894년 4월 발생했다. 에비슨 원장이 며칠 왕진을 나간 사이, 어느 일본인 의사가 수술실로 쓰려던 방에서 진찰을 하고 있었다. 제중원의 재정난을 만회하고자 주사들이 수를 내서 월세라도 받으려는 셈이었다. 그러나 에비슨은 자신의 허락 없이 이런 일이 발생한 것은 조선정부와의 어정쩡한 관계가 빌미가 된 것으로 판단했다. 이를 계기로 에비슨은 조선정부와 담판을 짓기로 결심하고, 조선정부가 더 이상 제중원 운영에 일체 간섭해서는 안된다라며 제중원 운영에 관한 전권을 요구했다. 1894년 9월초, 에비슨

---

23) 신규환, 앞의 글, 2015.
24) 신규환·박윤재, 앞의 책, 2015, 46~51쪽.

이 미공사관을 통해 조선정부에 요청한 사항은 한 달도 지나지 않아 조선정부의 승낙을 받았다. 에비슨은 제중원 설립 9년만에 제중원 운영의 독자적인 권한을 확보했고, 제중원은 조선정부와의 불편했던 동거를 청산하고 선교병원으로 탈바꿈하게 되었다.[25]

알렌의 「병원건설안」에 등장하는 톈진(天津)의 시의원은 런던선교회의 맥켄지 의료선교사가 이홍장 부인에 대한 성공적 치료를 계기로 중국 역사에 등장하였다. 이홍장은 맥켄지의 진료활동을 돕기 위해 성외곽에 위치한 증국번(曾國藩, 1811~1872)의 사묘(祠廟, 즉 曾公祠)에 병원을 설치하고 이홍장 스스로 시의원이라고 칭하였다. 시의원의 설립 시기는 정확하지 않은데, 막씨(莫氏) 부인이 1879년 8월부터 한 달 동안 진료를 받고 치유되었고, 이홍장이 톈진에서 병원을 건립하고 막씨 부인을 치료한 의사가 사람들을 치료하고 있다는 기사가 1879년 9월 13일자『만국공보(萬國公報)』에 등장하고 있는 것으로 보아, 늦어도 9월초에는 이미 시의원이 개원한 것으로 보인다.[26] 시외곽의 증공사에서 급하게 개원한 시의원은 규모가 작고 맥켄지의 시내 숙소에서도 멀어 새로운 병원이 필요했는데, 1879년 11월 30일, 맥켄지는 이홍장, 지역 신사, 환자 등의 지원을 받아 톈진 시내의 자죽림(紫竹林)에 병원을 신축하게 되었다. 이 병원은 12월 2일 정식으로 개원식을 거행하였다.[27]

이 병원의 영어 명칭은 Viceroy's Hospital(總督醫院)으로 명명되었으며, 중국어로는 관의원(官醫院)으로 번역되었다. 외국인들이 부르는 '총독의원'이라는 명칭은 총독 개인이 지원하는 병원으로 이해된다. '총독의원'과 중국어 번역인 '관의원'과는 뉘앙스의 차이가 있다. 총독의원이 총독

---

25) 신규환·박윤재, 위의 책, 86~88쪽.
26) 「西醫神迹」,『申報』1879. 8. 30 ; 「李爵相建立醫院」,『萬國公報』1879. 9. 13.
27) 劉祺, 「馬根濟與西醫在近代天津的傳播(1879~1888)」,『歷史敎學』555, 2008年 第14期, 66~67쪽.

개인의 지원에 초점을 두고 있다면, 관의원은 관립병원 혹은 정부병원을
뜻하기 때문이다.

　의료선교사들 역시 총독의원이라고 부르는 것을 선호했던 것 같다.
시의원의 적지 않은 운영 비용을 총독 개인이 책임지고 있었고, 총독의원이
라는 명칭이 총독의 강력한 지원과 보호를 뜻하는 것이기 때문에, 병원의
보호와 안정적 운영에 도움이 된다고 판단했을 것이다. 그러나 총독의
재정지원이 총독 개인 자금에 의한 것인지, 아니면 중국정부의 공적
자금에 의한 것인지는 누구도 확인할 수 없었다.[28]

　톈진 사람들은 시의원(施醫院), 시의국(施醫局), 의약관(醫藥館), 시의양병
원(施醫養病院) 등으로 불렀다. 병원의 명칭만으로는 사람들이 이 병원을
어떤 병원으로 인식한 것인지 판단하기 쉽지 않다. 다만 일반인들이
총독의원이나 관의원이라는 명칭보다는 '시의국', '의약관', '시의양병원'
등의 명칭을 사용한 것은 '시의'라는 용어에서 보듯 무료라는 의미를
강조한 것이다. 이는 새로운 병원이 극빈층을 위한 의료 자선기구였다는
것을 뜻한다. 명칭만으로 보면, 시의양병원이라는 명칭에는 중국의 전통
적인 자선기관인 선당(善堂)과는 다른 뉘앙스가 존재한다. 선당은 지방의
유력자들이 출연한 기금으로 공적인 의료 구제활동을 전개해 온 곳으로,
일반적인 선당은 극빈층보다는 서민층과 중산층을 보호하는 기능을 가졌
다.[29] 그럼에도 불구하고 실제적으로 시의원이 무료로 진료 받는 극빈자만
을 위한 병원이었다고 보기는 어렵다. 시의원에 고위관료와 신사층 등
지방유력자들이 출연하고 있는 만큼 그들에 대한 치료활동도 불가피했을
것이기 때문이다.

---

28) Ruth Rogaski, "From Protecting Life to Defending the Nation : The Emergence of
　　Public Health in Tianjin, 1859~1953," Ph.D. diss., Yale University, 1996, p.120.
29) Angela Leung, "Organized Medicine in Ming-Qing China : State and Private Medical
　　Institutions in the Lower Yangzi Region," *Late Imperial China* 8-1, pp.134~166.

총독의원은 중국식 전통가옥인 사합원(四合院)에 건립되었으며, 진료실, 대기실, 약방, 수술실, 병실 등으로 구성되었다. 총독의원의 병상규모는 총 36명을 수용할 수 있었으며, 침대가 없는 캉(炕)으로 만들어졌다. 병실은 3명씩 입실할 수 있는 특실 4개와 24명을 수용할 수 있는 일반실 1개로 구성되었다.[30]

개원식에는 이홍장 이외에도 텐진의 고위관리들이 모두 참석했고, 영국, 독일, 러시아, 미국 영사 등 외교관들이 다수 참석했다. 개원식은 서양의학의 우수성을 알릴 수 있는 절호의 기회이기도 했다. 맥켄지는 각종 인체 해부학 모델과 도표, 외과 수술침대 및 의료기기 등을 전시하였다.

개원식에서 축하인사를 했던 영국 영사 브리스토우(Henry Barnes Bristow, 재임 1893~1897)는 서양의학의 중요성에 대해서 다음과 같이 언급하였다.

> 각하께서는 이미 군사 지도자로 최고의 명성을 얻고 계십니다. 미래에는 서양 의과학을 고무시킨 분으로 명성을 얻기를 바랍니다. 군사적 승리의 기억은 사망한 동료, 황폐화된 영토, 파괴된 작물 등에 대한 생각으로 항상 분함을 떨쳐버릴 수 없게 합니다. 그러나 현재의 병원과 같은 자선기관의 설립을 통해 연상되는 기억들은 고통과 슬픔을 경감시키는 것들입니다.[31]

외국인들에게 시의원의 개원은 서양의학의 우수성을 알릴 수 있는 기회로 여겨 축하했지만, 이홍장과 중국인 고위관료들로서는 중국인의 서양문화에 대한 개방성과 정부차원의 개혁의지를 서양사회에 알릴 수 있는 좋은 기회이기도 했다.

---

30) 劉祺, 「馬根濟與西醫在近代天津的傳播(1879~1888)」, 『歷史教學』 2008年 14期, 66쪽.
31) *North China Herald*, 9 December 1880.

시의원은 이홍장 개인뿐만 아니라 톈진의 관원, 신사층, 환자 등이 공동으로 출연한 기금으로 설립할 수 있었고, 맥켄지는 병원 운영을 책임졌다. 1885년 11월, 맥켄지가 런던선교회에 보낸 편지에 따르면, 병원과 의학교 수입의 2/3는 이홍장이 기부한 것이고, 나머지 1/3은 부유한 환자들의 진료비와 약품판매비로 구성되었다.[32]

1888년 4월, 맥켄지가 38세의 젊은 나이에 폐렴으로 사망하자, 6월 중순경부터 중국정부와 런던선교회는 병원의 소유권을 둘러싸고 논쟁을 벌였다. 중국정부의 실무책임자는 진해관도(津海關道) 주복(周馥, 1837~1921)이었다. 그는 이홍장의 막료로서 총독의원이 "총독이 설립하고 지원한 순전한 중국관료의 자선기관"이라고 주장하였다. 중국정부는 총독이 선교활동을 하지 않는다는 조건하에 병원을 지원한 것이라고 주장하였다. 미국 부영사 페씩(W. N. Pethick) 역시 맥켄지가 병원에서는 선교하지 않겠다고 이홍장과 약속했다고 주장했다.[33]

반면 런던선교회는 병원이 "순전한 중국관료의 자선기관(a purely Chinese official charitable institution)"인 적은 없었다고 주장했다. 왜냐하면 그 병원은 런던선교회의 부지에 세워졌으며, 런던선교회가 관리해왔기 때문이었다. 그들은 병원이 이홍장과 환자들의 기부금으로 설립된 것이며, 맥켄지는 병원과 의학교에서 급여를 받지 않았다고 주장했다. 이홍장의 지원은 맥켄지의 선교사업을 사적으로 도와준 것으로 보았다.[34] 그들은 맥켄지가 그 병원을 세속적인 기관으로 운영하는 것을 동의한 적이 없으며, 병원 내에서 선교활동이 계속되어 왔다는 것은 널리 알려진 사실이라고 주장했다. 그들은 병원이 "정부병원과 군진의학"용으로 전환된 것은 설립

---

32) Ruth Rogaski, "From Protecting Life to Defending the Nation : The Emergence of Public Health in Tianjin, 1859~1953," p.124.

33) 위와 같음.

34) 劉褀, 「馬根濟與西醫在近代天津的傳播(1879~1888)」, 『歷史教學』 2008年 14期.

자들의 원래 의도가 아니었다고 주장했다.[35)]

그렇다면 시의원은 어떤 성격의 병원이었을까? 시의원 건립 시 작성한 비문은 이에 대한 단서를 제공한다.

> 톈진은 본래 선정(善政)이 잘 이루어지는 곳인데, 육영당(育嬰堂)과 축리회(畜氂會 : 과부 구제기구) 등이 있어 백성들에게 선정을 베풀었으며 이런 기관들을 잘 갖추었다. 다만 시의(施醫)만은 결여하고 있었다. 총독께 서는 항시 우리에게 관심을 가지고 선정을 베풀고자 하셨는데, 백성을 사랑하는 마음에서 영국의사 맥켄지를 초청하여 증공사(曾公祠)에 건물 [館]을 설치하여 시의사약(施醫舍藥)하였다. 총독의 어진 마음은 헤아릴 길이 없다. 백성들이 병원이 너무 멀어 가기 어렵다는 것을 알고서 이에 곧 자죽림(紫竹林) 의우지방(醫寓之旁)에 양병원(養病院) 한 곳을 건립하게 하였다. 매년 필요한 경비는 총독께서 부담하여 베풀었다.[36)]

중국의 전통적인 자선기관들은 공익적 목적에서 지역사회의 신사들이 공동으로 출자하여 의료, 보육, 양로, 구제 등에 필요한 기관을 설립했다. 톈진도 이와 다르지 않았는데, 유독 의료자선기관은 부족한 상황이었다. 이에 시의원 즉 양병원을 건립했는데, 이런 기관들은 대체로 지방 유력자들과 관에 의한 협력의 산물이었다. 톈진의 경우에는 의료선교사인 맥켄지의 협력이 덧붙여졌다. 말하자면 비문은 시의원을 관신(官紳)에 의한 공동 출연과 의료선교사의 협력의 산물로 본 것이다. 이홍장 역시 총독의원 개원식에서 시의원 건립과정에서 맥켄지와 신사들의 공헌을 치하하고, 자신의 공적을 최대한 낮추었다.[37)]

---

35) Ruth Rogaski, op.cit., p.124.
36) 張燾, 『津門雜記』 卷下, 天津 : 天津古籍出版社, 1986, 125~126쪽.
37) 張燾, 『津門雜記』 卷下, 天津 : 天津古籍出版社, 1986, 126쪽 ; 「天津新建養病院開院記」,

반면 시의원에 대한 서양인들의 시각은 조금 달랐다. 상하이(上海) 지역 선교사인 알렌(Young Allen)이 창간한 『만국공보』에 따르면, "톈진양병원 (天津養病院)의 설립은 맥켄지가 시작한 것이며, 관신들을 도와 일의 시작과 끝을 이룬 것은 이홍장이었다"고 하였다.[38] 맥켄지는 "중국에서 선교병원 은 대부분 외국인의 지원으로 설립되었는데, 톈진에서는 예외적으로 중국인들의 모금으로 병원이 지어졌고, 경상비까지도 지원을 받았다"고 썼다.[39] 그의 일기에는 "총독께서 나에게 보답하기 원한다면, 나의 의료선 교사업을 돕는 것으로 보답해달라고 요청했다. 그러므로 나는 급여를 받지 않을 것이지만, 의료활동에 관한 모든 비용은 총독께서 부담할 것이다"라고 썼다.[40] 맥켄지 사후 선교부에서 병원기록을 검토할 때에도 병원운영비로 매월 200냥을 지원받았음을 인정했다.[41] 맥켄지는 의료선 교에 대한 자신의 논문에서 시의원에서 전개한 선교활동에 대해 소개하였 으며, 이홍장이 자신의 선교사업을 잘 이해하고 있다고 평가하였다.[42]

결국 중국정부와 런던선교회의 대립 이후 런던선교회는 시의원을 매입 하여 완전한 선교병원으로 전환하였고, 1924년 1월 서양식 근대병원으로 중건하면서 그 이름을 맥켄지기념병원(馬大夫紀念醫院)으로 하였다.[43]

『萬國公報』 卷621, 1881. 1. 1.

38) 「天津新建養病院開院記」, 『萬國公報』 卷621, 1881. 1. 1.

39) Mackenzie, "North China-New Hospital at Tientsin," M. F. Bryson, *John Kenneth Mackenzie : Medical Missionary to China*, London : Hodder & Stoughton, 1891, p.383.

40) M. F. Bryson, *John Kenneth Mackenzie : Medical Missionary to China*, London : Hodder & Stoughton, 1891, p.181.

41) 天津市海關, 天津市檔案館編譯, 『津海關秘檔解譯』, 北京 : 中國海關出版社, 2006, 256 쪽.

42) Mackenzie, "The Evangelistic Side of a Medical Mission," *The China Medical Missionary Journal* vol.1, 1887, pp.5~8 ; M. F. Bryson, *John Kenneth Mackenzie : Medical Missionary to China*, London : Hodder & Stoughton, 1891.

43) 신중국이 출범하면서 맥켄지기념병원이 선교병원의 성격을 더 이상 유지하기는 불가능했다. 1953년 이후 중국정부가 관리하면서 天津人民醫院으로 변모하였다.

1893년 12월 8일, 중국정부는 시의원 건너편에 더 큰 규모의 서양식병원을 설립했다. 톈진 저약시의 총의원(天津儲藥施醫總醫院)이 그것이다.44) 한 가지 흥미로운 사실은 시의원이 선교병원으로 확정되고, 중국정부가 별도의 관의원을 설립하게 되자, 부유한 중국인들은 더 이상 시의원을 찾지 않게 되었다는 점이다. 가난한 중국인들은 시의원을 찾았고, 반외세를 주창하던 관료와 상인들은 길 건너 관의원으로 향했다는 것이다.45)

중국정부와 런던선교회 사이의 논쟁과 대립에도 불구하고, 중국정부 혹은 선교부가 단독으로 시의원을 설립했다고 보기는 어렵다. 시의원은 중국정부뿐만 아니라 민간의 지원이 포함되었으며, 의료선교사들의 병원운영이 결합된 일종의 '삼원구조적 합작병원'이라고 평가해야 할 것이다. 다만 이러한 합작형태가 빈번한 일은 아니었기 때문에, 각 운영 및 지원 주체들은 시의원의 정체성을 자의적으로 규정할 가능성이 농후했던 것이다.

결국 시의원은 총독의원의 합작병원 시기를 거쳐 선교병원으로서 맥켄지기념병원으로 발전하였다. 시의원이 선교병원으로 발전하였기 때문에 중국에서는 시의원을 '중국 최초의 서양식 사립병원'으로 평가하고 있다. 이러한 관점에서 보면, 제중원은 '한국 최초의 서양식 사립병원'이라고 평가해야 할 것이다. 그러나 이러한 관점은 결과를 중시한 것이고, 병원의 초기 성격을 파악하기 어렵게 하는 문제점이 있다. 더욱이 신중국 성립 이후 맥켄지기념병원은 중국정부가 관리하는 톈진인민의원(天津人民醫院, 현재는 天津口腔醫院)으로 변모하였다. 또 다른 후속기관의 관점에서 보자면, 시의원은 공립병원 혹은 정부병원으로 재정의가 될 수도 있게

현재는 天津市口腔醫院으로 변모하였다. 2003년 발견된 新建養病院 石碑(1880년 제작)에서 博施濟衆이란 글씨가 확인되었다.

44) 周利成·王勇則 編, 『外國人在舊天津』, 天津 : 天津人民出版社, 2007, 150쪽.

45) Ruth Rogaski, "From Protecting Life to Defending the Nation : The Emergence of Public Health in Tianjin, 1859~1953," p.129.

된다.

따라서 근대 초기의 병원은 후속기관의 관점만으로 어떤 성격의 병원과 의학교로 전환되었는지를 추론하여 병원의 성격을 따질 것이 아니라 우선은 병원의 초기 성격이 어떤 성격을 가지고 후대로 계승되었는지를 살펴보는 것이 필요하다. 그런 다음에 운영 주체가 지속되었는지, 후속기관과는 어떤 관계인지를 따져볼 필요가 있다. 그런 점에서 제중원과 시의원은 의료선교사들의 병원 운영과 정부/민간의 재정지원이라는 이원/삼원적 구조를 가진 합작병원에서 선교부가 단독으로 운영하는 선교병원으로 전화된 사례로 생각된다.

2) 의학교의 성격 문제

알렌의 「병원건설안」에서 "이곳은 장차 조선 청년들에게 서양의학 및 공중위생학을 가르치는 기관이 될 것입니다."라고 밝힌 바 있다. 이것은 제중원 설립 초기부터 알렌이 의학교육을 염두에 두었음을 보여주는 대목이다. 「병원규칙」 및 「공립의원 규칙」 역시 학도를 몇 명가량 둔다고 규정한 바 있고, 1886년 초 헤론과 언더우드가 참여하면서 의학교육이 본격화될 수 있었다.

제중원의학당의 개교에 앞서 학생 모집은 외아문이 팔도에 공문을 내리는 형태로 이루어졌다. 조선정부는 학생 모집과 재정 지원을 담당했고, 의료선교사들은 학칙 제정과 학교 운영을 주도했다. 1886년 6월, 예정대로 12명의 학생들이 정규과정에 편입되었다. 그러나 알렌은 제중원을 떠났고, 헤론이 사망하면서 제중원 의학교육에는 먹구름이 드리웠다. 다른 선교사들도 각자의 업무 때문에 바빴다. 결국 제중원의학당의 의학교육은 결실을 맺지 못했다.

시의원 역시 의학교육을 실시할 의학관을 건립하게 되었다. 의학관에서 맥켄지는 자신의 의료선교를 도울 제자들을 양성할 수 있었고, 이홍장은 북양해군(北洋海軍)에 필요한 군의를 배출시킬 수 있다고 믿었다. 맥켄지의 제안과 이홍장의 허락 하에 미국유학을 계획했다가 귀국한 학생들 중에서 의학생을 선발할 수 있었다. 이와 같은 배경 속에서 1881년 12월 15일 정부가 지원하는 중국 최초의 3년제 의학교육을 실시하게 되었다. 1885년 에는 6명의 졸업생이 배출되었다. 따라서 중국 정부가 지원하는 최초의 서양식 병원과 의학교는 맥켄지와 이홍장의 공적이라 할 수 있다. 그런데 시의원과 달리 의학관은 민간의 지원이 크지 않았고 이홍장의 적극적인 지원 속에서 의학생을 교육했다. 맥켄지 스스로도 의학관을 '중국 최초의 관립의학교'라고 표현하였다.[46] 이 점은 후대인들이 의학관을 중국 최초 의 서양식 관립의학교라고 평가하게 된 결정적 계기가 되었다. 이홍장이 군의의 필요성 때문에, 의학생의 수급이나 재정 지원 등에서 적극적으로 지원했던 것은 사실이었다. 그러나 맥켄지를 비롯한 의료선교사들이 의학교육을 주도했던 만큼 관립의학교라는 평가는 성급할 수 있다.

그렇다면 제중원의학당과 의학관은 어떤 성격을 가진 것으로 평가할 것인가? 그리고 맥켄지가 의학관을 설립해서 졸업생을 배출했던 것과 달리, 제중원의학당에서는 왜 졸업생을 배출하지 못했나?

무엇보다 제중원의학당과 의학관 모두 병원과 마찬가지로 선교부와 정부의 이원구조적 성격을 갖고 있었다는 점을 지적할 필요가 있다. 의료선교사들은 의학교육을 통해서 자신들의 의료활동과 선교활동을 보조할 수 있는 조수들을 양성하고자 했고, 중국정부와 조선정부는 국가건 설에 필요한 군의 등의 인력을 양성하고자 했는데, 바로 이러한 상호간의 요구가 합치되어 의학교육이 실시될 수 있었다.

하지만 제중원의학당에서는 졸업생을 한명도 배출하지 못했다. 그

---

46) 위와 같음.

이유는 첫째, 제중원의학당 건립을 제안했던 알렌이 1887년 9월 선교사를
사직하고 외교관으로 변신하였고, 5년 동안 제중원을 지켰던 헤론이
사망하는 등 제중원의학당에서 안정적으로 의학교육에 전념할 수 있는
교수진이 확보되지 못했다. 둘째, 조선정부는 학생모집과 교사 확장 등
의학교육에 필요한 활동을 적극적으로 지원했지만, 청의 내정간섭과
제국주의 열강의 세력갈등 속에서 정치적 경제적으로 불안정한 상태였다.
이홍장이 전쟁준비를 위해 해군자금에서 의학교육을 지원했던 것과 달리
조선정부는 제중원의학당을 지원할 직접적인 명분과 의지를 결여했다.
바꿔 말하면, 조선정부는 중국정부처럼 의학교육에 적극적으로 개입하지
못했다. 셋째, 제중원의학당에 지원했던 학생들의 수준과 태도가 중국과
달랐다. 외아문은 팔도 관찰사들에게 14~18세의 똑똑하고 성실한 청년들
을 모집하라는 공문을 내렸다. 1886년 3월 경쟁시험을 거쳐 16명의 학생을
선발하였다. 1886년 6월, 이중에서 12명의 학생들만 정규과정에 편입시켰
다. 제중원의학당의 학생들은 의학교육의 선행요건으로 영어를 학습해야
했다. 의학교육의 성과를 내기 위해서는 최소 3~5년 정도가 소요되어야
했다. 이에 비해 의학관 학생들은 미국유학의 경험이 있는 영어가 유창한
학생이었다. 중국의학생들은 그만큼 의학교육에서도 앞서 나갈 수 있었다.
제중원의학당의 학생들은 의학교육이 느슨해지자 장차 의사가 되겠다는
기대보다는 영어와 서양학문을 통해 관직에 진출할 수 있는 기회를 넓히고
자 했다.47)

　이처럼 중국에서 의학교육이 시작한 지 3년 만에 성과를 낸 것과 달리,
한국에서 의학교육이 지지부진했던 것은 중국과는 대조적인 복합적인
요인이 작동했던 것으로 보인다. 1880년대 중반, 제자를 양성하기 위한
선교사들의 의지가 강력했거나 국가건설에 활용할 인적자원의 확보를

---

47) 趙承勳, 「韓國の西洋醫學教育におけるアメリカの役割と限界 : 1880年代を中心に」, 『尙
絅學院大學紀要』 58, 2009. 12, 12쪽.

위해 조선정부의 의지가 강력했다면 무언가 달라질 여지가 있었을 것이다. 선교사들의 의지는 1893년 내한한 에비슨 의료선교사의 의학교육을 통해서 실현되었고, 조선정부의 의지는 1899년 관립의학교의 개설이라는 다른 경로로 이루어지게 되었다.

4. 맺음말

시의원은 총독의원을 거쳐 맥켄지의 사망 이후 선교회의 소유권을 바탕으로 선교병원으로 발전하였고, 제중원은 에비슨의 운영권 회수 후 세브란스병원의 건립을 통해 선교병원으로 발전하였다. 중국에서 선교는 합법이었던 반면, 조선에서 선교는 불법이었던 상황은 달랐지만, 서양의학의 기적적인 치료효과를 계기로 총독과 왕실 등 최고 권력자의 신뢰를 얻을 수 있었다. 의료선교사들은 최고 권력자의 지원을 받은 서양식 병원을 통해 서양의학의 권위가 더 높아지고 의료선교가 더 안정적인 기반을 확보할 수 있기를 기대했다.

시의원과 제중원의 성격에 대해서는 당대와 후대에 걸쳐 여러 논란이 있었지만, 두 병원 모두 의료선교사의 제안 및 의료진 지원과 정부/민간의 재정 지원 등이 결합된 이원/삼원 구조적 합작병원이었으며, 병원의 운영권과 소유권 이전 등을 바탕으로 선교병원으로 발전했다고 보는 것이 타당해 보인다.

시의원은 제중원과 달리 중국의 전통적인 자선기관 운영방식에 따라 신사층 등 지방 유력자들이 병원의 건립과 운영을 지원했던 것으로 보인다. 그러나 지방 유력자들이 병원이나 의학관의 운영을 좌우할 정도로 적극적으로 개입했던 흔적은 찾기 어렵다. 아마도 지역사회의 자선활동에 대한 지방 유력자들의 최소한의 관심을 반영한 것으로 생각된다. 시의원의 경우 민간의 개입이 없지는 않지만, 최고 권력자인 이홍장의 직접적인 보호와 지원이 시의원의 운영에서 더 큰 역할을 차지했던 것으로 보인다. 그러나 시의원의 운영은 맥켄지의 주도로 이루어졌고, 병원 운영 자체에 권력자가 개입할 여지는 크지 않았다.

병원이 단지 최고 권력자의 지원을 받았다고 해서 관립병원이나 국립병원이 된다는 주장은 설득력이 없다. 더욱이 시의원이나 제중원 모두 결국은 운영권이 선교부로 이전됨에 따라 정부와의 관련도 청산되었다. 다만 중국에서는 선교부 소유 대지에 시의원을 건립하였기 때문에 선교부가 시의원을 매입하고 보상하는 형식으로 소유권 문제를 해결하였다. 한국에서는 중국과 같은 소유권 갈등을 우려한 조선정부가 정부 소유의 대지에 병원을 건립하는 것에 난색을 표했기 때문에, 소유권 문제가 없는 별도의 지역에 새병원을 건립한 후, 기존 병원을 반환하는 절차를 밟았다. 두 병원 모두 병원 운영진과 선교병원의 정체성은 그대로 유지되었기 때문에, 병원의 이전이나 소유권의 변화로 인해 병원의 성격이 달라진 것은 아니었다.

반면 의학교의 성격에 대해서는 향후에도 다소의 논란이 예상된다. 제중원의학당의 경우 졸업생을 배출하지 않았기 때문에, 그것이 어떤 성격의 의학교였는지에 대해서는 논란이 없었다. 의학관의 경우에는 초기부터 중국정부가 의학교 운영에 깊이 관여하였고, 그것이 북양의학당으로 계승된 까닭에 중국 최초의 관립의학교로 평가하려는 경향이 있다. 그러나 의학관 역시 선교부와 중국정부의 합작에 기초한 의학교로 각자의 의도와 열망이 결합되어 출범했던 것이다. 따라서 어느 한쪽이 일방적으로 배제되어 나가기 전까지 그것이 일방의 독자적인 성격의 의학교라고 규정짓는 것은 무리한 주장이라고 생각된다. 의학관 역시 선교부와 중국정부의 합작의학교에서 시작되어 관립의학교로 재편되었다고 평가해야 한다고 본다.

중국과 비교해 볼 때, 제중원의학당에서 왜 졸업생이 배출되지 못했는지 생각해 보는 것은 제중원의학당에 대한 선교부와 정부의 태도와 세력관계를 엿볼 수 있는 방법이기도 하다. 중국과 같이 군의를 양성하여 국가건설에 활용하겠다는 정부의 의지가 강력했다면 졸업생을 배출할 수 있었을 것이다. 조선정부는 선교부의 의향에 전적으로 의존해야 하는 상황이었고, 의학교육에 적극적으로 개입하지 못했다. 조선정부가 서양의학교육에 적극적인 관심을 나타냈던 것은 1899년 이후였다. 그나마도 대한제국은 병원운영이나 의학교육에서 동서의학을 병용하려는 구상을 가지고 있었기 때문에, 의학교 역시 동서의학을 병용할 계획이었으나 점차 서양식 의학교육을 실시하는 것으로 변화된 것이다. 이런 점에서 본다면, 제중원 의학당 내에서 선교부와 조선정부와의 세력관계는 상대적으로 조선정부의 역할이 강하지 못했다는 반증으로 볼 수도 있을 것이다.

〈참고문헌〉

1. 자료

「朝鮮政府京中建設病院節論」

『세브란쓰』

『연보』 1, 서울대학교 의과대학 부속병원, 1964.

『朝鮮總督府醫院 第13回 年報』, 1926.

『申報』

『萬國公報』

North China Herald

The China Medical Journal

Mackenzie, "North China-New Hospital at Tientsin," M. F. Bryson, John Kenneth Mackenzie：
　　　　Medical Missionary to China, London：Hodder & Stoughton, 1891.

2. 논저

「광혜원은 분명 연세의 효시, 사실 입증할 주본존안 발견」, 『연세춘추』 1998.
　　　　3. 30.

김상태, 『제중원 이야기』, 서울：웅진지식하우스, 2010.

박형우, 『제중원』, 서울：21세기북스, 2010.

박형우·박윤재, 『사람을 구하는 집, 제중원』, 서울：사이언스북스, 2010.

서용태, 「1877년 부산 제생의원의 설립과 그 의의」, 『지역과역사』 28호, 2011.

서울대학교 의과대학, 『서울대학교 의과대학사(1885~1978)』, 서울대학교 의과대
　　　　학, 1978.

서울대학교병원 병원역사문화센터, 『한국 근현대 의료문화사 1879~1960』, 서울：
　　　　웅진지식하우스, 2009.

신규환, 「근대 병원건축의 공간변화와 성격：제중원에서 세브란스병원으로의
　　　　변화를 중심으로」, 『역사와경계』 97, 2015.

신규환·박윤재, 『제중원·세브란스 이야기』, 서울：역사공간, 2015.

여인석 외, 『한국의학사』, 서울：의료정책연구소, 2012.

여인석·신규환 지음, 『제중원 뿌리논쟁』, 서울 : 역사공간, 2015.

『의학백년』, 서울 : 연세대학교출판부, 1986.

황상익, 『근대의료의 풍경』, 서울 : 푸른역사, 2013.

_____, 『한국 최초의 근대식 국립병원, 제중원 그 역사와 신화』, 서울 : 여백, 2015.

『天津通志·科學技術志』, 1994.

羅澍偉 編著, 『引領近代文明 : 百年中國看天津』, 天津 : 天津人民出版社, 2005.

梁碧瑩, 「嘉約翰與西醫學在中國的傳播」, 『中山大學學報』(社會科學版), 1996年 第3期.

李傳斌, 「李鴻章與近代西醫」, 『安徽史學』, 合肥 : 安徽省社會科學院, 2001年 第3期.

余新忠·楊璐瑋, 「馬根濟近代天津醫療事業考論 : 兼談馬大夫與李中堂興醫的訴求歧異與
　　　　相處之道」, 『社會科學輯刊』 200, 2012年 第3期.

劉祺, 「馬根濟與西醫在近代天津的傳播(1879~1888)」, 『歷史教學』 555, 2008年 第14期.

張濤, 『津門雜記』 卷下, 天津 : 天津古籍出版社, 1986.

張紹祖, 「英國醫生馬根濟與馬大夫醫院」, 『每日新報』 2010. 12. 27.

周利成·王勇則 編, 『外國人在舊天津』, 天津 : 天津人民出版社, 2007.

陳祉生, 『絶版李鴻章』, 文滙出版社, 2009.

天津市海關, 天津市檔案館編譯, 『津海關秘檔解譯』, 北京 : 中國海關出版社, 2006.

趙承勳, 「韓國の西洋醫學教育におけるアメリカの役割と限界 : 1880年代を中心に」, 『尙絅學
　　　　院大學紀要』 58, 2009. 12.

Chan, Chi-Chao. "The First Western-Style Hospital in China," *Arch Ophthalmol* 129(6), June 2011.

Gulick, Edward V., *Peter Parker and the Opening of China*, Harvard University Press, 1973.

Leung, Angela. "Organized Medicine in Ming-Qing China : State and Private Medical Institutions in the Lower Yangzi Region," *Late Imperial China* 8-1, 1987.

Rogaski, Ruth, "From Protecting Life to Defending the Nation : The Emergence of Public Health in Tianjin, 1859~1953," Ph.D. diss., Yale University, 1996.

Yu Xinzhong and Yang Luwei, "A Study on Mackenzie and His Medical Career in Tianjin in Modern China," 연세대학교 의학사연구소 엮음, 『동아시아 역사 속의 선교병원』, 서울 : 역사공간, 2015.

근대 지식의 구축과 미션스쿨의 좌표
: 연희전문학교 도서관 기증사를 중심으로

김 성 연

1. 서론

1976년 한 일간지에는 다음의 기사가 실린다.

신라시대 명필 김생에서부터 이조말까지 역대명필 808명의 친필 서간
문을 엮은『동현진묵』40권과 조선시대의 야사를 집재성한 김재로(金在魯)
의『난여(欄餘)』16권 및 한국 수학 역사의 귀중한 자료가 될『홍길주
문집』21권 등 희귀본 77권이 9일 연세대 도서관 고서정리 작업 중 발견됐
다. 국내에서 처음 발견된 희귀본 중『동현진묵』은 지난 36년 전남 곡성
곡성면 읍내리 정봉태씨가 당시 연희전문학교에 기증한 것으로 밝혀졌으
며『난여』등 다른 서적들은 기증자나 보관 경위가 확실치 않다. (중략)
40권씩이나 보존돼왔다는 것은 놀라운 일이며 국내 최대의 고문집이
아닌가 보여진다. (후략)[1]

---

1)「역대명칠 808명 친필서간문집『동현진묵』40권 발견」,『동아일보』1976. 3.
9.

김생, 최치원, 정찰, 이항복 등의 친필서간문이 실려[2] "국내 최대의 고문집"이랄 수 있는『동현진묵』을 비롯한 몇몇 희귀본이 40년 만에 연세대학교 도서관 고서정리 중 "발견"되었다는 보도이다. 기사에 따르면 40년간 그 존재조차 몰랐던『동현진묵』의 출처는 밝혀졌지만 나머지 도서들은 "기증자나 보관 경위가 확실치 않"다. 이 기사는 몇 가지 질문을 불러일으킨다. 총독부 취조국이 전국의 주요 고문서들을 접수하며 제국의 도서관을 구축해가던 식민지 시기,『동현진묵』은 어떻게 사립학교 미션스쿨에 유입된 것일까? 오늘날 실증적 연구의 연구 대상, 목적, 방법론에까지 영향을 미치기도 하는 대학 도서관 고문서실의 문서들은 애초에 어떠한 방법과 목적에 의해 구성된 산물인가? 도서관 연혁에는 "13개 문고 설치"라고 서술되어 있는 것이 전부인 '1930년대'에는 무슨 일이 있었던 것인가? 제국 일본과 총독부가 주도한 식민지 시대 도서관 정책사는『식민지의 도서관』에서[3] 그리고 연희전문도서관의 연혁과 관련 정보는 시기별로 간행된 연세대학교사를 통해 개략적으로 알 수 있다.[4] 또한 연희전문도서관과 경성제국대학 소장 영문학 서적에 관한 비교 연구와 같이 특정 전공 영역에서 산출된 구체적 성과도 있다.[5] 이제 이들 선행 연구를 바탕으로 연희전문이 미션스쿨로서 식민지 조선 사회에서 확고한 자리를 구축하게 되는 과정을 도서관사를 통해 보다 면밀히 살펴볼 필요가 있다.

본 논문은 미셸 푸코가『지식의 고고학』에서 내비친 문제의식을 공유한

---

2) 「『동현진묵』 등 발견, 연대도서관서 고서 정리하다」,『경향신문』1976. 3. 10.

3) 카토 카츠오, 카와타 이코이, 토조 후미오리 지음, 최석두 옮김,『식민지의 도서관』, 한울, 2009.

4) 연세대학교백년사편찬위원회,『연세대학교 백년사』, 연세대학교출판부, 1985 ; 연세대학교출판부 편,『연세대학교사 1965』, 연세대학교출판부, 1969.

5) 윤혜준, 「연희전문 도서관 소장 영문학 서적의 규모와 면모」, 연세대학교 학풍사업단,『일제하 연세학풍과 민족교육』, 혜안, 2015.

다. "한 사회의 한 문화의 문서고를 충분히 기술하는 것", "우리의 고유한 문서고를 기술하는 것"은 사실상 불가능하다.6) 할 수 있는 것은 '그 출현의 양식을, 실존과 공존의 형태를, 그 축적과 역사성과 소멸의 체계를 밝히는 것'이다. 도서관은 고유성이나 총체성을 구현하는 '신성한 문서고'가 아닌 '구성된 문서고'인 셈인데,7) 그렇다면 '누가, 무엇을, 보존과 연구의 가치가 있는 지식 산물로 분류하고 기록으로 보존하기 시작했는가?'라는 질문이 유효할 것이다.

이러한 문제의식 하에 식민지 시기 연희전문학교 도서관 장서 구축의 실체를 조명하고자 한다. 이는 식민지 시기 문서의 이동과 집합의 현장을 가시화하는 작업일 뿐 아니라 장서 보유 규모가 학교의 존재감을 대변하던 20세기 초반 풍토 속에서 연희전문학교가 사회 내 고등교육 기관으로서의 정체성을 형성해가던 방식을 규명한다는 의의도 있다. 기독교, 그리고 서양 자본과 분리될 수 없던 미션스쿨인 연희전문학교는 한학 전통인 식민지 조선 사회에서 어떻게 지식의 문서고로 뿌리내릴 수 있었는가?

---

6) 미셸 푸코 지음, 이정우 옮김, 『지식의 고고학』, 민음사, 2000, 188~189쪽. 푸코는 『지식의 고고학』에서 언설화된 지식들이 '충분히 납득되지 않는 기준'(예컨대 책, 작가, 장르, 근대 학문분과 등)에 의거하여 분리되며 구조화되어온 관습적 역사를 비판적으로 접근하며(2장, 언설적 규칙성) 이러한 문서들의 집합체인 도서관을 한 문명의 '전통과 망각'의 장소로서 주목한 바 있다(3장, 언표와 문서고).

7) Stoler, Ann Lauren, "Colonial Archives and the Art of Governance," *Archival Science* 2, Kluwer Academic Publishers, 2002, pp.87~109.

2. 식민지 시기 미션스쿨의 문서고 형성 과정

1) '학교/college'에서 '대학/university'으로

1938년 연희전문학교 도서관장 이묘묵은 연희전문 도서관에 관한 기사를 시작하며 서두에 다음의 경구를 인용했다.

> "책에는 과거의 영혼이 담겨 있다 : 그곳으로부터 과거의 목소리가 또렷이 들리니, 오늘날 진정한 대학이란 책들의 집합소나 다름 없다.
> ―칼라일―"8)

"진정한 대학"은 곧 "책들의 집합소"와 등가를 이룬다는 19세기 칼라일의 발화는 20세기 전반기 식민지 조선에서도 유효했다. 출판의 시대에 문서를 대량으로 소장하는 장치로서의 도서관은 필요했고, 대학은 부속시설로 전문적 도서를 집적한 도서관을 발전시켰다.9) 대학의 위상을 도서관 장서 규모로 견주는 발상은 국력을 잠수함 보유 대수로 측정하던 1차 세계대전 이후의 사고구조와 다를 바 없었다. '대학'이 아니었던 연희전문 '학교'는 '종합대학'으로 승격하고자 했는데 이 목표와 결합되어 '도서관 장서 증가 운동'을 전개하기에 이른다. "대학의 존재와 그 존재 이유를 증명해야 할 필요성이 대학 아카이브를 만들어" 내기 시작한 것이다.10)

---

8) 인용자 번역. M. M. Lee, "The Chosen Christian College Library," *Korea Mission Field*, 1938. 8, p.179. 이 잡지는 아래부터 *KMF*로 표기한다.

9) 요시미 순야 지음, 서재길 옮김, 『대학이란 무엇인가』, 글항아리, 2014, 32쪽.

10) 전상숙, 「대학 Archives란 무엇인가 : Archives의 개념과 내용」, 『한국도서관 정보학회지』 32권 2호, 2001, 296쪽. 오늘날은 아카이브와 도서관이 구분되지만, 대학 아카이브가 독립된 역할을 수행하게 된 것은 서구에서도 1950년대 이후의 일이다. 식민지 조선의 대학(혹은 고등교육기관에 준하는 학교) 도서관 역시 아카이브와 분리되지 않는 복합적 기능을 수행한 공간이었으며, 사실상 대학/학교 도서관이야

선교사 언더우드는 1910년 경성에 신학교육을 전문으로 하지 않고, 비기독교 신자도 받아들이는 '종합 대학'을 육성할 것을 선교부에 제안하는데 이로 인해 선교부 내에서는 논란이 벌어졌다. 특히 평양에서 교육자 및 교회 내의 지도자 양성을 목표로 숭실학교를 운영하던 모펫(S. O. Moffett) 목사와는 교육 사업의 지향점이 정면으로 배치되었다.[11] 모펫은 교양교육에 충실한 전문학교(College) 정도가 조선 내 미션스쿨로서 적합하다고 보았고 언더우드는 종합대학(University)을 통해 교파연합적인 미션스쿨을 세워 비기독교인도 포용하고 일반 교육기관으로서 조선 사회에 기능하도록 해야 할 필요가 있음을 강조했다. 논란의 초점은 선교부가 조선의 고등교육 사업을 통해 어떤 엘리트를 양산하고자 했는지에 대한 의견 차이, 그리고 '선교-교육-의료-출판' 등의 영역에서 진행되었던 선교부 활동의 선택과 집중의 문제에 있었다. 이러한 혼란 속에서 언더우드가 설립한 교육기관은 예수교학당, 경신학교 등으로 교명을 바꾸며 김규식·안창호 등을 배출하다가 1915년 조선기독교학교(Chosen Christian College)로 거듭났다. 1917년에는 연희전문학교라는 사립전문학교로 인가를 받은 'College'였으며 1932년 5월에도 대학 예과에 해당하는 학교로 경성제국대학 진학예비교와 동등한 자격을 얻는 데 그쳤지만[12] 설립 초기부터 문과와 수물과를 갖추어 종합대학(University)으로의 도약을 모색하고 있었던 것이다.

2차 교육령에 의해 법률상으로는 조선에 대학 설립이 가능해지고 1924

말로 다수의 공중에게 열람될 것을 목표로 하지 않고(1929년부터 일반인 열람을 제한적으로 허용) 특정 문헌을 입수하고 평가하며 보존에 치중하는, 그리고 소수의 전문 연구자에게만 공개를 하는 특성이 있었으므로 아카이브에 근접한 공간으로 볼 수 있다. 이에 본 논문에서는 '지식 아카이브'를 식민지 시기 대학/학교 도서관을 가리키는 용어로 사용했다.

11) 정선이, 「1910년대 기독교계 고등교육의 특성―숭실과 연희전문을 중심으로―」, 『교육사학연구』 19집 2호, 2009. 12, 92~94쪽.

12) 연세대학교 국학연구원 편, 『연세국학연구사』, 연세대학교 출판부, 2005, 12, 21쪽.

년 경성제국대학이 설립되면서 연희전문은 대학 승격 요건을 충족시키기 위한 구체적인 사업에 착수한다. 그중 연희전문학교가 적극적으로 펼쳤던 사업이 바로 도서관 규모 확대였다. 총독부의 대학 도서관 장서 기준이 5만권이었으므로 이를 충족시키기 위해 1932년 7개년 목표 5만 장서 달성 캠페인을 벌이기 시작한다. 1919년 12월 1,344권, 1928년 12월 6,591권이던 장서수는 1933년 3월 24,798권으로 증가하는데, 15년간 모았던 장서의 3배에 해당하는 양을 4년 동안 집중적으로 수집한 셈이다.[13] 그리고 여세를 몰아 2년 후 1935년 1월에는 44,633권을 확보하여 1930년대 초반에만 4만여 권 가까이 장서를 모았다.

그런데 현존하는 도서관 소장 도서들을 조사하는 것만으로는 식민지 시기 도서관 장서의 실체를 온전히 밝힐 수는 없다. 우선, 분실과 도난이 빈번했을 뿐더러, 6·25로 도서관 서적의 3분의 1이 소실되고 나머지 절반도 파손되었다.[14] 또한 식민지 시기 출판된 서적이 해방 이후에 도서관으로 유입된 경우도 있다. 따라서 식민지 시기 도서관에 존재했던 장서만을 파악하는 작업은 당시 현황을 기록한 문서에 의존할 수밖에 없는데 도서관의 운영에 관한 상세한 기록이 담긴 문서는 현존하지 않는다. 따라서 다음 절에서는 그 퍼즐을 맞추어본다.

2) 1930년대 개인문고의 형성

현재 190만 장서를 보유하고 있는 연세대학교 도서관은 1915년 언더우드(H. G. Underwood) 선교사가 230권을 기증한 도서를 바탕으로 중앙기독교청년회관에서 시작했다. 이후 1924년 학관(현 언더우드관) 3층으로

---

13) 연도별 장서량은 연세대학교백년사편찬위원회, 『연세대학교 백년사』, 연세대학교출판부, 1985, 187쪽.
14) 연세대학교출판부 편, 『연세대학교사 1965』, 연세대학교출판부, 1969, 656쪽.

옮겼는데 당시 장서 수는 5,797권에 불과했다.[15) 이러한 도서관 규모가 대폭 확대된 것은 앞서 언급했다시피 1930년대에 이르러서이다. 1929년 연희전문학교는 1935년까지 '완전한 종합대학'을 세우고자 7대 신사업에 착수했는데 그 중 하나가 바로 '민간기관으로 가장 완전한 도서관을 만드는 것'이었다.[16) 이후 연희 개교 25주년이 되는 1939년까지 5만권 도서를 채집하여 민간대학 도서관 표준부수를 충족시키기로 한다.[17) 그리고 연희전문은 목표한 1939년 이전에 이미 5만 장서를 확보하게 되어 중도에 목표를 10만 장서로 바꾼다.[18)

그런데 이렇게 성공적으로 진행되던 도서관 사업은 그 자금 확보 방식에 있어서 학교의 다른 사업과는 다른 부분이 있었다. 1938년이면 언더우드와 선교사들은 미국에서 '대연전' 5개년 계획으로 도서관, 강단, 실험실 신축 사업을 위한 기금 마련을 도모하는데, 이 중 50만권 서적을 보유할 수 있는 규모의 도서관 건립 예산으로 30만원을 책정했다. 그리고 이 도서관 신축 기금만큼은 "조선문화의 직접 인연을 맺지 않을 수 없는 것인 만큼 그 경비의 일부만이라도 조선사회의 보조를 얻어 볼 방침"을 세우고 있었던 것이다.[19) 즉, 운영 자금의 대부분을 선교부나 영미권의 기부금, 모금액에 의존했던 미션스쿨이지만 '도서관 사업' 만큼은 조선 문화와 밀접한 것으로 인식했고 따라서 그 자금 지원 역시 조선사회에서 받아야 부분이 있음을 강조한 것이다. 또한 연희전문은 당시 다른 학교와는 달리 신입생에게는 도서비를 징수했다.[20) 즉 도서관 사업은 자금과 운영에

---

15) 연세대학교 학술정보원 홈페이지 연혁, 『연세대학교사 1965』, 324쪽.

16) 「4백원 거자로 연희전문교 대확장」, 『동아일보』 1929. 3. 28.

17) 「연전 교외활동을 개시, 특색있는 허다한 계획」, 『동아일보』 1933. 1. 1.

18) Ernest Fisher, Ph.D, "The Chosen Christian College Library", KMF 1933. 9, pp.177~180.

19) 「문화건설도상의 조선 2」, 『동아일보』 1938. 1. 3.

20) 『연희전문학교일람』, 1931, 27~28쪽(김용성, 「사상이 있는 도서관」, 『인문과학연구논총』 24호, 명지대 인문과학연구소, 2002. 8. 재인용).

있어 미션스쿨의 다른 사업에 비해 조선인에의 의존도가 컸다. 1930년대 초반까지 도서관 책임자는 서양인 교수였지만 실무진은 조선인이었으며 이후 1930년대 도서관장은 지속적으로 조선인이 맡고 있었다.

이런 연희전문의 도서관 운영 사업은 기증을 통한 '개인문고' 확충을 중심으로 이루어졌다. 물론 개인의 도서 기증과 개인문고 개설 사업이 연희전문 도서관에서만 있었던 것은 아니었지만 이를 적극 진행하며 두드러지는 성과를 거둔 것은 사실이었다. 1970년대 국립중앙도서관은 김두종 박사의 장서 5천여 권 기증으로 첫 개인문고인 「일산문고」를 개설하며 앞으로 개인문고를 증가시킬 계획을 공표했는데 이를 소개하는 기사는 '개인문고' 설립의 원조로 연희전문 도서관을 꼽고 있었다.[21] 이 기사는 에비슨 교장 기념 문고와 기독교계 유지의 개인 장서로 이루어진 10개의 개인 문고를 언급했지만, 다른 기록들을 참조하면 기증 문고의 수는 그 이상이었고 선교사나 기독교계 인물들만 기부한 것도 아니었다.

그런데 이런 기증문고의 경우에는 ① 누가 문헌의 수집을 주도했는지, ② 어떠한 방식으로 기증이 이루어졌는지, 그리하여 ③ 확보한 도서의 종류는 무엇이며 그 의의는 무엇인지 등을 한눈에 알 수 있는 문서가 부재할뿐더러 그에 관한 정리도 이루어져있지 않다. 가장 기본적 사항인 ④ 기증자와 ⑤ 기증 시기, ⑥ 장서수량조차도 지면에 따라 기록이 상이한 경우가 있다. 따라서 이러한 사항들을 파악하기 위해 연희전문학교 운영보고서(「연희전문학교 상황보고서」, 영문 연간 보고서(*Chosen Christian College Bulletin*)와 연희전문학교 정기간행물(『연희동문회보』, 『연희타임즈』), 선교사 영문 잡지(*Korea Mission Field*), 그리고 일간지(『동아일보』, 『경향신문』) 등을 참조, 대조하며 <표 1>을 구성했다. 이들 자료에 따라 이름, 수량, 기증도서에 관한 정보가 다르게 기입된 경우에는 각주로 그 차이를 기록했으며 표에 기록한 정보의 출처를 괄호로 표기했다.

---

21) 「김두종 박사가 국립도서관에 필생의 장서 기증」, 『동아일보』 1970. 3. 11.

〈표 1〉 연희전문학교 도서관 기증 문고 목록

No.	년도	기증문고	기증 방법	기증 문서 종류
1	1915/ 1935	원두우 문고22)	1915 : 원두우(H.G.Underwood)가 230권 기증. 1935 : 원한경(H.H.Underwood)이 원두우 장서 3,000권을 기증. 그가 미국 휴가 시 2,000여권을 구입하고 조선인과 미국 동료들에게 기부 받은 책이 당시 도서관 소장 도서의 10분의 1을 이룸.	원두우 컬렉션에 관해서는 트롤로프 주교(Bishop Trollope)가 정리한 기록이 있음. 한글, 한문/중국어로 된 Korea에 관한 진귀본이 다수이며 이것이 동양문고의 근간이 됨. 원한경은 주로 영미도서를 기증(KMF, CCCB).
2	1929	우애회 문고	1929년 창립된 연희전문 조선인 교직원회인 '우애회'가 매년 100여원어치의 도서 기증.	1935년까지 Korea에 관한 귀한 도서와(KMF) 조선어 서적(『연희타임즈』) 200여 권 수집됨.
3	1931	동문회 문고	1931년 설립된 동문회가 기증을 통해 2,566권23)의 문고를 구성했고 이 중 Dr.이DW이 1,711권을 기증(KMF).	
4	1931	남강문고	전남 해남군 남강 이재량의 아들 4명이 아버지를 기리기 위해 『이조실록』 구입금으로 6천원을 기부. ※ 상과 이순탁 교수가 관여.	『이조실록』 전집(888권)(KMF). 게이조대학(경성제국대학)에서 정가 6천엔(3천불)으로 20세트를 출판했던 『이조실록』을 소장하여 연구 도서관으로서의 위상 확보(CCCB, 1937.9).
5	1932.5.	어비신 문고	1931년 에비슨 교장이 미국에 돌아갔을 때, 연희전문 동문과 교직원이 그를 기념하기 위해 1,000엔으로 도서관 건축을 위한 에비슨 기금을 설립하고 그 이자로 300여권의 책을 구입(CCCB, 1937.9, KMF). 에비슨이 Dr. Hirst나 Mr. Bunker에게서 받은 서적과 함께 자신의 소장 도서도 기증「약진하는 연희도서관」, 『연희타임즈』 1935. 9. 1).	에비슨은 경제적 문제를 종교적으로 해결하는 데 관심이 있었으므로 그의 관심사를 반영하여 도서관 소장 도서를 구성함(KMF).
6	1932.6.	유당문고	서울 민태식(閔台植)이 아버지인 유당 민영달(경기도 고양군 용강면 동말리)의 소유였던 24편의 중국역사서 765권과 그 밖의 1,636권 책을 기증(CCCB, 1937. 9). ※ 상과 홍승국 교수를 통해(KMF).	
7	1932.9.	좌옹문고	윤치호가 230권 기증. 도서구입기	각종 잡지 창간호 180권 (first numbers

			금 2천원 기부로 800권 책과 180종 잡지 구입(KMF). ※ 유억겸씨를 통하야(「연희전문학교상황보고서 1932」24)).	of magazines). 『황성신문』과 『독립신문』 초기 간행물(KMF). 철학과 정치에 관한 독일어 서적 180권(『연희타임즈』).
8	1931	카네기문고	1931년부터 1935년까지(「연희전문학교 상황보고서」에서 확인된 기간) 카네기 세계 평화 재단으로부터 매해 30~40권 내외의 책. 1933년까지 200~300권과 팜플렛을 기부 받음(KMF).	정치가나 외교관의 저서나 팜플렛을 비치하여 전략적 요충지인 서울이 국제평화에 이바지하는 데 도움이 되는 도서 목록을 구성하기로(CCCB, 1937. 9).
9	1932. 9.25)	정씨문고 (묵용실 문고)	전남 곡성의 대표적 장서가이자 한학자 집안인 정봉태 가문이 대대로 수집한 고서 중 9,058권 기증. ※ 정인보, 이순탁 교수가 관여 (KMF).	『동현진묵』 (『동아일보』 1932. 9. 29)26)
10	1934.9.	탁사문고	(고)최병헌 목사와 최재학의 소장도서 전부를 가족이 기증.	1,800여 권의 종교, 문학 서적과 정기간행물 희귀본(CCCB, 1937. 9).
11	1934. 10.	해관문고	(고)김일선(金一善)이 소장도서 중 대부분인 1,214권 기증.	Korea의 법과 의약에 관한 책도 포함 (KMF, 1938. 8).
12	1935	한씨문고	한상억(韓相億)27)이 아버지 남작 한창수(韓昌洙)28)를 기리기 위해 그의 장서 6,540권을 기증. ※ 유억겸이 도서관 규모 확장을 위해 이 기증 작업에 적극 관여(유억겸의 부교장 재직 기간 : 1934~1938).	가치있는 고문서들이 상당량.
13	1935	규당문고	영동의 송복헌이 3천원을 기부하여 이자로 책을 사다.(『동아일보』 1970. 3. 11)29)	
14		Teachers College Gift	컬럼비아 대학 학생들이 매년 'Christmas Chest'로 500엔씩 2년간 도서관 기금으로 지급(CCCB, 1937. 9, p.349).	
15		백사당 문고	양주삼 박사가 442권 기부(『연세대학교백년사』, 1985, 186쪽. CCCB 1937. 9).	
16	1941	성공회문고(Landis Collection)	1941년 태평양 전쟁 전후로 영국 성공회 선교사들이 성공회문고를 연희도서관에 영구 보존 기증.	

22) 1935년 원한경이 기증하며 문고 이름이 생김.
23) KMF(1933.9)에는 2,566권이나 CCCB(1938. 9)에는 3,308권으로 기록.

연희전문학교 도서관에서는 1930년대에 15개 내외의 개인문고가 설립되었고 1930년대 초반에만 4만여 장서를 기증받았으며[30] 이는 주로 조선의 고문헌과 영미권 저술들이었다. 물론 이는 '문고'로 별도로 관리되고 기록된 것이고 그 밖의 개인 기증, 기부자들도 다수 있었다. 흥미로운 사실은 기부의 규모에 따라 이를 상세히 기록한 지면이 다르다는 점이다. 규모가 큰 기부인 '개인문고'에 관한 기록은 *CCCB(Chosen Christian College Bulletin)*나 *KMF(Korea Mission Field)*와 같은 영문 보고서에서 찾아볼 수 있었던 반면, 별도로 관리되지 않은 작은 규모의 개인 기부들에 관해서는 조선어 보고서인 「연희전문학교 상황보고서」에 기재되어 있다. 1931년을 보고하는 「연희전문학교 상황보고서 1932」에는 「기타사항」란에 약 30건의 도서 기부에 관해 '기증자, 권수, 언어'를 기록했다. 그런데 2년 후 보고서에는 「수증품(受贈品)」 항목을 별도로 만들어서 약 112건의 기증을 기록하는데(이 중 도서는 약 60건) 기증의 과정에 기여한 '소개자 성명' 난까지 마련하기 시작했다. 기증품에 관한 기록은 26쪽의 보고서 중 7쪽에 달하는 양을 차지할 정도로 활발히 이루어졌고 이에 관한 보고는 보고서에서 큰 비중을 차지하게 되었다. 하지만 책의 제목이나 종류에

---

24) 그런데 1932년 상황보고서는 1931년도의 결산이므로 기부는 1931년도에 이루어졌을 가능성이 있다.

25) 1932년 9월 29일자 『동아일보』에 고서의 연희전문 도착 기사가 게재되었다. 따라서 1976년 3월 9일자 『동아일보』 기사가 1936년으로 기록한 것은 오류이다.

26) KMF 1933년 9월호에는 『동현문집』으로 기록되어 있음.

27) 『연세대학교사』, *KMF*에는 한상억이라 표기된 반면, 『동아일보』에는 '한상헌(韓相憲)'으로 표기됨(「김두종 박사가 국립도서관에 필생의 장서 기증」, 『동아일보』 1970. 3. 11.)

28) *KMF*에는 '한정서(Baron)'로 표기되어 있으나 '한창수'의 오식으로 보인다.

29) 영문 보고서에는 기부자명과 금액이 다소 상이하게 기록되어 있다. '송보훈이 2천원 기부하여 이자로 책을 사다.'(*CCCB* 1937. 9)

30) 김용성, 「사상이 있는 도서관」, 『인문과학연구논총』 24호, 명지대 인문과학연구소, 2002. 8, 143쪽.

관한 세부 기록이 없어서 결국 이러한 기증을 통해 연희 도서관의 장서의
경향은 어떻게 변화했고, 이들 기증서가 연구 및 교육에 미친 영향을
파악하기는 요원하다. 간혹 기사화되었던 기증 사례를 통해 그 세목을
좀 더 파악할 수 있는데, 예를 들면『동아일보』의 기사에 따르면 대운상점
주인 박승환은 창간호부터 1932년 9월까지 13년간 하루도 빠짐없이 총
4,232호를 모은『동아일보』와 최초의 통화인 조선통보와 구 통화, 골패
등을 연희전문에 다수 기부했다.[31]

3) 기증자와 기증도서

기증은 크게 개인과 단체 기증으로 나뉘며, 단체의 경우 연희전문
관계자들로 구성된 집단과 미국 대학이나 재단의 기증이 주를 이루었다.
이 중 카네기 국제 평화 기금은 미국뿐 아니라 전세계 도서관을 지원했는데,
미국 대학 도서관 지원의 경우에는 기존의 도서관 소장 도서의 양이나
질을 평가한 이후에 이를 통과한 도서관에 지원해주는 방식으로 지급되었
다.[32] 조선의 경우에도 이것이 적용되었는지는 알 수 없으나 조선에서는
연희전문이 그 지원 대상으로 선정되었다. 재단 측은 연희전문에 '정치가
나 외교관의 저서 팸플릿을 비치하여 동북아시아의 전략적 요충지인
서울이 국제평화에 이바지하는 데 도움이 되는 도서 목록을 구성할 것'을
권고했다.[33]

---

31) 「30년간 공드려 모은 보관 본지를 연전도서관에」,『동아일보』1932. 9. 30. 그밖에도
   악기, 화폐, 우표, 광고, 포스터, 곤충 등 각종 수집품이 연전 박물관에 기증되었다.
   6국 공사관 서기관과 각종 단체 회장과 신문사 사장을 지낸 남궁억은 고려숙종
   해동통보부터 대한륭희 시대까지의 화폐 및 우표를 기부했는데 약 3천원어치에
   해당하는 가치였다고 한다. 「조선고대 거금 팔백년전 화폐와 우표를 남궁억씨가
   기부, 기금 이천원과 진서는 윤치호씨−이채 내는 연전도서관」,『동아일보』
   1931. 6. 27.
32) 유경상, 「도서관 만담」,『동아일보』1934. 6. 9(1934. 6. 3~6. 20 14회 연재).

기증자의 종교를 보면, 목사·선교사를 비롯한 기독교계의 요직에 있었던 인물들과(최병헌, 양주삼, 윤치호, 김일선) 기독교와의 관련성이 파악되지 않는 자산가들이(이재량, 민태식, 정봉태) 있다. 또한 서울 이외에는 전라남도 장서가의 기증이 많았는데 1931년도 당시 연희전문학교 학생들의 출신 지역 분포를 보면 경기 39.4%, 평안도 16.5%인데 반해 전라도가 8.1%에 불과했던 것을[34] 고려할 때 전라남도 장서가의 기증은 두드러지는 사례로 볼 수 있다. 장서가들이 전남 곡창 지대에 몰려있었던 것도 사실이나, 기증 사업 담당자들의 출신지나 활동지와도 관련이 있을 것으로 보인다.

최병헌은 아펜젤러 선교사의 어학 선생이었고 배재학당 교사이자 정동교회 최초의 조선인 담임목사였다.[35] 조선 최초의 신학자, 종교학자로 평가받는 그는 일찍이 1900년대에 종교와 정치가 불가분의 관계에 있음을 주장하는데 이는 그가 몸담았던 감리교계가 사회 참여적인 색채를 띠고 있었던 영향도 있다.[36] 『그리스도 회보』 논설위원으로도 활약하며 집필활동을 활발히 했던 그의 장서는 사후에 부인과 자제가 기증한 것이다.

김일선은 예수교 장로교의 요직에 있으며, 삼흥학교 부교장, 경성보육원, 양로원, 진명여자고보 이사를 역임했다. 1934년 하반기에 지병으로 의전부속병원에 입원하고[37] 이듬해 별세하는데 1934년 10월 소장도서를 대부분 기증한 것으로 보아, 투병을 계기로 장서를 처분한 것으로

---

33) *CCCB*, 1937. 9.

34) 연세대학교박물관, 「연희전문학교 상황보고서 1932」, 『연희전문학교 운영보고서 (하)』, 선인, 2013, 32~33쪽.

35) 오영교 편, 『정동교회 125년사 - 1권』, 기독교대한감리회 정동제일교회, 2011, 106, 177쪽.

36) 김상태, 「일제하 신흥우의 '사회복음주의'와 민족운동론」, 『역사문제연구』 1, 역사문제연구소, 1996. 12, 163~207쪽.

37) 수개월 전부터 지병으로 의전부속병원에 입원해 있다가 장서를 기증했다는 기사(『동아일보』 1935. 1. 25).

보인다.

그런데 기부자 중 기독교 요직에 있지는 않았던 것으로 보이는 정봉태, 민태식, 한상억의 가문은 당시 상속으로 인한 법적 분쟁으로 세간의 주목을 받았다는 공통점이 있다. 상속 재산을 둘러싼 자손들의 갈등이야 빈번한 일이었지만, 이처럼 부친의 사후에 벌어진 싸움 속에서 유산 중 하나인 장서가 연희전문으로 기부되게 된 현실적 맥락은 좀 더 살펴볼 필요가 있다. 기부자나 선대가 기독교 관계자가 아니라면 연희전문과 관련이 있을 가능성을 고려해볼 수 있다. 민태식의 장서 기증 역시 부친인 민영달 사후 집안의 50만원 유산을 둘러싼 법정 공방 이후 이루어졌다.[38] 민영달은 명성황후 종형제로 조선말기 문신을 지내 총독부로부터 남작 직위를 제안 받았으나 거절한 것으로 알려져 있고,[39] 『동아일보』에 5천원 을 출자한 바 있다.

정봉태 가문의 경우 가문의 서당을 장악한 정봉태와 이를 배척한 정일태 파로 나뉘었는데, 서당을 중심으로 한 이들의 다툼으로 지방 순사들까지 대거 경질되는 등 지역의 큰 사건으로 확장되었다.[40] 이러한 가문 내부의 권력 다툼 이후 기증이 이루어진 것이다. 총독부 중추원 고문이자 이왕직 장관으로 있던 남작 한창수의 자손들 역시 수십 만원의 재산 상속을 둘러싸고 부인, 아들, 손녀, 손녀사위까지 얽힌 법정 갈등이 있었다.[41] 선대의 유산으로 인해 이러한 현실 문제 속에 놓여 있던 이들이 어떠한 인적 네트워크나 이해관계 속에서 장서를 기부하게 되었는지는 아직 선명히 밝혀지지 않았다.

연희전문도서관 초석이 된 최초 기증서적은 원두우(H. G. Underwood)로

---

38) 『동아일보』 1925. 3. 17.
39) 민영달은 연희전문에 기증한 반면, 민영휘는 경성제대도서관에 기증 및 기부를 한 기록이 발견된다.
40) 『동아일보』 1922. 11. 14. 관련 기사 다수.
41) 「한창수 남작가 재산전」, 『동아일보』 1932. 10. 19.

부터 나왔다. 그의 아들 원한경(H. H. Underwood) 역시 1924년 조선예수교
서회의 도서관 설립을 제안하고 기증했다. 물론 도서관에 대한 관심은
언더우드 가문만의 특수한 것은 아니었으나, 선교부 내에서도 '도서관'
설립을 주도한 진영이었던 것은 분명하다. 선교부는 일찍부터 군소 도서관
설치에 주력했고, 이에 교회, 병원, 학교, 선교센터 등에는 도서 열람실과
전시실, 서점을 설치할 것이 권고되었다. 선교부는 조선예수교서회라는
출판사를 통해 인쇄, 출판, 유통망을 확보하고 있었고, 기독교인 네트워크
를 유지할 수 있는 정기 간행물도 수종 발행했다. 선교부는 이들 출판물을
보급, 비치할 수 있는 교육·의료 기관 등을 전국적으로 다수 운영하고
있었기 때문에 도서관 비치를 위해서라면 다량의 서적을 염가에 공급해주
는 등 지원을 아끼지 않았다.42) 원두우의 장서는 트롤로프 주교가 '원두우
컬렉션 리스트'를 정리할 정도로 당시로서는 가치있는 문헌들로 구성되어
있었다. 그의 관심 서적은 주로 조선에 관한 해외 저술들이었는데 그
목록과 의의에 관해 정리한 글은 『왕립아시아학보』에 1931년과 1935년
두 차례 실리게 된다.43) 따라서 원두우 장서는 해외 한국학 서적에 집중되
어 있었고 원한경의 것 역시 영미 서적이 대부분이었다. 그밖에도 관련
선교사들의 기부가 있었기 때문에 1920년대까지는 영미 서적이 상대적으
로 잘 갖추어져 있었다.

　언더우드와 에비슨에 뒤이은 선교사 문고는 1941년에 설치된 성공회문
고가 있다. 이는 태평양전쟁 시기에 영국성공회 선교사들이 성공회문고를
연희도서관에 영구 보존 기증한 것인데, 그 컬렉션의 영문 이름을 보면

---

42) 선교사 중심의 기독교 단체가 조선의 '독서'에 기울인 관심과 제도적 실천의
　　방식에 관해서는 다음의 논문에서 기술했다. 김성연, 「식민지 시기 기독교 출판과
　　책의 유통 – 조선예수교서회를 중심으로 – 」, 『사이』 18호, 2015. 5.

43) H. H. Underwood, "A Partial Bibliography of Occidental Literature on Korea from
　　Early Times to 1930," *Transactions of the Korea Branch of the Royal Asiatic Society*,
　　vol.20, Seoul : Royal Asiatic Society Korea Branch, 1931.

컬렉션의 역사를 알 수 있다. 랜디스 컬렉션(Landis Collection)의 랜디스 (Landis)는 1890년에 코프(Corfe) 주교와 제물포에 상륙한 미국인 의료선교사이다. 그는 인천에서 의료 선교 활동을 하며 조선의 전통의학, 종교, 민속, 문학 등을 연구, 『동의보감』을 번역 소개하고 조선 관련 글을 22편 남기기도 했다.44) 그 과정에서 모은 조선 관련 자료들은 1903년 Landis Library가 되었으나 그의 타계 이후 그 문서들은 성공회문고로 유입되었고 그것이 이후 연희전문에 기탁되게 된 것이다.

한편 1930년대로 들어서면서 조선인 장서 기부를 통해 조선의 고문헌이나 조선인이 독서한 서적들이 유입되게 된다. 연희전문은 이재량의 기부로 6천원 상당의 『이조실록』을 구입할 수 있게 되어 조선 내 제국도서관 이외에는 사립 도서관으로서는 유일한 소장처가 되었음을 자부했다. 총독부는 조선왕조가 전국 5개 사고에 분산 보관하던 『실록』 중 1911년 당시 존재하던 4개를 모두 접수했는데, 2개를 조선총독부로 이관하고, 1개는 일본의 동경제국대학으로(1923 관동대지진 때 소실), 또 1개는 구황궁 장서각으로 옮겼다.45) 조선총독부로 이관했던 정족산과 태백산 『실록』은 1930년 경성제국대학으로 옮겨졌고 이는 일본인 이왕직 장관의 결제와 경성제국대학 교수들의 감책 감증을 통해 『이조실록』이란 이름으로 20부가46) 제작되어 6천원에 판매되었다. 1929~1932년 경성제국대학이 간행한 이 영인본은 조선 내에는 7~8부만 남겨졌고, 이는 대체로 경성제대 도서관, 총독부도서관, 이왕직도서관 등 국공립 도서관에 소장

---

44) 랜디스의 민속학 활동에 관해서는 다음 논문을 참조. 김승우, 「19세기 말 의료선교사 엘리 랜디스의 한국민속 연구와 동요 채록」, 『한국민요학』 39, 한국민요학회, 2013. 12. 49쪽.

45) 강명관, 『조선시대의 책과 지식의 역사』, 천년의 상상, 2014, 531쪽.

46) KMF에는 20부 제작으로 기록된 반면, 그 밖의 조선왕조실록 관련 문헌에는 30부 제작으로 기록되어 있다. 송기중 외, 『『조선왕조실록』 보존을 위한 기초 조사 연구』 Ⅰ, 서울대학교출판부, 2005, 3~6쪽, 156쪽.

되었기 때문에 이를 구입하게 된 연희전문은 그와 같은 자부심을 표명했던 것이었다.

정봉태의 기부로 들어온 정씨가문의 7대 고서들은 고조선의 역사, 과학, 문화를 망라한 고조선 문헌으로 그 중『동현진묵』50여 권은 희귀본이었다. 이와 함께 가야금·거문고 및 인장 100여 점과 현판 50여 개를 함께 기부했다. 1932년의 일간지 인터뷰에서 교장 원한경(H. H. Underwood)은 "보관은 물론이오 아울러 조선문화, 조선의 과학연구에 획기적 수확을 얻도록 노력하겠다"는 의지를 표명했다.[47] 그리고 덧붙여 장서가들에게 학교와 "조선문화를 위하여" '5년 5만권 장서 모으기 운동'에 동참해줄 것을 요청했다.

도서관 개인문고 중에는 윤치호와 한창수 남작의 것도 있었는데, 이들의 기증에는 유길준의 자제이자 1934~1938년 연희전문학교 부교장으로 재직했던 유억겸이 관계되어 있었다. 윤치호의 기증으로는 독일어 서적과 정기간행물이 구비되었고, 한창수의 장서에는 고문서들이 상당량 있었다. 즉, 연희전문 도서관의 개인문고는 선교사, 조선 기독교인, 한학 배경 자산가, 귀족 등 다양한 주체들로 구성되어 있었다.

4) 도서관 운영위원회

도서관은 연희전문 교수 회의로 선출된 도서관 운영위원회에 의해 운영되었다. 위원회는 먼저 도서관 규정을 제정하며 특별 열람권에 관한 사항을 심의 의결하고 도서관 예산 편성과 도서 구입을 담당했다. 이는 경성제국대학 부속 도서관 상의원과 그 기능이 유사했다.[48] 1931~1932년

---

47)「7대에 달해 수집한 만권의 진서보책 도착」,『동아일보』1932. 9. 29.
48) 김용성,「사상이 있는 도서관」,『인문과학연구논총』24호, 명지대 인문과학연구소, 2002. 8.

당시 도서관 운영위원회는 9명으로 조직되어 있었는데, 피셔(J. E. Fisher)가 책임자였고, 정인보, 최현배, 유경상, 이DW 등이 위원이었다.49) 1932년을 전후로 집중적으로 이루어진 개인문고 기증에 정인보나 최현배가 적극 가담했던 까닭은 여기에 있다. 1940년대에는 백낙준과 최현배가 외압으로 교수직을 박탈당한 후 임시로 도서관에 근무하기도 했다.

연희전문 도서관 담당자는 차례로 밀러 부인(M. H. Miller), 피셔, 유경상, 이묘묵이었는데, 즉 초기에는 선교사 부인이나 선교사가 담당하던 것이 1930년대 초반부터는 조선인 관할로 이전되었다. 피셔는 언더우드와 비슷한 시기에 박사학위논문으로 조선의 교육에 관한 논문을 집필, 출판했다. 홍이섭은 언더우드의 *Modern Education in Korea*(New York, 1926)와 피셔의 *Democracy and Mission Education in Korea*(Columbia University, New York, 1928)를 함께 언급했는데, 이때 그는 피셔의 저서가 교육을 정치·경제·문화와 연결시켜 논의하고 총독부의 정책뿐 아니라 선교사측의 사업도 비판적 시선에서 분석하고 있음을 고평한 바 있다.50) 피셔는 "The Chosen Christian College Library"(*KMF*, 1933. 9)라는 글을 통해 연희전문에 소장된 한국학 관련 도서들을 소개하기도 했다.

연희전문 도서관의 조선인 사서나 도서관장은 다른 학교의 재직자에 비해 대외적으로 활발히 도서관 관련 글을 기고했다. 대표적 사서 유경상은 1931년부터 1939년 사이에 도서관 사서로 일한 기록이 있다. 기독교인으로 각종 강연회에서 활약하고 『기독청년』이나 정기간행물에 도서관 관련 기사를 게재하는 등 도서관 관계자로서 전문성 있는 글을 다수 남겼다. 특히 그는 1934년 『동아일보』에 「도서관 만담」을 총 14회(1934. 6. 3~6.

---

49) 이DW의 실명은 아직 파악되지 않는다. *CCCB* 1931-1932, p.141.

50) 홍이섭, 「한국기독교사 연구소사」, 『한국사의 방법』, 탐구당, 1968, 439~440쪽 ; 강명숙, 「H. H. 언더우드의 *Modern Education in Korea*와 일제시기 한국교육사 연구」, 『동방학지』 165집, 2014. 3, 238~239쪽.

20) 연재하는데, 이는 서양, 일본, 조선의 도서관 역사와 현황, 그리고 운영의 실제와 문제점에 관한 상세한 글로 연희전문의 도서관 개념과 실체를 추정할 수 있는 자료가 된다. 그는 이 연재물에서 도서관을 피교육자 중심의 능동적 교육이 가능한 공간이자 대학자를 배출할 수 있는 자유로운 공간으로 보는 등, 대학 도서관의 역능을 적극적으로 평가했다.

하지만 유경상은 정식 도서관장은 아니었고, 도서관학을 겸해 유학하고 돌아온 이묘묵이 연희전문의 최초의 조선인 도서관장 겸 박물관장이 되었다. 이묘묵은 1931년 미국 보스턴 대학에서 박사를 받고 시라큐스 대학에서 도서관학을 공부한 후 1933년부터 영문학과 역사학 강의를 하며 도서관 일을 보다가 1934년부터 1940년까지 연희전문 박물관장과 도서관장을 겸임했다.[51] 하지만 이후 *Korea Times* 초대 사장을 지내고, 주영한국공사로 파견 근무 중 별세하여 '도서관장'으로서보다도 '공사'로서 조명, 기억되었다. 연희 도서관은 이묘묵 관장이 부임한 시기를 전후하여 듀이 분류법과 열람카드 시스템이 정착된 것으로 보이는데, 이후 1939년 일본어로 작성된 『연희전문학교 일람』에 10쪽에 달하는 「도서관 규정」과 「도서관 세칙」이 실리게 되는 것으로 보아 1930년대 후반에는 도서관 조직과 운영의 체계화가 어느 정도 이루어진 것으로 보인다. 1930년대 초반 집중 수집한 고문헌들은 1930년대 후반부터 '귀중도서', '특별도서'로 분류되어 별도로 관리되고 있었다.

---

51) 1934년을 보고하는 「연희전문학교 상황보고서 1935」(6쪽)에 보직이 기록되어 있다. 『연희전문학교 운영보고서(하)』, 2013, 87쪽.

3. 책의 공유(公有)와 지식의 접합 혹은 경합

1) '장서 기부' 권하는 사회

1932년 9월 29일 『동아일보』는 「전 조선 장서가에게」를 사설 제목으로 하며 장서가들이 사회에 책을 기부할 것을 촉구한다. 사설은 연희전문학교에 장서를 기부했던 대표적 조선 장서가 집안 정씨의 사례를 언급하는데 이처럼 장서를 사회에 기증하여 '조선 문화를 보전, 토구(討究)'하여 '민족적으로 공공히 해야' 한다는 것이다. 이와 같은 주장을 담은 기사는 당시 일간지 지상에 왕왕 실렸다. 다음의 기사 또한 앞선 사설에서 언급한 '정씨 장서의 연희전문 기부'를 미담으로 내세우며 시작한다.

> 정씨의 연전에 대한 도서기증, 장씨의 식물표본기증, 안씨의 보전에 대한 도서기증 모두 깃븐 일, 고마운 일. 제 집에 모아놓은 것도 애서벽으로 칭찬할 일이지마는 모은 것을 대대로 전하던 것을 공중에게 내어 놓은 것은 가장 흠모할 아름다운 일. 나를 우리에게 바치는 일. 도서 있는 이는 도서를, 그림 있는 이는 그림을, 돈 있는 이는 돈을 내이며 도서관, 미술관, 학교 아니될 것이 없다.52)

개인과 가문이 축적한 사재를 "공중에게 내어 놓는 것"을 "가장 흠모할 아름다운 일"로 미화하고 권고하는 이 글은 도서, 미술, 표본 등 문화적·학술적 가치가 있는 물품을 수집하는 "애서벽" 보다 '기증벽'이 더욱 "칭찬할 일"이라 강조한다. 도서관 설립과 확장의 필요에 대한 촉구와 그에 대한 기부를 권고하는 목소리는 근대 초기부터 지속적으로 있어왔다. '공익사

---

52) 「횡설수설」, 『동아일보』 1933. 1. 26.

업'은 근대의 성공자가 마땅히 해야 할 사회적 도리였고 그 중 강조된
것 중 하나가 바로 도서관 사업이었다. 1910~1920년대 조선에 집중 소개되
어 온 벤저민 프랭클린 자서전이나 카네기 전기가 '문화적 공익사업'을
통해 부를 사회에 환원한 근대적 성공자로서 이들을 조명한 것 역시
당대의 사회적 분위기를 반영한다.[53)

이러한 사회적 분위기 속에서 학교들 역시 도서관 건립 및 기부금
모금 운동과 함께 장서 기부 운동을 활발히 추진했다. 연희전문의 뒤를
이어 도서관 확충에 박차를 가한 학교로는 보성전문학교가 있는데, 보성의
경우 도서관 건축 사업을 우선적으로 추진했다. 보성전문학교는 개교
30주년을 맞은 1935년 『동아일보』를 통해 도서관건립 및 도서기증운동을
전개했고, 그 기부금으로 1937년 도서관 건물을 세우고 김성수, 최남선,
이병도와 지방민들로부터 도서를 수집하여 유진오의 책임 하에 5천여
권의 귀중본 장서를 정리하게 된다.[54)

하지만 1930년대 후반 당시 경성 3대 학교 도서관으로 꼽히던 연전,
보전, 이전 중 연전은 "다른 곳에 비하야 꽤 내용이 구비되어" "장서만을
보드래도 8만여 권에 달아야" 보전이 3만권, 이전이 1만 5천권인데 반하여
"훨씬 우세를 보이고 있다"고 고평되고 있었다.[55) 1930년대 후반 학교
도서관을 비교 소개하는 기사는 사립학교 중 최대이며 경성제대 다음으로
양적으로 우위에 있던 연전 도서관 소장 문서의 특징으로 '세계 각국의
신문과 조선의 고금의 대소 신문이 거의 수집되어 있다는 점'을 꼽았다.

---

53) 식민지 조선의 지식인들을 통해 적극 소개된 벤저민 프랭클린 자서전의 번역
특성과 선택적 수용에 관해서는 김성연, 「근대 초기 청년 지식인의 성공 신화와
자기 계발서로서의 번역 전기물 – 프랭클린 자서전을 중심으로 – 」, 『현대문학의
연구』 42호, 한국문학연구학회, 2010. 11.

54) 『동아일보』 1970. 3. 11.

55) 1940년대 전후 연전 도서관 보유 장서량은 기록에 따라 6~8만권 사이로 편차를
보인다. 8만권으로 보도한 기사는 「문화건설도상의 조선 2」, 『동아일보』 1938.
1. 3.

연전 도서관은 각종 정기간행물을 정기 구독했을 뿐 아니라 기증을 통해
이를 확보하기도 했는데, 윤치호의 기증품 중에도 희귀한 정기간행물
창간호들도 다수 포함되어 있었다.

2) 미션스쿨과 조선인 엘리트, 그리고 유학

연희전문학교는 미션스쿨이었기 때문에 주당 영어수업 시수나 영문학
의 비중이 상대적으로 높았고[56] 교수로 재직하거나 관계자로 있던 서양인
선교사들의 기부나 주문 등이 빈번하여 영미권 서적, 특히 문학 서적을
다수 보유하고 있었다.

〈표 2〉 도서관 소장 도서 언어 분포 (단위 : 권, %)

년도	보유수	서양어	한문/한자/ 중국어	일본어	조선어
1933	28,000	20%	80%		
1935	45,000	22%	55%	15%	8%
1938	62,864	32%	46%	17%	5%
1938	80,000	37%	37%	26%	

출전 : *KMF* 1933, 1935, 1938 ;『동아일보』1938. 1.

위 〈표 2〉 '도서관 소장 도서 언어 분포'를 보면, 1930년대 초반,
한자 한문 서적이 집중 유입되던 시기에도 서양어 서적 보유량은 꾸준히
증가하고 있었다. 또한 1935년 이후 한자/한문/중국어/조선어 문서의 보유
비중은 지속적으로 감소하고 일본어 비중이 증가하는 것으로 보아 1935년
이후로는 고문헌의 기증이나 구입이 현격히 감소했던 것으로 보인다.

---

56) 연희전문 영어수업은 문과 1~4학년생이 9~12시간, 상과 10~11시간, 수물과
3~6시간으로(1933~1934년 기준) 당시 다른 학교에 비해 상대적으로 영어수업
비중이 높았다. *Chosen Christian College Bulletin*, vol.1, No.2, August, 1933.

그런데 1933년 언어 분포도에는 1931년부터 1932년 사이 대거 유입된 한학 서적들이 포함되어 있었기 때문에 1930년 이전의 구성에서는 서양어 서적이 차지했던 비중은 훨씬 높았을 것으로 추정된다.

그럼에도 불구하고 학교와 도서관 측은 영문학 서적을 지속적으로 보강할 필요가 있음을 강조했다.[57] 개인 소장 단행본들의 기부가 주가 되어 개인 독서용 판본들이 다수였던 연희전문의 컬렉션은 총독부의 지원을 받아 Oxford University Press, Cambridge University Press, Harvard University Press 등 세계 주요 출판사의 정본 시리즈를 고루 구입해 갖추어 놓았던 경성제국대학의 장서 목록과 비교할 때[58] 그 체계성에 있어서 만족할만한 컬렉션은 아니었기 때문이다. 반면 선교사들의 문서 출판 사업은 종교서적을 중심으로 한 각종 서구 문헌의 조선어 번역에 주력하고 있었고, 따라서 조선어 번역본 배치량은 연희전문이 앞서 있었다. 예컨대 찰스 디킨스의 *Christmas Carol*이나 존 번연의 *Pilgrim's Progress* 등의 조선어 번역본은 연희전문학교 도서관이 독보적이거나 혹은 그 소장량이 압도적 으로 많았다.

그런데 미션스쿨의 도서관이라고 하여 기독교 관련 서적들만 소장했다 거나 신자들이라면 응당 미션스쿨에 기부하기만 하는 것도 아니었다. 물론 교파연합 미션스쿨인 연희전문의 선교사들이나 교수들은 역시 교파 연합 출판사였던 조선예수교서회에 직간접 관여하고 있었고 비단 종교서 적뿐 아니라 일반서적들도 상당량 포함되었던 그 출판물들이 연희전문 도서관에 주로 소장되어 있었던 것은 사실이다. 하지만 대학의 종교 이념과 기증자의 종교, 기증 도서의 성격이 반드시 일치해왔던 것은

---

57) M. M. Lee, Ph.D, Librarian, "The Chosen Christian College Library," *KMF* 1935. 5, pp.106~107.

58) 연희전문과 경성제대의 영문학 원서와 번역본 보유량의 비교에 관해서는 다음의 논문 참조. 윤혜준, 앞의 글, 205~211쪽.

아니다. 일례를 들면 목사의 장남이자 기독교 신자였던 '1967년 모범장서
가 표창자'인 김약슬의 경우 1968년에는 연세대에 기독교 관련 서적을
전시했으나 그의 사후에는 고려대에 '신암문고'로 기증되었다.[59] 또한
'마지막 서적 중개상'으로 불리는 송신용의 경우에는 백낙준 연세대 전총
장과의 친분으로 인해 수원 용주사에서 1796년 간행된 보물급의『불설대
보부모은중경(佛說大報父母恩中經)』을 연세대에 기증하기도 했던 것이
다.[60]

　이러한 '개인문고' 중 한학 배경 가문의 연희전문 기부는 어떻게 가능했
을까? 1930년대 집중적으로 이루어진 연희전문 장서 기부 행위는 유교문화
권인 조선의 전통적 관습, 서양 제도와 문화의 유입, 그리고 일본의 영향이
라는 세 가지 역학 속 어디 쯤 위치하고 있었던 것일까? 우선 조선 후기
장서 문화를 살펴보면, 사대부 가문에서 개인의 장서는 곧 그 학문을
나타내는 것이며 따라서 "장서 소장은 사대부의 본질을 증명하는 요소
가운데 하나"였다.[61] 장서의 열정적 수집은 자손과 가문이 흥하게 될
만한 덕을 쌓는 미덕이었고, 그것은『가장서적부』와 같은 문서로 정리
기록되었으며, 후손은 장서를 가보로 잘 전수해야 할 의무가 있었다.[62]
하지만 선대로부터 내려온 장서를 공부하는 일이 더 이상 입신출세에
유용하지 않은 시대가 도래하자 이들 장서의 상징적, 실용적 가치는
하락한다.

　물론 조선 후기에도 장서 기증 문화는 존재했다. 우선 상호간에 대가없
는 도서 기증은 사대부 사회 내부에서 서적을 유통시키던 손쉬운 방법이었
다.[63] 제례와 교육, 서적 문헌 보존 기능을 겸하고 있었던 향교 문고는

---

59) 이민희,『16~19세기 서적중개상과 소설, 서적 유통관계 연구』, 역락, 2007, 97쪽.
60) 이민희,『마지막 서적중개상 송신용 연구』, 보고사, 2009, 210~211쪽.
61) 황지영,「중국서적을 중심으로 본 조선후기 출판과 장서문화의 신국면」,『다산과
　　현대』3호, 연세대학교 강진다산실학연구원, 2010, 19쪽.
62) 황지영, 위의 글, 19~20쪽.

중앙으로부터 도서와 기금을 지원받는 것이 원칙이되 규칙대로 원활히 이루어지지 않아 결국 지방 수령의 기금 조성과 개인들의 기증을 통해 확장 유지되었던 것이다.64) 당시 향교의 장서는 향교의 교육을 위한 서적과 성균관 입학시험, 생원시 예비시험을 대비한 서적 등이 주였고 개인의 기증 문고는 문중에서 간행한 문집인 경우가 많았다. 서원 역시 크게 다르지 않는데 16세기 중반 이황의 요청으로 설립된 백운동서원은 이후 국가의 공인을 받은 사설교육기관으로 '소수'라는 사액을 받아 소수 서원으로 불리게 되고, 교육기관으로서 인정을 받은 이후에야 사림들로부터 기부와 지원을 받게 된다.65) 이때 마련된 서적의 기증자와 수집 방법이 서적 표지나 장부에 기록되었다. 다만 그 장서 규모가 백운동서원의 경우에도 초기 500권에서 시작한 장서가 50년 뒤에도 3배 정도만 증가되는 등 그 확장 속도는 더딘 편이었다. 이러한 향교나 서원의 문고는 대출이 아닌 보존과 제한적 열람이 주된 목적이었다. 따라서 이들 소수 엘리트층의 문고는 다수의 열람을 목적으로 하는 공공도서관이라기보다는 보존과 관계자의 제한적 열람을 허락하는 아카이브적 성격을 띠고 있었다고 볼 수 있다. 그리고 이러한 도서 기부 관습은 1910년대 활발히 존재했던 도서종람소들의 기부66)에서도 찾아볼 수 있는 등 이어지고 있었다.

즉, 본디 사대부 가문의 장서 수집은 미덕으로 인식되었으나 입신출세의 관문이 달라진 근대로 접어들자 가문의 장서가 더 이상 위세도 효용도 발휘할 수 없게 된 것이다. 사실상 생계가 다급한 집안, 특히 고아나

63) 강명관,『조선시대 책과 지식의 역사』, 천년의 상상, 2014, 353쪽.
64) 채현경,「조선후기 향교소장 서책 목록과 관리운영」,『서지학보』32호, 2008. 12, 142~148쪽.
65) 서원 도서관에 관한 이해는 다음의 논문 참조. 윤희면,「조선시대 서원의 도서관 기능 연구」,『역사학보』186집, 역사학회, 2005, 1~26쪽.
66) 권두연,「근대 초기 유통서적 연구」,『현대문학의 연구』, 한국문학연구학회, 2015. 2.

과부들의 경우에서는 가장 쓸모가 없게 되어버린 고문서들을 파는 일이 빈번하여 이를 전문적으로 헐값에 구매하여 이윤을 챙기는 서적 중개상들이 심심치 않게 활약하고 있었다.67) 따라서 '장서 기증'은 최소한 생계 걱정이 없는 계층이 할 수 있는 것이었으며 장서 기부 문화도 면면히 이어져와서 그 행위 자체가 낯선 것만은 아니었다.

이들 개인문고에 기증된 서적은 대체로 선대부터 물려받은 것이고, 이 경우 문고 이름은 기증자 아버지의 호를 따서 작명되었다. 이 중 『이조실록』 구입비용을 기부한 1건을 제외한 나머지 4건은 아버지의 사후에 그의 장서를 아들이 기증한 경우였다. 이 경우 가문의 장서는 선조의 이름으로 호칭되었기 때문에 도서관에의 '개인문고' 설립을 통해서 '가문'은 보다 공개적으로 영구히 기억될 수 있었다. 따라서 '기리기 위함'이라는 기부자의 목적은 성취된 셈이었다. 이는 도서의 분류와 배치라는 물리적 공간을 학문 혹은 장르 간의 경계라는 인위적인 개념적 구성물로 전환시킨68) 멜빌 듀이(Melvil Dewey, 1876년 도서관분류법 발표)의 10진 분류법에서 벗어나 있는 존재였다. 듀이의 분류법은 이미 1930년대 초반부터 연희전문 도서관 정리에 적용되고 있었는데, 이 분류에 따르면 한 작가의 서적일지라도 다른 화제를 다루거나 다른 형식으로 쓰이면 한 장소에 놓일 수 없었다. 즉 지식 생산자인 '작가'조차 자기 저술의 결집 능력을 상실한 근대적 도서관 공간에서 개인이나 가문이 '기증자'로서 존재감을 드러낼 수 있었던 것이다.

현재 연세대 고문서 소장량은 1만 8천여 점으로 사립대학 중 보유량 최대치로 추정되고 있는데,69) 1931~1932년 사이 장서가들에게 기부받은

---

67) 이민희, 『16~19세기 서적중개상과 소설, 서적 유통 관계 연구』, 역락, 2007, 151~152쪽.

68) 데이비드 와인버거 지음, 이현주 옮김, 『혁명적으로 지식을 체계화하라』, 살림Biz, 2008, 95쪽.

69) 양진석, 「한국 고문서학의 전개과정」, 『규장각』 34, 서울대학교 규장각 한국학

수량 2만점 중 상당량이 이에 해당하는 것으로 보인다. 이 중 조선 제일의 장서가 가문이었던 정봉태의 연희전문 기부는 앞서도 언급했듯이 그 이후 몇 년 간 기사거리가 될 정도로 세간의 주목을 받았다. "조선사회에 유조하게 쓸만한 어떤 단체 도서관에 긔증하라"[70]고 한 정봉태 부친의 유언을 따라 연희전문이 선택되었고, 따라서 "조선에서 장서가 이야기가 나면 수년전 연희전문학교에 만여 권 도서를 기증한 전남 곡성 정씨를 첫째로 꼽고"라는 말이 왕왕 날정도로 이 사건은 화제 거리였다.

그리고 그 장서 유치에는 조선인 교수들의 활약이 컸다. 정봉태 장서를 받기 위해 정인보와 이순탁이 곡성으로 출장을 갔고[71] '이들의 숨은 노력[72]은 결실을 맺게 된 것이다. 1931년 연희전문 교수진 28명 중 서양인 8명, 조선인 16명, 일본인 4명으로 조선인의 비중이 가장 높았다. 조선인이 교장과 부교장을 제외한 모든 보직에서 실무를 담당하고 있었으며[73] 도서관 관련 일 또한 조선인 교수 및 사서들이 진행하고 있었다.

기증 도서 작업에 두 차례 관여한 이순탁 교수를 살펴보면, 그는 전남 해남 송정리 유교적 가풍의 자작농 출신으로 교토대 경제학부에서 일본 최고의 마르크스주의 경제학자로 주목받던 가와카미 하지메(河上肇)를 만났다.[74] 그의『빈핍물어(貧乏物語)』는 사회비판적 조선 유학생에게 널리 읽혔는데 이순탁은 그의 강의와 저술들을 섭렵하며 '조선의 가와카미'로 불릴 만큼 그의 사상에 공명했다고 한다. 1922년 귀국 후 경성방직, 조선상

연구원, 2009. 6, 24쪽.

70)「7대에 달해 수집한 만권의 진서보책 도착」,『동아일보』1932. 9. 29.

71)「칠대 수집한 서적 만권 연희전문학교에 기부」,『동아일보』1931. 12. 6.

72)「약진하는 연희도서관」,『연희타임즈』1935. 9. 1(창간호).

73) 1930년대「연희전문학교 상황보고서」에 따르면 교장 부교장급을 제외한 보직 교수는 전부 조선인이다.

74) 이순탁에 관한 정보는 연세대학교국학연구원 편,『연세국학연구사』, 연세대학교 출판부, 2005, 403~408쪽.

업은행을 거쳐 1923년 연전 상과 교수로 부임했으며 이러한 그의 사상적 경향이 주시를 받아 연전 상과 경제연구회를 비롯한 학생 단체의 활동으로 인해 1938년 치안유지법으로 구속되게 된다. 여하튼 그가 전남 해남 이재량의 기부와 전남 곡성 정봉태의 기부 작업에 적극 관여하게 된 것은 그가 전남 해남 출신이라는 사실과 무관하지 않은 것으로 보인다.

전남 곡성 정씨의 기증 작업에는 정인보도 함께 했는데, 그는 그밖에도 다른 고택들을 답사하며 후손들에게 원고의 출판이나 장서 기증을 권고하기도 했다. 그는 주로 호남지역을 순방하며 발굴·수집했는데 여름방학을 활용한 연구여행에 관해서는 1934년 7월부터 9월까지『동아일보』에 「남유기신」이라는 43편의 서신의 형식으로 연재하기도 했다. 그의 제자들도 전국의 고택들을 답사하며 원고를 찾아내곤 했다.[75] 1910년대부터 조선학자들 사이에서 일기 시작했던 조선학에의 관심은 1924년 경성제대의 출범과 일인 학자들이 생산하는 조선학에 자극이 되어 더욱 활발해졌다. 연전에서 조선학을 적극적으로 활성화했던 정인보 역시 1929년 교열본 『성호사설』을 간행했고, 문과 연구원이며 이후 1940년에는 도서관원으로 근무한 신한철과 함께 연암 박지원 연구도 착수하는 등 실학 연구를 시도했다.[76] 그는 1934년에는 다산 정약용 서거 99주년 기념사업으로 『여유당전서』를 간행한다. 정약용의 외현손이 편찬자가 되고, 정인보와 안재홍이 교열, 윤치호 등이 지원하여 신조선사를 통해 출판된『여유당전서』는 다산 서거 100주년을 맞은 1935년 언론의 집중 조명을 받았다.[77]

---

75) 1934년 8월 정인보와 안재홍은 신경준의 고택인 순창 남산대를 방문했고(368쪽) 1939년 1월 정인보의 제자 서정만과 민영규는 경기도 장단군 진서에서 빙허각 이씨의『청규박물지』를 발굴했다.(장문석, 390쪽)

76) 연세대학교 국학연구원 편,『연세국학연구사』, 연세대학교 출판부, 2005, 50~51쪽.

77) 장문석, 「식민지 출판과 양반 : 1930년대 신조선사의 고문헌 출판 활동과 전통 지식의 식민지 공공성」,『민족문화연구』55, 2014, 364쪽.

출판을 통해 텍스트가 공유되고, 이후『신조선』등의 잡지를 통해 조선인 논자들의 담론이 생산된『여유당전서』의 사례는, 고문헌의 발굴과 소장, 확보, 출판 행위가 조선인이 조선어로 조선의 문헌을 논하는 아카데미 장을 형성하게 하는 기반이 될 수 있었음을 보여준다.[78] 그리고 다산연구 강연회는 바로 중앙기독청년회에서 열렸는데 그 강연 장소는 조선학 운동과 기독교 단체 및 미션스쿨의 관련성을 보여주는 상징적 사례이다.[79]

이러한 장서 기증을 통해 조선 고문헌들을 대량 보유함으로써 연희전문 도서관은 일반교양, 상식이나 교육적 도서뿐 아니라 연구로 이어질 수 있는 '연구자료'를 확보하게 된 것이다.[80] 조선총독부나 경성제대도서관 이 조선의 고문헌을 정리하고 출판하는 와중, '우리 고문헌'은 '나라'를 의미하여 사회주의자들조차 고문헌에 관심을 보이고 있었다.[81] 조선인들 의 아카데미나 미디어 역시 고문헌을 다루면서 조선학의 주체로 본격적으 로 나섰는데, 그 신호탄 중 하나가 바로 1930년대의 고문헌 출판과 조선학 담론의 형성이었으며 정인보의 연희전문 도서관 '고문헌' 기증 유치 사업 은 그와 무관하지 않은 기획이었다.

3) 지식 아카이브의 헤게모니 쟁투

총독부는 식민통치의 우민화 전략을 실현시킬 수 있는 학교 이외의 장소로 공공도서관에 주목했을 뿐 아니라 제국의 위용을 채울 고문헌과

---

78) 장문석, 위의 글.

79) 1930년대 조선학운동과 연희전문의 중추적 역할에 관해서는 도현철, 「조선학운동 과 연희전문의 실학 연구」,『일제하 연세학풍과 민족교육』, 혜안, 2015, 175~193쪽 참조.

80) 조선총독부도서관을 비롯한 부립도서관은 조선의 고문헌을 '연구자료'로 분류, '특별도서부'로 별도 항목으로 관리, 집중 수집했다. 김남석, 「대구부립도서관과 일제의 식민지정책」,『한국도서관 정보학회지』32권 4호, 2001, 20쪽.

81) 장문석, 앞의 글, 354~356쪽.

조선연구에 필요한 문서들에도 주목하여 이들을 '특별자료'나 '연구자료'로 별도로 관리했다. 1911년 6월 1일 전국의 왕실 소장고와 국공립 장서는 조선총독부 취조국에[82] 몰수되었는데, 그 규모는 규장각 소장 도서 및 경복궁 내 경성전, 태백산사고, 오대산사고 등 전국 5개 사고만 합해도 11만권이 넘었다.[83] 총독부의 소유물이 된 이들 서적은 이후 1924년 경성제국대학 창설 시 그 부속도서관 장서가 되었다. 1923년에는 지금의 소공동 위치인 당시 남별궁 원구단/환구단 근처에 도서관 2층, 서고 5층짜리 조선총독부 도서관 건물도 완공되었는데, 1만 2천권의 개관 장서 중 1만권은 조선총독부 사무용 도서로 사실상 일반인이 열람할 서적이 빈약한 수준이었으나 1934년에는 12만권을 채우게 된다.[84] 12만권에는 몰수한 서적뿐 아니라 구입한 서적도 상당했는데, 서적의 가치와 상관없이 권수만으로 값을 매겨 전량 매입하는 방식을 이용하기도 했다. 여기에는 조선인 서적 상인이 동원되었는데, 대표적 예로 환산서림을 운영한 조선인 이성의(李聖儀)는 총독부도서관과 거의 독점적 거래를 했던 책쾌(방문 서적 상인, 이후 와룡동의 화룡서림 운영)로 경성제대 일본인 교수 이마니시 료(今西 龍, 조선사 전공)와의 친분으로 일본 고서점과 조선을 드나들며 조선의 고문헌을 구입해 공급했다.[85]

총독부는 도서관 확장과 병행하여 도서관 주간(1923. 11~1938. 11), 도서보급운동(도서관 주간의 개칭, 1939. 11~), 전국도서관대회(1907~, 일본, 조선, 만주, 대만이 연합된) 등 각종 운동과 대회를 정책적으로

---

82) 1912년 조선총독부 관제 개편으로 고문서 수집 사업 담당 기관은 취조국에서 참사관실로 바뀌었다. 양진석, 「규장각한국학연구원 고문서 조사 정리의 현황과 과제」, 『영남학』 9, 경북대학교 영남문화연구원, 2006.

83) 카토 카츠오, 카와타 이코이, 토조 후미오리 지음, 최석두 옮김, 『식민지의 도서관』, 한울, 2009, 193쪽.

84) 카토 카츠오 외 지음, 위의 책, 205쪽, 216쪽.

85) 이후 그의 장서들은 미국 컬럼비아 대학에 일부 소장된다. 이민희, 『16~19세기 서적중개상과 소설, 서적 유통관계 연구』, 역락, 2007, 95~96쪽.

장려했다. 이 시기를 국민정신 부흥주간과 겹치게 하여 '사상의 척도'로서의 도서관의 목표를 분명히 했다. 총독부도서관은 1930년부터는 연중무휴로 운영하고 1931년부터는 조선도서관연구회 기관지인 『朝鮮之圖書館』을 창간하는 등 1930년대로 넘어가며 보다 적극적으로 도서관을 운영했다.

사실상 사설 도서관들은 이러한 규모와 권력, 자본력, 추진력을 갖춘 총독부도서관이나 경성제국대학 부속도서관과는 경쟁 상대가 되지 못했다. 조선인 개인이 뜻있게 자산을 털어 설립한 도서관까지 부립도서관으로 접수되는 실정이었다.[86) 하지만 왕실 서고를 주로 접수하고 일괄 구매하는 방식으로 컬렉션을 구성하던 제국도서관의 수집 방법에 비해 개인의 소장이나 기증, 주문으로 구성되는 방식에도 이점은 있었다. 예를 들면, 전남 곡성 정씨 다음으로 꼽혔던 대구 문장 지씨 장서에는 기호 본위로 모은 규장각 도서관이나 이왕직 도서관이 갖추지 못한 영남의 제현문집류가 있었다.[87)

총독부와 조선인, 그리고 선교사들은 각자의 목적을 위해 도서관 운동을 진행했다. 선교사들은 1890년대부터 지속적으로 도서관 설치와 운영에 공을 들였고, 조선인들은 청년이나 농촌을 중심으로 각 지역, 교육, 종교 단체별로 1910~1920년대에 활발히 그 필요와 설치를 주창했고,[88) 1920년대에 인프라를 구축한 총독부는 1930년대부터 도서관 관련 관제 사업을 본격화했다.

총독부가 공문서 보관소와 개인 소장 한국사나 학문적 저술들을 "체계적으로 수집하여 모두 태워버렸"으며 "한국 학자들은 이것을 알렉산드리

86) 1920년 윤익선이 그리고 1921년 이범승이 경성에 설립한 경성도서관이 이후 1926년 경성부에 양도되어 경성 부립도서관 종로분관(이후 서울특별시 종로도서관)이 된 사례. 카토 카츠오 외, 앞의 책, 201쪽.

87) 「고전섭렵수감 : 양산가 식우집 등(하)」, 『동아일보』 1935. 2. 17.

88) 김남석, 「일제하 청년단체의 도서관 설립 활동에 관한 연구」, 『도서관학논집』 18권, 한국도서관정보학회, 1991.

아의 도서관 파괴에 버금가는 돌이킬 수 없는 상실로 보았다"는 기사가
실릴 정도로[89] 문서는 수집, 소각, 보존 그 어느 목적으로든 쟁탈의 대상이
었다. "역사와 학문은 과거에 성취한 것을 기록한 것이고 언어는 창의력이
풍부한 천재를 낳는 표현의 매체"임을 "일본의 정치인들은" 잘 알고
있었기 때문이었다. 사설 도서관 역시 총독부의 검열을 피할 수 없었으며
급진적이고 비판적인 사상의 유입과 확산의 진원지가 될 수 있었던 연희전
문 도서관 역시 감시 대상이었다. 1938년 2월 24일 홍이섭과 조풍연
등 독서그룹 회원들은 이른바 자유주의 철학서와 문화서적 등을 도서관에
기증하자는 운동을 벌였다.[90] 당시 도서관장 이묘묵은 이를 지지하며
광고했고 관계서적 수백여 권이 기증되었는데 이 일이 서대문 경찰서에
적발된 것이다. 고등계 형사는 적색도서 불온문서라는 명분으로 도서관을
수색하여 수백여 권의 도서를 압수해갔는데, 연희 측의 기록에 따르면
이는 한일합병에 관한 영문사료와 반일관계서적이었다고 한다. 같은
해 12월 15일에는 백남운과 이순탁, 노동규 교수를 치안유지법위반으로
구속하고 두 트럭 분량의 불온서적과 증거물을 압수해갔다.[91]

---

89) 『중국학생연합 월간신문』 13권 7호, 1918. 5.(한국독립운동사 정보시스템,
    http://search.i815.or.kr)

90) 관련 정보는 다음의 기사를 참조. 양재영 기자, 「어려운 시기를 살다간 이묘묵」,
    『연세춘추』 1977. 5. 23.

91) 동아일보에 따르면 그 수색 날짜는 1938년 2월 17일이었다. 「적색연구회의 혐의로
    연전 삼 교수 등 송국」, 『동아일보』 1938. 12. 17.

4. 결론

사원이나 국가, 즉 종교나 정치의 관할 하에 있었던 도서관의 오랜 역사는 지식의 수집, 정리, 보존의 주도권이 권력과 관련되어 있을 수밖에 없다는 사실을 상징적으로 보여준다. '제국'의 권력도, '대학'의 권위도 없었던, 게다가 서양인 선교사의 기독 학교로 알려져 있었던 미션스쿨의 도서관으로 가문과 개인의 도서가 유입된 역사적 사실은 '지식의 보관소'로 식민지 '정부'가 아닌 다른 영역이 상상되고 존재하고 있었음을 드러내 준다.92)

1930년대 연희전문 도서관의 '개인문고'는 서구 근대 지식에 기반한 선교사와 조선인 엘리트가 유교/실학 전통과 접속하면서 조선 사회에 뿌리내리고, 지식 아카이브로서의 공신력을 두고 제국과 경합하며, 친일적 인물의 장서도 흡습해야했던 고투를 날 것으로 보여주는 역사적 공간이다. 선교사가 설립한 연희전문은 한문학 소양에 기반한 서양 유학파인 조선인들을 교수로 대거 기용하며 동양과 서양이 하나가 되는 '동서화충'을 추구했다.93) 그 일환으로 정인보를 위시한 조선인 교수들이 매진한 '조선학'과 '문서고' 강화 사업은 '문헌학'이 곧 '국학'이라고 했던94) 빌헬름 훔볼트를 상기시킨다. 근대 대학의 효시인 베를린 대학은 바로 이 빌헬름 훔볼트의 이념에 따라 설립되었던 것이다.95)

염상섭의 『삼대』(『조선일보』, 1931)에는 각기 유교, 기독교, 제국엘리트

---

92) 식민지 조선에서 '사회적인 것'의 개념에 대한 논의는 다음의 연구 참조. 김현주, 『사회의 발견』, 소명출판, 2014.

93) 허경진, 「연희전문의 문학 교육에서 보여진 동서고근 화충의 실제」, 『일제하 연세학풍과 민족교육』, 혜안, 2015, 145쪽.

94) 문헌학과 국학의 관계는 정종현의 논문에 기술되어 있다. 정종현, 「단군, 조선학, 그리고 과학」, 『문학과 과학 I』, 소명출판, 2013, 250~252쪽.

95) 요시미 순야, 앞의 책, 26쪽.

로 상징되는 조의관, 조상훈, 조덕기 3대가 고루 비판받으며 등장한다. 제1세대 조의관이 친척들의 꼬임에 넘어가 3~4천원을 족보 박는 일에 쓰게 되자 조상훈은 이렇게 비판한다. "세상에 좀 할 일이 많습니까. 교육사업, 도서관사업, 그 외 지금 조선어자전 편찬하는 데, (중략) 서원을 짓고 유생들을 몰아다 놓으시렵니까? 돈도 돈이거니와 지금 시대에 당한 일입니까."96) "목사 장로는 아니라 하여도 교회 사업을 하고 있는" 조상훈이 말하는 교육, 도서관, 출판 사업은 모두 선교사 중심의 기독교계가 주력했던 사업이다. 반면 조의관은 조상훈의 사업이란 것이 남 좋은 일이라며 힐난한다. 사실상 문제는 조상훈이나 조덕기 모두 조의관의 유산으로부터 자유롭지 못하다는 데 있었다. 조의관의 자산은 조선조 서원의 부활에 쓰이고 그의 유산 상속의 방향은 제국 유학생에게로 기울어지고 있었다. 곧 사라져갈 조의관과 초조한 조상훈을 두고 "덕기는 낮에 조부 몰래 빠져나와 총독부 도서관에 들어가 앉아서 반나절을 보냈다." 조의관이 족보와 서원에 집착하고, 조상훈이 기독교 문화사업에 기염을 토하고, 조덕기가 조선총독부 도서관에서 시간을 죽이는 모습, 그것은 1931년의 초상이었다. 바로 이러한 '삼대'가 공존하던 시기, 1932년 연희전문학교 도서관의 기증사는 지식의 수장고를 둘러싸고 기독교와 유교와 제국이 경합, 혹은 제휴했던 식민지 현실을 재현한다.

---

96) 염상섭, 『삼대』, 문학과 지성사, 2004, 135~136쪽.

〈참고문헌〉

1. 자료

염상섭, 『삼대』, 문학과 지성사, 2004.
『경향신문』, 『동아일보』, 『연세춘추』, 『연희타임즈』.
한국독립운동사 정보시스템, http://search.i815.or.kr

Chosen Christian College Bulletin.
Korea Mission Field.
H. H. Underwood, "A Partial Bibliography of Occidental Literature on Korea from Early Times to 1930," *Transactions of the Korea Branch of the Royal Asiatic Society*, vol.20, Seoul : Royal Asiatic Society Korea Branch, 1931.

2. 논저

권두연, 「근대 초기 유통서적 연구」, 『현대문학의 연구』, 한국문학연구학회, 2015.
강명관, 『조선시대 책과 지식의 역사』, 천년의 상상, 2014.
강명숙, 「H. H. 언더우드의 *Modern Education in Korea*와 일제시기 한국교육사 연구」, 『동방학지』 165집, 2014.
김남석, 「대구부립도서관과 일제의 식민지정책」, 『한국도서관 정보학회지』 32권 4호, 2001.
_____, 「일제하 청년단체의 도서관 설립 활동에 관한 연구」, 『도서관학논집』 18권, 한국도서관정보학회, 1991.
김상태, 「일제하 신흥우의 '사회복음주의'와 민족운동론」, 『역사문제연구』 1호, 역사문제연구소, 1996.
김성연, 「식민지 시기 기독교 출판과 책의 유통—조선예수교서회를 중심으로—」, 『사이』 18호, 2015.
_____, 「근대 초기 청년 지식인의 성공 신화와 자기 계발서로서의 번역 전기물— 프랭클린 자서전을 중심으로—」, 『현대문학의 연구』 42호, 한국문학연구학회, 2010.
김승우, 「19세기 말 의료선교사 엘리 랜디스의 한국민속 연구와 동요 채록」, 『한국민요학』 39, 한국민요학회, 2013.

김용성, 「사상이 있는 도서관」, 『인문과학연구논총』 24호, 명지대 인문과학연구소, 2002.

김현주, 『사회의 발견』, 소명출판, 2014.

도현철, 「조선학운동과 연희전문의 실학 연구」, 『일제하 연세학풍과 민족교육』, 혜안, 2015.

백영서, 「일본제국권 기독교대학의 학풍과 그 계승 — 연희와 도시샤의 대학문화 비교」, 『일제하 연세학풍과 민족교육』, 혜안, 2015.

송기중 외, 『『조선왕조실록』 보존을 위한 기초 조사 연구』 Ⅰ, 서울대학교출판부, 2005.

양진석, 「규장각한국학연구원 고문서 조사 정리의 현황과 과제」, 『영남학』 9, 경북대학교 영남문화연구원, 2006.

_____, 「한국 고문서학의 전개과정」, 『규장각』 34, 서울대학교 규장각 한국학연구원, 2009.

연세대학교박물관 저, 「연희전문학교 상황보고서 1932」, 『연희전문학교 운영보고서(하)』, 선인, 2013.

연세대학교 국학연구원 편, 『연세국학연구사』, 연세대학교 출판부, 2005.

연세대학교백년사편찬위원회, 『연세대학교 백년사』, 연세대학교출판부, 1985.

연세대학교출판부 편, 『연세대학교사 1965』, 연세대학교출판부, 1969.

오영교 편, 『정동교회 125년사』, 기독교대한감리회 정동제일교회, 2011.

윤혜준, 「연희전문 도서관 소장 영문학 서적의 규모와 면모」, 연세대학교 학풍사업단, 『일제하 연세학풍과 민족교육』, 혜안, 2015.

윤희면, 「조선시대 서원의 도서관 기능 연구」, 『역사학보』 186집, 역사학회, 2005.

이민희, 『16~19세기 서적중개상과 소설, 서적 유통관계 연구』, 역락, 2007.

_____, 『마지막 서적중개상 송신용 연구』, 보고사, 2009.

장문석, 「식민지 출판과 양반 : 1930년대 신조선사의 고문헌 출판 활동과 전통 지식의 식민지 공공성」, 『민족문화연구』 55, 2014.

전상숙, 「대학 Archives란 무엇인가 : Archives의 개념과 내용」, 『한국도서관 정보학회지』 32권 2호, 2001.

정선이, 「1910년대 기독교계 고등교육의 특성 — 숭실과 연희전문을 중심으로 —」, 『교육사학연구』 19집 2호, 2009.

정종현, 「단군, 조선학, 그리고 과학」, 『문학과 과학 Ⅰ』, 소명출판, 2013.

채현경, 「조선후기 향교소장 서책 목록과 관리운영」, 『서지학보』 32호, 2008.

황지영, 「중국서적을 중심으로 본 조선후기 출판과 장서문화의 신국면」, 『다산과 현대』 3호, 연세대학교 강진다산실학연구원, 2010.
허경진, 「연희전문의 문학 교육에서 보여진 동서고근 화충의 실제」, 『일제하 연세학풍과 민족교육』, 혜안, 2015.
홍이섭, 「한국기독교사 연구소사」, 『한국사의 방법』, 탐구당, 1968.

데이비드 와인버거 지음, 이현주 옮김, 『혁명적으로 지식을 체계화하라』, 살림Biz, 2008.
미셸 푸코 지음, 이정우 옮김, 『지식의 고고학』, 민음사, 2000.
요시미 순야 지음, 서재길 옮김, 『대학이란 무엇인가』, 글항아리, 2014,
카토 카츠오, 카와타 이코이, 토조 후미오리 지음, 최석두 옮김, 『식민지의 도서관』, 한울, 2009.

Stoler, Ann Lauren, "Colonial Archives and the Art of Governance," *Archival Science* 2, Kluwer Academic Publishers, 2002.

기독교와 사회조사
: 일제하 이훈구의 토지이용조사의 정치적 의미

김 인 수

1. 들어가며

20세기 전반의 '식민지제국' 일본은 자국을 포함하여 식민지와 점령지 등 동아시아 각 지역에서 소작제도조사, 농가경제조사, 촌락관행조사 등 여러 종류의 농촌조사를 실시한 바 있다. 이들 각각의 조사들은 역사적으로 보면 각 시대마다 제국/식민지 권력의 필요에 따라 조사형태가 변형되고 있었고, 공간적으로는 제국-식민지 간 조사지식의 천이(遷移) 현상을 보이고 있다.[1] 이들 조사를 매개로 '식민지제국' 일본에 의해 구축된 농정 지식체계는 20세기 전반기 동아시아의 정치, 경제, 사회, 문화의 구조를 규정한 실체적 힘, 바꿔 말해 지식권력으로 작동하였다. 예를 들어, 일본의 「소작조정법」(1924)이나 식민지 조선의 「조선농지령」 (1934)에서 보이듯, 일본과 식민지 조선에서 이루어진 농정 입법 및 정책은 이들 조사의 결과물을 실증적인 근거로 삼아 수립되었고,[2] 당시 사회현실

---

[1] 김인수, 「일제하 조선의 농정 입법과 통계에 대한 지식국가론적 해석」, 서울대학교 사회학과대학원 박사학위논문, 2013. 8.

[2] 小山幸伸, 「'大正10年小作慣行調査'の實態分析(1)：千葉縣に見る小作契約の進展狀況」,

을 비판적으로 분석했던 '일본자본주의논쟁'과 '조선사회성격논쟁'도
이들 조사의 결과물을 객관적인 근거로 삼아 진행되었다.3)

　이와 동시에, 이 '조사권력'이 구축한 지식체계는 동아시아 각국에서
'1945년'이라는 정치적 단절 이후의 시간 속에서도 한동안 그 위력을
발휘하였다. 예를 들어, 조선총독부가 실시한 소작관행조사(1930~1931)
는 주권의 전환과 농지개혁에도 불구하고 1970년대 한국에서도 동일한
조사항목과 방법으로 실시된 바 있다.4) 한국의 한 원로 인류학자는 경성제
국대학의 교수였던 스즈키 에이타로(鈴木榮太郎, 1894~1966)의 조사필드
였던 지역-강원도 원주지역-을 다시 방문조사하여 역사적 변화양상을
추적·비교함으로써 일종의 시계열 자료를 확보하였다는 점을 언급하기도
했다.5) 나아가 최근에 이르기까지 식민지 조선의 농정에 관한 실증적

　　敬愛大學経済學會編集委員會 編,『敬愛大學研究論集』No.55, 1998 ; 이윤갑,『일제강
　　점기 조선총독부의 소작정책 연구』, 지식산업사, 2013.
　3) 호스톤 지음, 김영호·류장수 옮김,『일본자본주의 논쟁 : 마르크스주의와 일본경
　　제의 위기』, 지식산업사, 1991(Hoston, Germaine A., *Marxism and the Crisis of
　　Development in Prewar Japan*, Princeton, N.J. : Princeton University Press, 1986) ; 金仁
　　洙,「'植民地の知識國家'論 : 1930年代の朝鮮における社會性格論爭再考」,『思想』No.1067,
　　東京 : 岩波書店, 2013. 3.
　4) 하나의 예로, 이우재,「소작관행에 관한 조사연구 : 일제하 소작관행과 대비하여」,
　　『농업경영정책연구』Vol.2 No.1, 1974.
　5) 경성제국대학 법문학부 농촌사회학 교수였던 스즈키 에이타로는 1943년에 학생들
　　과 함께 식민지 조선의 강원도 원주, 경상북도 영주 및 상주 지역을 방문하여
　　농촌조사를 실시하였다. 그 결과물은『朝鮮農村社會踏査記』(1944)로 간행되었다.
　　한상복 교수는 이 보고서를 읽고 1983년에 서울대학교 인류학과 대학원생들과
　　1차 방문답사를 했고, 1987~1988년에 인류학과 교수들과 공동으로 재방문 조사
　　를 실시하여 40여 년간의 변화를 추적, 조사하였다고 밝혔다. 그 성과물이 서울대
　　학교 사회과학대학 인류학과 편,『한국 농촌의 사회문화적 변화에 관한 인류학적
　　연구 : 艮峴의 사례』, 1990이다. 이상의 내용은 한상복 교수 인터뷰(2014년 7월
　　1일(화) 오후 2시~4시, 낙성대 자택 ; 김인수,『서울대학교 사회발전연구소 50년
　　사, 1965~2015』, 한울아카데미, 2015, 301쪽) 및 한상복,「우리 마을의 민속,
　　어제와 오늘」,『토요인문강좌 민속, 석학에게 듣다』(제6회), 국립민속박물관,
　　2014, 8쪽을 참고.

연구들이 그 입론의 근거로 삼고 있는 일차자료들 역시 바로 이 '조사권력'
이 생산해냈던 자료들이다.

　주지하는 바와 같이, 사회조사는 사회문제를 정의하고 사회정책을
입안하는 인식의 기초이고('evidence-based policy'),[6] 심지어 사회조사를
통해 구성된 개념(concepts)이나 범주(categories)는 사회운동의 의제와 방향
성을 결정짓기도 한다.[7] 또, 현대 사회과학에서 경험적 사회조사(empirical
social research/survey)는 지식생산의 체계성, 객관성을 보증하는 매우 유용한
방법으로 인정받고 있다. 그런데 여기서 우리는 사회조사를 그저 주어진
현실에서 보편타당하고 객관적인 결과물을 산출해내는 활동으로서 수용
할 것이 아니라, 사회문제에 대한 특별한 상을 설정한 조사자가 개념과
범주를 적극적으로 선택하여 현장에 나가 정보를 모으고 '사실'을 산출하
는 능동적인 실천임을 상기하여야 할 필요성을 확인하게 된다.

　현실에서 실제 조사가 이루어지는 모습을 생각해보면, 사회조사와
사회정책은 발생론적으로 동일한 시점에 기획되고 자기순환적 회로 안에
고착되어 있음을 알 수 있다. 사회조사는 무균질의 평평한 공간에서
투명하게 기획되어 실시되는 것이 아니라, 사회적 위기(social crisis)나
사회문제(social problem)를 정의하는 특정한 가치관심 위에서 어떤 사태에
대해 특정한 방식으로 의미를 추출하는 실천을 의미하는데, 여기서 사회정

---

6) Grundmann, Reiner and Nico Stehr, *The Power of Scientific Knowledge : from Research to Public Policy*, Cambridge : Cambridge University Press, 2012 ; Cartwright, Nancy and Jeremy Hardie, *Evidence-Based Policy : a Practical Guide to Doing It Better*, Oxford ; New York : Oxford University Press, 2012 ; Pawson, Ray, *Evidence-Based Policy : A Realist Perspective*, London : Thousand Oaks, Calif. : SAGE, 2006 ; Blumer, M., *Uses of Social Research : Social Investigation in Public Policy Making*, Allen & Unwin, 1982.

7) Hacking, Ian, "Making up People," Heller, T. & et.al.(Eds.), *Reconstructing Individualism : Autonomy, Individuality, and the Self in Western Thought*, Stanford University Press, 1986.

책의 필요는 사회조사의 필요에 선행할 수밖에 없기 때문이다. 통상 사회조사는 그저 필드에 나가 닥치는 대로 사실들을 긁어모으는 일이 아니라, 조사 이전에 미리 결정된 개념과 범주—통상 설문지(schedule)에 그것들이 기입된다—위에서 사실들을 체계적으로 수집하는 실천을 의미하는데, 이때 이 개념과 범주를 결정하는 것은 애초 사회조사를 요청했던 권력 그 자신이다. 사회조사에서 구사되는 개념과 범주는 조사를 모두 종료한 이후에 산출되는 사후적인 무엇이 결코 아니다. 개념과 범주는 조사자가 조사를 시작하기 전에 이미 그의 뇌리 속에서 결정되어 있어야만 비로소 조사의 실행이 가능한 성격의 무엇이다.

이와 함께, 사회조사에는 조사에 필요한 종합학술이 요청되고, 아울러 충분한 재정적 지원이 확보된 위에서만 조사를 실시할 수 있다. 사회조사는 돈과 인력이 소요되는 일종의 사업이다. 바꿔 말해, 조사와 관련된 학술지식과 충실한 재정이 없다면 조사를 수행할 수 없다. 이 점이 갖는 정치적 의미는 대단히 명확하다. 예를 들어, 통상 조사의 결과물인 통계는 사회를 재현(representation)해낸 하나의 형태에 불과하지만, 개념과 범주를 달리하는 다른 '경쟁적 조사'를 통해 상이한 형태의 통계가 산출되지 않는 이상, 그 상대성의 지위는 결코 폭로되지 않고 그 권위도 위협받지 않는다. 통계(statistics)가 그 발생 초기부터 대규모 국가재정과 행정력이 투여된 국가의 업무이자 독점적 사업이었다는 사실은 사회조사와 통계가 갖는 지식권력으로서의 의미를 날것 그대로 드러내고 있다고 할 것이다.

이러한 관점에서 볼 때, 사회조사 및 통계의 독점적 권위를 해체하는 데에 있어서 대안적 조사를 통한 대안적 지식/통계의 산출이 갖는 의미는 실로 중차대한 것이라 할 수 있다. 본고는 제국-식민지의 조사권력에 대한 대안적 지식체계로서 1920년대 후반~1930년대 초반의 동아시아에서 태평양문제연구회(Institute of Pacific Relations, 이하 IPR)의 재정적·학술적 지원을 통해 이루어진 농촌조사를 제안하고, 그 가운데에서도 식민지 조선의 사례인 이훈구(李勳求, 1896~1961)의 농촌조사(1931~1932)를 사회조사론의 차원에서 심도 있게 분석해보고자 한다. 또, 해당 조사에 물적 자원을 제공한 기독교네트워크가 갖는 정치적 의미를 새롭게 발굴해보고자 한다.

그동안 이훈구의 농촌조사와 관련된 연구는 주로 소농주의 농업관, 협동조합론, 사회개량적 농정관 등 그의 핵심사상이 어떤 교육적 배경 속에서 싹텄고 농촌운동 속에서 어떻게 발현되었는지를 세부적으로 확인하는 데에 치중했다. 그리고 그의 이러한 입장이 결국에는 식민국가의 농업정책의 테두리 안으로 수렴되어 체제내적인 개혁방안에 머물고 말았다는 평가를 내렸다.[8] 또, IPR과 관련해서는 국내 연구의 경우, 1925년에 식민지 조선의 기독교 및 민족주의 그룹 주도로 IPR 조선지회가 설립되는 과정과 조선사정조사연구회와의 관계에 관한 연구,[9] 미국 지식인의 한국 문제 인식경로로서 IPR의 활용과 해방 이후의 남북한 건국과정에서의 열강의 한국인식에 관한 연구,[10] 1910~1930년대 미국이 주도한 동아시아 지역연대 구상의 일환으로 IPR을 해석한 연구[11] 등이 제출되어 있는 상황이다.[12] 이들 연구는 조사학술에 요청되는 유무형의 물질적 자원이

---

8) 방기중, 「일제하 李勳求의 農業論과 經濟自立思想」, 『역사문제연구』 제1호, 1996 ; 방기중, 「일제하 이훈구의 한국토지제도사론」, 『동방학지』 제127호, 2004.

9) 고정휴, 「태평양문제연구회 조선지회와 조선사정연구회」, 『역사와현실』 제6권, 1991.

10) 고정휴, 「식민지시대 미국 지식인의 한국문제 인식 : 태평양문제연구회(IPR)를 중심으로」, 『역사와현실』 제58권, 2005 ; 고정휴, 「1948년 미국의 남북한 건국과 동북아 열강들의 인식 : 태평양문제연구회(IPR)와 그 기관지를 중심으로」, 『사총』 제67호, 2008.

11) 김경일, 「식민지 시기 국제 민간 기구의 내용과 성격 : 태평양문제연구회(IPR)와 태평양회의를 중심으로」, 『한국민족운동사연구』 제39호, 2004 ; 김경일, 『제국의 시대와 동아시아 연대』, 창비, 2011.

12) 일본에서의 연구로는, 松尾松平, 『太平洋問題調査會(IPR) : その過去と現在』, 東京 : 日本太平洋問題調査會, 1947 ; 原覺天, 『現代アジア研究成立史論 : 滿鐵調査部 · 東亞

갖는 의미를 평가하는 데에 대단히 제한적이고, 식민지 사회 안의 세력
간 관계를 포착하는 데에도 일정한 한계가 있다. 또, 식민지 기독교의
국제네트워크를 매개로 생산된 학술, 다시 말해 IPR로 대표되는 '서양학술'
이 식민지 조선 및 해방 한국에서 어떻게 작동, 부활, 재생산되었는지의
문제 역시 시야에 넣지 못하고 있다.

   본고는 국내 기독교 세력의 정치활동과 IPR 학술의 접점에 위치한
이훈구의 농촌조사가 식민지 및 해방 이후 한국 농정사(農政史)에서 차지하
는 의미를 체계적으로 발굴하려는 시도이다. 식민지 조선에서의 여러
사회운동에서 기독교가 인적 자원과 조직, 재정, 이념의 차원에서 중요한
역할을 수행하였다는 점에 대해서는 이미 많은 연구들이 지적하고 있는
바인데, 유독 기독교와 사회조사 간의 관계에 관한 연구가 드물다는
점은 조금 의아하게 생각되기도 한다.[13] 본고는 이훈구의 지식실천이
자리했던 정치적·경제적 맥락을 드러내고 당시 식민국가에 의해 수행된
일련의 조사에 비해 개념화 및 범주화의 차원에서 어떤 독특한 특징들을
가지고 있었는지를 확인하고자 한다. 그리고 최종적으로 그것이 지닌
의미를 '농정관의 경합'이라는 문제설정 위에서 음미해보고자 한다.

       硏究所 · IPRの硏究』, 東京 : 勁草書房, 1984 ; 早稻田大學社會科學硏究所編,『黎明期
       アゾア太平洋地域の國際關係 : 太平洋問題調査會(I.R.P)の硏究』, 東京 : 早稻田大學社
       會科學硏究所, 1994 ; 片桐庸夫,『太平洋問題調査會の硏究 : 戰間期日本IPRの活動を
       中心として』, 東京 : 慶應義塾大學出版社, 2003 ; 山岡道男 編著,『太平洋問題調査
       (1925~1961)とその時代』, 横浜 : 春風社, 2010 ; 山岡道男,『太平洋問題調査會關係資
       料 : 太平洋會議參加者名簿とデータ·ペーパー一覽』, 東京 : 早稻田大學アジア太平洋硏
       究センター, 2010 등이 있다.
   13) 식민지 조선에서 기독교계열의 농촌조사로서 체계적인 사회과학적 조사연구보고
       서로 많이 회자되는 것으로는 에드먼드 브루너(E. S. Brunner)의 Rural Korea(1928)를
       들 수 있다. 한국농촌과 농촌교회에 대한 연구인데, 주된 초점은 농촌에서의
       교회활동에 대한 보고와 향후 활동방향에 관한 제언이었다. 다시 말해, 브루너의
       연구는 조선농촌에 대한 연구이기 이전에 조선교회에 대한 연구였다고 보는
       편이 타당할 듯하다.

2. 식민지 사회와 국제 기독교 네트워크

20세기 전반의 일본제국주의는 세계적 차원에서 볼 때 하위제국주의 혹은 지역패권국으로 개념화할 수 있는 것으로서 그 특징은, (1) 정치·경제적 차원에서의 국제적 위상의 취약성, (2) 유일한 비서양·유색인종 후발 제국주의이자, 구미 열강에 의해 문화적으로 식민화된 자기분열적 제국주의, (3) 본국과 식민지 간의 지리적·인종적·문화적 근접성으로 인해 통치정당성의 압박을 받는 근린 제국주의의 성격을 가졌다고 할 수 있다.[14)

일본제국주의의 이러한 특성으로 인해, 특히 식민지 '사회'의 차원에서 볼 때 공식적 지배(주권)와 비공식적 지배 간의 괴리현상이 발생할 개연성이 컸다. 다시 말해, 식민국가가 식민지를 경찰과 군대를 통해 물리적으로 장악하고 있었음에도 불구하고, 식민지 사회의 교육·의료·사회사업 등 영역에서의 문화적 정당성 자원, 심지어는 조직적·경제적 자원의 차원에서는 사회를 완전히 장악하지 못했다.[15) 이것은 식민지 사회에서 식민권력 이외의 다른 세력이 비공식적 차원에서 정당성 자원을 분배받고 이른바 사회를 둘러싼 정당성 경쟁을 벌이거나, 또는 식민권력과 팽팽한 긴장감을 유지하였을 가능성을 시사한다. 이를 '헤게모니 경쟁'(hegemony competition)이라고 개념화할 수 있을 것이다.[16) 이런 관점에서 볼 때,

---

14) 박명규·김백영, 「식민 지배와 헤게모니 경쟁 : 조선총독부와 미국 개신교 선교세력 간의 관계를 중심으로」, 한국사회사학회, 『사회와역사』 82호, 2009.

15) 이를 '이중주권'으로 개념화할 수 있는지 여부는 보다 연구가 필요하나, 일부의 연구는 그러한 개념화의 가능성까지 열어두고 있다. 1910년대 무단통치기 '정부로서의 천도교 교단'(김정인, 『천도교 근대 민족운동 연구』, 한울, 2009)이나 1920년대 문화통치기 '정부로서의 신문'(박헌호, 「문화정치기 신문(新聞)의 위상(位相)과 반일검열(反─檢閱)의 내적논리 : 1920년대 민간지(民間紙)를 중심으로」, 『대동문화연구』 제50호, 2005)이 지닌 정치적 의미에 관한 연구들이 그것이다.

16) '헤게모니 경쟁'을 개념화한 연구로서는, 김경일, 「근대성과 헤게모니의 역사적 변화 : 식민지 시기를 중심으로」, 『한국사회사학회논문집』 제47집, 문학과지성사, 1995 ; 박명규·김백영, 「식민 지배와 헤게모니 경쟁 : 조선총독부와 미국

1920~1930년대 동아시아 각지에서 IPR 주도로 독자적으로 실시된 농촌조사[17]는 제국 일본 및 식민권력의 사회적 공백 또는 균열에 침투한 '서구의 힘'을 상징하는 일대사건이었다고 할 수 있다.

IPR의 농촌조사 가운데 식민지 조선에서의 조사를 맡아 수행한 인물은 이훈구였다. 이훈구는 1896년 충남 서천에서 태어나 수원농림학교를 거쳐 1921년 동경제국대학 농학부 농학과 제2부를 입학, 1924년 3월에 졸업하였다. 재학 중에는, 소농(小農)을 농업경영과 생산력 증대의 주체로 보는 나스 시로시[18]의 이론에 깊이 공감하였다. 나스 시로시는 '소부르주아적 농정학'을 대표하는 인물로, 마르크스주의와 달리 노자협조적 사회개조를 추구하는 사회개량주의 사조를 대표하였다. 이훈구는 일본유학 시절 기독교에 입교하였고, 귀국 후 기독교 계통의 공주의 영명학교(永明學校) 교사로 2년 간 근무하였다. 1926년에는 미국 감리교청년회 교육부의

개신교 선교세력 간의 관계를 중심으로」, 『사회와역사』 제82집, 2009 ; 조형근, 「일제의 공식의료와 개신교 선교의료간 헤게모니 경쟁과 그 사회적 효과」, 『사회와역사』 제82집, 2009 ; 정준영, 「식민지 의학교육과 헤게모니 경쟁 : 경성제대 의학부의 설립과정과 제도적 특징을 중심으로」, 『사회와역사』 제85집, 2010 등을 들 수 있다.

17) John Lossing Buck, *Land Utilization in China*, Vol.1. General Interpretation ; Vol.2. Atlas ; Vol.3. Statistics, Nanking : University of Nanking, 1937 ; Shiroshi Nasu, *Land Utilization in Japan*, New York : Institute of Pacific Relations, 1936 ; Hoon K. Lee, *Land Utilization and Rural Economy in Korea*, Chicago : University of Chicago Press(Agent), 1936.

18) 나스 시로시(那須皓, 1888~1984) : 1911년 동경제국대학 농과대학을 졸업하고 1917년 조교수, 1922년 교수가 되었다. '일본농업경제학회'를 결성하였고 농림성의 이시구로 다다아쓰(石黑忠篤)와 친교가 깊었다. 이시구로는 소작쟁의와 농촌빈곤문제의 해결에 힘써 이후 농림대신이 되어 '농정(農政)의 신'으로 불린 이였는데, 나스는 그의 측근이자 브레인으로 활약했다. 1937년에는 국내농업문제의 해결을 위해 만몽개척이민을 추진했다. 패전 이후 일시 공직추방되었지만, 이후 복귀하여 요시다 시게루(吉田茂) 수상의 요청으로 인도대사와 네팔대사를 맡았다. 1963년에는 UN식량농업기구의 총회 의장으로 취임하였다. 1967년에는 막사이사이상을 수상하였다.

추천으로 미국 캔자스 주립대학 농업대학에 유학하여 석사학위를 마쳤고, 1927년 가을에는 위스컨신 대학 농업경제학과 박사과정에 진학하였다. 위스컨신 대학은 기독교 사회주의자 일리(R. T. Ely)의 학풍이 지배적이었는데, 일리는 고전학파의 자유방임주의, 마르크스주의의 사회혁명론을 모두 배격하고 귀납적·역사적 방법론에 의한 경제학의 인간화를 주장하였다. 또, 농업경영실태나 시장구조에 대한 현장조사와 통계분석 연구도 활발히 진행하였다. 이훈구는 졸업 이후 농무성 토지정책 주무자인 선배 그레이(L. C. Gray)의 주선으로 농무성 농업경제국 촉탁(囑託, 통역관)으로 잠시 근무한 후, 중국 남경(南京)에 소재한 미션스쿨 금릉대학(金陵大學)에서 농업경제학을 가르쳤다.[19] 이후 귀국하여 숭실전문학교 교장 윤산온(尹山溫, George. S. McCune)의 권유로 농학과 교수로 재직하면서 태평양문제연구회로부터 농촌조사를 위탁받아 실시하였고,[20] 장로교 농촌운동의 지도급 인사로 활동하였다.[21] 해방 이후에는 미군정 농무부장으로 재직하였고, 정부 수립 이후 제헌의원으로 농지개혁법 입법과정에 참여하였다. 이후 단국대학교 학장, 성균관대학교 총장을 역임하였고, 5·16 쿠데타 직후에 수감되어 옥중에서 사망하였다.[22]

이훈구의 이력을 통해 살펴보건대, 그는 기독교계열의 지도자 가운데 한 사람으로서 사회조사를 수행할 수 있는 학술적 능력을 겸비하고 있다는 점, 바로 이런 이력 때문에 IPR로부터 조사요원으로 선택된 것으로 보인다. 여기에는 기독교 종교네트워크와 학술네트워크를 통한 신뢰관계,

---

즉 개인적 이력을 통한 만남들이 매개가 되었을 개연성도 있다. 이훈구는 동경제국대학 유학 시절 교수였던 나스 시로시(일본책임자)와는 사제관계에 있었고, 로싱 벅(J. Lossing Buck, 중국책임자)[23]과는 중국 남경 금릉대학(미션스쿨)의 농업경제학과 동료였다.

3. 식민지의 사회문제와 주도권

1920년대 식민지 조선의 농촌은 제국-식민지 간의 비대칭적이고 불균형한 정치경제 구조 속으로 휘말려 들어갔다. 제1차 세계대전의 종전(1918) 이후, 일본은 러시아혁명(1917)의 물결을 잠재운다는 명분으로 시베리아 출병(1918~1922)에 참여했다. 소비에트 정부는, 일본의 관점에서 아시아에서 식민지 조선 및 중국에서의 민족운동과 코민테른(1919년 결성)의 하위조직인 각국 공산주의 세력에 대한 이데올로기적·물질적 보루로서 인지되었고, 소련의 출범은 이른바 '적색제국(赤色帝國)'의 등장으로 인한 안보위협으로 인식되었다. 일본에게 시베리아출병은 세계대전을 통해 급성장한 자신의 국제적 위상과 군사적 역량을 인정받고 시험해보는 계기인 동시에, 식민지 조선을 위시한 아시아 각국의 혁명운동을 선제적으

---

23) 로싱 벅(Buck, J. Lossing, 1890~1975) : 1915년 코넬 대학 농학부를 졸업하고 농업전도 선교사로 중국 安徽省을 방문하였다. 1920년 미션스쿨 金陵大學(南京大學) 농경제학과 교수가 되었고, 1921~1925년(그 성과는 1930년에 발행된다), 1929~1933년(그 성과는 1937년에 발행된다) 두 차례에 걸쳐 중국인 학생을 인솔하여 농촌조사를 실시하였다. 이 가운데 제2차 조사인 *Land utilization in China*(1937)가 IPR주관 프로젝트의 결과물로서 출간된 것이다(久馬一剛, 「中國土壤學の近代化に寄与した二人のアメリカ人 : John Lossing Buckと Walter Clay Lowdermilk」, 『肥料科學』 第34号, 2012.). 물론, 제1차 조사의 설문지(schedule)는 이훈구의 조사에서도 많은 영향을 주었다. 참고로, 그는 *The Good Earth*를 쓴 Pearl Buck과 결혼(1917)했다가 이혼(1935)하였다.

로 제어하기 위해 벌인 반혁명전쟁이었던 셈이다.

그런데, 이 시베리아출병으로 인해 미곡이 군량미로 전용되는 것이 촉발점이 되어, 일본에서는 쌀 부족에 따른 코메소동(米騒動, 1918. 8) 등 사회운동이 격렬하게 고양되었다.[24] 조선총독부의 산미증식계획(제1차 1920~1925, 제2차 1926~1934)은 바로 이 악화된 일본의 식량수급 상황을 개선하고자 한 제국 일본 규모의 농정기획의 산물이었다. 조선총독부는 일본 '내지'의 미곡의 안정적인 공급을 확보하기 위해 이 계획을 기획, 실행했다. 다시 말해, 이 사업은 일본 '내지'에서의 쌀 공급 부족 현상이 민중폭동으로 이어지지 않도록 하기 위해 이를 조선에서의 증산으로 채우고자 한 것이었다.[25] 이로써 식민지 농촌은 제국-식민지 미곡시장의 경제적 메커니즘 속으로 빠르게 빨려 들어가게 되었다. 쌀은 급속히 상품화되었다.

제국 규모의 쌀시장이 구축되고 미곡생산이 거기에 종속되면서 식민지 조선 농촌은 일대 변화를 겪었다. 특히, 지주-소작관계는 날로 악화되었다. 그 결과로 소작쟁의는 1923년과 1928년에 급격한 증가의 모멘텀을 형성하며 급진화되었다. 식민국가는 피폐한 조선농촌을 새롭게 사회정책의 대상으로 삼지 않을 수 없는 상황에 처하게 되었다. 다만, 농촌의 위기에 주목한 것은 식민국가만이 아니었다. 조선의 민족주의자와 사회주의자들은 소작쟁의를 적극적으로 지도하였다. 집단시위와 소작료불납동맹의 전투적·혁명적 방법이 채용되기도 하였고, 소작인조합을 결성하는 데에 앞장 선 청년과 지식인들이 농민운동에 사회주의 사상을 도입하고 전국적인 조직을 만들어 반제민족해방운동으로 발전시키려 했다. 전국 각지에서 소작인조합이 조직되고 농민조직 역시 활성화되어 1931년 기준으로 전국

---

24) 小林幸男, 『日ソ政治外交史 : ロシア革命と治安維持法』, 東京 : 有斐閣, 1985.

25) 요네타니 지음, 조은미 옮김, 『아시아/일본』, 그린비, 2010(米谷匡史, 『日本/アジア』, 東京 : 岩波書店, 2006).

에 1,700여 개의 농민단체가 조직되기도 했다. 1920년대 이후, 소작쟁의는 날로 확대되었고 투쟁도 격렬한 양상을 띠었다.[26]

이러한 상황은 식민지 사회의 주도권을 두고 식민국가는 물론, 식민지의 각 정치세력이 경합하게 되는 사태로까지 진전되었다. 당시 조선총독부 위촉으로 소작제도를 조사하여 『조선의 소작관습(朝鮮の小作慣習)』(1929)을 펴낸 젠쇼 에이스케의 경우, 농촌문제를 매개로 기독교, 천도교 등 민족운동세력이 다액의 돈을 들여 농촌진흥과 교양에 나서는 등 세력을 확장하고 있고, 적색농민단체도 세포조합을 조직하고 있다고 판단하면서 이에 대한 우려를 표명하고 있는데,[27] 이는 식민지 사회 내의 각 정치세력들이 농촌의 사회문제를 매개로 정치적 영향력의 확장에 나서고 있었음을 암시한다.

4. 이훈구의 '토지이용조사'의 배경

1) 식민국가와 농정조사 : 소작관행조사와 농가경제조사

식민국가는 이러한 식민지 농촌의 위기에 대해 정책적 대응에 나섰다. 그것은 주로 소작문제에 초점을 두는 방향으로 향했다. 조선총독부는 임시소작조사위원회(臨時小作調査委員會)를 설치하고 1928년 2월 8일에 제1회 회의를 개최했다. 회의의 결과물은 곧바로 조선총독에게 상신되었다. 이 자문안은 1928년 바로 그 해에 곧바로 그 진가를 발휘한다. 1928년의

---

26) 이윤갑, 『일제강점기 조선총독부의 소작정책 연구』, 지식산업사, 2013, 111쪽 및 118~119쪽 ; 김동노, 「일제시대 식민지 근대화와 농민운동의 전환」, 『韓國社會學』 Vol.41 No.1, 2007, 214쪽.

27) 朝鮮總督府(善生永助 嘱託), 『朝鮮の小作慣習』, 1929, 57~62쪽.

봄 기후는 흉년을 예견할 만큼 좋지 않았고, 조선총독부는 예견되는 농정피폐와 소작쟁의의 증가에 예방적으로 대처한다는 입장에서 1928년 7월 28일 정무총감 명의로 각 도지사 앞으로 「소작쟁의의 개선에 관한 통첩(小作慣行ノ改善ニ關スル件通牒)」을 시달하였다. 소작법령의 제정에는 시간이 소요되고 지주들의 반발도 예상되는 만큼, 일단 응급조치로서 행정통첩을 발표한 것이다.[28] 그러나 이러한 임시방편적인 대처방안으로는 여전히 미흡한 부분이 많아서, 이어 조선총독부는 대대적인 소작관행조사를 기획하여 1930~1931년에 걸쳐 이를 실시하였고 그 결과에 기초하여 각종 법령을 제정한 바 있다.

그런데 식민국가가 1920년대 식민지 조선 사회의 위기를 '소작문제' 또는 '소작의 위기'로 규정하여 소작관행조사를 실시하였다는 점은 그 시사하는 바가 매우 크다. 식민국가에 의해 그것이 '소작의 위기'로 규정된 이상 그 대안은 소작제도의 해체나 조정에서 찾아질 수밖에 없다. 농지의 전 사회적 재분배, 예를 들어 해방 이후 남북한에서 목격된 농지개혁이나 토지혁명의 길[29]이 지극히 급진적인 것이어서 회피되어야 했다면, 남은 길은 그 제한적 조정과 개량화, 다시 말해 소작권의 제한적인 물권화를 통한 조정 - 조선농지령(1934)이 그 사례이다 - 이나 '자작농창정사업'으로의 길이었을 따름이다.

---

28) 이윤갑, 앞의 책, 129쪽. 통첩의 정식명칭은 「朝鮮總督府臨時小作調査委員會ノ上申ニ基ク昭和三年政務總監通牒小作慣行改善案」이었다. 통첩의 이유를 설명하는 대목에 "본부 내에 임시소작조사위원회를 설치하여 시세에 적합한 소작제도의 수립에 대해 필요한 조사를 하게 한 결과, 이번에 해당 위원회에서 의견이 상신되었고, 이 상신의견 가운데 아래의 사항은 조선의 실정에 비추어 속히 그 실행을 요하는 것으로 인정된다"는 언급이 있다(朝鮮總督府農林局, 『朝鮮ニ於ける小作ニ關スル法令』, 1933, 82쪽). 해당내용 및 전문은 『朝鮮ニ於ける小作ニ關スル法令』(朝鮮總督府農林局, 앞의 책)에 수록되어 있다.

29) 최근의 종합적 연구성과로는 유용태 편, 『동아시아의 농지개혁과 토지혁명』, 서울대학교출판문화원, 2014가 있다.

당시 식민국가의 조사는 소작관행조사에 그치지 않았다. 1933년(과 이후 1938년)에 농림국 주도로 농가경제조사가 실시되었는데,30) 그것은 농촌진흥운동 및 자력갱생운동의 근거를 마련하였다. 이 1933년 조사의 결과물은 당시 부분적으로 언론에 공개가 되기는 했지만,31) 대체로 일반에 공개되지 않다가 1940년에 농림국 농촌진흥과(農林局農村振興課)에서『농가경제개황조사(農家經濟槪況調査)』로 편집, 출간되었다. 이 자료는 1933년에 조사한 농가를 5년 뒤인 1938년에 다시 그대로 방문하여 추적조사를 실시한 것으로, 시계열적 자료의 속성을 지니며 1930년대의 농가경제의 실상을 보여주는 자료로서 현재에도 여러 식민지 농정사 연구자들에 의해 두루 인용되고 있다.32) 그런데 그 최종보고서인『농가경제개황조사』

---

30) 이전에 조선총독부에서 실시한 농가경제조사로서는 1918년의 조사를 들 수 있다. 이 조사는 조선총독부 재무국 임시관세조사과(臨時關稅調査課)에서『금융과 경제 제6호 부록(金融と經濟 第6號 附錄)』으로 편집한 것으로, 보고서의 정식명칭은『농가경제상황조사서(農家經濟狀況調査書)』(1918)였다. 이 조사는 금융조합 소재 지방에서 조선인 농가를 상류·중류·하류의 3개 계급으로 나눠 각 그 대표적인 1가(家)를 선택하여 경제상황을 조사한 것으로, 조선 전체의 금융조합 267개소에서 조사가 이루어졌다. 그러나 이 조사는 본격적인 농가경제조사로 보기에는 여러 한계를 안고 있었다. 상류·중류·하류라는 계급구분의 기준이 명확치 않았고, 조세행정을 추구하는 재무국의 관심 속에서 금융조사가 강조되어 있었을 따름이었다(김인수, 「일제하 조선의 농정 입법과 통계에 대한 지식국가론적 해석」, 서울대학교 사회학과 박사학위논문, 2013, 177쪽). 이와 함께, 또 하나 중요한 농가경제조사 자료로서 1930년대 '조선사회성격논쟁'에서는 물론, 근래의 식민지 농정사 연구에서도 많이 인용되고 있는 것으로는 1925년에 조선총독부 사회과에서 펴낸『農家經濟に關する資料』(1925. 9), 특히 그 안에 담긴 '농가수지표'가 있다. 이 자료는 농가계급(지주, 자작, 자작겸소작, 소작, 궁농)과 경지면적(대, 중, 소, 세)을 교차하여 총 17개로 항목을 구분하여 그 각각의 수지를 계산해내고 있다.

31)『實生活』제4권 제1호에 당시 비슷한 시기에 진행되고 있었던 조선농회(朝鮮農會)의 농가경제조사 자료와 함께 농림국 조사의 결과 일부가 소개되었다. '농가의 수지상황표'가 그것이다(이훈구,『조선농업론』, 한성도서주식회사, 1935, 462쪽).

32) 이 자료를 활용하는 한편, 그 조사적 의미에 대해 일부 언급한 연구로서는, 이송순, 「1930·40년대 농가경제의 추이와 농민생활」,『역사문제연구』제8호, 2002를 들 수 있다. 이송순에 따르면, 이 자료는 「농가경제갱생계획실시요강」에

(1940)를 열어보면, 조사의 취지와 목적, 방법에 관한 간략한 소개가 있을 뿐, 질문지(schedule)의 양식을 찾아볼 수 없다. 다만, "1933년 농가갱생사업의 대상으로 지정된 농가 가운데 가족, 노동능력, 농업경영 등 여러 요소에서 비교적 평균[中庸]에 해당하는 농가"(2쪽)를 추출하여 조사했다는 기록이 있고, 따라서 이를 통해 그 표본의 구성이 유의추출(purposive sampling, 有意抽出)에 의하고 있음을 확인할 수 있다.[33] 총 표본사례는 소작농 1,778호와 자작농 1,859호 등 총 3,637호였다. 이 조사의 설문문항은 앞에서 말한 바대로 최종보고서에는 누락되어 있는데, 그것은 조선총독부에서 펴낸 『자력갱생휘보(自力更生彙報)』 창간호(1933. 3)에 「농가경제갱생계획 지도요강」이라는 제목으로 상세한 항목설명과 함께 실려 있다.

식민국가가 실시한 농가경제조사는 초기의 조세부담능력을 확인하려는 관심(1918년 임시관세조사과 자료), 그리고 농촌피폐의 실상을 파악하고 적자농가(赤字農家)의 규모를 확인하려는 관심(1925년 사회과 자료)을 거쳐, 정신동원적 성격의 자력갱생운동과 연계하여 그 성과를 선전하려는 관심(1940년 농촌진흥과 자료)으로 점차 변화해갔다고 평가할 수 있다. 식민국가에 의해 이루어진 농가경제조사의 특징과 의미, 한계 등에 대해서는, 이후 이훈구의 조사를 다루는 부분에서 비교, 대조하여 서술하고자 한다.

2) 기독교 계열의 활동과 태평양문제연구회의 조사 기획

IPR은 전간기(戰間期) 아시아태평양지역에서의 미국의 주도로 구축된

의한 현황조사로 실시되었다고 한다(이송순, 위의 논문, 2002, 87쪽).

33) 유의추출은 판단표본추출 또는 목적표본추출이라고도 불린다. 랜덤하게 표본을 추출하는 것이 아니라, 조사자가 모집단을 대표할 만하다고 생각되는 표본을 주관적 방법에 의해 추출한다. 따라서 표본의 대표성을 보장할 수 없고, 또 표본오차 계산도 거의 불가능하다는 단점이 있다. 보통 본조사 이전의 사전조사나 시험조사에 실시한다.

민간학술회의인 태평양회의(Pacific Conference)가 진행되는 가운데, 그 준비 조직으로 창립되어 각국에 지부를 두는 형태로 운영된 연구기관이다. 1925년 7월 하와이 호놀룰루에서 개최된 제1회 태평양회의에서 창립되었고, 1961년까지 존속하면서 1958의 제13회에 이르는 회의를 주도하였다. 이 조직의 결성배경에는 1920년대 초반의 미국 주도의 워싱턴회의와 이에 맞선 소련 및 코민테른의 극동피압박인민회의 간의 패권경쟁도 한몫을 하였다. 초기에는 회의는 하와이와 미주 본토의 기독교청년회 관계자들의 구상과 제안에 따른 것이었는데, 참가범위가 확대되면서 본래의 종교적 의미는 다소 퇴색되고 국제적 민간학술기관으로서 자리매김해갔다. 1930년대 초반까지의 주요의제는 아시아태평양 지역의 이민문제(미국과 일본 간의 1924년 배일이민법 쟁점), 인구·인종문제, 중국에서의 치외법권과 불평등조약 그리고 관세자주권 회복 문제, 만주문제 등이었다. IPR은 과학적 지식을 근거로 한 학술 조사연구를 지향했다.[34]

조선의 지식인들, 특히 기독교계 지식인들은 이 회의에 적극적인 관심을 표명했고, 초기부터 이 회의에 참여함으로써 국제사회에서 '조선'의 존재를 승인받으려 했다. 조선에서 태평양회의 참가준비는 YMCA를 중심으로 진행되었다. 예를 들어, 제1회 대회(1925)에는 신흥우, 유억겸, 김종철, 김양수, 송진우 등이 참가했다. 이 회의에 이어 조선에서 조직된 IPR 조선지회의 주요 회원은 윤치호, 신흥우, 송진우, 안재홍, 백관수, 백남운, 이순탁, 유억겸, 조병옥 등이었다. 이들은 조선이 IPR의 항구적인 회원이 되어야 한다는 입장을 표명했지만, 제1회 회의 때부터 그 주도국인 미국과 일본측 위원들의 반대로 뜻을 이루지 못했다. 그런 가운데 제2회 대회(1927, 하와이)에는 김활란, 백관수, 유억겸이, 제3차 대회(1929, 교토)에는 윤치호, 송진우, 유억겸, 백관수, 김활란이 참가했다.[35] 이 3차 회의가 조선인들

---

34) 김경일, 앞의 책, 2011, 106쪽 및 111~115쪽 ; 고정휴, 앞의 논문, 1991, 285~286쪽.
35) 김경일, 위의 책, 2011, 119~123쪽.

이 참가한 마지막 회의였다.

IPR이 학술연구를 지향한 단체였던 관계로, 조선에서도 그 지회가 결성되었는데 참여자들은 주로 미국과 일본에서 유학을 한 경험이 있는 인물들이었다.[36] 현직을 보면, 기독교청년회나 조선 내의 각 미션스쿨 교수진, 그리고 주요 언론사의 주필그룹 등이 포진해 있었다. 특히 그 설립을 주도한 인물은 신흥우로서 그는 당시 조선기독교청년회 총무를 맡고 있었다. 이 조선지회는 1931년에 해체되어버리는데, 신간회 해체 이후 급진화된 사회주의 세력으로부터의 비판이 치명적이었다. 사회주의 세력은 세계대공황과 만주사변의 발발로 자본주의가 전면적인 위기상황 으로 빠져들고 있다고 판단하고, 미국 주도의 태평양회의에 대해 여전히 기대를 품는 이들을 비판하였다. 물론, 학술단체임을 강조하면서도 열강 의 이해관계 속에서 식민지 조선의 발언권을 정치적으로 제한해버린 태평양회의의 기만성이 부각되면서 IPR 조선지회 내부의 분위기도 점차 침잠해갔다.[37]

이훈구의 토지이용조사는 바로 이러한 국면 속에서 IPR의 학술적·재정 적 지원을 받아 실시된 것이었다. 이훈구 자신이 1920년대 중후반에 미국 대학에서 학업을 진행하고 있었기 때문에 국내조직과의 직접적인 연계는 확인되지 않지만, 1929년 뉴욕에서 이훈구가 그 관계자를 만났다는 증언이 있기 때문에(후술) 그 관련성은 충분히 인정할 수 있을 것이다.

이훈구의 조사가 요청되었던 국제적 배경을 잠시 살펴보면, 우선 1927년 IPR회의에서 인구식량문제와 이민문제가 본격적인 이슈로 떠올랐다. 베이커(O. E. Baker), 앨스버그(C. L. Alsberg), 나스 시로시(那須皓) 등 3명이 간략히 보고한 후 원탁회의가 진행되었고, 이 자리에서 나스는 일본의 이민문제는 인구식량문제와 긴밀히 연관되어 있다고 어필하였다. 논의

---

36) 구체적인 명단은 고정휴, 앞의 논문, 1991, 303쪽을 참고할 것.

37) 고정휴, 위의 논문, 1991, 321~324쪽.

끝에, 차기 회의를 위한 준비과제로서 태평양연안 각국의 인구동태와 식량생산 상태에 대한 조사의 필요성이 부각되었다. 교토에서 열린 제3회 회의(1929. 10. 28.~11. 9)는 만주문제, 일본이민배척문제, 만주에서의 일본의 특수지위의 문제가 논의되었고, 인구, 식량, 이민 문제에 대한 보다 근본적인 분석을 위해 조선, 일본, 중국에서의 토지이용조사를 실시할 것을 의결하였다. IPR 연구부에서 콘들리프(John B. Condliffe, IPR International Research Committee 조사주임) 주도로 동아시아에서의 농촌조사가 본격적으로 기획되었다.[38]

5. 이훈구의 '토지이용조사'의 실제

1) 조사의 경과

이훈구는 IPR의 의뢰와 재정지원을 받아, 1931~1932년에 걸쳐 식민지 조선의 토지이용조사(land utilization survey)를 실시하였다. 이에 앞서, 이훈구는 1929년 12월에 뉴욕을 여행하던 중 IPR 조선부 위원을 지낸 친구를 만나게 되는데, 그로부터 교토에서 열렸던 제3회 태평양문제연구회 회의(1929. 10. 28.~11. 9)에서 동아시아의 토지이용조사 관련안건이 제출되었고 조만간 조선의 연구를 위촉받게 될 것이라는 이야기를 전해 듣는다. 그는 1930년 초봄에 IPR 연구부의 콘들리프(J. B. Condliffe) 박사의 내방을 받고, 연구계획에 대해 정보를 교환하였다. 당시 동경제국대학과 중국 남경의 금릉대학에서 한창 조사 중에 있었던 토지이용 및 농촌경제계획과 동일한 프로젝트로서, 국가 간 비교연구의 자료를 생산하는 것이 목적이라

---

38) 片桐庸夫, 앞의 책, 2003 ; 原覺天, 앞의 책, 1984.

는 것이었다. 그런데 사정이 여의치 않게 되어 조사에 곧바로 돌입할
수는 없었고, 그 사이 이훈구는 중국 금릉대학 농업경제학 강좌의 교수로
부임했다. 이후 IPR에서는 조사계획 집행을 미국지리학협회에 위탁하였
고, 조사의 실시를 위해 이훈구의 귀국을 독촉하였다.

   이훈구는 1931년 여름부터 겨울까지 조선 13개도 48개군 133리에서
1,556호의 농가를 호별방문하여 조사를 실시하였고, 이 가운데 조사가
불충분하게 이루어진 것을 폐기하여 1,249호의 사례를 확보하였다. 이때
사례의 추출은 이훈구 자신의 말을 빌면 "통계학상에서 일컫는 바 표준법
(sample method)"이었는데, 비록 제한적인 형태이기는 할 것이나, 일종의
무작위표집(random sampling)이었던 것으로 보인다.[39] 이 조사방법론은
태평양문제연구회 연구부에서 진작에 제시한 방침을 그대로 따른 것이었
다. 또, 문맹의 상태를 감안하여 조사원이 직접 방문하여 일일이 구두로
설명하고 설문지에 기입하는 문답법(mouth to mouth)을 택하였다. 조사의
실행을 위해 조사원으로 약 50명 안팎의 전문학교 졸업생과 재학생을
선발한 뒤, 3~4일 간의 미리 강습을 통해 조사용지의 내용 기입법과
의심이 많은 농민을 대할 때의 주의사항 등을 숙달하게 하여 사실의
수집에 혼란이 없도록 하였다. 조사용지는 동경제대 나스 시로시 교수와
금릉대학의 벅(Buck) 교수의 것과 미국농무성 농업경제국 그레이 박사의
것을 참고하여 제작하였다. 조사 이후 결과물의 정리와 함께, 조선총독부
발행의 각종 통계와 간행물, 각 도청 발행의 농업통계류, 세계 각국의
농사통계, 미국의 국세조사자료(1930) 등을 수집하여 문헌을 통해 분석,
비교연구를 수행하였다. 1933년 3월에 사업이 종료되었고, 이훈구는 IPR에

---

39) 이 점은 이훈구 자신의 다음과 같은 언급을 통해 추론해볼 수 있다. "(농가경영
    농지의 散在와 관련하여) 그림 중의 곡선은 개연곡선(蓋然曲線. 정규분포-인용자)
    과 방불한데, 그것은 원래가 그러할 것이 조사농가가 인위적 의도로 선택한
    것이 아니요, 우연적 돌발현상으로 관찰되었기 때문이다"(이훈구, 앞의 책, 1935,
    186쪽.

영문보고서를 제출하였다.[40) 이상이 조사의 전말이다.

다만, 그는 동아시아 지역에서 이루어진 조사결과를 일괄적으로 간행한다는 IPR의 방침으로 이 연구를 곧바로 단행본으로 출간하지는 못했다. 그래서 1935년에『조선농업론』으로 간행했고, 1936년에 *Land Utilization and Rural Economy in Korea*로 간행했던 것이다.

이훈구의 토지이용조사는 상당히 미묘한 시점에 수행되었다고 할 수 있다. 우선, 조선의 기독교 세력을 중심으로 한 IPR 참여의 시도가 끝내 좌절된 이후 그에게 조사가 위탁되었기 때문에 이 사건은 기독교 세력과 IPR이 다시 관계의 끈을 이어간 것으로서의 의미를 지닌다고 하겠다. 둘째, 조선총독부에 의한 소작관행조사(1930~1931)나 조선농회의 각 도별 농가경제조사(1930~1934)와 비슷한 시기에, 그리고 농림국의 농가경제조사(1933, 1938) 바로 직전에 이루어진 조사라는 점에서, 이들을 의식하는 가운데 팽팽한 긴장감 속에서 조사가 진행되었음을 추측해볼 수 있다. 단순한 일개 사례조사가 아니라, 조선인에 의한 사회조사로서 IPR로부터 재정적·학술적 지원을 받아 토대를 갖춘, 식민지기 전체를 통틀어 매우 보기 드문 형태의 조사였던 것이다. 이 점은 조사목적 및 방법론, 체계의 차이로 인한 '농정관의 경합'과 함께, 서구의 힘을 등에 업은 조선 기독교 세력과 식민국가 간의 '헤게모니 경쟁'의 가능성을 시사한다. 셋째, IPR의 영향 아래 이루어진 조선, 중국, 일본에서의 조사연구 사이에 인구, 식량, 이민에 대한 인식에서 미묘한 인식의 격차가 존재한다는 점이다. 특히, 일본측 책임자인 나스 시로시는 이훈구와는 달리, 만주사변(1931) 이후 일본인의 만주이민을 국책화하고 이를 통해 일본의 인구식량문제를 해결해야 한다고 주장하였다. 근본적인 차원에서 볼 때, 이훈구와 나스 시로시 간에 보이는 이러한 인구, 식량, 이민에 대한 관점의 차이는 식민지와

---

40) 이훈구, 위의 책, 1935, 6~13쪽.

제국 간의 정치적·경제적 힘의 격차에서 비롯되었다고 할 수 있다.

2) 조사의 특성 : 조사의 인식관심과 방법론

이훈구는 책의 서술에서 농가조사를 통해 얻은 자료와 함께, 『조선총독
부통계연보』 『조선의 소작관습』(1929) 등 조선총독부에서 펴낸 공식간행
물 등 문헌자료를 아울러 활용하였다. 텍스트의 구성상, 분야마다 조금씩
의 차이는 있지만 대체로 조선총독부에서 펴낸 통계자료('官府統計')를
통해 전반적인 상황을 일별한 뒤, 자신이 조사한 자료 가운데 '관부통계자
료'에는 애초부터 존재하지 않는 자료를 제시하면서 총독부 자료의 논지를
논박하는 구조를 취했다. 이러한 조사 자료의 존부(存否) 문제는 결국
'농정관의 상극(相剋)'에서 비롯된 것으로, IPR과 식민국가 간에 조사의
목적 및 관심, 지표화 방식에서 일정한 차이가 있었음을 암시한다. 이
점을 이훈구 자신이 의식적으로 지적하고 있는 서술의 예를 몇 가지
살펴보면 다음과 같다.

> (이훈구 자신이 수행한 농촌의 조선어 문맹률 조사결과를 소개하면서)
> 이 조선인의 문맹률에 대해서는 오늘날까지 신뢰할만한 숫자가 없다.
> 당국자는 조선인 중 국어용해자의 수는 조사, 발표하지만 언문을 能讀,
> 能書하는 사람의 수는 조사를 하고도 발표를 않는지, 혹은 조사가 없어서
> 발표치 못하는지 모르나 어쨌든 외간에 발표된 숫자가 없다.[41]

> 일본의 쌀 反當 수확고(30.2붓셀)는 조선의 그것(16.9붓셀)에 비하여
> 매우 많은 것을 볼 것이다. 그러나 이와 같이 큰 차이가 있다―약 2배의

---

41) 이훈구, 위의 책, 1935, 105쪽.

차이(인용자)―고 발표된 통계표에 대하여 다소의 의심을 아니할 수가 없다. (중략) 이와 같은 容疑의 여지가 있으므로 나의 조사에서는 이 점에 관하여 특별히 유의하고 實地로 허위가 없는 사실을 얻기에 노력하였다. 48개군 지방 1,066호 농가에 대하여 조사한 결과를 표기하면 다음과 같다.42)

원래 관청통계는 미작수확고가 面吏員의 추측적 집계를 기초한 것이기 때문에 부정확할 것을 짐작할 수 있으며, 더욱이 그 기본조사 당시에는 所得稅 戶別割 등 세액을 축소하려고 하는 심리상 實收穫高보다도 적게 보고되었던 것도 추측할 수 있는 사실이다. 그러므로 관청통계의 숫자는 기실 實地收穫高와 서로 거리가 꽤 먼 것으로 보는 것이 정당치 아니할까? 나의 조사에서는 쌀과 마찬가지로 대맥과 소맥의 평균 反當 수확량에 대해서도 稻作과 마찬가지로 각 농가의 實地收穫高를 상세하게 조사하여 보았다.43)

지금 한 농가에서 경작하는 농용토지가 어느 정도까지 분산되어 있는가를 측정하여 보기 위하여 우리가 조사한 결과를 제시하겠다. 지금까지 어느 누구 조사한 사람이 없고 또 이 사항은 농업 경영상에 있어서 의미가 중대한 것이므로 우리가 조사를 실행할 때에는 특별히 주의한 것이다.44)

사실상 官府에서도 농업노동 문제에 대하여 하등의 통계적 재료를 가진 것이 없다. 더욱이 동력이용에 관한 연구와 자료는 아무 것도 없다. 또 놀랄만한 것은 농업자 자신도 흔히는 자기가 1년 중 몇 날을 노동하고

---

42) 이훈구, 위의 책, 1935, 121쪽.
43) 이훈구, 위의 책, 1935, 124쪽.
44) 이훈구, 위의 책, 1935, 185쪽.

몇 날을 놀았는가 알지 못하는 것을 우리 조사 당시에 발견하였다.[45]

　관부통계는 아직 불완전한 것이어서 그런지 모르나 전 조선농가의 지출을 정확히 계산하여 본 것이 없다. 그러므로 우리가 직접으로 쓸 수 있는 자료가 없다. 그러나 우리는 비록 간접방식법이라고 할지라도 대략 농부 인당 매일지출액을 계산하여낼 수가 있다.[46]

이처럼 조선총독부 통계에서 찾아볼 수 없는 것을 조사하여 자료를 제시함으로써, 이훈구는 비판의 우위를 확보하고자 하였다. 이외에도, 농가의 수지상황표를 분석하면서 조선농회와 농림국의 조사가 농업경영비와 생활비 항목을 구분 없이 지출항목에 일괄적으로 기입하는 것은 농업을 한 영업단위로 보지 않는 사고라고 비판하면서, 자신이 조사한 "1931년도 1,249 농가의 수지상황"에서는 농업을 한 영업단위로 볼 수 있게끔 조정하였다고 말했다.[47]

다음으로, 이훈구의 토지이용조사는 인구문제에 대한 적극적인 이해 위에 서 있었다. 당시 동아시아에서는 토지의 부족과 경작지의 영세화, 농촌의 빈곤과 식량위기의 이유를 '과잉인구'와 '공업화의 저조'가 낳은 문제로 인식하고 이를 대내외적 이민을 통해 해결한다는 발상이 일반적이었다.[48] IPR의 토지이용조사를 위탁받은 일본의 나스 시로시는 그러한

---

45) 이훈구, 위의 책, 1935, 381쪽.
46) 이훈구, 위의 책, 1935, 459쪽.
47) 이훈구, 위의 책, 1935, 462~464쪽. 그런데 조선총독부 농림국 조사의 조사항목과 설명을 담고 있는 「농가경제갱생계획실시요강」에 따르면, 농가경제수지의 측정에서 '농업경영비'와 '가사비'는 서로 분리하는 것으로 되어 있다(『自力更生彙報』 창간호(1933. 3), 6쪽). 따라서 이훈구의 이 말은 1931년의 자신의 조사 이전까지 선총독부가 실시해온 농가경제조사의 경우 농업경영비와 가사비가 서로 분리되지 않은 채 조사가 이루어져왔다는 점을 지적한 것임을 의미한다.
48) 那須皓, 『人口食糧問題』, 東京 : 日本評論社, 1927.

입장에 서서 일본의 이민정책을 정당화하고자 하였다. 인구문제에 대한
주목은 이훈구에게서도 발견된다. 다만, 그는 나스 시로시의 인식과는
조금 결을 달리하는 주장을 제출하였다. 그는 한 신문논설에서 조선인구의
역사적 변천과 맬더스의 인구이론을 소개한 뒤, 지난 60년 간 일본이
걸어간 공업화와 제국주의적 이민의 길을 결코 따라갈 수 없는 조선으로서
는 과잉인구의 통제를 위해 '산아제한'이라는 처방이 유력할 것이라고
제안하였다.[49] 또, 이미 만주로 이민해간 조선인 실태조사를 수행한 바
있었던 이훈구는, 조선인 이민의 주된 이유가 이민 이전의 경제적 곤궁에서
비롯된 것이며 정작 만주와 와서는 중국계 이민의 압력과 마적단, 공산주의
자의 압박, 치안불안에 시달리고 있다는 점을 지적하였다. 이에 더하여,
조선인들이 만주로의 이주 이후에 안정적으로 정착하기보다는 계속 부유
(浮游)하는 빈핍한 일상에 시달리고 있다는 사실을 적시하였다.[50] 이러한
상황인식으로 인해 그는 이민을 통한 인구문제의 해결보다는, 농지의
산재(散在, fragment)가 낳는 농업생산의 낭비요소를 해소하고 농산품의
시장접근성을 높이는 등, 효율적인 농가경영을 통해 문제를 해결해가는
방안으로 나아간 것으로 보인다.

　마지막으로, 식민국가에 의한 농가경제조사와 비교하여 이훈구의 조사
에서 가장 두드러진 특징으로서 '노동효율의 측정'을 들 수 있다. 농가갱생

---

49) 이훈구,『만주와 조선인』, 평양 : 숭실전문학교경제학연구실, 1932, 102~113쪽 ;
　　이훈구,「朝鮮人口 史的發展의 研究(제5회, 全5回)」,『동아일보』1932. 7. 26. 이
　　점은 이후 사회주의자 인정식으로부터 '(산아제한이나 운운하는), 사회적 조건을
　　외면한 속류 경제학자'라는 힐난을 받게 된 이유가 되기도 했다(인정식,「조선농업
　　론비판 : 이훈구 박사의 所論을 駁함」,『中央』29, 1936. 3, 34~36쪽 :『印貞植全集
　　第1卷』, 89~91쪽).

50) 이훈구의『만주와 조선인』(1932)은 미국 뉴욕에 소재한 미국지리학협회의 요청으
　　로 수행한 조사, 연구의 결과물이다. 그는 이 책이 다루는 시기는 만주사변
　　이전임을 밝혀두었다. 협회에 제출한 보고서의 명칭은 *The Pioneer Belt in
　　Manchuria with Special Emphasis on Korean Settlements*(1931)였다.

운동으로 대표되는 1930년대 식민지 조선의 농정은 일본의 경제갱생운동의 아이디어를 차용한 것으로서, 농업공황으로 인해 상업화·시장화의 문제성이 표면화되었다는 인식 하에 자급경제로의 전환을 추구했다. 또, 지역 내에서 중견인물을 양성하여 이들을 매개로 촌락 및 농가의 자력갱생과 정신동원을 추동한다는 정책구상을 가지고 있었다.[51] 당시 일본의 농촌지역에서 실시된 갱생운동은 농가부기(農家簿記)의 기장(記帳) 작업을 중심으로 하는 농가경제조사를 통해 '每人當 평균생활비'─물론 이것은 농촌지대별, 지역별로 차이가 있다─를 추출한 후, 이 생활비를 확보하고 유지하기 위해 어느 정도의 경작토지가 있어야 하는지를 계산해 내는 일과 긴밀히 연계되어 있었다. 이것은 통상 '농가의 적정규모'라는 개념으로 불렸다. 이러한 일련의 실천은 흑자농가(黑字農家)를 창출한다는 정책적 목적 위에 자리했다. 한편, 이것은 적정규모에 도달하지 못하는 농가, 그러니까 구조적으로 적자에 허덕일 수밖에 없는 농가를 추출하여 분촌이민(分寸移民)해야 한다는 정책구상과 맞물려 있었다. 이를 '흑자주의 적정규모론'이라고 부른다.[52]

그런데, 이 '흑자주의 적정규모론'은 총력전기 접어들어 농촌노동력의 전쟁동원이 본격화되고 오히려 농촌인구의 부족으로 농업의 생산능력이 저하되는 사태를 맞이하면서 자취를 감추었다. 일군의 인구학자들은 일본의 전체 인구 중 40%를 농촌에 정유(定有)해야 한다는 주장까지 폈고, 심지어 인구증식을 가장 저해하는 요인으로 공업화와 도시화의 진전을 들어 이를 억제해야 한다는 주장을 제출하기도 했다.[53] 그러나 정말 중요한 문제는 인구과잉이나 인구부족이 아니라, 농업노동력의 저열한

51) 平賀明彦, 『戰前日本農業政策史の硏究, 1920~1945』, 東京：日本經濟評論社, 2003 ; 윤해동, 『지배와 자치』, 역사비평사, 2006.
52) 平賀明彦, 위의 책, 217~220쪽.
53) 野田公夫 編, 『日本帝國圈の農林資源開發：'資源化'と總力戰体制の東アジア』, 京都：京都大學術出版會, 2013, 78~84쪽.

생산성에 있었다는 점이 사후에 밝혀졌다. 인구과잉이든 인구부족이든 저급한 노동생산성의 징후·표현일 따름이었던 것이다. 이 점은, 일본과 식민지 조선에서 이루어진 각종 조사, 특히 농가경제조사에서 농업노동력에 대한 정밀한 측정이 전혀 이루어진 바 없었다는 점에서 대단히 문제적인 사태였다. 농촌에 잠재적인 과잉인구가 있다는 점은 늘 회자되고 있었지만, 정작 그것을 정확하게 조사한 숫자는 물론, 이론적 고찰조차 불충분했던 것이다.[54]

예를 들어, 식민국가의 농가경제조사의 최종판이라 불릴 만한『농가경제개황조사』(1940)에서 '농업노동의 노동능력' 항목의 조사지침을 보면, "농업노동의 검토에 대해서는 농업경영에 투하된 농업노동일수를 중심으로 하고 조사할 필요가 있지만, 본 조사가 가계부와 노동일지 등을 기초로 하지 않고 농가의 현황조사서에 따르는 관계상, 단지 농가의 소재노동력을 아는 정도에 그치고 있다. 즉 여기에서 말하는 노동능력은 가족 실인원(實人員)이 가진 노동능력을 현황조사서의 표준에 따라 환산한 능력의 총화를 지칭하는 것이고, 노동능력 환산인원이라 보아도 좋다"(6쪽)고 되어 있다. 이때 '현황조사서의 표준에 따라 환산한 (노동)능력'은 다음과 같다.[55]

연령	10~14	15~16	17~18	19~50	51~55	51~60	61~70
남	0.3	0.5	0.8	1.0	0.9	0.8	0.7
여	0.2	0.4	0.6	0.8	0.7	0.6	0.5

19~50세가 성인노동으로서, 남성이 1.0, 여성이 0.8의 노동량을 가진 것으로 '이론적으로 전제'되었고 이를 기준으로 연령과 성별에 따라 노동능력을 배분하였다. 다시 말해, 이것은 경험적 조사의 산물로 얻어진

54) 近藤康男 編,『日本農業の統計的分析』, 東京 : 東洋經濟新報社, 1953, 4쪽.
55) 해당 자료의 출처는 조선총독부 농림국 농촌진흥과,『농가경제개황조사』, 1940, 6쪽 ; 조선총독부,『자력갱생휘보』 創刊號, 1933. 3, 8쪽.

수치가 아니라, 그저 관료의 머릿속에서 뚝 떨어져 나온 수치에 불과했다. 또, 이훈구의 조사와 가장 비슷한 시기에 이루어진 조선농회 주관의 농가경제조사[56] 역시 노동시간과 일수(日數)에 관한 소략한 정보를 제공하는 데에 그치는 형국이었다.

조선총독부 촉탁으로 있던 야히로 이쿠오(八尋生男)는 「노력조사와 그 응용(勞力調査とその應用)」[57]에서 "소재(所在)노동능력 – 소요(所要)노동능력=잉여노동력"이라는 산술식을 만들어 잉여노동력 규모를 추정하기도 했는데, 다만 여기서 소재노동능력은 위의 표를 기초로 추산된 것이었고 또 소요노동능력 역시 월별 노동일수(勞動日數)를 계산한 것에 불과했다. 소재노동능력은 노동능률은 아닐뿐더러, 몇몇 사례조사를 거쳤다는 언급만 있을 뿐 그 출처도 분명치 않다. 이것은 조선총독부의 농가경제조사에서 노동능력의 파악이 매우 추상적인 형태로 오로지 농촌 과잉인구로부터의 '잉여노동력'의 추출과 그 "완벽한 소화(消化)"만을 목적으로 하고 있었음을 시사한다. 요컨대, 식민국가의 조사 안에서는 노동능률, 노동생산성을 측정해내는 체계적인 경험적 조사가 결여되어 아예 실시된 바가 없었던 것이다. 이것은 총력전기 제국 일본과 식민국가의 노동동원정책의 파탄을 암시하는 것이기도 했다. 전쟁에 필요한 생산력의 유지를 위해 농촌과 공장에 얼마의 노동력을 투입하고 또 어떻게 노동력을 배분해야 하는지 파악할 수 있는 정보를 갖추지 못했기 때문이다.

이훈구의 조사는 농가노동력의 측정에서 식민국가의 조사에 내포된 맹점을 깊이 파고들었고, 그 스스로의 조사를 통해 관련 지표를 만들어내는 결과에 도달했다. 이를 정확히 파악하기 위해서는, 이훈구 조사에 사용되었던 질문지를 먼저 확인할 필요가 있다. 관련 부분은 위와 같다.

위의 질문문항('Annual Distribution of Farm Labor')은 1년 12개월 동안

---

56) 예를 들어, 朝鮮農會, 『農家經濟調査 : 京畿道』, 1930.
57) 『자력갱생휘보』 第3號, 1933. 6, 7~8쪽.

XI. Annual Distribution of Farm Labor
(A day's work in terms of land area)

Laborers	Jan.	Feb.	Mar.	Apr.	May	June	July	Aug.	Sept.	Oct.	Nov.	Dec.	Total
	1	2	3	4	5	6	7	8	9	10	11	12	13
Operator 1													
Day 2													
Monthly 3													
Yearly 4													
Animals 5													

XII. Efficiency of Farm Labor
(A day's work in terms of land area)

Item	Plowing acres		Transplanting acres	Weeding acres		Harvesting acres	
	Without animal help	With animal help	Paddy Field	Paddy field	Field	Paddy field	Field
	1	2	3	4	5	6	7
Men 1							
Women 2							
Children 3							

〈이훈구의 토지이용조사에서의 설문지(schedule)〉
"농업노동력의 월별 배분"(上)과 "농업노동력의 능률"(下)

농장주(operator), 일고(日雇, day), 월고(月雇, monthly), 연고(年雇, yearly),
축력 노동력이 얼마나 필요한지를 조사한 것이다. 농업노동의 수요와
관련하여 1년 전체의 필요노동량(勞動日)을 얻어내는 것은 물론, 그 계절별
편차를 확인할 수 있는 자료이다. 아래의 질문문항('Efficiency of Farm
Labor')은 논갈이(耕耘), 모내기, 김매기(除草), 수확의 노동에서 남성, 여성,
아동의 노동능률을 조사한 것이다. 특히 남성노동의 경우에서, 논갈이
시에 축력을 활용하는 경우와 그렇지 않은 경우를 나누어 노동능률을
조사한 점이 이색적이다. 이 설문의 응답을 모두 모아 통계치로 표시한
것이 다음의 표이다.[58]

〈각종 농가노동자가 1,249호에서 노역한 일수(日數)〉

노동자 종류	노역일수 총계	매농가 평균노역일수	反當 노역일수
농가주인 및 그 가족	242,401	194.4	6.49
연고	41,467	33.1	1.02
계절고	2,175	1.7	0.49
월고	1,673	1.2	0.24
일고	31,775	25.4	0.83
가축	36,500	29.1	0.95
계	355,991	84.9	9.45

이 조사의 결론은 한 농가의 인역(人役)과 축역(畜役)을 합하여 1년 간 평균적으로 84.9역일(役日)이 필요하고 경작지 1단보(反步)마다 평균 9.45 역일이 필요하다는 것이었다. 다음으로, 이훈구는 농업노동력의 능률, 즉 노동생산성을 측정하였다. 그 결과는 다음의 표와 같다.[59]

〈농업노동력의 능률(1930) : 水稻耕作을 표준으로〉

작업의 종류			남	녀	소년남
경지	畓	牛耕	145	-	-
		非牛耕	17	10	10
	田	牛耕	152	-	-
		非牛耕	28	10	11
이식	畓		23	12	12
	田		25	15	11
제초	畓		34	17	14
	田		33	14	13
刈取	畓		33	14	15
	田		47	21	20

주의 : 숫자는 시평(時坪)으로 1시간에 한 일의 평수를 기입한 것. 소년은 12~18세 노동자.

이 자료를 보면, 성인남성의 노동능력을 1.0으로, 성인여성의 노동능력을 0.8로 '전제'한 조선총독부의 농가경제조사의 경험적·실증적 한계가

---

58) 이훈구, 앞의 책, 1935, 387쪽.
59) 이훈구, 위의 책, 1935, 388쪽.

여실히 드러난다. 이훈구는 농업노동이 공업노동과 달라 한 사람이 여러 종류의 일을 해야 하고, 또 한 사람의 노동능률도 일의 종류에 따라 차이가 크다고 하면서, "어떤 사람의 노동능률이 일반적, 또는 보편적으로 얼마다 하면 그건 참 막연한 말"이라고 주장했다. 조선총독부의 농가경제 조사의 근거 없는 '전제'를 비판한 것이다.[60] 이훈구는 이 농업노동력에 대한 고찰을 거쳐 최종적으로는 농업노동을 축력과 기계와 결합시킴으로써 농업노동의 생산성을 획기적으로 끌어올리는 방안을 염두에 두고 있었고, 식민지적 현실 속에서 그럴 수 없었던 당시의 조선의 상황을 비판했던 것이다.[61]

6. 맺으며 : 정리와 토론

이상에서 살펴본 바와 같이, 이훈구의 토지이용조사는 IPR의 재정지원으로 이루어진 동아시아의 토지이용조사의 일환으로 식민지 조선에서 실시된 것으로서, 식민국가가 주관해온 여러 농촌조사와는 결을 달리하는 '대안적 조사'였다고 평가할 수 있다. 이것이 갖는 의미는 첫째, 식민지

---

60) 참고로, 이훈구의 『조선농업론』(1935)은 애초 자신이 영문으로 집필했던 보고서 가운데 생활수준(standard of living)을 조사하여 얻은 내용과 동양척식주식회사를 비판한 내용이 누락되어 있다. 이 생활수준 조사는 조선총독부의 조사에서는 발견할 수 없는 것으로, 중국의 Buck의 토지이용조사에 준하여 실시된 것이었다. 다만, 해당 부분에 1,249호의 농가조사를 통해 농촌의 이루 말할 수 없을 정도의 피폐를 확인하는 내용-예를 들어, 쌀의 과도한 시장화, 그리고 빈약한 동시에 식민지화 이래 1/3이나 급감한 조선농가의 쌀소비량-이 담겨있다는 점에서 그 누락에 일종의 '검열'이 작용한 것은 아닌가, 추측해볼 따름이다. 동양척식주식 회사와 관련된 부분의 누락 역시 마찬가지의 이유에 의한 것으로 추측된다.
61) 이외에, 이 글에서는 생략하였지만, 이훈구는 1,249농가를 대상으로 농가부채와 금융에 대한 조사도 상세히 실시하였다. 참고로, 그는 협동조합의 중요성을 강조한 바 있다.

조선에서 국제기독교네트워크와 서구의 학술네트워크가 식민국가와는 다른 비전을 제공해주는 '또 하나의 세계'로 작동하고 있었다는 점이다. 식민지 기독교로 매개된 학술네트워크는 미국유학을 통해 대안적 학술의 능력, 예를 들어 학술어로서의 영어와 사회조사 능력을 가져다주는 통로였다. 그것이 제공한 것은 하나의 상징권력('symbolic power')[62]이자, 식민지 헤게모니 경쟁을 위한 자원이었다. 이 자원을 기초로 이훈구는 식민국가의 조사와 농정관과 조사기법, 지표화 양식을 달리하는 대안적 조사를 실시할 수 있었던 것이다.

둘째, 이훈구가 누린 조사의 행운은 곧바로 조선 사회주의자들의 불운과 겹쳐진다. 1930년대에 이여성과 김세용이 편집한 『숫자조선연구』나 박문규, 인정식, 박문병 등이 참여한 '조선사회성격논쟁'은 현재의 학술적 관점에서 볼 때에도 전혀 손색이 없을 정도의 고도의 통계논쟁의 양태를 보이고 있는데, 문제는 이 통계의 전유(appropriation) 행위가 최종적으로는 통계·전문주의로의 몰입과 조선 사회주의 지식인의 탈혁명화를 불러왔다는 사실이다.[63] 다시 말해, 이들은 조사에 필요한 학술과 재정의 결핍으로 말미암아 직접 조사를 실시할 수는 없었고, 결국 식민국가의 조사통계자료를 전유하여 그 '객관성' '과학성' 이면에 자리한 식민지성을 폭로하는 데에 머물 수밖에 없었다. 이 통계논쟁이 가져온 결과는 대단히 아이러니컬한데, 논쟁을 벌이면 벌일수록 조선총독부 통계에 더 의존해야 했고, 결국 통계자료를 물신화하는 지경에까지 이르게 되었다. 이와 달리, 이훈구의 조사는 대안적 조사로서 자료생산과정에서의 개념 및 범주 그 자체를 비판한 것으로, 식민국가의 조사에 담긴 의도성과 그 상대성을 폭로하는

62) 부르디외 지음, 김현경 옮김, 『언어와 상징권력』, 나남, 2014(Bourdieu, Pierre, *Language et Pouvoir Symbolique*, Paris : Seuil, 2001).

63) 金仁洙, 「'植民地の知識國家'論 : 1930年代の朝鮮における社會性格論爭再考」, 『思想』 No.1067, 東京 : 岩波書店, 2013. 3.

근거가 될 수 있다.[64]

셋째, 이훈구의 조사는 IPR과 1945년 이후 제3세계 농정의 지식과
재원을 제공한 농업발전협회(Agricultural Development Council, ADC) 간의
관계에 관한 실마리를 제공한다. 1920~1930년대에 중국에서 IPR조사를
주관했던 벅(Buck)은 1953년에 Council on Economic and Cultural Affairs(CECA)
의 농경제학 부문 디렉터로 취임하여, 아시아농업경제의 전문가로서
약 4년 동안 조직을 이끌었다. CECA는 록펠러 3세가 1953년에 설립한
기관으로서, 그 후신이 바로 ADC이다. ADC는 냉전기 미국의 아시아
및 제3세계 농업정책을 민간에서 실행해간 조직으로서, 한국에도 학술과
재원의 제공을 통해 큰 영향력을 행사하였다. 한 학계원로의 증언에
따르면, 1960년대부터 한국의 농경제학 전공자들은 유학, 펠로쉽, 연구비
의 상당부분을 이 ADC가 출연한 기금에 의존하였다.[65] IPR과 ADC의

---

64) 이 점은 이훈구의 저서에 대한 서평들에서도 확인된다. 예를 들어, "이훈구
박사의 필드조사의 결과는 특히 조선총독부가 출간한 보고서들을 검증하고
보완하는 데에 큰 도움이 될 것이다. 조선총독부에서 펴내는 연보(annual reports)는
주로 여행자나 외국인들을 대상으로 한 것으로, 자신들이 이루어낸 (식민경영의)
성과를 강조하는 경향이 많고, 따라서 그것은 사태의 일면만을 보여준다"(McCune,
"Review : Land Utilization and Rural Korea by Hoon K., Lee," *Economic Geography*,
Vol.13 No.2, 1937, p.212), "한국 농촌경제에 관한 서양어 문헌은 그동안 주로
조선총독부 쪽에서 나온 것들이었다. 조선의 시각에서 서술된 이훈구의 책은
조선경제에 대한 우리의 이해에 많은 도움이 될 것이다. (중략) 그의 조사는
조선총독부의 통계보고서에서 가려져 있었던 중요한 요소들을 부각시켰다. (중
략) 이훈구 박사는 조선총독부의 통계수집이 실제적인 조사 없이 그저 행정요원들
에 의해 이루어지고 있어서 피상적으로 흐르고 있다고 비판한다"(Orchard, "Revie
w : Land Utilization and Rural Korea by Hoon K., Lee," *Journal of the American
Statistical Association*, Vol.32 No.199, 1937, pp.615~616), "총독부 통계에 따르면,
1910~1930년 사이에 쌀 경작지는 18%, 쌀 생산량은 59%가 증가한 것으로 되어
있는데, 이것은 이훈구의 필드조사 결과와는 다르다. 이 점을 다시 주의 깊게
살펴보아야 할 것이다"(Weeks, "Review : Land Utilization and Rural Korea by Hoon
K., Lee," *Journal of Farm Economics*, Vol.20 No.2., 1938, p.546) 등의 언급이 있다.
65) 김일철 교수 인터뷰(2014년 7월 22일(화) 14 : 00~16 : 00, 경기도 분당 서현역
부근 카페) ; 김인수, 앞의 책, 2015, 324~325쪽.

재정은 모두 록펠러재단에서 출연된 것이었다. 이런 관점에서 보면, 1930
년대 IPR주관 조사의 농정관과 1960년대 이후 냉전기 미국 주도의 개발경
제학의 농정관이 인적·지식계통적으로 이어지고 있었던 흔적을 발견할
수 있는데, 이 점에 대해서는 앞으로 농정관, 이론체계, 연구방법론 등을
포함하여 구체적이고도 세밀한 추적이 필요하다. 나아가 IPR과 이훈구,
나아가 ADC가 설파한 농정관, 이른바 '동양농업' 또는 '제3세계 농정'을
바라보는 관점에 대해, 이를 역사화하여 그 공과를 평가하는 작업이
필요하다고 생각된다.[66]

---

66) 로싱 벅과 이훈구의 토지이용조사에 대한 당시의 몇몇 비판은 '동양농업'에서
   소작(小作) 문제가 갖는 중요성을 저평가했다는 것으로, 그것은 주로 사회주의자
   들에 의해 제기되었다. 한편, 풍부한 노동력과 좁은 토지, 싼 노동력과 비싼
   토지의 결합으로서 '동양농업'이 갖는 비효율성의 문제는 이훈구를 비롯한 여러
   논자들에 의해 비판의 초점이 되어왔다. 그런데 최근에는 이러한 관점을 다시
   비판하는 연구가 제출되고 있다(溫鐵軍, 김진공 옮김, 『백년의 급진 : 중국의
   현대를 성찰하다』, 돌베개, 2013). 조금 거칠게 말하면, 이른바 '동양농업'이
   인구부양력과 탈(脫)시장화의 차원에서 서구의 농업에 비해 오히려 나은 지위에
   있다는 것이다.

〈참고문헌〉

1. 자료

朝鮮農會, 『農家經濟調査 : 京畿道』, 1930.
朝鮮總督府(善生永助 囑託), 『朝鮮の小作慣習』, 1929.
朝鮮總督府, 『自力更生彙報』, 1933.
朝鮮總督府農林局, 『朝鮮ニ於ける小作ニ關スル法令』, 1933.
朝鮮總督府農林局農村振興課, 『農家經濟槪況調査』, 1940.
『중외일보』, 『동아일보』, 『삼천리』

2. 논저

고정휴, 「태평양문제연구회 조선지회와 조선사정연구회」, 『역사와현실』 제6권,
         1991.
_____, 「식민지시대 미국 지식인의 한국문제 인식 : 태평양문제연구회(IPR)를
         중심으로」, 『역사와현실』 제58권, 2005.
_____, 「1948년 미국의 남북한 건국과 동북아 열강들의 인식 : 태평양문제연구회
         (IPR)와 그 기관지를 중심으로」, 『사총』 제67호, 2008.
김경일, 「식민지 시기 국제 민간 기구의 내용과 성격 : 태평양문제연구회(IPR)와
         태평양회의를 중심으로」, 『한국민족운동사연구』 제39호, 2004.
_____, 『제국의 시대와 동아시아 연대』, 창비, 2011.
김동노, 「일제시대 식민지 근대화와 농민운동의 전환」, 『韓國社會學』 Vol.41 No.1.,
         2007.
김인수a, 「일제하 조선의 농정 입법과 통계에 대한 지식국가론적 해석」, 서울대학교
         사회학과 박사학위논문, 2013. 8.
_____b, 「범주와 정치 : 식민지 소작관행조사의 사회적 의미」, 일본사학회, 『일본
         역사연구』 제38호, 2013. 12.
_____, 『서울대학교 사회발전연구소 50년사, 1965~2015』, 한울아카데미, 2015.
김정인, 『천도교 근대 민족운동 연구』, 한울, 2009.
박명규·김백영, 「식민 지배와 헤게모니 경쟁 : 조선총독부와 미국 개신교 선교세
         력 간의 관계를 중심으로」, 한국사회사학회, 『사회와역사』 82호, 2009.

박헌호,「문화정치기 신문(新聞)의 위상(位相)과 반일검열(反一檢閱)의 내적논리 : 1920년대 민간지(民間紙)를 중심으로」,『대동문화연구』제50호, 2005.

방기중,「일제하 李勳求의 農業論과 經濟自立思想」,『역사문제연구』제1호, 1996.

_____,「일제하 이훈구의 한국토지제도사론」,『동방학지』제127호, 2004.

윤해동,『지배와 자치』, 역사비평사, 2006.

이송순,「1930·40년대 농가경제의 추이와 농민생활」,『역사문제연구』제8호, 2002.

이윤갑,『일제강점기 조선총독부의 소작정책 연구』, 지식산업사, 2013.

이훈구,『만주와 조선인』, 평양 : 숭실전문학교경제학연구실, 1932.

_____,『조선농업론』, 한성도서주식회사, 1935.

정연태,『식민권력과 한국 농업 : 일제 식민농정의 동역학』, 서울대학교출판문화원, 2014.

Blumer, M., *Uses of Social Research : Social Investigation in Public Policy Making*, Allen & Unwin, 1982.

부르디외 지음, 김현경 옮김,『언어와 상징권력』, 나남, 2014(Bourdieu, Pierre, *Language et Pouvoir Symbolique*, Paris : Seuil, 2001).

Buck, J. Lossing, *Land Utilization in China. Vol.1. General Interpretation ; Vol.2. Atlas ; Vol.3. Statistics*, Nanking : University of Nanking, 1937.

Cartwright, Nancy and Jeremy Hardie, *Evidence-Based Policy : a Practical Guide to Doing It Better*, Oxford ; New York : Oxford University Press, 2012.

Davies, Huw T.O., Sandra M. Nutley and Peter C. Smith ed., *What Works? : Evidence-Based Policy and Practice in Public Services*, Bristol : The Policy Press, 2000.

Grundmann, Reiner and Nico Stehr, *The Power of Scientific Knowledge : from Research to Public Policy*, Cambridge : Cambridge University Press, 2012.

Hacking, Ian, "Making up People," Heller, T. & et.al.(Eds.) *Reconstructing Individualism : Autonomy, Individuality, and the Self in Western Thought*, Stanford University Press, 1986.

호스톤 지음, 김영호·류장수 옮김,『일본자본주의 논쟁 : 마르크스주의와 일본경제의 위기』, 지식산업사, 1991(Hoston, Germaine A., *Marxism and the Crisis of Development in Prewar Japan*, Princeton, N.J. : Princeton University Press, 1986).

Lee, Hoon K., *Land Utilization and Rural Economy in Korea*, Chicago : University of Chicago Press(Agent), 1936.

McCune, Shannon, "Review : Land Utilization and Rural Korea by Hoon K., Lee," *Economic Geography*, Vol.13 No.2, 1937.

Nasu, Shiroshi, *Land Utilization in Japan*, New York : Institute of Pacific Relations, 1936.

Orchard, John E., "Review : Land Utilization and Rural Korea by Hoon K., Lee," *Journal of the American Statistical Association*, Vol.32 No.199, 1937.

Pawson, Ray, *Evidence-Based Policy : A Realist Perspective*, London : Thousand Oaks, Calif. : SAGE, 2006.

Weeks, David, "Review : Land Utilization and Rural Korea by Hoon K., Lee," *Journal of arm Economics*, Vol.20 No.2, 1938.

久馬一剛,「中國土壤學の近代化に寄与した二人のアメリカ人 : John Lossing BuckとWalter Clay Lowdermilk」,『肥料科學』第34号, 2012.

近藤康男 編,『日本農業の統計的分析』, 東洋經濟新報社, 1953.

金仁洙,「'植民地の知識國家'論 : 1930年代の朝鮮における社會性格論爭再考」,『思想』 No.1067, 岩波書店, 2013. 3.

那須皓,『人口食糧問題』, 日本評論社, 1927.

요네타니 지음, 조은미 옮김,『아시아/일본』, 그린비, 2010(米谷匡史,『日本/アジア』, 東京 : 岩波書店, 2006).

小林幸男,『日ソ政治外交史 : ロシア革命と治安維持法』, 東京 : 有斐閣, 1985.

小山幸伸,「「大正10年小作慣行調査」の實態分析(1) : 千葉縣に見る小作契約の進展狀況」, 敬愛大學経濟學會編集委員會 編,『敬愛大學研究論集』No.55, 1998.

鈴木榮太郎,『朝鮮農村社會踏査記』, 大阪屋號書店, 1944.

野田公夫 編,『日本帝國圈の農林資源開發ー'資源化'と總力戰体制の東アジア』, 京都 : 京都大學學術出版會, 2013.

原覺天,『現代アジア研究成立史論 : 滿鐵調査部·東亞研究所·IPRの研究』, 東京 : 勁草書房, 1984.

川合隆男,『近代日本における社會調査の軌跡』, 東京 : 恒星社厚生閣, 2004.

片桐庸夫,『太平洋問題調査會の研究 : 戰間期日本IPRの活動を中心として』, 東京 : 慶應義塾大學出版社, 2003.

平賀明彦,『戰前日本農業政策史の研究, 1920~1945』, 東京 : 日本經濟評論社, 2003.

溫鐵軍 지음, 김진공 옮김,『백년의 급진 : 중국의 현대를 성찰하다』, 돌베개, 2013.

제2장

인식·사상 자원으로서의 기독교

릴리어스 호튼 언더우드의 선교 사역과 여성의식

정 미 현

1. 들어가는 말

이 논문의 목적은 호레이스 그랜트 언더우드(Horace Grant Underwood, 1859~1916)의 아내 혹은 호레이스 호튼 언더우드(Horace Horton Underwood, 1890~1951)의 어머니가 아니라, 한국에 파송된 최초의 여의사로서 릴리어스 호튼 언더우드(Lillias Horton Underwood, 1851~1921, 이하 릴리어스 호튼으로 표기)[1]의 사역과 당시 선교 상황 속에서 표현되고 드러난 여성의식과 젠더 문제를 고찰하는 것이다.[2] 구체적으로 릴리어스 호튼의 여성의식과 권리주장이 선교사 집단 내부에서 어떻게 드러났으며, 이러한 그녀의 의식이 바깥으로 한국여성을 위한 선교현장 속에 어떻게 구현된 것인지를 밝히고자 한다.

---

1) 릴리어스 호튼의 생애와 사역전반에 대한 조금 더 구체적인 내용은 다음의 책을 참고하라. 정미현,『릴리어스 호튼 언더우드』, 서울 : 연세대학교 출판문화원, 2015.

2) 이 논문은 정미현, 「릴리어스 호튼 언더우드의 선교사역과 여성의식」,『東方學志』제171집, 2015년 9월, 223~251쪽을 동방학지의 허락을 받고 다시 게재하는 것임을 밝혀둔다.

이를 위하여 릴리어스 호튼의 저서, 보고서 그리고 서신 등에 나타난
여성 의식, 젠더의 관점과 당시 선교사역에서 파악한 문제성과 이를
해결하기 위한 노력, 그리고 젠더 정의적 측면에서 본 그 사역의 영향과
한계점 등을 짚어보고자 한다. 여성 선교사로서의 릴리어스 호튼에 관한
연구는 그녀의 다중적 선교 양태 가운데 여러 각도에서 조명되어질 필요가
있다.[3] 이러한 과정은 남성 위주로 진행되는 편향적 연구 방향을 교정하는
데에도 기여할 수 있을 것이다.

2. 릴리어스 호튼 언더우드의 파송과 결혼

개신교의 선교가 본격화되었던 19세기에 미국교회에서는 유럽에서와
마찬가지로 해외선교에 대한 열기가 가열되었고, 19세기 후반부터는
개신교의 전문적 선교활동이 더욱 조직화되고 활성화 되어졌다. 여성들은
남성 선교사의 배우자로서 파송되었을 뿐 아니라, 독신으로 선교 사역에

---

3) 릴리어스 호튼에 대하여 아래와 같은 논문들과 석사학위논문의 형태로 연구가
   진행되었으나, 주로 생애와 사역을 중심으로 한 고찰이며, 여성주의적 관점을
   따로 조명한 것은 아직 없었다. 김성연, 「근대 초기 선교사 부인의 저술 활동과
   번역가로서의 정체성」, 『현대문학의 연구』 55, 2015, 253~290쪽 ; 박혜수, 「언더
   우드 부인(L. H. Underwood)의 선교활동 연구 : 남편 언더우드에 대한 협력과
   이해를 중심으로」, 연세대학교 연합신학대학원 석사학위논문, 2005 ; 오현주,
   「릴리아스 호튼(Lillias Horton)의 한국 문화 및 한국 근대화 이해와 선교활동에
   관한 연구」, 계명대학교 연합신학대학원 석사학위논문, 2010 ; 이규희, 「기독교적
   여성 리더십에 관한 연구 : 초기 재한 미국 여선교사들의 리더십 연구」, 아세아연
   합신학대학교 대학원 석사학위논문, 2013 ; 송정연, 「릴리어스 호튼 언더우드의
   선교사 정체성」, 『신학논단』 80, 2015. 6, 207~235쪽 ; 정미현, 「한국교회 초기
   선교의 한 유형 : 릴리어스 호튼 언더우드를 중심으로」, 『신학논단』 80, 2015.
   6, 267~297쪽 ; Michael C. E. Finch, "Impressions of Korea and Koreans in the Writings
   of Westerners in the Late 19th and Early 20th Centuries," 『겨레어문학』 49, 2012.
   12, 33~39쪽.

동참할 기회를 갖게도 되었다. 그러나 당시에 해외선교 정책은 여전히 여성보다는 남성을 선호했던 성향이 강하였다. 그래서 선교사들은 미국에서 대학을 졸업한 남자들 가운데 우선적으로 선발되었다. 선교부 정책의 여성과 남성의 차별적 상황은 다음의 표현에서 적나라하게 드러난다. "'나약하고 유약하며 열정이 부족하고 낭만적 선교 개념에 사로 잡혀 있는 젊은 여성'들은 지원할 필요가 없으며, 선교부는 '강인하고 현장에 쓸모 있고 사역에 열정적인 남성과 침착하고 안정감이 있고 성품이 좋은 여성'"들을 선교사로 파송하는 것이 미국 북장로교회 해외선교부의 정책이었다.[4] 해외선교의 영역에서 성별에 따른 역할 규정과 기대, 선입견이 이미 확고하게 자리 잡혀 있었다는 뜻이다.

선교사 파송시 요청되는 여러 자격 요건 가운데 빼 놓을 수 없는 다른 한 가지는 건강이었다. 릴리어스 호튼은 어려서 한때는 아토피성 습진으로 심하게 고생을 하고 한국에 오기 전부터 류마티스를 포함해 지병이 있었으며 아주 건강한 편은 아니었다.[5] 이러한 한계가 있었음에도 릴리어스 호튼은 전체적으로 선교부의 기준에서 볼 때 적합하여서 의료 선교사로 파송되었다. 당시에 일반적으로 남성 선교사들이 전문적 지식을 가진 대학과 대학원 정도의 학력을 지녔던 반면에, 여성 선교사들은 대부분 높은 수준의 전문 교육을 받지 못했다. 즉 여성들에게는 어느 특정영역에서

---

4) 엘리자베스 언더우드 지음, 변창욱 옮김, 『언더우드 후손이 쓴 한국의 선교역사 1884~1934』, 서울 : 케노시스, 2013, 49쪽. 이러한 선교사의 교육수준과 인품이외에 선교 활동에 영향력을 끼친 요인은 선교 후원금을 내던 재력가들의 성향이었다. 엘리자베스 언더우드, 같은 책, 74쪽.

5) Leonora Horton Egan, "Lillie in Korea and Contribution Circumstances,"Lillias H. Underwood, *Fifteen Years among the Top-Knots*, New York : American Tract Society, 1904 ; ed. Nancy K. Underwood, Seoul : Royal Asiatic Society, Korea Branch, 1977, p.360. 이렇게 허약한 상태에 있었던 릴리어스 호튼은 이후 한국에 와서 과중한 업무와 한국의 날씨와 생활환경 등으로 건강이 더욱 악화되어 많은 고통을 받았고, 원한경 출산 후에는 산후 후유증으로 결국 미국에 요양을 가야 할 지경에 이르기도 했다.

의 전문성을 많이 요구하지 않았다는 뜻이다. 여성 선교사들 가운데 대학교육을 받은 사람들도 있었지만, 최소한의 조건은 고등학교 졸업 정도의 학력이 요구되었다. 이와 같은 상황에 견주어 보면, 릴리어스 호튼은 공부를 많이 했던 소수의 여성에 속한 사람이었고, 의과대학 졸업생으로서 모든 자격 요건을 갖추고 한국에 온 전문직 여성 선교사였다.[6]

19세기 북미와 유럽의 개신교인들은 복음주의적 신앙의 확산으로 인해 선교에 대한 관심을 많이 갖고 있었고, 또한 이러한 사역에 동참하고자 하는 강한 열정으로 준비된 이들도 많이 있었다. 아울러 이 시기는 미국 여성들에게도 완전한 정치적 권리가 주어지지 않았던 시기였었다. 그래서 제1기 여성운동이 있었던 19세기 말에 미국과 유럽의 여성의식은 상당히 고조되어 있었다. 여성운동가이며 이론가로서 중요한 활약을 했던 엘리자베스 캐디 스탠튼(Elizabeth Cady Stanton, 1815~1902)은 그녀 나이 80세 되었던 1895년에 『여성의 성서(The Woman's Bible)』[7]를 세계 최초로 발간하였다. 이 책은 미국과 유럽의 25명의 여성들로 구성된 위원회가 공동 집필했는데, 이로써 이 책은 여성에 대해 언급된 성서의 내용을 여성의 시각으로 해석한 최초의 저서가 된다. 당시에 성서는 여성에게 참정권을 부여하지 않는 이념적 근거로 쓰였고, 여성평등운동의 걸림돌로써 작용했기 때문에 의식 있는 여성들이 모여 이 책을 출판하게 되었던 것이다. 이것은 여성운동을 반대하는 사람들에 의하여 그 이념적 근거로 잘못 사용된 성서에 대하여 다른 해석의 가능성을 보여준 첫 해석학적 시도가 되었다. 따라서 이 책은 성서와 성차별이라는 근본적 문제를 제기하여 여성신학발전에 중요한 토대를 마련하게 된다.

---

6) 엘리자베스 언더우드 지음, 변창욱 옮김, 앞의 책, 49쪽.

7) Elizabeth Cady Stanton, *The Woman's Bible 1895~1898*, Seattle : Coalition on Women and Religion, 1974.

『여성의 성서』가 발간되기 이전인 1893년에『이방 여성의 친구』에 발표된「구직」이라는 시에서는 의미 있는 직업을 통해 의미 있는 삶을 살고 싶어 하는 그 당시 미국 젊은 여성들의 희망사항을 엿볼 수 있다.[8] 이 시에서 드러난 것처럼 집안과 가정이라는 울타리를 넘어서 자신들이 배우고 재능을 갖은 영역에서 더 가치 있는 삶을 살고자 하는 열망이 당시 미국 여성들 가운데 가득히 퍼져 있었던 것이다. 여성들의 선교에 대한 관심과 열기는 이러한 맥락에서 생겨나는 것이기도 했다. 그 시절에는 미국 여성들이 가정 이외의 공적인 공간에서 성숙된 자아실현을 하고자 할 때에 제약이 많이 있었던 반면에, 선교지에서는 이러한 제약으로부터 비교적 자유로웠기 때문이다. 그래서 당시에 선교에 관심 있었던 많은 미국 여성들 가운데 평범하게 어머니가 되고 가정주부가 된 이들은 전문직을 갖고, 독립적인 지위와 보람과 성취감을 맛볼 수 있으며, 여성들의 역량을 인정받고 발휘할 수 있는 기회가 주어지던 선교지에서의 여성 사역을 많이 동경하고 있었다. 자신들이 미국 내에서 제약을 받고 살아야 했던 것에 대한 돌파구를 찾고 싶어 해서였다.

이 여성들은 본국에서 실현할 수 없었던 여성과 젠더의식을 지구 남반구의 선교지에서는 개별적으로 구체화 할 수 있었다. 그로 인해 선교지의 열악한 상황과 생활환경에서 살아가야 했음에도 불구하고 이들이 갖게 되는 자아실현의 성취도와 만족도가 상당히 높아지게 되었다. 더욱이 선교지에서 만난 사람들로부터 받는 환대와 존경은 이들이 감수해야 했던 위험하고 고단한 사역의 피로감을 모두 보상하여 줄 만큼 수준 있는 기쁨을 주었고 보람을 찾을 수 있게 해 주었다. 그렇다고 해서 이들이 갖고 있었던 선교적 소명의식을 모두 무시한 채 선교지에서의

---

8) "Our Young Women," *Heaben Women's Friend* XXV. no.5, November 1893, p.136(캐서린 안 지음, 김성웅 옮김,『조선의 어둠을 밝힌 여성들』, 서울 : 포이에마, 2013, 47쪽에서 재인용).

활동을 현실 도피적이며, 자아실현을 위한 새로운 공간에서의 욕망의
실현이라는 측면에서만 살펴본다면 균형 잡힌 평가나 고찰이 될 수 없을
것이다.9)

　미국 내에서 여성해방 운동 1기가 태동하던 시대적 분위기와 개신교
선교 열기가 고조되는 때는 이처럼 맞물려 있었다. 그래서 "선교사로서
한국에 온 미국 여성들은 바로 이런 시대가 낳은 사람들이었다. 선교사로서
이들의 시각과 활동에는 복음에 대한 헌신이 담겨 있는 것과 동시에
여성의 전문직 및 공적 진출을 신봉하는 시대의 분위기가 깃들어 있었다.
이런 신념과 태도는 여성 선교사들이 만나는 한국인, 특히 여성들에게
중요한 영향을 끼쳤다."10) 그런데 릴리어스 호튼이 한국에 도착한 때는
미국 안에서 1기 여성운동이 구체화되어 가던 시기보다 훨씬 앞선 것이었
다. 이 시대 결혼의 여부와 상관없이 한국을 찾아온 미국 여성 선교사들은
평균적으로 20~30대의 젊은 여성들이었다.11)

　이러한 사명감을 갖고 한국에 도착한 릴리어스 호튼이 선교사가 되기까
지에는 많은 사람들의 자극과 격려가 있었다. 그녀의 어머니는 자신이
선교사로 활동하고 싶었으나 그렇지 못했기 때문에 그녀의 이루지 못한
꿈을 담아서 딸에게 투영하였고, 릴리어스 호튼은 이러한 영향을 받고

---

　9) 윤정란, 「19세기말 조선의 안방을 찾은 미국 여성의 욕망 : 여선교사 릴리어스
　　호튼 언더우드(Lillias Horton Underwood)를 중심으로」, 『사림』 34, 2009. 10,
　　105~134쪽. 당시 미국에서 여성의사들이 설 자리가 귀했던 것은 사실이나, 그렇다
　　고 해서 고용기회나 활동할 곳이 전혀 없었던 것은 아니다. 예를 들어 릴리어스
　　호튼이 한국으로 파송되기 전에 일하였던 시카고의 여성과 어린이 전용병원인
　　The Chicago Hospital for Women and Children은 여성 의료인에 대한 차별에 저항하면
　　서 여의사 메리 해리스 톰슨(Mary Harris Thompson)이 세웠으며, 이곳은 1865년
　　설립된 이후 1972년까지 여의사만이 고용될 수 있었다.
　10) 캐서린 안 지음, 김성웅 옮김, 앞의 책, 48쪽.
　11) 일례로 1884년과 1934년 사이에 한국에 파송된 미국 장로교 선교사의 평균
　　사역 연수, 남녀 구성비율과 업무에 대해서는 다음을 참고하라. 엘리자베스
　　언더우드 지음, 변창욱 옮김, 앞의 책, 270쪽.

성장하였던 것이다.[12] 그러나 그녀가 선교적 열정을 품었던 것은 앞서 언급한 어머니의 못다 이룬 꿈을 대리적으로 이루려던 것이 아니었다. 선교사가 되라고 권유했던 어머니의 뜻을 그녀가 처음부터 수용하지 않았기 때문이다.

그녀에게 결정적으로 동기부여를 하게 해준 사건은 따로 있었다.[13] 그녀가 결정적으로 해외 선교활동을 결심하게 된 것은 인도에서 온 영국 여성과 만나고 난 뒤의 일이었다. 그 영국 여성은 인도에서 여성을 위하여 일할 여의사의 필요성을 역설하였고 이 날의 만남을 계기로 릴리어스 호튼은 시카고 여자의과대학에서[14] 의학을 공부하여 의사가 된 것이다. 그녀는 억압당하고 착취당하며 사는 인도 여성들의 모습에 대해 듣게 된 후 이들을 돕고자 하는 마음이 생겼고, 이러한 동기 부여 때문에 의학을 배운 후에 선교사로 나가서 의료 활동과 전도사역을 병행할 결심을 굳히게 된 것이었다.[15]

릴리어스 호튼은 이미 의과대학 재학시절부터 여성, 빈곤과 교육부재 등의 문제에 관심을 갖고 있었기 때문에 빈민가에 거주하는 여성들과 어린이들을 돕는 자원봉사에 적극적으로 참여하였고 해외선교를 위한 신앙적, 실질적 준비와 훈련을 일찍부터 모두 겸비하였다.[16] 호튼을 파송

---

12) 자신들이 선교에 동참할 기회를 놓쳤다고 느끼던 미국여성들은 낭만적 사고를 갖고 있는 경우도 많았는데, 본인들 대신 자기 딸들이 이러한 역할을 맡아주기를 원했다. 또한 경건적 신앙생활인이었던 이들에게는 자신이 선교사로 나가지 못한 것에 대한 죄책감과 아울러 속죄의 의미도 있었다. 릴리어스 호튼의 어머니에게도 이러한 성향이 있어서 릴리어스 호튼의 여동생은 이렇게 진술한다. "후에 어머니는 자신이 선교사로 나가지 않은 것이 잘못되었다고 느꼈고 속죄하는 마음으로 언니를 그 대신에 선교사로 바쳤다." Leonora Horton Egan, op.cit., p.363.

13) 엘리자베스 언더우드 지음, 변창욱 옮김, 앞의 책, 59쪽.

14) Medical College of Chicago는 현재 Northwestern University의 일부로 편입되었다.

15) 캐서린 안 지음, 김성웅 옮김, 앞의 책, 62쪽 ; 엘리자베스 언더우드 지음, 변창욱 옮김, 앞의 책, 53쪽.

16) 엘리자베스 언더우드 지음, 변창욱 옮김, 위의 책, 35쪽.

한 미국 북장로회 해외선교부 총무 엘린우드(Frank Field Ellinwood, 1826~1908)는 그녀를 이렇게 묘사한다.

그녀가 시카고를 떠나 1888년 의료 선교단의 일원으로 한국에 갈 당시, 그녀는 시카고의 한 병원에서 일하던 가냘프면서도 우아한 자태를 지닌, 명랑한 성격의 처녀였다. 그녀는 병원에서 견습 일을 보고 있었는데, 학교에서 배운 의학지식을 바탕으로 실제적인 경험을 쌓느라 여념이 없었다. 그녀의 외모 어디에도 외지 선교사에게서 느껴지는 강인한 면은 찾아볼 수가 없었다. 오히려 그녀는 밝은 가운을 입고 병실을 드나드는 평범한 모습이었으며 그 일에 만족하면서 자신의 일생을 바칠 만한 일을 기다리고 있는 것으로만 보였다.[17]

이와 같이 미국 백인 중산층 여성으로[18] 갖출 수 있었던 최고의 교육수준과 선교에 대한 열정을 겸비한 채 릴리어스 호튼은 미국 북장로교회 해외선교 정책에 의하여[19] 인도가 아닌 한국으로 파송되어 1888년 3월 25일에 제물포로 입국하였다. 한국에 들어오자 릴리어스 호튼에게 주어진 주요 업무는 명성황후의 시의로서 일하고, 또한 우리나라 최초의 서구식

---

17) 서정민, 『언더우드가 이야기』, 서울 : 살림, 2005, 200쪽.

18) 강선미는 헌터의 해석에 의존하여 한국에 파송된 미국 여선교사들의 가정배경이 주로 농촌이고, 가난하며, 서부지역 출신이라고 하였는데, 릴리어스 호튼은 이 범주에 해당되지 않았다. 중국과 한국으로 파송된 선교사 개개인에 대한 고찰과 세밀한 비교 없는 이러한 일반화는 문제적이다. Jane Hunter, *The gospel of gentility : American women missionaries in turn-of-the-century China,* New Haven : Yale University Press, 1984, pp.28~32 ; 강선미, 『한국의 근대초기 페미니즘 연구』, 서울 : 푸른사상, 2005, 92~93쪽.

19) 19세기 말 20세기 초까지 한국에 파송된 개신교 선교사들 가운데에는 미국 북장로교회 파송을 받은 사람들이 가장 많고, 그 다음에 미국 북감리교, 미국 남장로교, 미국 남감리교 등이다. 엘리자베스 언더우드 지음, 변창욱 옮김, 앞의 책, 37쪽.

병원인 제중원의 부인과 책임자 일을 맡는 것이었다. 그러나 그녀의 활동범위는 의료 선교에만 국한되지 않고, 교육사업, 문서선교, 기독교 복음 전도 등 다방면에 걸쳐있었다. 본래 독신 선교사로 활동하고자 했던 그녀는, 이미 이곳에서 사역을 하던 8살 연하의 호레이스 그랜트 언더우드와의 만남을 계기로 마음을 바꾸어 이곳에 도착한 지 약 6개월 후가 되던 1888년 초가을에 약혼하였고, 이듬해인 1889년 3월 14일에 결혼하였다. 이처럼 한국에 도착한 시점으로부터 첫 만남에서 약혼, 그리고 결혼까지의 모든 과정이 일사천리로 무척 빨리 진행되었다. 남편인 언더우드는 한국으로 오기 위하여 미국을 떠나기 전 이미 약혼한 상태였었다. 그러나 그 약혼녀는 선교에 관심이 없었고 더욱이 낯설고 생활환경이 열악했던 한국에 와서 고생하는 것을 원하지 않아서 결국 파혼하였다. 이러한 유형의 파혼은 선교사와 그 배우자가 될 사람들 사이에 동일한 비전을 공유할 수 없을 경우 당시 흔히 벌어지던 일이었다. 릴리어스 호튼은 배우자로 선교사역에 동행하고 싶지 않은 여성에게 선교사의 부인이 되기를 강요할 필요는 없다면서 자신의 소신을 이렇게 적고 있다. 릴리어스 호튼과 여러 가지로 대조가 되었던 언더우드의 첫 약혼녀는

> 선교에 대한 관심도 없었고, 약혼자에 대한 존경심도 없었으며, 가장 넓은 관심사에 대한 위대하고 가슴 뛰는 삶에 대한 비전도 없었다. 삶을 통해 그녀는 외국 개척 선교사의 삶에서 일어나는 값진 곤경과 대면할 수 있었음에도 불구하고, 약혼자와 함께 가기를 거절하였다. (중략) 만일 그리스도를 위하여 희생하고자 하는 욕구와 위험과 곤경, 죽음 가운데서도 영광된 뜻과 영광된 주님에게 매혹되는 마음과 또한 좋은 처지에서 뿐만 아니라 나쁜 처지에서도 돌보아야 할 남편과 주위 모든 것, 정말 모든 것을 함께 나누며 그를 이 세상 끝까지 아니 이 세상을 넘어서는 곳까지라도 저버리지 않고 따를 마음이 없다면, 결정은 빠를수록 좋다. (중략)

나 자신은 언더우드를 보기 전에 이미 선교에 뛰어든 몸이기 때문에, 그를 받아들이는 데 있어서도 더 이상 희생할 것이 없었다. 오히려 그 반대였다.[20]

이렇게 해서 부부로서 인연을 맺고 또 선교 동역자로 함께 사역하기로 결단한 언더우드와 릴리어스 호튼은 결혼 후 신혼 여행지로 서울 이북 지방을 택하였다. 이러한 여정은 단순히 즐기기 위한 여행이 아니라, 순회전도 여행을 겸한 것이었다. 이들의 결혼 선물로 명성황후는 현금 백만 냥을 포함하여[21] 많은 선물을 하사했고, 명성황후 척족이자 당시 병조판서로 있던 민영환이 결혼식에 참석하였다. 한국의 전통 가마를 타고 릴리어스 호튼은 가마꾼에게 몸을 맡긴 채[22] 많은 외국인 선교사들이 결사적으로 이러한 여행을 만류하는 것에도 아랑곳 하지 않고 한국 땅 내륙으로 신혼여행을 떠났던 것이었다. 이로써 이들은 한국 정부로부터 허가증을 받고, 한국 최초로 서울 이북 지방인 황해도와 평안도 지방을 여행하는 외국인 부부가 된 것이었다.

선교를 위한 순회여행이기도 했던 이 신혼여행은 물리적으로도 어려웠을 뿐 아니라, 당시에 선교활동에 제약을 두었던 한국정부로부터의 외형적 압박으로 인해 선교와 전도를 지양해야 한다는 선교사들 사이의 의견차이도 있었던 상황이었다.[23] 북장로회 해외 선교부 총무 엘린우드에게 보낸

---

20) Lillias H. Underwood, *Underwood of Korea*, Seoul : Yonsei University, 1983, pp.80~81 ; L. H. 언더우드 지음, 이만열 옮김, 『한국에 온 첫 선교사 언더우드』, 서울 : 기독교문사, 1999, 91~92쪽.

21) 릴리어스 호튼의 기록에 의하면 2500~3000냥이 당시 1달러였다. Lillias Horton Underwood, *Fifteen years among the Top-Knots or Life in Korea*, Seoul : The Kyung-In Publishing Co., 1977, p.34 ; 릴리어스 호튼 언더우드 지음, 김철 옮김, 『언더우드 부인의 조선 견문록』, 서울 : 이숲, 2008, 57쪽.

22) Lillias Horton Underwood, op.cit., pp.35~36 ; 릴리어스 호튼 언더우드 지음, 김철 옮김, 위의 책, 58~59쪽 ; Leonora Horton Egan, op.cit., p.380.

서신에서 릴리어스 호튼은 그들의 신혼여행에 대한 솔직한 심정을 담담히 이렇게 묘사하고 있다.

> 물론 우리는 단순한 신혼여행으로 더 쉽고 짧은 여행을 갈 수 있고, 아름다운 산촌에 가서 즐거운 시간을 가질 수 있습니다. 그러나 그것은 우리가 오랫동안 계획한 선교 여행이 아닙니다. 여성도 한국 내륙 지방을 여행할 수 있다는 사실을 제가 몸으로 보여주는 것은 아주 가치 있는 일입니다. 우리는 이 문제를 놓고 함께 의논하고 기도했으며 이제 인도하심을 기다리고 있습니다.[24]

결코 쉽지 않았던 이 여행 가운데 가장 어려웠던 점은 어디를 가나 호기심에 차서 이들 신혼부부를 가만두지 않았던 구경꾼들이었다.[25] 그런데 이들 부부는 사람들이 갖는 이러한 호기심을 복음전도의 기회로 삼았다. 릴리어스 호튼은 이 신혼여행 겸 전도여행 기간 동안 약 600여 명의 환자를 진료하였다고 기록했는데, 이러한 헌신적인 봉사활동은 가는 곳마다 사람들에게 선교사에 대한 긍정적 이미지를 각인시켜 주었다.[26]

---

23) 미국 공사 딘스모어(Hugh Anderson Dinsmore, 1850~1930)는 한국정부를 자극하지 말고, 언더우드에게 전도를 극히 자제해 달라고 말했다. 선교사들 사이에서도 선교신중론이 우세했는데 한 예로 의사 헤론(John W. Heron, 1856~1890)은 1889년 3월 25일 엘린우드에게 이렇게 편지하였다. "언더우드 씨 부부가 북쪽 지방에 간 것은 물론 아시겠지요. 언더우드 씨는 딘스모어 씨가 그를 위해 여권을 신청하기 전에 전도나 세례를 하지 않겠다는 약속을 해야 했습니다. 저는 이런 계절에 가는 것에 몹시 반대합니다. 언더우드 부인이 건강을 해치면 정말 실망스러울 것입니다." 존 W. 헤론 지음, 김인수 옮김, 『헤론 의사의 선교편지』, 서울 : 쿰란, 2007, 145쪽.

24) 릴리어스 호튼 언더우드, 「엘린우드 박사에게 보낸 편지」, 1889. 3. 8 ; 이만열, 옥성득 편역, 『언더우드 자료집 I』, 서울 : 연세대학교 출판부, 2005, 146쪽.

25) 엘리자베스 언더우드 지음, 변창욱 옮김, 앞의 책, 103쪽.

당시에 소명감을 갖고 선교사로 파송된 소수의 미혼 여성이나, 선교사의
부인이 된 기혼 여성들은 선교지에서 헌신적으로 선교사역에 동참하였다.
특히 선교사의 부인들은 자신의 정체성을 살릴 수 있는 고유한 선교사역
업무를 할당받지 못했으나, 남편의 일을 "돕는 배필"로서 여러 가지 일들을
뒷감당 하면서 살았다. 이들은 자신의 업적을 드러내기보다 그림자와
같은 조력자(helpmate)로서 자신을 겸허하게 낮추며, 헌신하는 모습과
태도를 보여주었다.[27] 그래서 자신의 정체성을 드러내기 보다는 남편의
사역을 돕던 선교사 부인에 대한 몇 가지 고정화된 보편적 견해(Stereotype)
도 생겨나게 되었다. 릴리어스 호튼도 이러한 관점에서만 볼 때는 자신의
전문성을 살려내기 보다는 남편의 선교사역을 주로 돕고, 선교사 부인으로
살았던 수많은 여성들 가운데 한명이었다. 그녀가 감당했던 원두우 부인으
로서의 역할도 물론 무시할 수 없으며, 그런 점에서 그녀는 현모양처
이데올로기의 단순한 전수자로 보일 수 있다.

릴리어스 호튼은 가부장주의적 한국 남자들의 생리와 문화적 관습을
일찍이 파악하였다. 한국의 "남자들은 가정의 지배자가 되어야 마땅하며,
남자가 어디서나 자기 방식대로 행동할 수 없다면 그는 자신이 처한
곳에서 그런 권력을 꼭 쟁취해야만 한다고 믿고"[28] 있는 존재들이었다.
현지 적응 능력이 비교적 빨랐던 릴리어스 호튼은 그래서 자신의 남편인
언더우드를 가부장화 된 한국의 방식대로 "캡틴"[29]이라 불렀다. 더욱이

26) 엘리자베스 언더우드 지음, 변창욱 옮김, 위의 책, 105쪽.
27) 이미 19세기 말부터 여성선교이론이 등장하였으나, 여성 선교사들의 고유 권한이
    독자적으로 생겨나고 인정받기 시작한 것은 20세기에 들어와서의 일이었다.
    Dana L. Robert, *American women in mission : a social history of their thought and
    practice*, Macon, Ga. : Mercer University Press, 1996, p.32.
28) Lillias Horton Underwood, *With Tommy Tompkins in Korea*, Seoul : The Kyung-In
    Publishing Co., 2001, p.17 ; 릴리어스 호턴 언더우드 지음, 정희원 옮김, 『호러스
    언더우드와 함께한 조선』, 서울 : 아인북스, 2013, 23쪽.
29) Lillias Horton Underwood, *Ibid.*, p.17 ; 릴리어스 호턴 언더우드 지음, 정희원 옮김,

언더우드는 "중요하고 힘든 일에 처했을 때 불도그와 같은 불굴의 고집과 힘을 선조에게 물려받은 것"[30]이 확실해서 이런 별명에 아주 걸맞다고 했다. 그런데 이 캡틴은 당시 대다수의 한국의 남편들과는 달리 가사의 많은 부분을 감당했고, 아기를 돌보고 치료하는 역할도 맡았다. 이들은 남녀평등 사상과 상호 존중의 부부애를 통하여 한국인들에게 부부의 모범을 보이기도 했다.[31]

　　그러나 언더우드 부부가 아기의 양육을 전담한 것은 아니었다. 이들은 재력가였던 언더우드의 형 존 T. 언더우드의 후원으로 경제적으로 비교적 넉넉한 선교사 생활을 했기 때문에 보모를 둘 수 있었다. 릴리어스 호튼의 솔직한 표현에 따르면 적절한 보모를 구할 수 없었다면 이 땅에서의 선교 사역을 지속하지 못했을 것이라고 보았다.[32] 그에 비하여 한국의 대부분의 여성들은 결혼 전과 후에 각양각색의 가사노동에 시달리게 되었는데 이를 본 릴리어스 호튼은 한국 여성들의 생애가 너무 많이 남용된다고 보았다.[33]

　　위의 책, 23쪽.

30) Lillias Horton Underwood, *Ibid*., p.126 ; 릴리어스 호턴 언더우드 지음, 정희원 옮김, 위의 책, 152쪽.

31) 언더우드 부부는 그리스도인의 정신을 가정 공동체로부터 실현하여 모범적인 모습을 보여주었다. Lillias H. Underwood, op.cit., p.161 ; L. H. 언더우드 지음, 이만열 옮김, 앞의 책, 169~170쪽.

32) Lillias Horton Underwood, *Ibid*., p.21 ; 릴리어스 호튼 언더우드 지음, 정희원 옮김, 앞의 책, 28쪽 ; 당시에는 집에 고용된 사람들을 계급의식을 갖고 하인 대하듯이 부리던 선교사들도 있었던 반면에 가족처럼 대해주며 좋은 관계를 형성하는 경우도 있었는데 언더우드의 가정은 후자에 속하였다. 엘리자베스 언더우드 지음, 변창욱 옮김, 앞의 책, 236쪽.

33) Lillias Horton Underwood, *Ibid*., pp.229~230 ; 릴리어스 호튼 언더우드 지음, 정희원 옮김, 위의 책, 276쪽 ; 릴리어스 호튼 언더우드, 「한국에서 여성을 위한 여성 사업」, 「세계 선교 평론」, 1905. 7 ; 이만열, 옥성득 편역, 『언더우드 자료집 Ⅲ』, 서울 : 연세대학교 출판부, 2007, 187쪽.

… 이 세계에서 한국의 어린 소녀 색시에게는 꿈도, 미래도, 동물보다 더 나은 삶이나 아무런 희망도 없다. 동물들도 수컷, 따뜻함, 음식, 새끼, 보호받는 처소는 공통적으로 가지고 있는데 이것보다 더 나은 것이 없다. 이들의 세계에는 욕설이 심하고 짐과 부담도 엄청나게 크다. 아무런 고무적인 것, 어떤 꿈과 비젼, 그들을 사랑하시고 긍휼히 여기시며 짐을 나눠 가지기 위해 아래를 향해 살피시는, 평화와 안식과 영광을 주시는 하나님도 전혀 없다.[34]

이러한 상황 속에 살아가는 한국 여성을 돕는 일에 릴리어스 호튼은 자신이 헌신하고자 하는 다짐을 거듭해서 굳혀 나갔던 것이다.[35] 그러나 그녀의 사역은 피선교지의 여성들에게만 해당되는 것이 아니었다. 그녀는 이어서 살펴볼 내용과 같이 당시 여선교사들의 선교현황과 여건을 세밀히 살폈고 정당한 방법으로 개선책을 요구하고 권리를 주장하였다.

3. 선교현장에서의 여성주의적 권리 주장

이 장에서는 릴리어스 호튼의 서신, 보고서를 중심으로 그녀 자신의 여성의식과 미국 여성 선교사들을 위한 권리 주장과 그녀가 구체적으로 노력한 모습들을 고찰해 보고자 한다. 당시 해외선교본부와 선교지 사역자 사이에 위계질서적 구조를 감안해 볼 때 아래와 같은 권리 주장은 그녀의 여성주의적 의식에 근거한 용기와 이타주의적 성향을 보여준다.

---

34) Lillias Horton Underwood, *Ibid.*, pp.229~230 ; 릴리어스 호턴 언더우드 지음, 정희원 옮김, 위의 책, 276쪽.
35) Lillias Horton Underwood, *Ibid.*, p.75 ; 릴리어스 호턴 언더우드 지음, 정희원 옮김, 위의 책, 93쪽.

1) 성차별적 선교 역할 분담의 문제

릴리어스 호튼이 보여주었던 여성의식은 선교업무 분담의 불공평성을
의식하였던 성 평등 의식과 젠더정의를 위한 감각에서 드러난다. 그녀는
기혼여성 선교사들이나 독신여성 선교사들 모두 질적, 양적으로 많은
일들을 감당하고, 여성들이 각자의 맡은 직분에서 말할 수 없는 고난을
감내하며 성실하고 묵묵히 임무를 담당하는 것을 높이 평가하였다. 릴리어
스 호튼은 1896년 뉴욕의 북장로교 해외 선교 본부 총무 엘린우드에게
보낸 보고서 편지에서 남자 선교사들이 학교에서의 교육과 학원선교를
감당하기 보다는 교회 설교를 선호하는 경향에 대해 비판적으로 언급하고
있다. 남자 선교사들은 학교에서 가르치는 일은 지루한 것이며, 여성
선교사에게나 적합한 여성의 일이라고 여겼다는 것이다.[36] 그 반면에
말씀 선포는 남성의 고유 업무이며, 그래서 더 중요하고 비중 있게 생각했
다는 것이다.[37]

이와 같이 선교사역의 업무가 여성의 일과 남성의 일로 분할되고 능력과
재능이 아니라 위계적으로 구별되었던 것을 릴리어스 호튼은 문제시하였
다. 일반적으로 선교사들의 사역 가운데 교육은 어린이, 청소년들과 관련
있는 것이라서 그 일은 오히려 여성이 적합하다고 보았던 것이다. 이러한
역할분담의 여성화된 특성 때문에 남성들 가운데에서도 경력있는 사람들
이 아니라, 교육은 새로 온 선교사들의 일로 여겨졌고 경시되었다.[38]
전도와 목회사역자 양성, 신학교에 비중을 두고자 했던 대다수의 선교사들

---

36) 릴리어스 호튼 언더우드, 「엘린우드 박사에게 보낸 편지」, 1896. 4. 22 ; 이만열,
     옥성득 편역, 『언더우드 자료집 Ⅱ』, 서울 : 연세대학교 출판부, 2006, 64쪽.
37) 내한 미국 북장로교 선교사들의 선호 사역을 연구한 결과에 따르면 가장 즐겼던
     사역은 성경지도였고, 그 다음이 전도여행과 교육이었다. 엘리자베스 언더우드
     지음, 변창욱 옮김, 앞의 책, 331쪽.
38) 엘리자베스 언더우드 지음, 변창욱 옮김, 위의 책, 285쪽.

의 생각과 언더우드 부부의 비전은 달랐다. 릴리어스 호튼과 남편 언더우드
는 포괄적인 교육인 고등교육, 영어교육, 일반교육을 강조한 반면, 나머지
대부분의 선교사들은 학교운영보다 복음전도에 전념할 것을 강조하였
다.[39) 그 당시의 선교사들은 영어, 고등교육 분야를 포함하는 학교 운영에
철저히 반대하였다. "… 사실 그들 모두는 전도하기를 원합니다. 그들은
가르치는 것은 지겹고, 우리 여성에게 적합한 일이라고 생각합니다. 하지
만 그들의 삼분의 일은 설교자보다 좋은 교사가 될 자들이며, 일부는
결코 설교에 적합하지 않습니다."[40) 이것은 교육의 가치를 약화시키는
일일 뿐 아니라, 선교사역의 질적 차이와 성별간의 부적절한 역할분담을
조장하는 일이므로 그 부당성을 냉철하게 지적하는 보고였던 것이다.
무엇보다도 고등교육기관의 설립을 위하여 강한 신념을 드러냈던 릴리어
스 호튼의 수준높은 비전과 일관성 있는 견해가 여기에 같이 작용하고
있었다.[41)

---

39) 이외에 당시 선교사들 사이에 의견 대립을 보였던 문제는 일부다처제와 하나님에
    대한 용어 사용문제였다. 릴리어스 호튼은 여성들만을 위한 고등교육기관을
    마련하지는 못했지만, 대다수의 선교사들이 반대하였던 일반적인 고등교육을
    강조하며 남편과 함께 연희전문학교의 설립과 발전에 이바지한 공헌은 학문적으
    로 인정받고 더욱 주목받아야 할 것이다. 왜냐하면 그녀는 대학을 설립하려는
    남편 언더우드와 뜻을 같이 하고 때로는 남편보다 더 강경하게 고등교육과
    영어교육을 주장하여 한국 근대화에 기여하려 했었기 때문이다. 릴리어스 호튼
    언더우드, 「엘린우드 박사에게 보낸 편지」, 1896. 4. 22 ; 이만열, 옥성득 편역,
    『언더우드 자료집 Ⅱ』, 서울 : 연세대학교 출판부, 2006, 63쪽.
40) 릴리어스 호튼 언더우드, 「엘린우드 박사에게 보낸 편지」, 1896. 4. 22 ; 이만열,
    옥성득 편역, 『언더우드 자료집 Ⅱ』, 서울 : 연세대학교 출판부, 2006, 64쪽.
41) 실제로 이 문제에 대한 다른 선교사들의 강력한 반발에 봉착했던 언더우드가
    고등교육 설립 계획에 주춤하게 되자 이를 보다 더 적극적으로 옹호했던 인물이
    바로 릴리어스 호튼이었다. 그녀는 고등교육뿐 아니라 일찍부터 고아원을 비롯하
    여 어린이, 청소년 교육의 중요성을 역설하였고 이러한 사업을 위한 적극적
    지원을 간곡히 호소하여왔다. L. H. 언더우드, 「엘린우드 박사에게 보낸 편지」,
    1890. 1. 3 ; 이만열, 옥성득 편역, 『언더우드 자료집 Ⅰ』, 서울 : 연세대학교 출판부,
    2005, 198~199쪽.

2) 기혼여성의 선교업무 투표권 인정 요구

1912년 릴리어스 호튼은 몇 년 동안 문제시된 기혼여성에게 선교업무에 관한 결정권이 없음을 공론화하고 이에 관한 자신의 의견을 피력하였다. 기혼여성이 제반 사항에 대한 투표권을 갖지 못하게 된 것은 남편의 표를 단순히 배가시키고 불공정한 다수를 형성할 수 있다는 논리였다. 또한 기혼여성이 투표권을 갖기 위해서는 3년 차 언어시험에 합격해야 된다는 주장인데, 이에 대해 릴리어스 호튼은 다음과 같이 반론을 제기한 것이다. 기혼여성과 미혼여성 간의 투표권에 대한 차별은 여성에 대한 모욕이고 옳지 않으며, 아울러 여러 가지로 제약이 있을 수 있는 언어습득의 이유로 투표권을 박탈하는 것은 부당하다는 것이다.

> … 한국 여성들의 사회적, 지적, 영적 자존감의 극심한 부재에 대한 여성성의 긴박한 필요를 바라보면서도 남편의 권유 때문이 아니고 스스로 이러한 여성들과 관계를 맺기 위해 신경을 곤두세우지 않는 여성은 기독여성이라고 하기 힘들다. 그러나 우리는 이러한 여성이 있다고 생각하지 않는다. 우리는 낯설고 어려운 환경에서 가사의 잡다한 일과 끊임없이 주의해서 보살펴 주어야 하는 어린 자녀들이 늘어가는 불리한 조건에서도 정해진 과정을 이수하고 언어시험을 보기 위해서 매년 꾸준히 그리고 충실하게 애쓰는 젊은 기혼 여성들의 부단한 노력을 보았다. 우리는 실패가 닥쳤을 때 그들이 눈물을 흘리고 고통스러워하는 것을 지켜보았으며 수천 가지의 잡다한 일을 힘겹게 해내는 그들의 용기와 헌신에 경의를 표했다. (중략) 최선을 다하고 있는 기독 부인들과 어머니들이 이 문제에 대해서 더욱 굴욕적인 평가를 당하게 되는 것을 삼가 줄 수는 없겠는가?[42]

---

42) Lillias Horton Underwood, "Shall Married Women have a Vote on Mission Matters," *The Korea Mission Field*, vol.8, Nr.11, (1912, November), pp.345~346 ; 릴리어스

이러한 호소적인 내용을 담은 것 이외에 릴리어스 호튼은 남성으로만 구성된 선교위원회에 구조적 문제도 제기하였다. 여성들의 애로사항과 입장을 대변해 줄 수 있는 구성원과 결의권자가 없어서 원천적으로 이 사안에 접근하는 방식이 체제적으로 문제적이었음을 언급하였다. 그리고 여성들 스스로 여성들의 사안에 대한 자결권, 의사결정권이 없음을 문제시 하였을 뿐 아니라, 선교사의 배우자로 한국에 왔지만, 독립된 주체로 선교 사역에 임하고 있는 기혼 여성들의 자존감을 드높이는 역할도 그녀가 감당했던 것이다.[43]

이 시기는 미국 북장로교회에서 전문직 미혼 여성의 파송을 점차 늘여가고 있었던 시기였다.[44] 그래서 기혼여성, 선교사 부인들의 전문성은 더욱 평가절하된 것이었다. 그렇기 때문에 릴리어스 호튼은 이들의 입장을 변호하며 낯선 땅에서 자녀 양육, 살림살이, 교육 등 이중, 삼중의 책임을 지고 있는 기혼 여성의 선교사역의 어려움을 역설적으로 표현하고 그 권리를 주장하고 있는 것이다.

3) 여성선교 인정요구

릴리어스 호튼은 결혼 여부를 떠나 여성 선교사의 존재와 그 사역의 가치에 중점을 두었다. 그래서 "한국에서 여성 선교사들의 노고"에 대해 다음과 같이 기술한다.

호튼 언더우드, 「기혼여성에게 선교업무에 관한 투표권을 주어야 한다」, 「코리아 미션필드」 8권 11호, 1912. 11 ; 서정민 편역, 『韓國과 언더우드 : The Korea Mission Field(1905~1941)의 언더우드 家』, 서울 : 한국기독교역사연구소, 2004, 89~91쪽.

43) 선교사로의 파송시 기혼과 미혼 여성에 대한 대우나 법적 지위 등 제반 여건에 대한 내용은 차후의 연구과제로 남겨둔다.

44) 1900년 이후 전체적 선교사 숫자는 증가했는데, 여성 독신 선교사 수가 늘어났기 때문이었다. 엘리자베스 언더우드 지음, 변창욱 옮김, 앞의 책, 76쪽.

　… 우리가 만났던 대부분의 여성 선교사들은 날 때부터 모험을 싫어하는
소심한 여성을 제외하고는 스스로 위험과 어려움을 감당한다. 그들은
그들의 평온한 가정으로부터 멀리 떨어져 지내는 것에 동요하지 않으며,
그들은 그리스도의 사랑과 가난하고 불행한 자매들에 대한 동정심으로
미혹당하지 않지만, 그러한 사랑은 국경을 넘어 여행해 본 적도 없는
이 가냘픈 자매들을 거친 바다를 건너 이방 민족 가운데서 거처를 정하고
선교지부의 남성들과 동일하게 단호히 어려운 여건과 어려움에 직면하게
끔 한다. 우리 여자 선교사들이 편하게 지내고 있을 거라고 생각하는
사람이 있다면 그는 반드시 여성 선교사들의 시골 선교여행에 동행해야
할 것이다.[45)]

　이렇게 그녀는 여성 선교사들의 대변인 역할을 감당하고 있었던 것이다.
그리고 북쪽 지방의 추운 영하의 날씨, 안전이나 치안을 생각할 수 없는
도로 사정, 위생적이지 못한 거처, 건강을 돌볼 수 없는 깨끗하지 못한
환경 등을 아랑곳 하지 않고 복음 전도와 선교사역에 동참하는 여성들의
구체적인 사례를 일일이 열거하고 보고하고 있다. 일부분만을 인용하면
다음과 같다.

　1913년 겨울, 평양의 버트 양은 시골을 여행하는 도중 끔찍한 비에
흠뻑 젖은 옷을 입고서 짐으로 부친 마른 옷이 도착하는 것을 기다리며
차가운 방에서 몇 시간을 앉아 있어야 했다. 그런 다음 집으로 되돌아가는
대신 이미 병에 걸린 채로 그녀는 기다리는 성경반 사람들이 실망하지

---

45) Lillias Horton Underwood, "Woman's Work in Korea," *The Korea Mission Field,*
　　vol.9, Nr.4 (1913, April), pp.94~96 ; 릴리어스 호튼 언더우드, 「한국에서 여성
　　선교사들의 노고」, 「코리아 미션필드」 9권 4호, 1913. 4 ; 서정민 편역, 앞의
　　책, 113쪽.

않도록 근처에 약을 얻을 수 있는 곳으로 발걸음을 돌렸다. 그러나 그녀는 곧 매우 심하게 아파서 돌아갈 수 없을 정도가 되었고 폐렴에 걸린 채로 한 광산촌에 몇 주간 꼼짝없이 누워 있어야 했다. 이제 우리가 더 무슨 말을 하겠는가? (중략) 이 불굴의 여인들로 인하여 하나님께 감사하리로다! 그들은 '그리스도의 남은 고난을 그의 몸 된 교회를 위하여 육체에 채움으로' 기뻐하는 자들이라.[46]

여성들의 자기희생적 선교사역의 모습을 그리스도의 남은 고난을 채우는 것으로 비유하면서 릴리어스 호튼은 그 가치를 높이 평가하도록 호소하는 것이다. 이와 같이 복음 전파를 위한 열정을 지니고 있으면서 수준 있는 여성의식과 젠더정의의 의식을 견지하고 있었던 릴리어스 호튼은 자신의 유익을 추구한 것이 아니라, 여성 선교사들이 정당한 대우를 받고, 자존감을 높이도록 도왔다. 당시 여성 선교사들의 처우 개선 요구의 처리내용을 담은 직접적 문서가 없기 때문에 영향 평가적 측면에서 그 결과를 측정할 방도는 없지만, 적어도 현안문제를 공론화했던 측면은 충분히 인정될 수 있을 것이다.

4) 여선교사 주거권

릴리어스 호튼은 1896년 1월 20일 북장로회 해외 선교부 총무 엘린우드 박사에게, 그리고 1907년 1월 26일 북장로교회 해외 선교부 총무 브라운 (Arthur Judson Brown, 1856~1945)에게 보낸 편지에서 여자 선교사들의

---

46) Lillias Horton Underwood, ibid., p.96 ; 릴리어스 호튼 언더우드, 위의 글, 서정민 편역, 위의 책, 115쪽. 여기에서 언급되는 앨리스 매이블 버트(Alice Mabel Butts, 1880~?)는 미국 북장로교회 파송 선교사로 1907~1941년 평양을 중심으로 활동했던 인물이다.

사택문제에 대한 문제제기와 이들을 위한 권리 주장을 각각 담아내고 있다.47) 이것은 무엇보다도 여자 선교사들이 한국의 기후에 신체적으로 적절하게 적응하지 못하여 건강이 악화되는 문제 때문에 생겨난 애로사항을 호소하는 내용이었다. "우리는 더 많은 위로와 더 좋은 음식이 필요합니다. 식욕은 떨어집니다. 그리고 우리의 외로운 처녀들이 건강을 해쳐 쓰러지지 않고 선교지에 조금이라도 남아 있으려면 최소한 그들을 위한 따뜻하고 건강하며 편리한 집들이 필요합니다."48) 무엇보다도 릴리어스 호튼은 자신을 위해서가 아니라, 미혼 선교 사역자들의 주거 환경문제의 부당함과 과도한 사역에 대하여 그 문제점을 지적하고 표현하는 것이었다.

그녀는 아주 짧은 기간이나마 미혼 여성으로 살아보면서 파악했던 문제 상황을 배경으로 같은 문제를 안고 살아가는 여성 선교사들에 대한 연대감을 드러내는 것이었다. 또한 이것은 여성 사역의 중요성을 강조함과 아울러서 전도 담당 여선교자의 확대 필요성을 역설하고 이에 상응하는 주거지가 마련되어야 하는 당위성을 말하고 있는 것이다. 즉 치유사역과 전도사역에 있어서 여성 선교사들의 효율성과 능동성을 강조함과 아울러 이에 합당한 대우가 이루어지지 못하는 현실적 고충과 문제성을 지적하고 시정하여 줄 것을 촉구하는 것이다.

　… 미혼 여자 선교사가 외국 선교지에서 사는 것은 쉬운 문제가 아닙니다. 남자 선교사는 더 독립적으로 신경 쓰지 않고 살 수 있습니다. 남자 선교사는 더 쉽게 어느 가정에서든 하숙을 할 수 있지만, 여자 선교사는

---

47) 릴리어스 호튼 언더우드, 「브라운 박사에게 보낸 편지」, 1907. 1. 26 ; 이만열, 옥성득 편역, 『언더우드 자료집 Ⅲ』, 서울 : 연세대학교 출판부, 2007, 126~128쪽.
48) 릴리어스 호튼 언더우드, 「엘린우드 박사에게 보낸 편지」, 1896. 4. 22 ; 이만열, 옥성득 편역, 『언더우드 자료집 Ⅱ』, 서울 : 연세대학교 출판부, 2006, 57쪽. 이 편지에서 릴리어스 호튼은 독신으로 활동하는 의료 여성 선교사들을 위하여 건강을 염려하고 이를 위해 주택문제가 해결되어야 함을 주장한다.

자신의 집이 필요합니다. 바로 이 이유 때문에 우리 교회는 미혼 여자 선교사의 힘들고 외로운 생활을 감안하여 여자 선교사에게 최대한의 편안함을 제공해 주어야 합니다.[49]

릴리어스 호튼 자신은 기혼여성이지만 미혼여성 선교사가 외국 선교지에서 살아가는 고충을 구체적으로 동감하며 자매애를 갖고 이들의 애로사항을 대변해 주는 것이었다. 이것은 타지에서의 선교사역이 외롭고 힘들기 때문만이 아니라, 신변의 안정성을 보호해 주는 차원에서도 절실히 필요한 것이었다. 이 보고서형 서신도 비록 정중한 문체이지만, 분명하게 여선교사 숙소의 당위성을 주장하는 릴리어스 호튼의 단호함을 엿볼 수 있게 하는 내용이었다.

이상에서 살펴 본 바와 같이 릴리어스 호튼은 공의로운 여성의식을 바탕으로 여성 선교사들의 정체성을 강화할 수 있도록 노력하였으며, 해당되는 사안의 문제점을 지적하였을 뿐 아니라, 건설적 대안도 같이 제시하여 주었다. 이와 같은 그녀의 노력이 선교사 내부를 향한 것이었다면 다음의 장에서는 한국 여성들을 위하여 표출된 그녀의 여성의식을 검토하여 보고자 한다.

---

49) 릴리어스 호튼 언더우드, 「브라운 박사에게 보낸 편지」, 1907. 1. 26 ; 이만열, 옥성득 편역, 『언더우드 자료집 Ⅲ』, 서울 : 연세대학교 출판부, 2007, 127~128쪽. 구체적으로 여기서는 전도 사역자 웜볼드(Katherine C. Wambold, 1866~1948)를 말하는데, 그녀는 미국 북장로회 파송 선교사로서 서울에서 1895년부터 1934년까지 사역하였다. 이 편지에서 릴리어스 호튼은 여자 선교사들의 전도관 사택이 에비슨에 의하여 여자 의료선교사들의 숙소(Anna p. Jacobson memorial)로만 사용되어지는 것을 문제시하며, 전도사역자인 웜볼드에게 거처 마련을 해 주도록 호소하는 것이다. 이것은 의료사역과 전도사역 모두 시급하고 중요한데, 사역자 수는 적고, 할 일은 많으며 이들이 편히 쉴 적합한 주택이 부족해서 생긴 현상이었다. 릴리어스 호튼은 예산분배의 공평성을 주장하는 것이기도 하다.

4. 한국여성들과의 연대와 선교 사역

선교 현장에서 드러난 릴리어스 호튼의 여성의식과 젠더 정의를 위한 노력이 어떻게 당시 한국의 상황과 여성들을 위하여 접목되었는지 살펴보는 것이 이 단락에서의 목표이다. "여성에 의한 여성의 사역"[50]은 19세기 말엽 선교 방법적 논의에서 굉장히 중요시 되고 확산된 방법이었다. 릴리어스 호튼은 당시 여성을 둘러싼 한국의 전반적 상황에 대하여 파악하고 있었는데, 가장 문제적으로 여겨졌던 것은 조혼제, 처첩체, 열악하고 과도한 가사노동, 남아선호사상 등이었다.[51]

당시에 주어진 여건 가운데 여성사역을 위해 정책적으로 준비할 내용으로 릴리어스 호튼이 제안한 것은 첫째 소녀 교육, 둘째 전도부인 양성, 셋째 사경회를 통한 계속교육이었다.[52] 이러한 방법은 당시의 제한된 범위 내에서 미래를 준비하는 여성리더십 개발의 방법으로써 최선의 길을 선택한 것이었다.[53] 그녀는 주어진 여건에서 점진적 개혁을 시도할

---

50) 여기에서 말하고 있는 여성들 사이에서는 선교지와 피선교지의 간극과 마찬가지로 인종간, 계급간의 격차가 있는 것이었다.

51) 릴리어스 호튼 언더우드, 「한국에서 여성을 위한 여성 사업」, 「세계 선교 평론(*The Missionary Review of the World*)」, 1905. 7, pp.491~500 ; 이만열, 옥성득 편역, 『언더우드 자료집 Ⅲ』, 서울 : 연세대학교 출판부, 2007, 187~190쪽.

52) 릴리어스 호튼 언더우드, 「한국에서 여성을 위한 여성 사업」, p.193. 사경회는 정기적으로 성서 공부하는 모임이며 신앙적 삶을 서로 나누는 집회를 일컫는 말인데, 그 최초의 모임은 1890년 언더우드의 집에서 7명의 신자들이 모여 성서 공부하던 것으로부터 비롯되었다. 한국교회 초기 사경회는 교회 성장의 기본 못자리의 역할을 감당하였다. 사경회에 대해서는 다음의 논문을 참고하라. 한신국, 「한국교회의 사경회 연구」, 연세대학교 연합신학대학원 석사학위논문, 2004.

53) 그녀는 여아교육을 도맡아서 정신여학교로 발전시킨 엘러스(Annie Ellers), 도티(Susan A. Doty), 헤이든(Mary Hayden) 같은 여성 선교사들이나, 이화학당을 설립했던 스크랜튼 부인과 같은 역할을 한 것은 아니었다. 이처럼 여아들을 모아놓고 교육하는 사업을 하는 동료들이 있었기 때문에 업무를 차별화할 필요도 있었을 것이다. 그런 점에서 릴리어스 호튼은 소녀 교육이나 전도부인 양성을 위한

수 있는 방법을 선택하였는데, 구체적이며 직접적으로 그녀가 적용한 것은 사경회를[54] 통한 성인 여성 교육이었다.[55]

일례로 1899년에 쓴 릴리어스 호튼의 「의료사업과 전도사업 보고서」[56]에 따르면 사경회는 여성들을 위하여 영적으로 훌륭한 안식처를 제공하여 주었고, 집안에만 갇혀 있던 여성들이 공적인 장소에서 자아 표현과 공동체성을 경험할 수 있게 하여 주었다.[57] 또한 사경회에 참석한 여성들

교육기관을 이룩해 낸 업적은 없다. 그녀가 자기 전공분야인 의사로서의 활동을 지속하거나 특히 여성 의료교육을 하지 않았던 것은 역량이나 열의, 의식 부족이 아니라, 건강상의 이유도 있었을 것이다. 또한 교육부분에서는 남편 언더우드의 계획을 구체화하는 데 더 주력하였기 때문에 힘을 분산시킬 여지도 없었다.

54) 남편 언더우드가 남성들을 중심으로 이러한 모임을 주도했다면, 릴리어스 호튼은 여성들을 모아 이 사경회를 운영하였다. 이러한 방법은 우리나라에만 도입되었던 것은 아니었고, 전 세계적으로, 또한 기독교 역사 안에서 쉽게 찾아볼 수 있던 방법이었으나, 우리나라에서는 특히 개신교 성장의 중요 동력이 되어 주었다. 유교적 문화권의 서당식 교육법에 익숙하였던 당시 한국인들에게 성서강독, 암기는 효율적으로 진행될 수 있었고, 이 시간에는 단순히 성서와 교리를 학습하는 이론 수업으로 끝나는 것이 아니라, 신앙체험을 서로 나누고, 전도훈련을 통하여 실제 노방 전도에 나서기도 했다.

55) 릴리어스 호튼은 제도권에서의 교육사업보다 사경회를 통한 성인여성 교육을 할 수 있었고, 이 공간을 통하여 복음 증거와 계몽사업을 펼쳐 나갔던 것이다. 교육의 기회가 제도적으로 차단되었고 최소한의 교육비용도 감당할 수도 없었던 여성들에게 이러한 방법은 매우 중요하고 효과적인 접근법이었다. 일례로 릴리어스 호튼을 도와 열심히 전도부인 역할을 맡아준 한 부인이 사경회에 가서 계속 공부해서 그 역할을 감당할 수 있었다는 보고는 사경회의 기능을 알려주는 것이다. 이러한 모임을 통해서 여성 그리스도인들은 성서 공부이외에 기독교인으로서 기본 소양을 키울 수 있는 기도법, 교리의 내용 등을 공부했을 뿐 아니라, 아주 간단한 기초 교육도 받을 수 있었다. L. H. Underwood, "Sketches of Some Korean Women," *The Korea Mission Field*, vol.2, Nr.6 (1906, April), pp.105~106 ; 릴리어스 호튼 언더우드, 「한국 여인들을 관찰하고」, 「코리아 미션필드」 2권 6호, 1906. 4 ; 서정민 편역, 앞의 책, 35~37쪽.

56) 릴리어스 호튼 언더우드, 「1899년 의료사업과 전도사업 보고서」, 이만열, 옥성득 편역, 『언더우드 자료집 Ⅱ』, 서울 : 연세대학교 출판부, 2005, 231~237쪽.

57) 릴리어스 호튼은 항상 의료사역을 전도사역과 연관지어 통전적인 접근을 시도하였다. 즉 몸과 마음의 치유를 같이 일관성 있게 병행하였던 것이며, 궁극적으로

은 육체적 노동에 지쳐 있었으나 서로 만나서 위로하고 비슷한 처지의 어려움을 공유함으로써 해법을 찾을 수도 있었고, 서로 간의 자매애적 연대감을 확인하고 웃음을 회복하며 즐거움을 서로 나눌 수도 있었다.

릴리어스 호튼은 이 사경회의 중요성과 이러한 사역을 통하여 변화되는 모습을 보는 것이 얼마나 큰 보람인가를 이렇게 표현한다. "… 이 사경회에서 진지하고 열성적인 여자들을 만나고, 그들이 얼마나 민첩하고 간절히 진리를 깨닫고, 얼마나 단순한 믿음으로 그것을 받아들이며, 얼마나 재빠르고 부드럽게 그리스도의 사랑의 이야기에 반응하는가를 본 것은 (중략) 결코 잊을 수 없는 복된 경험"이었다.[58] 보고서의 내용은 또한 이렇게 이어진다. "전국에 걸쳐서 여자는 남자보다 더 무식하지만 남자보다 더 단순하고, 더 달콤하고, 더 기쁘게 그리스도를 붙잡으며, 그들의 간증은 자주 감동적입니다."[59]

19세기말·20세기 초, 서구 여성 선교사들에 대한 평가를 할 때 자주 등장하는 질문과 비판은 이들이 얼마나 오리엔탈리즘적 시각과[60] 제국주

복음전도에 주력하였다. 명성황후 사후에 시의로서의 그녀의 일차적인 주요 업무는 끝났다. 또한 그녀는 가정생활과 전문적인 의료 활동을 완벽히 이어가기가 힘들었다. 그래서 두 가지를 가급적 병행하고자 현재 서대문구 안에 위치했던 모화관의 오닐 진료소와 프레드릭 언더우드 기념 진료소 등지와 사택에서 기회가 되는 대로 의료 활동을 펼쳤다. 그러나 건강상태가 더 이상 뒷받침되지 않아 차츰 이러한 의료 사역을 내려놓고, 그 후임으로는 조지아나 화이팅, 에파 필드가 사역을 이어갔고 그녀 자신은 복음 전도와 집필 활동에 더 주력하게 되었다. 호레이스 그랜트 언더우드, 「미국 북 장로교회 한국 선교회의 역사 개요」, 이만열, 옥성득 편역, 『언더우드 자료집 II』, 서울 : 연세대학교 출판부, 2006, 82쪽.

58) 릴리어스 호튼 언더우드, 「1899년 의료사업과 전도사업 보고서」, 이만열, 옥성득 편역, 『언더우드 자료집 II』, 서울 : 연세대학교 출판부, 2006, 234쪽.

59) 릴리어스 호튼 언더우드, 「1899년 의료사업과 전도사업 보고서」, 이만열, 옥성득 편역, 『언더우드 자료집 II』, 서울 : 연세대학교 출판부, 2006, 235쪽.

60) 릴리어스 호튼의 글쓰기에 드러난 오리엔탈리즘의 성향에 대해서는 다음의 논문을 참고하라. 정미현, 「한국교회 초기 선교의 한 유형 : 릴리어스 호튼 언더우드를 중심으로」, 『신학논단』 80, 2015. 6, 289~292쪽.

의적 팽창 이념을 갖고서[61] 피선교지 국가의 여성들을 길들이고자 하였는가 하는 점이다. 문제의 핵심은 선교가 식민지주의와 제국주의의 첨병의 역할을 하였다는 것과 흔히 맞물리기도 한다. 그런데 릴리어스 호튼의 이러한 보고의 표현과 내용은 그녀가 미국식 이념을 그대로 한국에 이식시키려 했다거나, 한국 여성들을 단순히 객체화하여 이러한 내용을 받아들이는 수동적 존재로 바라보는 것이 아니었음을 말하고 있다. 즉 한국 여성들이 서양식 교육제도의 규범으로 볼 때 교육받은 사람들은 아니었으나, 서양식 교육을 통하여 서구 이념 자체를 무비판적으로 주입하려 하지 않았다는 것이다.[62] 정신여학교 운영에 대한 한 보고서에서 이를 뒷받침하는 내용을 찾아 볼 수 있다.

> … 여학교는 현재 도티 양이 책임지고 있는데, 학생은 대개 8살 나이의 어린 소녀 9명입니다. 그들도 가능한 한 자신의 일은 스스로 하는데, 요리와 자수를 배우고, 영어 수업을 받지만 한문과 한국어인 '언문'을

---

61) 서현선, 「초기 한국 교회사 속에서의 선교에 대한 여성 신학적 연구」, 『선교와 여성신학』, 한국여성신학회 엮음, 서울 : 프리칭 아카데미, 2010, 109~119쪽.
62) 당시 남녀 선교사들 가운데 미국식 이념을 그대로 한국에 이식시키려 하지 않았던 사람이 몇 퍼센트가 되었는지를 확인할 수는 없다. 그러나 예를 들어 메리 스크랜튼도 미국식 기독교 문화를 주입하는 것이 아니라, 한국 실정에 맞는 토착화된 여성 교육을 시도하였다. 스크랜튼의 표현을 인용하면 다음과 같다. "그들 부녀자들을 여기서 우리 외국인의 생활양식과 의복제도와 생활환경으로 만들려고 아니한다. 이따금 본국(미국)에서와, 또는 현지에서 우리 학생들의 생활 전부를 뒤바꾸어 놓는 줄로 생각하는 것은 오해이다. 우리는 한인이 보다 좋은 한인이 되는 것만을 기뻐한다. 우리는 그들이 한국적인 것을 자랑스러워하고 나아가서는 한국은 그리스도와 그의 교훈을 통하여 훌륭한 한국이 되기를 원하고 있다." The Gospel in All Lands for 1888, p.373(백낙준, 『한국개신교사 1832~1910』, 서울 : 연세대학교 출판부, 1973, 139쪽에서 재인용) ; Hyaeweol Choi, *Gender and Mission Encounters in Korea New Women, Old Ways Global*, California : University of California Press, 2009, pp.98~99. 이 점에서 릴리어스 호튼은 스크랜튼과 동일한 사상과 태도로 여성 교육에 힘썼다.

배우고, 무엇보다 살아있는 복음을 배웁니다. 이 소녀들이 외국 교육을
받음으로써 장차 가정생활에 부적합하게 되면 이는 중대한 실수입니다.
따라서 우리는 그들을 미국 숙녀가 아니라 기독교인 한국인으로 만들려고
합니다.[63]

다음의 표현은 그녀가 만난 한국여성들에 대한 그녀의 견해를 진솔하게
드러내 주는데, 이것은 한국여성들을 진정으로 인정함으로써 우러나오는
표현이라고 할 수 있겠다. 또한 릴리어스 호튼이 어려운 여건 가운데에서도
삶을 일구어 내는 한국여성들로부터 오히려 많은 건설적인 도전과 용기를
얻게 되었음을 반증해 주는 것이다.

… 이 여자들을 만나고 그들이 은혜 안에서 성장하고 어린 아이 같이
하나님께 완전히 기대고 모든 것을 아뢰는 그들의 강한 믿음을 보는
것은 영감을 불러일으킵니다. 저는 부끄럽게도 그들의 믿음이 저의 믿음보
다 강하며 제가 그들을 가르치고 도와주기보다 그들이 더 저를 가르치고
도와준다고 고백합니다.[64]

---

63) 릴리어스 호튼 언더우드, 「한국」, 『세계 선교 평론(The Missionary Review of the
World)』, 1890. 12 ; 이만열, 옥성득 편역, 『언더우드 자료집 I』, 서울 : 연세대학교
출판부, 2005, 302쪽. 여기에서 도티 여사(Susan A. Doty, 1861~1930)란 1890년
정신여학교 3대 교장으로 취임한 여선교사를 뜻한다. 1886년 고아원을 개설하였
던 언더우드는 정네라는 고아 여자아이를 만났는데, 남자아이들과 함께 데리고
있을 수 없어서 애니 엘러스에게 맡아 줄 것을 부탁하였다. 1887년부터 엘러스가
사저에서 이 아이를 맡아 키우고 교육한 것이 이후 정신여고로 발전되는 토대를
마련하게 된 것이었다. 언더우드는 이곳의 여아들을 위한 교육에 재정후원을
해 주면서 간접지원을 하였다. 이후 도티가 교장을 맡을 당시 정신여학교는
정동에서 연지동으로 이사하고 본격적인 교육기관으로써의 위상을 정립하였다.
김영삼, 『정신 75년사』, 서울 : 계문출판사, 1962, 57쪽, 69쪽.
64) 릴리어스 호튼 언더우드, 「1898년 의료사업과 전도사업 보고서」, 이만열, 옥성득
편역, 『언더우드 자료집 II』, 서울 : 연세대학교 출판부, 2005, 214쪽. 이러한
겸허한 표현을 보면 그녀가 서양 우월주의적 시각과 태도를 갖고 불쌍한 한국여성

릴리어스 호튼은 복음의 변혁적 성격을 확신하고 있었고, 그러한 믿음은 막연한 것이 아니라, 여성들이 기독교의 복음을 접하고 난 뒤 변화된 모습을 보게 된 것에 기인했다.[65] 이처럼 "여성에 의한 여성의 사역"이란 여성 사이의 연대성을 확장시키고 이성간의 접촉을 허용하지 않았던 한국의 유교적 문화가 확산된 상황에서 여성들에 대한 접근을 용이하게 하는 등 효과적인 선교사역의 방법이었다. 그래서 "여성을 위한 여성에 의한 여성의 사역"의 중요성은 여러 번 강조되었다. 릴리어스 호튼은 미국에 물질적 지원뿐 아니라, 한국에서의 여성 사역을 위하여 같이 일할 동역자를 구하는 호소문을 보내 동참을 호소하기도 했다.[66] 여성에 의한 여성을 위한 사역은 여성들만의 소통의 공간을 마련해주는 장점을 지니고 있었다. 그러나 남성들과의 교류 속에서 젠더 정의를 이루어낼 수 있도록 이끌어주기 보다는, 사회와 가정의 이원화된 구도와 남녀의 자리를 구분하였던 전통적 가치가 교회 내에서도 오히려 그대로 유지되거나 더 강화되게 하였던 한계도 있었다.[67]

또한 릴리어스 호튼은 한국 여성들의 도움으로 선교 사역에 많은 결실을 맺을 수 있었음을 인정했다.[68] 전도부인의 조력에 대한 극찬을 아끼지

들을 자선의 형태로만 도운 것이라는 식의 평가를 무색하게 한다.

65) 릴리어스 호튼 언더우드, 「한국에서 여성을 위한 여성 사업」, 『세계 선교 평론(The Missionary Review of the World)』, 1905. 7 ; 이만열, 옥성득 편역, 『언더우드 자료집 Ⅲ』, 서울 : 연세대학교 출판부, 2007, 191쪽.

66) 릴리어스 호튼 언더우드, 「한국에서 여성을 위한 여성 사업」, 196쪽.

67) 여성들이 교회 내에서 공적인 자리에서 활동할 수 있기까지는 이후 오랜 시간이 흘렀다. 예를 들어 대한 예수교장로회 통합측이 여성안수를 법제화 한 것은 1995년의 일이었다.

68) 이 부분은 더욱 면밀한 별도의 연구가 필요한 내용이다. 한국 여성들의 동역과 협조가 없었더라면 언어적, 문화적 한계 때문에 미국 여성 선교사들의 사역은 제대로 이루어질 수 없었을 것이다. 전도부인들의 사역에 대해서는 제대로 문서화 되지 않았기 때문에 그 이름이나 사역의 내용들이 구체화되지 못한 점이 있으나, 간접적인 연구 방법을 통해서 정리되어야 할 중요한 주제이다.

않았던 릴리어스 호튼은 그들의 효율성, 진지함, 그리고 열성적인 근면한 태도를 손꼽았다.[69] 이것은 미국 선교사의 여성사역이 한국여성의 적극적 도움이 없었으면 결실 맺을 수 없었다는 것을 반증해 주기도 한다.

서구 중산층 여성으로서의 우월감 과시나 지배적 형태가 아니라, 한국 여성들과의 자매애에 기반을 둔 연대감에서 복음을 통하여 이들의 영적 삶의 여건을 개선하고자 노력했던 릴리어스 호튼의 다양한 사역의 내용을 인정하고 기념하는 개별적 연구는 계속해서 이어질 필요가 있겠다. 그 당시의 변화나 개혁을 위한 시도들이 체계화되지 못하여 제도적 발전으로 까지 이어지지 못한 한계도 언급될 필요가 있을 것이며, 동시대 이 땅에서 활동했던 다른 여성 선교사들과의 비교연구로 더욱 확대되어질 수 있겠다.

5. 나가는 말

릴리어스 호튼은 그녀의 남편의 사역의 내용을 소개하고 기념하는 의도로 쓰여진 그녀의 책 마지막 부분에 노벨문학상 수상자였던 루디야드 키플링의 시를 인용하며 그녀의 남편의 모습을 회고한다.[70] 필자는 이

---

69) 릴리어스 호튼 언더우드, 「한국에서 여성을 위한 여성 사업」, 195쪽 ; 예를 들어서 릴리어스 호튼이 전도부인에 대하여 구체적으로 언급한 것에 대해서는 다음을 참고하라. 릴리어스 호튼 언더우드, 「의료사업과 전도사업 보고서」, 1900 ; 이만 열, 옥성득 편역, 『언더우드 자료집 Ⅱ』, 연세대학교 출판부, 2006, 258~259쪽 ; L. H. Underwood, "Sketches of Some Korean Women," *The Korea Mission Field*, vol.2, Nr.6 (1906, April), p.106 ; 릴리어스 호튼 언더우드, 「한국 여인들을 관찰하고」, 「코리아 미션필드」 2권 6호, 1906. 4 ; 서정민 편역, 앞의 책, 36~37쪽.

70) 릴리어스 호튼은 이 책의 마지막 장에 "여정을 마치고 본향으로"라는 제목을 붙였는데, 언더우드에 대한 여러 사람의 평을 담고 있고 말년의 언더우드에게서 이 시인의 시적 비전을 읽을 수 있다고 하면서 끝맺음을 하고 있다. Lillias H. Underwood, op.cit., pp.345~346 ; L. H. 언더우드 지음, 이만열 옮김, 앞의 책, 340~342쪽.

시에 드러난 구절들이 이국 땅에서의 수많은 도전에 응전하며, 다양한 형태의 사역을 충실히 마치고 머나 먼 이국 땅인 이 한반도에서 잠든 릴리어스 호튼의 의연한 삶 자체도 그대로 되살려 주고 있다고 본다.

> … 만약 꿈을 꾸면서도 꿈의 노예가 되지 않을 수 있다면,
> 만약 생각하면서도 생각을 목표로 삼지 않을 수 있다면,
> 만약 '승리'와 '재앙'을 만나고도
> 이 두 협잡꾼을 똑같이 대할 수 있다면 …
> 네 일생을 바친 것들이 무너지는 것을 보고도
> 낡은 연장을 집어 들고 다시 세울 수 있다면 …
> 만약 여러 사람과 얘기를 하면서도 덕성을 잃지 않는다면,
> 왕들과 같이 거닐면서도 오만하지 않을 수 있다면 …

그녀는 서울 이북지방을 여행한 최초의 외국 여성이었고, 간호사나 보조자가 아니라 전문직 여의사였으며, 여성 글쓰기의 원형으로서 많은 글들을 남겼으며 여성 문서 편집자의 역할도 감당해 내었다.[71] 또한 남성과 여성의 영역으로 분리된 엄격한 차별성이 적용되던 시기에 그녀는 여성의 "규방"안으로 들어가는 수동적 선교뿐 아니라, 여성을 사적영역으로부터 교회의 공적영역으로 인도하여 차츰 활동 영역을 능동적으로 넓히게 하였고, 성차별에 근거하는 공간적 폐쇄성과 이분법을 탈피하게 도와주었다. 릴리어스 호튼은 개별적으로 높은 수준의 여성의식과 젠더의식을 지니고 있었고 미국 여성 선교사들의 권익을 위하여 여성운동적인 접근을 하였다.

---

71) 문서선교에 대해서는 다음의 논문을 참고하라. 정미현, 「한국교회 초기 선교의 한 유형 : 릴리어스 호튼 언더우드를 중심으로」, 『신학논단』 80, 2015. 6, 283~284쪽.

그러나 이러한 방법과 내용을 한국의 여성들을 위하여 보다 근본적이며 제도적으로 도입하거나 체질개선을 위한 체계적인 접근을 한 것은 아니었다. 이것은 한 개인의 접근방식의 문제라기보다 당시에 서구식 가부장주의 문화가 선교지의 가부장문화와 연결되어 있었던 선교 정책의 문제였다. 이로 인해서 한국 교회 초기시기부터 교회와 기독교 공동체 안에 사회와 가정, 남성과 여성의 이원화된 가부장주의가 근본적으로 극복되지 못하고 체질화되었음을 볼 수 있다.[72]

릴리어스 호튼은 당시 오히려 한국 가부장 문화에 동화되어 때로는 체제순화적 태도를 보이기도 하였고, 여성교육을 전문으로 하려고 했던 여성 선교사에 비교하여 볼 때 제도화되고 조직화된 여성운동을 위한 뚜렷한 업적을 남기지 못하였다.[73] 또한 릴리어스 호튼의 여성의식이 피지배 민족의 여성들이 지녔던 고난의 문제를 인식하고 극복하게 하는 것으로 이어지지 못한 한계가 있다.[74]

그녀가 제기한 문제들은 여성의 동등한 지위확보나, 권리 주장의 차원에서의 여성운동의 역할 모델은 될 수 있겠다. 그러나 피압박 민족의 민족사적 의의를 담보하는 여성운동과 의식을 기대하기는 힘들 수 있겠다.[75]

---

72) 가톨릭교회 성립 초기 단계에서 한국의 유교적 가부장주의와 서구의 기독교적 가부장주의가 어떻게 연관되었는지, 또한 그 가부장주의가 여성의식 발현의 공간을 어떻게 지배하고자 했는지에 대해서는 다음의 논문을 참고하라. 송지연, 「조선시대 천주교 여성의 역사 다시 읽기 : 동정녀에 대한 논의를 중심으로」, 『東方學志』 169, 2015. 3, 33~73쪽.

73) 여성 고등교육을 위한 체계적 기반을 마련한 메리 스크랜튼(Mary Scranton, 1832~1909)과 비교하여 볼 때 그러하다.

74) 그녀는 여성들만의 교육기관이 아니라, 남편 언더우드와 함께 고등교육기관 설립에 집중하였고, 이를 통하여 연세대학교로 발전할 수 있는 기틀을 다져 나갔던 것이다. 즉 젠더 정의를 향한 더욱 고차원적 실천은 이러한 선교사들의 희생과 헌신에 바탕을 두고 있으며, 한국 최초의 남녀 공학인연세대학교가 발전시켜야 할 몫이다.

75) 박순경, 「한국 민족과 기독교 선교의 문제-선교의 미래와 여성」, 『여성, 깰지어다,

때문에 릴리어스 호튼도 한국의 초기 기독교가 여성들이 비역사적 기독교 의식을 갖게 하고, 미국 지배적 문화의 영향권 안에로 흡수되는 데 간접적으로 일조한 것이다. 또한 기독교 신앙의 내용은 개인구원의 차원에만 머물게 되고, 사회전반에 대한 근본적 변화를 가져올 수 있도록 지평을 확대할 수 있게 하지 못하였다.

그녀가 피지배 민족의 고난, 그 가운데 여러 차원의 다중적 고난의 현실을 몸으로 견디어 내고 살아야 했던 한국의 여성들의 입장에서 이해하고 함께 개선을 위하여 노력하는 것은 결코 쉽지 않았던 일이었을 것이다. 당시 격변하는 동북아 정세 속에서 한민족이 지녔던 역사적 질곡에 대하여 정확히 이해하고, 이를 정치사회적인 입장에서 체계적으로 해결하도록 그녀에게 기대하는 것 자체가 무리일 수 있다.[76]

이와 같은 한계점을 지적할 수 있겠으나, 릴리어스 호튼이 언더우드와 함께 당시 선교사들 중에서 상대적으로 친한파적(親韓派的)이었던 점도 아울러 언급할 필요가 있겠다. 또한 경우에 따라서는 오히려 남편보다도 더 당당하게 한국을 두둔하는 발언을 했던 점도 강조할 필요도 있겠다.[77]

일어날 지어다. 노래할 지어다』, 한국 기독교 100주년 기념사업협의회 여성분과위원회 편, 서울 : 대한기독교출판사, 1985, 459~460쪽.

76) 박순경, 위의 글, 458~459쪽. 예를 들어서 그녀가 동학을 이해하였던 것을 보면 그 한계를 볼 수 있다. Lillias Horton Underwood, op.cit., pp.126~128 ; 릴리어스 호튼 언더우드 지음, 김철 옮김, 앞의 책, 164~165쪽.

77) 몇 가지 간략한 예를 들면 다음과 같다. 첫째 자발적이 아닌 상태에서 근대식 개화의 상징으로 단발을 강요하여 한국인의 자존감을 훼손하는 것의 문제성을 지적하였다. Lillias Horton Underwood, op.cit., pp.169~170 ; 릴리어스 호튼 언더우드 지음, 김철 옮김, 앞의 책, 211~213쪽 ; 둘째 명성황후가 일본인들에 대하여 비참하게 살해당하는 부분을 자세히 적어 그 부당함을 세계에 알리는 역할을 하였다. Lillias Horton Underwood, op.cit., pp.146~152 ; 릴리어스 호튼 언더우드 지음, 김철 옮김, 위의 책, 184~191쪽 ; 셋째 북장로교회 선교본부 총무를 포함하여 미국과 세계의 독자들에게 한국에 대한 좋은 인상을 심어주도록 노력하였다. L. H. 언더우드, 「엘린우드 박사에게 보낸 편지」, 1889. 10. 6 ; 이만열, 옥성득 편역, 『언더우드 자료집 Ⅰ』, 서울 : 연세대학교 출판부, 2005, 192쪽 ; Lillias Horton

결론적으로 볼 때 그녀의 삶과 사역의 모습을 21세기적 시각에서 검토한다면 문제적인 부분도 없지 않지만, 시간과 상황적 격차를 무시하고, 단순히 그러한 시각으로만 판단되어서는 안 될 것이다. 즉 그녀가 이 땅에서 헌신적으로 봉사했던 다양한 선교와 사역의 내용을 폄훼하는 것으로 그쳐서는 안 될 것이다. 단순히 비판을 위한 비판을 하기보다는 전반적으로 열악했던 당시의 상황과 선교의 여건에서 치열하게 살았고 지속가능한 발전을 도모했던 그녀의 업적을 기리고, 알려지지 않았던 숨은 공로들을 찾아내는 작업이 필요하다고 하겠다. 그것은 남성 위주의 역사 서술과 해석의 내용을 교정하기 위하여서도 중요하다. 젠더 정의를 향한 부단한 노력 가운데 여전히 결핍된 내용들을 보충하고 바로잡아가야 하는 것은 오히려 우리들의 몫인 것이다.

본 연구에서는 시대적 대표성을 띤 여성 선교사로서 릴리어스 호튼 언더우드를 중심으로 최근 국제학계의 주목을 받는 젠더와 여성 선교사 연구의 구체적인 한 사례를 제시하고자 했다. 그녀가 갖고 있었던 여성의식은 단순히 19세기 미국 페미니즘의 맥락에서만 볼 수 없다. 그녀는 교회를 중심으로 점진적 개혁을 시도하고자 한 점에서 구별되는 여성의식을 지니고 있었던 것이다. 또한 그녀를 서구 오리엔탈리즘에 함몰된 인물로 그냥 매도할 수도 없다. 왜냐하면 그녀 스스로 그 한계를 극복하고자 꾸준히 노력하였기 때문이다.

향후 이 연구를 토대로 한국의 근대화 과정에서 다른 여성 선교사들의 역학적 관계, 또한 한국 여성들과의 상호작용, 선교와 젠더 지형도에 관련한 연구로 심화, 확대할 수 있을 것이며, 이 연구를 통해 밝혀지지 못한 정치사회적 상관관계성 속에서 여성 선교사들의 사역 등은 추후의 연구과제로 남겨둔다.

Underwood, op.cit., pp.275~276 ; 릴리어스 호튼 언더우드 지음, 김철 옮김, 앞의 책, 283쪽.

〈참고문헌〉

1. 자료

릴리어스 호튼 언더우드, 「한국」, 「세계 선교 평론(*The Missionary Review of the World*)」, 1890. 12 ; 이만열, 옥성득 편역, 『언더우드 자료집 I』, 서울 : 연세대학교 출판부, 2005.

_____, 「한국에서 여성을 위한 여성 사업」, 「세계 선교 평론(*The Missionary Review of the World*)」, 1905. 7 ; 이만열, 옥성득 편역, 『언더우드 자료집 III』, 서울 : 연세대학교 출판부, 2007.

_____, 「한국 여인들을 관찰하고」, 「코리아 미션필드(*The Korea Missionfield*)」 2권 6호, 1906. 4 ; 서정민 편역, 『韓國과 언더우드 : The Korea Mission Field(1905~1941)의 언더우드 家』, 서울 : 한국기독교역사연구소, 2004.

_____, 「기혼여성에게 선교업무에 관한 투표권을 주어야 한다」, 「코리아 미션필드」 8권 11호, 1912. 11 ; 서정민 편역, 위의 책.

_____, 「한국에서 여성 선교사들의 노고」, 「코리아 미션필드」 9권 4호, 1913. 4 ; 서정민 편역, 위의 책.

_____, 「엘린우드 박사에게 보낸 편지」, 1889. 3. 8 ; 이만열, 옥성득 편역, 『언더우드 자료집 I』, 서울 : 연세대학교 출판부, 2005.

_____, 「엘린우드 박사에게 보낸 편지」, 1890. 1. 3 ; 이만열, 옥성득 편역, 『언더우드 자료집 I』, 서울 : 연세대학교 출판부, 2005.

_____, 「엘린우드 박사에게 보낸 편지」, 1896. 4. 22 ; 이만열, 옥성득 편역, 『언더우드 자료집 II』, 서울 : 연세대학교 출판부, 2006.

_____, 「1898년 의료사업과 전도사업 보고서」 ; 이만열, 옥성득 편역, 『언더우드 자료집 II』, 서울 : 연세대학교 출판부, 2006.

_____, 「1899년 의료사업과 전도사업 보고서」 ; 이만열, 옥성득 편역, 『언더우드 자료집 II』, 서울 : 연세대학교 출판부, 2006.

_____, 「브라운 박사에게 보낸 편지」, 1907. 1. 21 ; 이만열, 옥성득 편역, 『언더우드 자료집 III』, 서울 : 연세대학교 출판부, 2007.

_____, 「브라운 박사에게 보낸 편지」, 1907. 1. 26 ; 이만열, 옥성득 편역, 『언더우드 자료집 III』, 서울 : 연세대학교 출판부, 2007.

호레이스 그랜트 언더우드, 「미국 북장로교회 한국 선교회의 역사 개요」; 이만열,
　옥성득 편역, 『언더우드 자료집 II』, 서울 : 연세대학교 출판부, 2006.

Underwood, Lillias Horton, "Korea," *The Missionary Review of the World*, (1890, December).
　──────────, "Woman's Work for Women in Korea,"*The Missionary Review
　　of the World, (July, 1905).
　──────────, "Sketches of Some Korean Women," *The Korea Mission Field*,
　　vol.2, Nr.6 (1906, April).
　──────────, "Shall Married Women have a Vote on Mission Matters," *The
　　Korea Mission Field*, vol.8, Nr.11 (1912, November).
　──────────, "Woman's Work in Korea," *The Korea Mission Field*, vol.9,
　　Nr.4 (1913, April).

2. 논저

김성연, 「근대 초기 선교사 부인의 저술 활동과 번역가로서의 정체성」, 『현대문학
　의 연구』 55, 2015.
김영삼, 『정신 75년사』, 서울 : 계문출판사, 1962.
박순경, 「한국 민족과 기독교 선교의 문제~선교의 미래와 여성」, 한국 기독교
　100주년 기념 사업협의회 여성분과위원회 편, 『여성, 깰지어다, 일어날
　지어다. 노래할 지어다』, 서울 : 대한기독교출판사, 1985.
박혜수, 「언더우드 부인(L. H. Underwood)의 선교활동 연구 : 남편 언더우드에
　대한 협력과 이해를 중심으로」, 연세대학교 연합신학대학원 석사학위논
　문, 2005.
백낙준, 『한국개신교사』, 서울 : 연세대학교 출판부, 1973.
서정민, 『언더우드가 이야기』, 서울 : 살림, 2005.
서정민 편역, 『韓國과 언더우드 : The Korea Mission Field(1905~1941)의 언더우드
　家』, 서울 : 한국기독교역사연구소, 2004.
서현선, 「초기 한국 교회사 속에서의 선교에 대한 여성신학적 연구」, 『선교와
　여성신학』, 한국여성신학회 엮음, 서울 : 프리칭아카데미, 2010.
송정연, 「릴리어스 호튼 언더우드의 선교사 정체성」, 『신학논단』 80, 2015. 6.
송지연, 「조선시대 천주교 여성의 역사 다시 읽기 : 동정녀에 대한 논의를 중심으로」,

『東方學志』169, 2015. 3.

안 캐서린 지음, 김성웅 옮김, 『조선의 어둠을 밝힌 여성들』, 서울 : 포이에마, 2013.

언더우드, L. H. 지음, 이만열 옮김, 『한국에 온 첫 선교사 언더우드』, 서울 : 기독교문사, 1999.

언더우드, 릴리어스 호턴 지음, 정희원 옮김, 『호러스 언더우드와 함께한 조선』, 서울 : 아인북스, 2013.

언더우드, 엘리자베스 지음, 변창욱 옮김, 『언더우드 후손이 쓴 한국의 선교역사 1884~1934』, 서울 : 케노시스, 2013.

오현주, 「릴리아스 호튼(Lillias Horton)의 한국 문화 및 한국 근대화 이해와 선교활동에 관한 연구」, 계명대학교 연합신학대학원 석사학위논문, 2010.

윤정란, 「19세기말 조선의 안방을 찾은 미국 여성의 욕망 : 여선교사 릴리어스 호튼 언더우드(Lillias Horton Underwood)를 중심으로」, 『사림』 34, 2009. 10.

이규희, 「기독교적 여성 리더십에 관한 연구 : 초기 재한 미국 여선교사들의 리더십 연구」, 아세아연합신학대학교 대학원 석사학위논문, 2013.

정미현, 『릴리어스 호튼 언더우드』, 서울 : 연세대학교 출판문화원, 근간.

_____, 「한국교회 초기 선교의 한 유형 : 릴리어스 호튼 언더우드를 중심으로」, 『신학논단』 80, 2015. 6.

Egan, Leonora Horton, "Lillie in Korea and Contribution Circumstances," ed. Nancy K. Underwood. In the 1977 reprint of Lillias H. Underwood, *Fifteen Years among the Top-Knots*, New York : American Tract Society, 1904 ; Seoul : Royal Asiatic Society, Korea Branch, 1977.

Finch, Michael C. E., "Impressions of Korea and Koreans in the Writings of Westerners in the Late 19th and Early 20th Centuries," 『겨레어문학』 49권, 2012.

Hunter, Jane, *The gospel of gentility : American women missionaries in turn-of-the-century China*, New Haven : Yale University Press, 1984.

Konrad, Dagmar, *Missionsbräute. Pietistinnen des 19. Jahrhunderts in der Basler Mission*, Münster : Waxmann Verlag, 2001.

Robert, Dana L., *American women in mission : a social history of their thought and practice*, Macon, Ga. : Mercer University Press, 1996.

Stanton, Elizabeth Cady, *The Woman's Bible 1895~1898*, Seattle : Coalition on Women and Religion, 1974.

Underwood, Lillias Horton, *Underwood of Korea*, Seoul : Yonsei University, 1983.

_____, *Fifteen Years among the Top-Knots*, New York : American Tract Society, 1904 ; Seoul : Royal Asiatic Society, Korea Branch, 1977.

_____, *With Tommy Tompkins in Korea*, Seoul : The Kyung-In Publishing Co., 2001.

재동경조선기독교청년회의 토포스와
『기독청년』의 기독교 담론

정 한 나

1. 들어가며

『기독청년』은 재동경조선기독교청년회(이하 재동경YMCA)의 기관지로서, 1917년 11월부터 1919년 11월까지 총 15호가 발행되었다. 현재로서는 이 잡지에 대한 전면적인 검토가 불가능한 상황이지만 1910년대 후반 도쿄 유학생들의 에피스테메를 살피기에 귀중한 자료임은 틀림없다.[1] 선행연구 역시 이러한 사실에 초점을 두고 진행된 측면이 크다. 이철호는 야구 원정경기, 강연회 등을 비롯한 재동경YMCA의 다양한 활동을 문화인식의 실천으로 보고 재동경YMCA를 근대 청년문화의 기원으로서 파악하였으며, 『기독청년』의 정치담론 및 문화비평을 분석함으로써 『기독청년』 지면에 아나키즘과 민족주의, 사회주의 등 다양한 사상과 문예비평 등의 문화담론이 혼재한다는 점을 밝혔다.[2] 한편, 김민섭은 1910년대

---

1) 현재 『기독청년』 창간호부터 4호, 13호, 14호는 미발굴 상태이며, 5호도 앞의 몇 장은 낙장으로 일부 유실되어 있다. 다만, 13호와 14는 『창조』의 광고를 통해 목차를 확인할 수 있다.

2) 이철호, 「1910년대 후반 도쿄 유학생의 문화인식과 실천 : 『基督靑年』을 중심으로」, 『한국문학연구』 35, 동국대학교 한국문학연구소, 2008.

중반 대두된 기독교 담론이『학지광』에서 분화되어『기독청년』으로 이행하는 과정에 착목하고 새로운 이상적 주체로 호출된 '기독청년'의 존재에 대해 분석했으며, 나아가『기독청년』의 후신인『현대』를 통해 이루어진 사회주의로의 전향에 관해 논의했다.[3]『기독청년』에서『현대』로의 변화에 주목한 또 다른 연구는 이 변모의 과정에서 종합지로서의 성격이 강화되었다고 평가한다.[4]

　이상의 연구들은 재동경YMCA와『기독청년』이 기독교라는 종교에 구애받지 않고 다방면에 개입하고 있었음을 실증적으로 밝혀내고 있으나, 재동경YMCA와『기독청년』를 떠받치고 있다고 해도 과언이 아닌 YMCA와 기독교라는 요인을 상대적으로 간과하고 있는 듯 보인다. 따라서 본 논문은 기존 연구의 성과를 바탕으로『기독청년』의 담론적 기반과 효과라는 문제에 접근하고자 한다. 이를 다루는 데 있어서『기독청년』이 재동경YMCA의 기관지로 발행되었다는 점, 그리고 시기적으로 2·8 독립선언과 맞물려있다는 점을 거론하지 않을 수 없다. 따라서『기독청년』의 지면 위에 드러난 담론 뿐 아니라 그 이면까지 살피기 위해서는 재동경 YMCA가 1910년대 후반 유학생 신분으로 도쿄에 머물던 식민지 청년들의 단체라는 점, 재동경YMCA에게 있어서 YMCA라는 국제기구가 지니는 의미, 당시 조선 및 일본의 기독교계의 경향 등을 다각적으로 논의할 필요가 있다.[5]

　본 논문은『기독청년』의 담론적 특징과 이를 가능케 한 지적 배경을

---

3) 김민섭, 「1910년대 후반 기독교 담론의 형성과『기독청년』의 탄생」,『한국기독교 와 역사』38, 한국기독교역사연구소, 2013 ; 「1920년대 초 동경 유학생의 "사회", 사회주의 담론 수용연구-동경조선 기독교 청년회 기관지『현대』를 중심으로」, 『한민족문화연구』47, 한민족문화학회, 2014.

4) 서은경, 「1920년대 유학생 잡지『현대』연구-『기독청년』에서『현대』로 재발간되 는 과정과 매체 성격의 변모를 중심으로」,『우리어문연구』54권, 우리어문학회, 2016.

5) 기독교는 원래 구교와 신교를 통칭하지만, 이 글의 기독교는 개신교를 지칭한다.

살피고 그 정치적 의미를 재구하는 것을 목적으로 한다. 이를 위해 장소성에 초점을 두어 트랜스-내셔널의 교차점으로서 재동경YMCA를 파악하고 재동경YMCA의 구체적인 활동과 이를 가능케 했던 물적자원 및 인적교류의 양상을 검토할 것이다. 또한 『기독청년』에서 활동했던 주요 인물들의 회고록을 바탕으로 도쿄 유학생활이 일으킨 사상적 변화, 그중에서도 특히 기독교의 사회적 전환의 과정을 추적하고, 그러한 변화가 『기독청년』의 기독교 담론에 어떻게 반영되고 있는지에 대해 논할 것이다. 이 과정에서 당대 조선 및 일본 기독교의 신학관을 점검하고 재동경YMCA와 조선중앙YMCA의 비교가 시도될 것이다. 마지막으로 『기독청년』이 담론자원으로서 전유하고자 했던 기독교의 가능성과 한계에 대해 고찰하고자 한다.

2. 트랜스-내셔널 토포스로서의 재동경YMCA

재동경YMCA의 활동상을 살피기에 앞서 YMCA 및 한국 YMCA의 시작과 발전에 대해 간략히 살펴보도록 하겠다. 산업화로 급증한 도시 청년노동자들의 생활 조건 개선을 목적으로 1844년 영국 런던에서 시작된 YMCA는 유럽, 북미 등지로 급속히 확산된다.[6] 1855년 파리에서 개최된 제1회 YMCA세계대회를 계기로 YMCA는 작게는 각 지부 및 국가 단위의 연맹체, 크게는 대륙 단위의 연맹체를 아우르는 초국적인 조직 체계의 틀을 갖추게 된다.

YMCA의 각 지부는 원칙적으로 자율성과 독자성을 보장받지만 세계 YMCA의 구성원으로서 몇 가지 기준을 반드시 충족해야 한다. 한국 최초의 YMCA인 황성기독교청년회의 창립 과정은 이를 잘 보여준다.

---

6) Sherwood Eddy, *A century with youth : a history of the Y.M.C.A. from 1844 to 1944*, New York : Association Press 1944, p.5.

YMCA 정신에 입각하여 청년 결사체를 형성하고자 하는 움직임은 1899년 배재학당의 학숙청년회에서도 발견되지만 이 단체는 YMCA로 인정받지 못했다. 세계YMCA의 공인을 얻은 유자격 간사가 없다는 이유 때문이었다. 이후 내한 선교사 언더우드와 아펜젤러가 북미YMCA국제위원회에 한국의 기독교청년회 조직운동을 알림으로써 한국 내 YMCA의 창립은 차츰 가시화되기 시작했다. 그러나 선결되어야 할 과제가 많았다. 이를 해결하기 위해 북미YMCA국제위원회는 현지 조사요원을 파견했으며, 국내에서는 자문위원회가 구성되었다. 1903년, 북미YMCA에서 유자격 간사인 질레트가 파견됨으로써 황성기독교청년회는 비로소 YMCA의 일원이 될 수 있었다.7)

　요컨대, 황성기독교청년회는 당시 새롭게 부상한 청년이라는 주체의 자발적 요구, 내한 선교사들의 포교 활동, 그리고 세계YMCA의 아시아 선교 정책이 복합적으로 작용한 결과 탄생되었다. 다시 말해, 여기에는 국내외의 다양한 주체와 욕구가 개입하고 있었고, 그 결과 네이션의 경계를 넘어서는 측면이 있었던 것이다. 황성기독교청년회의 인적 구성은 이를 단적으로 보여준다. 이사진은 5개국인으로 구성되었으며, 창립총회에 참석한 회원들 역시 다국적이었다. 조직적인 측면에서 보자면 창설 당시 황성기독교청년회는 세계YMCA 산하 지부인 동시에 중국·한국·홍콩YMCA연합에 소속되어 있었다.8) 이런 맥락에서 보자면 세계YMCA연맹에 한국YMCA의 창립을 건의한 후 실제로 황성기독교청년회가 창설되기까지 걸렸던 약 4년이라는 시간은 구한말 청년들이 세계청년으로 기입되기 위해 감내해야했던 시간이라고도 할 수 있다.

---

7) 전택부, 『한국 기독교청년회 운동사』, 범우사, 1994, 17~59쪽 ; 유동식, 『소금 유동식 전집 제6권 : 교회사Ⅱ 재일본한국기독교청년회사』, 한들출판사, 2009, 23~47쪽 참고.
8) 전택부, 위의 책, 85쪽.

본고에서 주목하는 재동경YMCA의 탄생과 활동은 좀 더 복잡한 역학관계 속에서 진행되었다. 재동경YMCA는 조직적인 면에서 황성기독교청년회의 연장체로 존재했지만 실제 활동에 있어서는 일본YMCA 소속의 기독교청년회 및 유일중화기독교청년회(留日中華基督敎靑年會, 이하 중화YMCA)와의 관련성이 컸다. 특히 재동경YMCA는 그 논의 단계에서부터 중화YMCA와 긴밀한 관계를 맺고 있었다. 중국 및 일본 YMCA는 1900년대 급증한 중국인 유학생들을 규합할 YMCA의 필요성을 제기하고 논의를 구체화하였는데, 그 과정에서 재동경YMCA 역시 탄생한 것이다.[9]

1906년 정식으로 발족한 재동경YMCA가 첫 둥지를 튼 곳은 일본 YMCA 산하 도쿄YMCA 회관 2층에 위치한 한 사무실이었다.[10] 이것이 열악한 재정 때문이었음은 어렵지 않게 짐작할 수 있지만, 이 사실이 지니는 의미는 그리 단순하지 않다. 이는 YMCA라는 공유점이 없었다면 불가능했을 일이기 때문이다. 당시 이곳에는 재동경YMCA뿐 아니라 중화YMCA 사무실도 자리하고 있었다. 점유 면적의 차이는 있었을지언정 한 건물을 한국, 중국, 일본 YMCA가 공유하고 있었던 것이다. 머지않아 재동경YMCA와 중화YMCA는 각기 별도의 공간을 마련하면서 도쿄YMCA 회관에서 독립했으나 이후에도 이들의 교류는 지속되었다. 새로 마련된 재동경 YMCA과 중화YMCA의 공간은 도쿄YMCA회관과 지척의 거리이기도 했다. 이들 세 단체는 모두 간다(神田) 지역에 밀집해 있었고, 실제 활동에서도 필요에 따라 협력하는 모습을 보였다.

재동경YMCA 및 이들의 활동은 특히 장소성에 유념하여 고찰될 필요가 있다. 공간은 단순히 주체가 활동하는 장에 그치지 않고 주체에 내면화되

---

9) 유동식, 위의 책, 61~64쪽 ; 奈良常五郎, 『日本YMCA史』, 日本YMCA同盟, 1959, 146쪽.
10) 오윤태, 『동경교회72년사』, 혜선문화사, 1980, 102쪽(유동식, 위의 책, 64쪽에서 재인용).

며, 동시에 주체를 확장시키는 역할을 한다.[11] 그런 점에서 재동경YMCA의
물리적 위치를 탐색하는 것은 곧 이들의 지적, 내면적 궤적을 추적하는
작업과 맞닿아 있다. 재동경YMCA에 관한 여러 기록은 YMCA라는 네트워
크를 바탕으로 동아시아 삼국의 청년들이 다양한 장소에서 연대하는
흥미로운 장면을 보여준다. 다음은 당시 재동경YMCA에서 활발히 활동하
던 백남훈의 회고록 중 일부이다.

> 당시 우리 청년회와 꼭같은 의미의 中國 기독교청년회가 東京에 있었는
> 데, 그 이듬해 中國 安徽省 일대에 大饑饉이 있었던 바, 中國청년회에서
> 기부금을 모집하기 위해, 간단한 음악회를 가지게 되었는데 지난해 우리
> 성탄축하회에 중국청년회 간사 馬伯援氏가 참석해서 흥미를 느꼈음인지,
> 그들의 음악회에서 <탕자회개극>의 연출을 재삼 요청하므로, 청년회
> 간의 우의도 있고, 또 그들의 不幸에 동정하는 의미에서 모든 것을 불구하
> 고 가서 출연을 했다.[12]

"성탄축하회"는 재동경YMCA의 내부 행사였지만 조선인 유학생들만
을 위한 폐쇄적인 자리는 아니었던 것으로 보인다. 인용문을 통해 알
수 있듯이 여기에는 중국인 유학생들도 동석했으며 이것이 계기가 되어
백남훈은 중화YMCA 행사에 초빙되었다. 재동경YMCA의 행사에 중화
YMCA의 회원이 기꺼이 참석했고, 재동경YMCA의 주축 인물이 중화
YMCA의 행사에 조력을 아끼지 않았던 것이다. 백남훈이 중화YMCA의
요청을 수락한 이유는 무엇보다 "청년회 간의 우의"였던바, 이 글을 통해
YMCA를 기반으로 한 유학생들의 초국적 교류를 엿볼 수 있다. 이어
백남훈은 다음과 같이 적고 있다.

---

11) 나카무라 유지로, 박철은 옮김, 『토포스』, 그린비, 2012, 87~88쪽.
12) 백남훈, 『나의 일생』, 신현실사, 1973, 120쪽.

神田區 美土代町에 있는 日本 기독교청년회 강당인데, 西洋 사람들과
중국 학생으로 대 성황이었다. 朝鮮 학생의 연극이라 해서 人事로였는지,
또는 우스워서였는지 하여간 박수 갈채를 받았고, 탕자로 출연한 나는
서양 사람들 사이에 <탕자>로 널리 알려졌던 것이다.[13]

여기서 눈길을 끄는 사실은 이 행사가 "日本 기독교청년회 강당"에서
열렸다는 점이다. 주소 등으로 미루어 볼 때 "일본 기독교청년회 강당"은
일본YMCA 산하 도쿄YMCA 회관을 지칭한 것으로 보인다. 강당이나
사무실 등 공간을 공유하는 일은 당시 도쿄에서 활동하던 조선, 중국,
일본 기독교청년회에 있어서 꽤 비근한 일이었던 것으로 판단된다. 관련된
다른 기록으로 미루어 보건대, 애초에 '탕자회개극'이 상연되었던 재동경
YMCA의 성탄축하회 역시 중화YMCA 회관에서 열렸을 가능성이 크다.[14]
위의 인용문에 언급된 행사만을 놓고 정리하면, 중화YMCA 주최의 행사가
일본YMCA 건물에서 열렸으며, 재동경YMCA 회원이 이 행사에서 연극을
연출하고 주인공을 연기하는 중역을 맡았던 것이다. 열연을 펼친 백남훈을
오랫동안 기억했던 서양인들도 YMCA에 관여했던 선교사들이었을 것으
로 짐작된다. 이 연극이 상연되는 순간의 도쿄YMCA 회관 강당은 YMCA에
기반한 청년의 연대가 현현되는 공간이었다. 이 연극은 한중일 YMCA의
협업으로 이루어진 결과물이자 네이션을 넘어선 청년의 연합의 실천이었
던 것이다.

국경을 초월한 청년의 연대는 YMCA의 지향점이었다. 재동경YMCA에
게 이것은 수사라기보다 실천에 가까웠다. 그러나 재동경YMCA의 활동이

---

13) 위의 책, 120쪽.
14) "교회와 YMCA의 합동행사로 크리스마스가 되면 여러 가지 순서를 만들게 된다.
    우리 회관은 좁아서 늘 중국 YMCA 큰 강당을 빌어서 쓰게 되는데 약 1,000여
    명의 남녀가 모이곤 했다." 최승만, 『나의 회고록』, 인하대학교 출판부, 1985,
    105쪽.

민족성을 소거하는 쪽으로 진행되었던 것은 아니다. 이들의 활동은 트랜스
내셔널한 네트워크를 바탕으로 하되, 내셔널리티를 강화하는 방식으로
이루어졌다고 보아야 합당할 것이다. 재동경YMCA 회관을 둘러싼 문제들
은 이러한 역설을 뒷받침한다. 먼저 재동경YMCA가 단독회관을 소유하고
있었다는 사실부터 짚어볼 필요가 있다. 주지하듯 조선인 유학생 공동체에
서 실질적으로 가장 큰 영향력을 지닌 단체는 유학생학우회였다. 그러나
학우회의 전용 공간은 확보되어 있지 않았기 때문에 학우회에서 주최하는
다수의 행사는 재동경YMCA 회관에서 열렸다. 이곳에서 진행된 행사의
의미, 보다 궁극적으로는 유학생들의 행사장으로 쓰였던 재동경YMCA
회관이라는 공간의 의미 역시 적지 않은데, 이에 대해서는 후술하도록
하겠다. 물론, 학우회와 재동경YMCA는 대부분의 인적 구성원을 공유하고
있었으므로 이 두 단체가 하나의 공간을 공유했다는 사실 자체는 그리
특별하다 보기 어렵다. 문제는 학우회에게 허락되지 않았던 단독회관이라
는 물적 조건이 재동경YMCA에게 허락된 배경이다.

전술한 것처럼 재동경YMCA는 도쿄YMCA 회관의 사무실 한 칸에서
활동을 시작했지만, 이로부터 약 1년 후인 1907년 8월 가옥 한 채를
임대하면서 처음으로 전용공간을 마련한다. 더부살이 신세는 면했으나
이 역시 일반 가옥이고 임대이다 보니 활동에 어려움이 적지 않았다.
이러한 불안정한 생활은 1914년 9월 단독회관의 건축과 함께 청산된다.
이 단독회관의 건축 과정 및 비용에 대해서는 특기할 필요가 있다. 2층
규모의 양옥 건물을 세우는 데에는 총 3만원이 소요되었는데, 건축비는
대부분 북미YMCA국제위원회의 지원으로 충당되었다.[15) 재동경YMCA,

---

15) 유학생들의 기부금이 약 2,000원, 스코틀랜드YMCA의 기부금이 1,000원이었다(유
    동식, 앞의 책, 142쪽). 국제위원회의 지원금 중 적지 않은 금액은 미국의 한
    사업가와 그 밖의 개인에 의한 기부금이었으며, 여기에는 당시 북미YMCA 국제위
    원회 간부였던 모트와 조선중앙YMCA 총무로 있던 브로크만이 관여했다('The
    Association Home for Korean Students in Tokyo', 『중앙청년회보』 6호, 1915. 2).

나아가 조선 유학생의 다양한 활동을 가능케 했던 이 공간 역시 YMCA의 네트워크와 자본력을 바탕으로 실현되었던 것이다. 이후 이 공간은 유학생들의 살롱 역할을 톡톡히 수행했다. 이곳에서는 사경회(査經會)나 예배 등 종교 활동은 물론이거니와, 유학생 환영회 및 환송회, 송년회 등 친목 도모를 위한 행사들이 절기에 따라 개최되었다. 이처럼 재동경YMCA 회관은 조선 유학생들의 친목의 장이자 사상적 교류의 공간으로 기능하며 내면 형성의 거점이 되었다.

물론 시작 단계에 있었던 동아시아 YMCA에 YMCA 네트워크를 통해 해외의 자본이 유입되는 것은 일반적인 현상이기도 했다. 아시아 최초의 YMCA 회관인 일본의 오사카YMCA 회관이나 한일병합 이전 지어진 한국의 황성기독교청년회 회관 역시 해외로부터의 원조에 힘입어 완공되었다.[16] 그럼에도 불구하고 재동경YMCA 회관은 제국의 수도에서 유학하는 식민지 청년들을 위한 공간이었다는 점에서 여타 YMCA 회관과는 또 다른 의미를 지닌다. 조선인 학생들은 이 공간에 모여 강연회, 웅변대회 등의 행사를 통해 정치적 의견을 공유하고 운동을 도모했다. 일견 탈정치화된 것처럼 보이는 친목 행사 또한 집결의 계기가 되었다는 점에서 정치적 운동으로 전화될 가능성을 담지하고 있었다. 즉, 재동경YMCA 회관은 민족적, 정치적 저항의 잠재력이 상존하는 공간이었다. 비유컨대 재동경 YMCA 회관은 유학생들의 살롱이었을 뿐 아니라 아고라이기도 했던 것이다.

이 공간이 지니는 정치적 잠재력은 2·8 독립선언을 통해 폭발한다. 2·8 독립선언서가 다름 아닌 재동경YMCA 회관에서 낭독되었다는 사실은

참고로, 이 회관은 간토대지진으로 소실되고, 1929년 우라사루가쿠초(猿樂町)에 신회관이 준공된다. 이 자리는 오늘날까지 재일본한국YMCA 회관으로 유지되고 있다.

16) 전택부, 앞의 책, 83~87 및 111~115쪽 ; 奈良常五郎, 앞의 책, 15頁.

종종 간과되곤 하지만, 이것은 결코 돌발적이거나 우연한 사건이 아니었다. 2·8 독립선언은 그 맹아 단계에서부터 재동경YMCA 회관과 불가분의 관계를 맺고 있었던 것이다. 조선인 유학생들은 독립선언서 낭독에 앞서 1918년 11월, 독립운동에 관한 학생들의 중론을 모으고 구체적 방안을 모색하기 위해 웅변대회를 개최한다. 학우회 주최로 열린 이 웅변대회가 뜨거운 열기 가운데 막을 내리자 학생들은 그 기세를 몰아 독립운동의 대표를 선출했다. 이 모든 일은 재동경YMCA 회관에서 진행되었으며, 독립선언 당일에 낭독되었던 선언서는 회관에 비치되어 있던 등사기로 인쇄되었다.[17) 이러한 사실은 재동경YMCA 회관이라는 물적 조건이 2·8 독립선언에 직간접적으로 개입하고 있었던 정황을 보여준다.

  2·8 독립선언은 단독회관뿐 아니라 YMCA 네트워크가 지닌 정치성을 발현시키는 계기가 되기도 했다. 재동경YMCA는 2·8 독립선언 이후의 난국을 YMCA 네트워크를 통해 타개하고자 했다. 당시 재동경YMCA의 총무였던 백남훈은 체포된 학생들의 변호사를 선임하는 과정에서 "평소에 잘 알던" 동경제대 YMCA 간사 후지타 이쓰오(藤田逸男)의 도움을 받는다.[18) 여기서 백남훈은 후지타를 찾아간 이유에 대해 "우리의 일을 놓고 인식도 이해도 부족한 사람에게는 의뢰할 노릇이 아"니기 때문이라고 밝히고 있다. 달리 말해 백남훈이 판단하기에 후지타는 유학생들의 독립운동에 대한 최소한의 "인식"과 "이해"를 갖춘 사람이었던 것이다.[19) 당시

---

17) 백남훈, 앞의 책, 126쪽.

18) 백남훈의 회고록에는 藤田進男로 표기되어 있으나, 이것은 오식이다. 후지타 이쓰오(1886~1956)는 동경제국대학 철학과에서 종교철학을 전공했다. 혼고교회 (本郷教會)에 출석하며 사회운동에 참여하게 되었으며, 이를 통해 요시노 사쿠조와 긴밀히 교류했다. 이후 그는 여성과 어린이의 보호 및 보건 등을 목적으로 贊育會 설립(1918)에 참여했으며, 소비협동조합운동을 전개했다. 近代日本社會運動史人物大事典編集委員會, 『近代日本社會運動史人物大事典』4, 日外アソシエーツ, 1997 참고. 혼고교회에 대해서는 이후 본문에서 서술한다.

19) 2·8독립선언 이후 변호사 주선을 위해 노력하던 백남훈이 가장 먼저 도움을

와세다에 재학 중이었던 백남훈이 어떠한 경로로 후지타와 가까워지게
되었는지는 분명하지 않다.[20] 그러나 이 두 사람이 모두 YMCA의 회원이라
는 점은 두 사람의 관계에 긍정적으로 작용했을 가능성이 크다.

한편, 중화YMCA는 독립선언에 가담했던 학생들이 체포되면서 발생한
독립운동의 공백을 메워주는 역할을 했다. 재동경YMCA는 주요 인물들이
체포된 최악의 상황에서 탄탄한 국제적 입지를 점하고 있었던 중화YMCA
측의 인맥을 적절히 활용하며 운동의 범위를 넓히려는 시도를 했던 것이다.
중화YMCA는 조선인 유학생들의 독립운동을 알리는 중요한 역할을 담당
했으며, 왕자오밍(汪兆銘)과 같은 "거물급" 인사와의 교류에도 기여했다.[21]
이처럼 "우리 청년회와 꼭같은 의미"의 단체로 여겨졌던 중화YMCA는
재동경YMCA와 각별히 공조하는 모습을 보였다.

요컨대, YMCA는 정치적 저항의 근거지가 되었던 재동경YMCA 회관을
마련하는 통로가 되었을 뿐 아니라, 유학생들의 내면이 동아시아, 나아가
세계로 확장될 수 있는 근거가 되었다. 재동경YMCA에게 YMCA는 그

청한 이는 재동경YMCA의 청년회 이사인 니토베 이나조(新渡戶稻造)였으나, 그는
백남훈의 부탁을 거절했다. 백남훈은 니토베에 대해 "우리의 일을 놓고 인식도
이해도 부족한 사람"이라고 평한다. 이는 후지타 이쓰오를 대하며 느끼는 감정과
매우 상반된다. 몇몇의 기록으로 미루어, 국가 경계를 넘어선 청년들의 횡적인
교류 및 연대가 활발했던 반면, 국가 경계 내의 YMCA라 할지라도 총무, 이사
등의 임원진과 간사, 회원 등 실무진간의 종적인 관계에는 모종의 반목이 있었던
것이 아닐까 추측되지만, 이에 대해서는 보다 면밀한 검토가 필요할 것이다.

20) 아마도 요시노 사쿠조가 연결고리 역할을 했을 것으로 추정되나 정확한 기록이
    확인되지 않아 판단을 미룬다.
21) "동경에 있는 중국YMCA와 연락하는 일은 미모의 安承漢 군에게 맡겼다. 남에게
    호감을 주는 친구이므로 중국YMCA 간사 일을 보는 張淸鑑씨에게 소개하였다.
    특히 중국 명사들이 많이 미국에 가는 일이 있으므로 이들을 접촉해서 우리
    독립운동의 상황과 열망하는 바를 알리며 미국이나 기타 여러나라에 선전해
    달라는 부탁을 하게 되었다. 그래서 당시 중국의 王兆銘(sic) 같은 巨物級도 만나게
    해주어 많은 얘기도 한 일이 있었다. 본국에서도 도처에서 독립만세 사건으로
    投獄, 負傷, 虐殺이 쉴일사이 없이 일어난다는 신문보도를 일일이 오려서 在美동포
    에게와 上海 임시정부에 보내는 일에 몹시 바빴었다." 최승만, 앞의 책, 86~87쪽.

무엇보다 구체적이고 현실적인 네트워크였던 것이다.

3. YMCA 정신과 도쿄 유학의 화학 작용

재동경YMCA가 YMCA 네트워크를 저항적 실천의 방안으로 전유했다면, 재동경YMCA의 기관지『기독청년』은 담론적 자원으로서 YMCA의 정신을 활용하는 양상을 보인다. 다음은『기독청년』게재글 중 이와 관련된 글들의 목록이다.

〈표 1〉 YMCA 정신과 관련된『기독청년』게재글

호수	제목	필자
6호	기독교청년회의 기원과 및 사업	정노식
6호	조지 윌리엄스 전(傳) 서언(序言)-	觧慍齋(백남훈)
7호	조지 윌리엄스 전(傳)	觧慍齋
8호	존지 윌리엄스전(속)	觧慍齋
9호	함흥시 청년회의 창립을 축(祝)함	
9호	조지 윌리엄스 전	觧慍齋
11호	창간 일주년	
11호	종합기도	
12호	조지 윌리엄스 전(傳)	觧慍齋
13호	오인의 주장	李圭南
13호	귀성중 소감	秋鋒(김영만)
13호	조지 윌리엄스 전	觧慍齋

위의 글에서 YMCA의 정신 및 목적을 직접적으로 언급되며 글의 주제가 되거나 필자의 주장을 뒷받침한다. 또한,『기독청년』은 YMCA의 창립자인 '조지 윌리엄스전(傳)'을 연재하며 YMCA의 기원과 역사를 기록하는 작업도 시도한다. 이를 종합하면 YMCA의 흔적은 현재 확인할 수 있는『기독청년』에서 거의 예외 없이 발견된다 하겠다. 이는『기독청년』이 재동경

YMCA의 기관지라는 점에서 일견 당연해 보일 수 있으나, 기실 이는 재동경YMCA의 차별점이 드러나는 지점이기도 하다. 같은 시기 조선중앙 YMCA가 발간하던『중앙청년회보』에서는 이러한 특징이 두드러지지 않기 때문이다.『기독청년』과 마찬가지로 월간으로 발행되었던『중앙청년회보』는 이따금 YMCA를 주제로 한 글을 게재하기도 하지만, 이런 글들은 대부분 YMCA라는 조직보다는 종교적 측면에 방점을 찍고 있다.

『기독청년』에 실린 다수의 글들은 YMCA의 의미를 복기하고 범세계적 청년 단체인 YMCA를 지속적으로 환기시킴으로써 트랜스내셔널한 청년의 연대에 대한 상상을 촉진했다. 이들은 YMCA의 일원이라는 사실을 강조하며 세계 청년과의 연대를 상상하는 동시에 스스로를 세계 청년의 일원으로 기입했다. 이러한 담론전략은 다른 한편으로 민족적 특질에 괄호를 치는 효과가 있었다. 따라서 이들은 조선의 "부형(父兄)"보다는 "현재 지구 위에서 공기를 호흡하는 수수만만 청년",[22] "지구의 극과 극에서 약진하는 청년들"[23])에게서 동질감을 느꼈다. 이를 가능케 한 것은 기독교가 구성해내는 평등이라는 원리, 또 YMCA가 제공하는 청년이라는 세대 구획이었다. 기독교라는 보편성과 YMCA라는 조직에 기반하여 『기독청년』은 코스모폴리탄이기를 희구했던 것이다.

부형세대를 대상으로 하는『기독청년』의 비판은 좀 더 면밀하게 고찰될 필요가 있다.『기독청년』의 세대론이 당대의 청년담론, 또한 조선의 기독교 청년운동과 어떻게 접속하고 또 분기되는가에 대해서는 보다 섬세한 독해가 요구되는 것이다.『기독청년』의 기성세대 비판이 당대의 청년담론과 일정 부분 맥을 같이 하고 있음은 부인할 수 없다. 그러나『기독청년』의 담론은 기독교를 핵심 논거로 삼아 전개되고 있다는 점에서 당대의 청년담

---

22) 이일, 「조선청년등의 신앙상 이동은 개방? 타락?」,『기독청년』5호, 1918년 3월. (표기는 현대 맞춤법에 따름. 이하 동일).

23) 「추계육상운동스케치」,『기독청년』11호, 1918년 12월.

론과 다소 결을 달리 한다. 동시에 이것은 조선의 기독교 청년운동과도 대별된다. 조선반도 내의 기독교 청년운동이 기성세대와의 변별점을 확연히 드러내지 못한 채 새로운 세대로서의 자기인식이 박약한 상태에 머물렀던 반면,[24] 『기독청년』은 기독교를 담론자원으로 적극 활용하면서도 기성세대에 대한 다각적인 비판을 감행한다. 조선의 기독교 청년운동이 도달하지 못했던 이 지점에 『기독청년』이 다다를 수 있었던 까닭은 무엇일까.

재동경YMCA에서 활동했던 인물들 중에는 유학 중 입교를 한 이들도 있었지만 주요 인물들은 대부분 유학 이전에 기독교를 받아들였다. 즉, 그들이 가졌던 기왕의 종교관은 부형세대의 그것과 크게 다르다고 보기 어려운 것이다. 그렇다면 자신의 과거이기도 한 부형세대의 기독교를 비판하기까지의 과정을 추적해 볼 필요가 있다. 이를 위해 실제 재동경 YMCA와 『기독청년』 지면에서 활발하게 활동했던 백남훈, 최승만, 전영택, 김준연 등의 전기적 사실과 『기독청년』의 글을 두루 살피며 그 사상적 궤적을 추적해보도록 하겠다.

유학 이전 이들이 접한 기독교의 두드러진 특징 중 하나는 근본적 보수주의 신학관이다. 한국의 초기 기독교 신자들에게 있어 기독교 교리란 그 무엇과도 타협될 수 없는 절대적 가치로 자리잡고 있었다. 가시적이고 반복적인 형태를 띠는 제사나 주일 성수는 특히 민감한 사안으로 여겨지곤 했다. 일례로, 전영택의 형 선택은 예수를 믿기로 결심하자마자 어머니의 만류에도 불구하고 돌아가신 아버지의 혼상(魂床)을 불살라버린다. 이러한 단호함은 생계가 걸린 문제 앞에서도 흔들림이 없었다. 당시 은행에서 근무하던 선택은 "일요일에도 나오기를 요구하는 경우가 있으면 그것은 절대로 거절"하다가, "야소를 그만두든지 은행을 그만두든지 둘 중에

---

24) 이기훈, 『청년아, 청년아, 우리 청년아』, 돌베개, 2014, 96~97쪽.

하나를 마음대로 택하"라는 은행 지배인에 말에 주저 없이 사직서를
제출한다.25) 그런가 하면 오랫동안 재동경YMCA의 총무로 활동했던 백남
훈은 제종형의 부고를 듣고도 문상을 미루는데, 그 이유는 그 날이 마침
"주일"이었고, "주일에는 외출하지 않는다는 신앙심", "독실한 신자"로서
의 신념 때문이었다.26)

　다소 거친 설명이지만, 이러한 종교관은 성경 무오설을 주장하고 교리를
절대화하는 보수주의 신학에 기반하고 있다. 한국 기독교의 특징이라고도
할 수 있는 이러한 신학관은 초기 내한 선교사의 경향에서 기인된 바
큰데,27) 이것이 초기 기독교의 세력 확장에 크게 기여했음은 부인하기
어렵다. 그러나 성경과 교리에 대한 어떠한 비판도 금기시하는 이러한
신학관은 지식인 청년들을 교회로부터 밀어내는 척력으로 기능하기도
했다.

　　기독교에 대한 열의도 없었고 신앙에 대한 회의심도 갖게 되어 예배당에
　　나간 일이 전혀 없었다. 과학에 대한 공부도 하게 되니 자연 그렇게
　　되는 것 같기도 하였다. 특히 「따-윈」의 진화론을 퍽 흥미있게 읽은
　　후로는 교회에서 말하는 천당이니 지옥이니 하고 떠드는 것도 일종의
　　미신이라고만 생각이 되었다. 기적에 대해서도 사실 같이 말하고 조금도
　　의심할 여지가 없다고 말하지마는 나로서는 믿어지지 않았다.28)

　열 살 남짓한 무렵부터 꾸준히 정동예배당에 출석했던 최승만은 중학교

---

25) 전영택, 「불이 붙던 시절의 교회－지난날의 교회를 생각하면서」, 『기독교사상』
　　통권 제46호, 1961.
26) 백남훈, 앞의 책, 85쪽.
27) 민경배, 『한국의 기독교회사』, 대한기독교서회, 1993, 114~115쪽 ; 류대영, 『초기
　　미국 선교사 연구』, 한국기독교역사연구소, 2001, 92~93쪽.
28) 최승만, 앞의 책, 37쪽.

에 입학한 후 "사상적 방황"을 경험하면서 교회로부터 멀어진다. 그는
근대적 지식을 체득하는 가운데 교회에서 하는 말을 "미신"으로 여기게
된다. 한편, 도쿄 유학 중 기독교를 받아들인 김준연은 「기독신자가 되기까
지에」를 통해 지식인 청년으로서 당시의 조선 기독교를 보며 느낄 수밖에
없었던 당혹스러움을 고스란히 드러내고 있다.

> 서양인은 미신이라 하는 것은 도무지 없고 실지(實地) 일만 하고 생각하
> 는 줄로 알았다. 그러하다가 예수교의 전도하는 소리를 듣고 나는
> 망연자실하였었노라. 예수를 믿으면 천당에 간다는 말은 아무렇게 하여도
> 곧이 들리지 아니하고 빵 두 개와 생선 다섯 개를 가지고 오천여 사람을
> 먹이고 남았다는 것과 예수가 바다 위로 걸어다녔다는 것과 같은 기적은
> 도저히 치신(置信)할 수 없었다.29)

김준연은 성경에 기록된 기적을 "황당무계"한 이야기로 받아들였고,
그러한 "황당무계"한 일을 무조건 믿으라고 강요하는 교회 앞에서 "망연자
실"할 수밖에 없었다. 이것이 그가 "서울"에서 접했던 기독교의 모습이었
다. 지식인 청년들은 "확실한 이유"와 "설명"을 원했지만 당시 조선 교회는
이들이 만족할 만한 해답을 제공해주지 못했다.

그렇다면 김준연은 어떻게 스스로를 "기독신자로 명언(明言)"하게 되었
는가. 성경과 진화론이라는 선택지 앞에서 결국 진화론으로 기울고 말았던
최승만은 어떻게 재동경YMCA에 핵심 인물로 활약하게 되었는가. 백남훈
은 어째서 한때는 "독실한 신자"로서 고수했던 주일 성수라는 신념에
대해 "무지한 신앙이요, 광신도적 믿음이요, 몰인정한 예수교인"30)이라는
자평을 내리게 되었는가.

---

29) 김준연, 「기독신자 되기까지에」, 『기독청년』 11호, 1918년 11월.
30) 백남훈, 앞의 책, 85쪽.

이에 대한 답은 『기독청년』에 실린 종교 관련 논설을 통해 재구해 볼 수 있을 것이다. 이 글들은 공통적으로 조선의 기독교가 지닌 보수성과 폐쇄성, 무지함을 맹렬히 비판한다. 바로 이 점에서 『기독청년』의 종교 담론은 필진과 주제의 다양함에도 불구하고 일관성을 확보한다. 이는 신학사적 흐름에서 본다면 보수주의 신학에 반기를 들며 대두된 자유주의 신학에 기반하고 있다고 볼 수 있다. 비판적 성경 독해와 근대사회에서 기독교의 역할을 강조하는 자유주의 신학은[31] 『기독청년』의 종교 관련 논설과 공명하는 바가 크다. 결국 『기독청년』의 종교 논설은 보수주의 신학에 대한 비판과 극복으로 요약된다고 해도 과언이 아닌 것이다. 그런데 이들이 비판하는 보수주의 신학이 조선에 기독교가 전파된 이래로 조선에서는 매우 일반적이었다는 점, 따라서 『기독청년』도 보수주의 신학에서 완전히 자유로울 수 없었다는 점을 간과해서는 안 된다.

그렇다면 문제의 핵심은 보수주의 신앙에서 자유주의 신앙으로의 변화의 계기를 찾는 데 있을 것이다. 여기에는 일본 유학생활이 큰 영향을 미쳤던 것으로 보인다. 당시 일본 기독교계의 분위기는 조선과 상당히 대조적이었다. 보수적 신학관이 지배적이었던 조선과는 달리 일본에서는 자유주의 신학의 영향력이 컸으며, 상대적으로 유연한 환경 속에서 독특하고 다채로운 신학관이 형성되었던 것이다.[32] 경성의 청년들조차 조선 기독교계의 장로교나 감리교 교회보다 일본 기독교계의 교회를 선호하는 경향이 있었다는 서술은 이를 뒷받침하는 구체적 근거가 된다.[33]

---

31) 로저 E. 올슨, 김주한·김학도 옮김, 『이야기로 읽는 기독교 신학』, 대한기독교서회, 2009, 641~642쪽.

32) 사와 마사히코, 『일본 기독교사』, 대한기독교서회, 1995, 165~166쪽 ; 도히 아키오, 김수진 옮김, 『일본 기독교사』, 기독교문사, 2012, 23~25쪽.

33) "보십시오 근일 경성에서 각 관사립학교(官私立學校) 생도나 기타 청년들이 장로교나 감리교 예배당에는 잘 가지 않으면서 조합교나 기타 일본사람이 경영하는 교회에는 재미롭게 다니는 것이 무슨 까닭입니까 벌써 무능혼돈한 설교를 싫어하는 경향이 아닙니까." 정노식, 「조선인의 생활과 예수교와의 관계(4)」, 『기독청년』

재동경YMCA의 주요 인물들은 개방적이고 지적인 기독교계를 만드는데 앞장섰던 일본의 기독교계 인사들과 활발히 교류했다. 잘 알려져있듯, 백남훈, 최승만 등은 요시노 사쿠조(吉野作造)와 교류하며 다이쇼데모크라시를 대표하는 민본주의 단체인 여명회에서 활동한 바 있다. 요시노 사쿠조는 이들에게 지적인 자극을 주었을 뿐 아니라 학비 보조 등 물질적 지원도 아끼지 않았다.[34] 기독교 사회주의의 선구자로 알려진 아베 이소(安部磯雄)도 재동경YMCA 행사에 연사로 초빙되어 청년들의 종교관에 영향을 주었다.[35] 더불어, 『기독청년』의 마지막 페이지에 거의 빠지지 않고 등장하는 라이온 치약과 병원 난코인(南湖院) 광고 또한 재동경YMCA와 일본 자유주의 신학계의 교류를 방증하는 단서가 된다. 이 광고는 동시기에 발간된 일본어 잡지 『신인(新人)』에도 동일하게 게재되는데, 이 『신인』에는 일본 자유주의 신학의 기수들이 깊숙이 관여하고 있었다. 여기서 재동경YMCA와 일본 자유주의 신학의 인물들 간의 교차점이 된 것이 도쿄에 위치했던 혼고교회(本郷敎會)이다. 혼고교회의 목사였던 에비나 단조(海老名彈正)는 『신인』의 주필을 맡고 있었으며, 혼고교회 청년들의 구심점이 되었던 요시노 사쿠조는 이 잡지의 편집을 담당했다. 『기독청년』과 『신인』의 광고주였던 고바야시 도미지로(小林富次郎), 다카타 고안(高田畊安)은 혼고교회에 출석했다는 공통점이 있다.[36] 당대의 지식인들과 유력 실업가들을 유인한 힘이 혼고교회를 이끌던 에비나 단조에게 있었음을 감안한다면, 『기독청년』이 일본에서 형성된 자유주의 신학의 직간접적 자장 안에 있었음은 부인하기 어려울 것이다.[37]

10호, 1918년 10월.

34) 요시노 사쿠조와 조선 유학생의 관계에 관해서는 이경훈, 「『학지광』의 매체적 특성과 일본의 영향 1-『학지광』의 주변」, 『대동문화연구』 48권, 성균관대학교 대동문화연구원, 2004 참고.

35) 백남훈, 앞의 책, 122쪽.

36) 小野容照, 『朝鮮獨立運動と東アジア: 1910~1925』, 思文閣出版, 2013, 95~96쪽.

『기독청년』은 YMCA 정신을 강조하면서 세계 청년으로서의 정체성을 구축해 갔다. 이 과정에서 절대적 믿음을 강조하는 조선의 기독교는 상대화될 수 있었다. 동경의 유학생활은 이를 가속화 한 또 다른 요인이었다. 『기독청년』의 필자들은 자유주의 신학과의 만남을 통해 근대적 지식과 종교라는 딜레마에 대한 해답을 얻을 수 있었고, 기독교의 새로운 가능성과 의미를 발견했다. 이들은 "현대사상은 기독교와 양립"할 수 있음을 주장했으며, 기독교에서 "신사상을 일으키는 용기와 가능성"을 엿보았다. 또한, 동경이 신앙생활의 한 위험지역으로 인식되어 있는 상황에 불만을 토로하고 "동경으로 유학하면 신앙이 타락한다"는 일종의 "전제"에 대해 그것이 "타락"이 아니라 "개방"이라고 반박할 수 있는 근거를 얻을 수도 있었다.[38] 이러한 주장이 보다 진전될 때 기독교는 비로소 사회와의 접점을 마련하게 된다.

4. 'spirit'에서 '덕'을 발견하다

한 선행연구는 『기독청년』에 나타난 기독교 담론의 특징을 '기독교 사회화 요구'로 정리한 바 있는데,[39] 이러한 경향 역시 자유주의 신학의 자장 안에서 이루어진 것으로 보인다. '기독교의 사회화'라는 다소 모호한 표현은 전영택의 「조선 기독교의 각성」에 등장하는 어구이다. 이러한

---

37) 이밖에 일본의 독특한 신학관을 대표하는 무교회주의의 주창자 우치무라 간조도 재동경YMCA의 초청으로 강연을 한 적이 있다. 우치무라 스스로가 자신의 신학관을 자유주의 신학과 구별하며 선을 긋곤 했지만, 서구의 기독교를 개인적, 민족적 차원에서 적극적으로 변용하고 전유하는 그의 사유는 재동경YMCA 유학생들에게 영향을 주었으리라 짐작된다.

38) 이일, 앞의 글.

39) 김민섭, 「1910년대 후반 기독교 담론의 형성과 『기독청년』의 탄생」, 188쪽.

주장은 사회를 향한 신앙의 벡터 전환이라고 표현할 수 있을 것이다.

> 나는 조선 기독교의 각성에 ··· **사회적 각성**을 말하고자 합니다. ···
> 실상 지금껏은 교회는 개인의 영혼만 알았지, 사회의 구제는 몰간섭이었
> 고, 생각도 못하였습니다. ··· 이는 조선서 뿐 아니라 구미(歐美)에서도
> 기왕에는 그랬습니다. 그러나 현대의 종교는 사회구제에 힘을 다하지
> 아니하면 안 되겠다, 하는 것은 ··· 실로 현대사회가 종교에 대한 절실한
> 요구요 진보한 시대의 종교의 큰 사명이외다. ··· 기독교의 **사회화**는 지금
> 세계의 대문제가 되었고 이를 위하여 크게 활동하는 가운데 있습니다.
> ··· 더군다나 조선 기독교는 이것이 막중막대한 사명이요 급무인가 합니다.
> (강조는 원문)[40]

'기독교의 사회화'는 기독교계 전반의 방향전환을 의미한다. 교회,
교역자, 교인이 종교에 대한 현대사회의 요구에 응답해야 한다는 것이다.
전영택은 기독교의 사회화란 서구에서도 최근에 들어서야 비로소 그
중요성이 강조되고 있다고 주장하는데, 이는 적실한 지적이라 할 수
있다. 이것이 당대의 신사상이라 할 수 있었던 자유주의 신학의 핵심
사상이기 때문이다. 이들은 서구에서 유래한 기독교를 수용하는 데 그치지
않고 첨단의 기독교를 지향함으로써 서구와 조선 사이에 가로놓인 시차를
다시 한번 극복하고자 한다. 조선 사회를 개혁하기 위한 방편으로 기독교의
쇄신이 요구되는 것은 이 때문이다. 『기독청년』이 강조하는 것은 실제적이
고 현세적 종교로서의 기독교이며, 급변하는 현대사회에 적절히 대응하는
지적인 기독교이다. 여기서 교역자의 자질 개선은 무엇보다 중요한 문제로
부상한다.

---

40) 추호, 「조선기독교의 각성」, 『기독청년』 5호, 1918년 3월.

　　교역자의 자격을 간단히 말하면 지적 자격, 능력적 자격, 영적 자격을
구비하여만 할지니, 지적 자격이라 함은 정확한 지식과 진진(津津)한
취미로 교도자(敎導者)되는 자격의 자신력이 유(有)하며 영단(英斷)한 비평
과 풍부한 상상력으로 모호한 학설과 이취(泥醉)한 의식을 타파하는 결단
성이 민속(敏速)하여야만 하지요. 능력적 자격이라 함은 지리, 역사, 연대
표, 고고학, 정치법률, 자연과학, 성서언어학, 비교어철학, 일반의 문학,
철학, 심리학 등 지식을 운함이오, 영적 자격이라 함은 일체의 도덕적
윤리적 종교적 향상심을 운(云)함이니[41]

　이 글은 교역자가 갖추어야 할 자격으로 지적 자격, 능력적 자격, 영적
자격 이상의 세 가지를 제시한다. 이때 "영적 자격"보다 "지적 자격"과
"능력적 자격"이 우선적으로 거론된다는 점은 특기할 만하다. "지적 자격"
과 "능력적 자격"은 무엇을 의미하는가. 가장 먼저 설명된 "지적 자격"은
지성과 교양, 비판적 사고력, 상상력 등을 아우르는 지적 통찰력에 가깝다.
그런가 하면 근대에 재편된 지식의 영역을 구체적으로 열거하는 "능력적
자격"은 근대적 지식의 체득을 의미하는 듯하다. 일견 과도한 듯 보이는
이러한 요구는 필자가 조선 기독교계의 질적 비약이 시급하다고 느끼고
있음을 암시한다.

　"영적 능력"의 의미망에 대해서는 보다 섬세한 독해가 필요하다. 일반적
으로 근대 초기의 자료에 등장하는 "영"과 "영"의 파생어휘는 보통 구체적
생활이나 현실세계와는 동떨어진 영역, 혹은 사적 영역으로 상상되었다.
그런데 인용문의 "영적 능력"은 "종교적 향상심"보다 "도덕적, 윤리적"
측면을 우선시한다. 영적인 부분을 논할 때조차 실제적이고 사회적 종교로
서의 기독교에 대한 지향은 방기되지 않았던 것이다.

---

41) 이동식, 「기독교회의 현대적 사명」, 『기독청년』 6호, 1918년 4월.

　　이러한 특징은 일차적으로『기독청년』의 인장과도 같았던 YMCA의 의의와 무관하지 않다. YMCA가 산업화로 양산된 도시 노동자의 생활 개선을 위해 창설되었다는 점에서 사회적 지향은 YMCA에 내장된 속성으로도 볼 수 있다. 그러나『기독청년』은 원론적인 차원의 YMCA 정신을 넘어서는 지점에서 YMCA 정신과 기독교의 사회적 특성을 재발견한다.

　　이러한 맥락에서『기독청년』이 다수의 글을 통해 삼육을 강조했다는 점은 눈길을 끈다. 주지하듯, 덕지체는 오늘날까지도 YMCA의 로고인 붉은 역삼각형의 각 변을 상징하며 YMCA 정신의 중핵을 차지하고 있다.[42] 따라서 덕지체에 대한『기독청년』의 관심은 자연스럽다고 볼 수도 있다. 그러나 여기서 주목해야 할 점은 덕지체가 spirit, mind, and body의 번역어로 등장하고 있다는 점이다. 특히, 'spirit'이 '덕'으로 옮겨졌다는 사실은 '영'의 의미영역이 도덕이나 윤리의 의미영역과 상당 부분 겹쳐있다는 점과 동궤를 이룬다.

　　이를 살피기 위해『기독청년』에 나타난 '영'과 '도덕'의 용례, 'spirit'의 번역 양상과 이를 둘러싼 언어상황을 두루 점검할 필요가 있다. 당시의 이중어사전을 참고하면 'spirit'의 번역어로는 '덕'보다도 "영(靈)"이나 "혼(魂)"이 우세했던 것으로 보이며,[43] "영", "영혼", "영적" 등의 단어는『기독청년』에서도 어렵지 않게 발견된다. 이로 미루어 "영" 및 "영"의 파생어가 당시 널리 통용되었을 뿐 아니라『기독청년』지면에서도 특별히 기피되던 단어가 아니었음을 확인할 수 있다.

---

42) YMCA가 강조하는 지덕체 양성은 성서에 기초한 전인적 인격 발달을 목표로 1891년 제창되었다. The History and Meaning of the YMCA LOGO, What the Triangle Means. http://www.usmissionnetworkresources.org/mission-history/

43) 당시의 이중어 사전을 참고하면 spirit은 '영혼', '혼' 등과 대응하고, '덕'은 virtue, moral, excellence 등과 대응한다.『한국어의 근대와 이중어사전』(황호덕·이상현 엮음, 박문사, 2012) 영인편 중 4권, 존스,『영한자뎐』및 5권, 6권 게일,『한영자뎐』등 참고.

이를 종합하면 『기독청년』의 지면에서 "spirit"의 번역어로 '영'과 '덕'이 동시에 고려되고 있었으나 대부분의 경우에는 "영"이 선택되었다고 정리할 수 있을 것이다. 연재물 '조지 윌리엄스전'에 드러나는 'spirit'의 번역양상은 이러한 사정을 간명하게 보여준다.[44] 원문에 등장하는 'spirit'은 대개의 경우 '영'으로 번역된다. 예를 들면, 'The Spiritual Homeland'는 '영적 고향'으로, 'the spiritual life'는 '영적 생애'로 옮겨지는 것이다. 다만, spirit이 mind 및 body와 나란히 등장할 때만큼은 이러한 경향성이 무화된다.

"Without blood, there is no" — nothing effectual in work of body, mind or spirit, certainly no effectual prayer.[45]

혈(血)이 무(無)하면 육체적 정신적 또는 도덕적 사업에 아무 능력이 무합니다.[46]

백남훈은 spirit, mind and body에 포함된 spirit만큼은 '영'이 아니라 '도덕'으로 번역한다. 이때의 spirit은 YMCA의 정신으로 충전되어 있기 때문이다. 이러한 번역에 재동경YMCA 바깥에 놓인 요인이 개입하고 있었다는 사실 또한 고려할 필요가 있다. 'spirit, mind and body'를 '덕지체'로 번역한 것은 재동경YMCA의 독단적인 결정이 아니라 조선중앙YMCA의 헌장에 따른 것이며, 조선중앙YMCA의 이러한 번역 또한 당대성의 반영이기

---

44) 목차와 내용, 출간시기 등을 미루어 볼 때, 연재물 '조지 윌리엄스전'은 J.E. Hodder Williams, *the Life of Sir George Williams : founder of the Young Men's Christian Association*, New York : A. C. Armstrong & son, 1906을 저본으로 삼아 초역된 것으로 보인다.

45) ibid, p.96.

46) 觧慍齋, 「조지 윌리엄스 전(傳) — 四. 성 폴-사원의 이층 其一」, 『기독청년』 13호, 1919년 1월.

때문이다. 널리 알려져 있듯 삼육의 양성은 근대계몽기에 폭증한 계몽담론 속에서 비근하게 제시되었던 개인적 수양의 방도로, 고종의 교육입국조서 가 공표된 이래 당대를 지배한 시대정신이었던 것이다.

이러한 사실들을 감안한다면 삼육의 강조나 spirit의 번역어로 등장한 '덕'을 재동경YMCA만의 고유성이라 결론지을 수는 없을 것이다. 그러나 조선중앙YMCA 헌장과 『중앙청년회보』 등의 자료를 『기독청년』의 글들을 나란히 놓고 볼 때, 이것이 재동경YMCA의 특징이라는 점은 보다 뚜렷하게 드러난다. 참고로 다음은 조선중앙YMCA의 헌장 중의 일부분이다.

> 4. 하례한 사업을 증진케 함.
> (1) 기독교를 청년들에게 전파하며 또한 그들을 인도하여 예수 그리스도를 구주로 믿게 함
> (2) 청년의 지덕체 및 사교적 행복을 발달케 함
> (3) 청년을 인도하여 성부와 성자와 성신 삼위일체 하나님 안에서 기독교를 성경에 의해 믿게 하며 또한 예수 그리스도의 신실한 제자로 생활케 함.[47]

헌장을 공유하는 『기독청년』과 『중앙청년회보』를 대조할 때 가장 큰 차이는 이 부분을 대하는 태도이다. 『기독청년』은 이에 근거하여 "그리스 도의 종지(宗旨)를 봉(奉)하야 청년으로 하여금 덕유지유체유(德有智有體有) 을 발달케 하며, 친의(親誼)를 돈목(敦睦)케 하여 완전한 인격을 양성"[48]하는 데 YMCA의 목적이 있음을 거듭하여 강조한다. 반면, 『중앙청년회보』에서 는 YMCA의 목적에 대한 언급을 찾기 힘들다. 다만 기독교청년회의 주지가 "기도와 사경(査經)으로 청년의 영적 형편을 개선함"[49]에 있다고 설명될

---

47) 유동식, 앞의 책, 146쪽.
48) 「함흥시 청년회의 창립을 축(祝)함」, 『기독청년』 9호, 1918년 9월.

뿐이다. 『중앙청년회보』의 관심은 무엇보다 "영적 형편 개선"에 집중되어
있는 것이다. 따라서 『중앙청년회보』에서 삼육이 차지하는 비중은 『기독
청년』에 비해 현저히 적다. 이는 『기독청년』의 필자들이 자유주의 신학의
영향 하에 있었다는 또 다른 증좌이다.

홍미로운 점은 『기독청년』이 덕지체 각각의 덕목을 대하는 방식이다.
『기독청년』에서 '덕'은 삼육를 논할 때 부동의 앞자리를 지키던 덕목이었
다. 그러나 조선중앙YMCA 헌장에서는 '지'가 가장 먼저 등장한다. 그런가
하면, 『중앙청년회보』에서는 '지덕체'와 '덕지체'가 비슷하게 발견되는
가운데 '지'가 미세하게 우위를 점한다. 즉, 필자와 논조에 따라 '지'와
'덕'이 경합하는 양상을 보이는 것이다.[50]

그렇다면 『기독청년』에서 특히 덕육이 강조되었던 이유는 무엇일까.
이는 덕과 종교가 가장 긴밀하게 결부된 영역으로 상상되었다는 점과
무관하지 않다. 『기독청년』의 종교담론에서 덕은 종교적 측면과 결부되어
논의된다. 도덕적 자격이 '영적 자격'의 중요한 요소 중 하나로 언급되었다
는 것은 이미 확인한 바이다. 이밖에도 기독교가 부패한 조선 사회에
이상과 도덕을 제시했으며 신도덕의 양심을 자극하는 역할을 했다고
주장하거나,[51] 교회를 덕육의 기관으로 설명하는 글[52] 또한 마찬가지로
도덕과 종교의 인접성을 드러낸다. '덕'에 관한 이러한 사유를 통해 '영'은
비로소 생활의 차원으로 매개될 수 있었다. 기독교의 도덕적인 측면에
힘이 실릴 때 기독교의 실천적 특징은 강조되는 것이다. 기실 근대계몽기
계몽담론에서 '덕'은 삼육의 하나로 빠지지 않고 거론되면서도 '지'와
'체'에 비해 상대적으로 주목을 받지 못했으며, 경우에 따라서는 유교적

---

49) 「青年會見習課程 第三課 主旨」, 『중앙청년회보』 34호, 1917년 10월.
50) 이는 지(智)를 특히 강조하던 독립협회의 인사들이 조선중앙YMCA에 대거 참여했
    다는 것과도 연관지어 생각해 볼 수 있을 것이다.
51) 『기독청년』 8호, 1918년 6월.
52) 「함흥시 청년회의 창립을 축(祝)함」, 『기독청년』 9호, 1918년 9월.

구습을 연상시킨다는 점에서 비판되기도 했다.53) 그러나 『기독청년』은
덕을 종교라는 맥락 속에서 재배치함으로써 그 가치를 새롭게 발견한다.
생활 전반에 삼투되어 윤리 규범으로 기능하는 덕을 바탕으로 실제적
종교로서의 기독교가 구축되고 이러한 사유로 인해 기독교는 현세적,
현대적 종교로 상상될 수 있었던 것이다. 요컨대, 덕은 기독교와 현실
세계를 절합하는 데 있어서 핵심적인 지점으로 위치 지어졌던 것이다.

5. '지상천국'의 숨은 뜻과 그 한계

『기독청년』은 자유주의 신학과의 만남을 통해 기독교를 재구할 담론적
자원을 마련했으며, 그를 통해 쇄신된 기독교, 사회와 접합된 기독교라는
이상을 수립하게 되었다. 이로써 『기독청년』은 두 개의 명확한 담론적
노선을 형성한다. 하나는 전술한바 보수적 기독교에 대한 비판이고, 다른
하나는 기독교의 교리에 근거한 현실비판이다. 이들이 상상하는 천국은
이러한 발상을 점검하는 데 유용한 실마리가 된다.

> 부형의 뇌수에 이식한 신앙은 십 년이 일일과 같이 조금도 진화가
> 없고 십 년 전에 듣던 서양선교사의 강도(講道)가 금일 또 들어도 역시
> 고맙지만은 청년들은 비대(鼻大) 선교사의 천국이 곧 온다난 절규가 귀에
> 잘 아니 들어옵니다.54)

> 현세를 탈해(脫解)하고 천국에 입(入)하는 것이, 기독교 신자의 사명이

---

53) 윤영실, 「최남선의 수신담론과 근대 위인전기의 탄생」, 『한국문화』 42, 규장각
한국학연구원, 2008, 116쪽.
54) 이일, 앞의 글.

아니오[55]

『기독청년』의 논설은 천국이 곧 온다는 설교를 거부하고, 현실세계와 동떨어진 천국이란 기독교의 사명과 무관하다고 못 박는다.[56] 이들은 완성되어 있거나 수동적으로 받아들이는 데 그치는 천국과 절연하고 천국에 대한 새로운 상상을 구축한다.

연이(然而) 성서에서 교시(敎示)한 교회라는 의의는 주 예수를 중심으로 한 천국의 이상을 실현코자함에 재(在)한 것이니[57]

기독교는 현세에 천국을 건설함이 그 주지요, 할 수 있는 대로 노력하여 생의 낙(樂)을 향유(享有)하라 함이 그 교훈이오[58]

사후천당이 인생의 유일목적이 아니요 지상에 천국건설이 우리들 인류의 이상이다. 예수교리의 근본 의(義)도 이것이요 구주예수의 사세(斯

55) 하푸섬머, 「종교와 생활」, 『기독청년』 8호, 1918년 6월. 참고로 이 글의 필자인 '하푸섬머'는 '명치학원 교수'로 소개되어 있는데, 이는 백남훈과 친밀한 관계를 유지하던 미국 출신 선교사 Walter Edward Hoffsommer(1880~1922)로 추정된다.
56) '천국'의 인접어인 '천당'에도 주목해 볼 필요가 있다. 『기독청년』에서 '천당'은 주로 내세를 의미하는 데 쓰였다. 특히, '천당에 간다'는 기독교 포교에서 빈번히 쓰이던 구문이었는데, 말할 나위 없이 이러한 인식과 태도는 『기독청년』의 비판을 받았다. '천당'은 '천국'과 경합하고 있었지만 부정적인 함의의 단어였던 것이다. 이는 '천당'이 불교에서도 공유된 단어였다는 점과 무관하지 않을 것이다. 그러나 다른 한편으로 '천국'이 근대적 국가에 대한 상상과 무의식적으로 결부되어 있는 데 반해 '천당'이라는 단어는 그러한 상상을 촉발하지 않았다는 맥락에서 해석해 볼 수도 있을 것이다. '천국'과 국가의 관련성에 대해서는 본문에서 다루기로 한다.
57) 이동식, 앞의 글.
58) 추호, 「사상 통일의 종교로 기독교를 논하야 교회의 각성에 대한 청년의 사명에 급(及)함」, 『기독청년』 7호, 1918년 5호.

世)에 강림하신 그 목적도 지상에 천국건설이다.[59]

이상의 서술에서 천국은 '실현하다', '건설하다' 등의 술어와 병치되며 적극적으로 구성되어야 할 대상으로 자리매김한다. 이때의 천국은 그 자체로 완결된 완성태가 아니라 주체의 의지에 의해 생성되는 존재이다. 뿐만 아니라, 천국은 '사업', '일', '여행' 등의 단어와 맞붙으며 다양한 조어를 생성해낸다. 이러한 어휘 운용은 천국에 내포된 종교적 색채를 탈색시키는 동시에 기독교의 교리를 전유하여 사회에 개입하려는 의지를 내비친다. "기독교는 천국과 이 세상에 걸쳐 있는 종교"이며, "기독교 신자의 신앙생활은 철두철미 현세와 미래의 양 세계생활을 기본으로 삼는 것"[60]이라는 주장은 기독교를 통해 현실에 개입하려는『기독청년』의 욕망을 선명히 드러내고 있다.

『기독청년』의 궁극적인 지향점이라 할 수 있는 "지상천국의 건설"은 "인류의 이상"이며, 이는 곧 기독교와 사회, 기독교와 현실의 합일을 의미한다.『기독청년』은 이 야심찬 기획을 강하게 피력한다. "지상천국"이란 무엇인가. 정노식의 「조선인의 생활과 예수교와의 관계」는 지상천국에 대한『기독청년』의 상상을 비교적 구체적으로 드러내고 있다.

> 이 세상의 인류사회는 부자유, 불평등으로 인하여 자애가 없고 시기와 싸움으로 가득한 것을 근본적으로 교정하려는 첫걸음 첫희생이 십자가형이다. 그이[예수 : 인용자]의 최고이상은 모든 사람이 반드시 평등해야 할 것 그리하여 전쟁과 투기심을 없애고 투기심을 뺏어버리고 사해동포 만인형제로 온전히 평화로운 세계에 즐거운 생활을 누리게 하고자 함이다. 지상 천국이 이것이다.[61]

---

59) 정노식, 「조선인의 생활과 예수교와의 관계(3)」,『기독청년』9호, 1918년 9월.
60) 하푸섬머, 앞의 글.

여기서 "부자유"와 "불평등"으로 만연한 "이 세상"은 "평등"과 "평화", "즐거운 생활"로 대변되는 "천국"과 극명한 대조를 이룬다. 추상적인 어휘의 나열이기는 하지만 이 글 속에서 자유와 평등을 향한 열망은 어렵지 않게 감지된다. 천국에 대한 상상은 자유와 평등에 관한 상상과 직접적으로 연동되어 있었던 것이다. 아울러 이 글의 필자가 정노식이라는 사실 역시 가벼이 여겨서는 안 된다. 이 글을 쓸 무렵 그는 조선과 일본을 오가며 독립운동의 연락책과 자금책으로 활동하며 2·8 독립선언과 3·1 운동에 깊이 관여했다.[62] 이러한 사실을 감안한다면 정노식이 주장하는 "지상천국의 건설"이 내포하는 바는 명백해 보인다. 그는 기독교적 이상에 근거하여 식민지민에게 부과되는 "불평등"과 "부자유"를 문제 삼고 있는 것이다. 이런 점에서 본다면 천국에 대한 상상은 정치적 색채가 농후한 저항적 사유이기도 했다.

한편, '天國'이 영어 Kingdom of heaven의 번역어라는 점도 짚어볼 필요가 있다. 문제의 초점은 Kingdom이 '나라', 또는 '國'으로 번역되고 있다는 것이다. 이것은 주기도문의 한 구절인 'Thy Kingdom Come'이 '國이 임하옵시며' 혹은 '나라이 임하옵시며'로 옮겨진 것을 통해서도 드러난다.[63] 그러나 일각에서는 번역어 '천국'의 그리스어 원어인 $\beta\alpha\sigma\iota\lambda\epsilon\iota\alpha$ $\tau\tilde{\omega}\nu$ $o\dot{v}\rho\alpha\nu\tilde{\omega}\nu$ 나 영단어 Kingdom이 한국어의 '나라', '國'과 간과하기 어려운 의미상의 차이를 지니고 있음을 지적한다.[64] 물론, 한국어 '천국'은 Kingdom of heaven의 번역어라기보다 중국어 성경에서 이미 번역어로 채택되었던

---

61) 정노식, 앞의 글.

62) 이진오, 「정노식의 행적과 『조선창극사』의 저술 경위 검토」, 『판소리학회지』 제28집, 판소리학회, 2009, 362~363쪽 ; 이진오, 「정노식의 생애 연구」, 『한국학연구』 제53집, 고려대학교 한국학연구소, 2015년, 7~8쪽.

63) 이동식, 「종교와 생활」, 『기독청년』 8호, 1918년 6월 ; 「종합기도」, 『기독청년』 11호, 1918년 11월.

64) 오성종, 「신약용어 "천국"-개념정의와 번역문제」, 『신약연구』 3권, 2004, 85~88쪽.

'天國'을 수용한 결과라고 보는 것이 합당할 것이다.[65] 그러나 손님언어와 주인언어가 상호적으로 접촉, 충돌하는 과정에서 주인언어 내부에 새로운 단어, 의미, 담론, 재현양식이 생성되고 유포되며 정통성이 획득된다는 점을 상기한다면,[66] 무엇보다 우선적으로 검토되어야 할 것은 한국어, 더 좁게는 『기독청년』 내에서의 '천국'의 쓰임과 그에 따른 효과일 것이다.

한국어를 모어로 하는 화자에게 이 '國', '나라'라는 기표는 자연스럽게 state, nation에 대한 감각을 자극한다. 동시에 1910년대 네이션−사회−개인에 관한 유학생의 담론 정치에서 네이션이 괄호로 처리되는 대신 사회와 개인이 주체화되었다는 점을 고려한다면,[67] 천국에 대한 담론은 극도로 위축된 네이션에 대한 상상에 전기(轉機)를 마련하는 역할을 했다고 볼 수 있다. 천국을 둘러싼 담론은 네이션에 대한 상상을 촉발했지만 이들에게 '나라'란 상실된 그 무엇이었고, 비어 있는 자리였다. 이들이 포기하지 않았던 천국에 대한 상상, 나아가 '지상천국' 건설을 향한 열망은 괄호 안으로 사라져버린 네이션의 흔적을 복원하기 위한 담론적 실천이었으며, 종교를 통해 정치를 말하기 위한 그들의 문법이었던 것이다.

그러나 『기독청년』이 선보인 천국에 대한 상상은 폐쇄적인 네이션이 아니라 세계 공동체의 구상과 맞닿아 있다. 자유와 평등이라는 기독교의 보편원리가 실현된 천국은 어떠한 모습으로 상상될 것인가. 이와 관련하여 「심야섬어(深夜譫語)」의 한 구절은 천국에 대한 흥미로운 상상을 드러낸다. '한밤중의 헛소리'라는 제목을 반영하듯 주제의식이 분명하지는 않지만, 그런 만큼 천국에 대한 자유로운 상상을 보여주는 글이라는 점에서 눈길을 끈다.

---

65) 위의 글 ; 鈴木範久, 『聖書の日本語 : 飜譯の歷史』, 岩波書店 2006.

66) 리디아 리우, 민정기 옮김, 『언어횡단적 실천』, 소명출판, 2005, 60쪽.

67) 김현주, 『사회의 발견』, 소명출판, 2013, 258~271쪽.

천국여행을 상상한다. … 조선말 모르면 영어로 할까? 독일어로, 불란서 말로 … 희백래어(希伯來語)로, 희랍어(希臘語)로, 라전어(羅甸語)로 오냐 최근 발명된 에스페란트로 천국에 그것을 쓰겠는지. 그 다음에는 여관에 들어갈 심이다. … 아마 기와집이 지질펀펀하게 많으렷다. 조선식 가옥제도일까? … 일본식 목조? … 서양식? 오라 다- 아니야 천국은 여러 각국 모든 민족이 다 사니까 제각기 바람대로 집도 짓고 살렷다. 그러면 조선 동네도 있겠지 나는 그리로 가렷다.[68]

위 글의 필자가 그리는 천국은 조선식 가옥, 서양식 가옥, 일본식 가옥이 공존하는 공간이다. 천국에서는 "여러 각국 모든 민족"의 "바람"이 예외 없이 가능해지면서 국가와 민족의 배타적인 경계가 무화되는 것이다. 이러한 상상적 공간에서 필자는 "조선 동네"를 찾아가겠다고 말한다. 가벼운 필치 속에서도 민족적 지향만큼은 또렷하게 드러난다.

이에 더해 천국에서 에스페란토어가 통용될지 모른다는 상상도 눈길을 끈다. 물론 여기서 언급된 에스페란토어의 의미 역시 그다지 깊지 않은 것처럼 보인다. 이는 검열을 의식한 것일 수도 있고, 에스페란토어에 대해 필자가 지니고 있던 이해의 깊이와 연관된 것일 수도 있다. 어느 쪽이든 이것은 기독교 담론의 가능성과 한계를 동시에 노출하는 지점이라 하겠다. 한 선행연구는 다양한 이데올로기가 혼재했던 것을 『기독청년』의 특징으로 정리한 바 있는데,[69] 이는 기독교의 폭넓은 해석 가능성에서 기인한다. 기독교는 특정 이데올로기에 구애받지 않고도 평등이나 자유와 같은 보편적인 가치를 옹호하는 데 유리한 담론적 자원이었으며, 이 개방성과 보편성은 분명 기독교 담론이 지닌 강점이 되었다.

그러나 기독교의 이러한 특성은 양날의 검으로 작용했다. 우선, 기독교

---

68) 雪汚子, 「심야섬어(深夜譫語)」, 『기독청년』 8호, 1918년 6월.
69) 이철호, 앞의 글.

는『기독청년』이 삼엄한 검열로부터 다소간 비껴날 수 있는 구실이 되어 주었다. 기실 경시청의 요시찰 대상 인물들이 다수 가담하고 있었던 『기독청년』은 "언론, 종교, 학술, 문예, 전기 급 기타"에 관한 원고만을 받을 뿐 "정치시사의 평론은 不受"[70]라는 점을 명시함으로써 당국의 감시망을 피해가고자 했다. 이러한 제약에도 불구하고『기독청년』은 기독교의 교리를 전유함으로써 자유와 평등, 국가에 대한 상상을 촉진할 수 있었다. 기독교의 보편원리는 식민지인에게도 차별 없이 적용될 수 있었기 때문이다. 그 결과 다소 불온한 이데올로기라 할지라도 기독교를 가림막 삼아『기독청년』의 지면에 스며들 수 있었다. 이는 종교를 경유해 "정치시사의 평론"에 접근하는 과정이기도 했다. 같은 시기에 발행되었던 유학생 잡지『학지광』은 빈번히 발매금지처분을 당했던 반면,『기독청년』은 2·8독립선언 이후를 제외하면 안정적인 발행을 유지할 수 있었던 비결도 여기에 있었다.

그러나 기독교의 보편성은 다른 한편으로 담론적 자원으로서 기독교가 지닌 한계이기도 했다. 종교를 통해 정치를 말하고자 했던『기독청년』의 담론은 지나치게 추상적이어서 실천적 효과가 미미했다. 또한 거의 무한하다 해도 좋을 해석 가능성으로 인해『기독청년』은 기독교를 독점할 수 없었고, 그들이 상상하는 "천국"은 끝내 은유를 넘어설 수 없었다. 에둘러 말하기 방식은 검열을 피하기에 효과적이기는 했지만 달리 말하면 그만큼 위협적이지 않았으며 동시에 곡해되기도 쉬웠다. 무엇보다 곤혹스러운 사실은 기독교가 일본의 식민지배를 정당화하는 담론적 자원으로도 기능할 수 있었다는 점이다.『기독청년』과 밀접한 관계를 유지했던 혼고교회의 에비나 단조는 기독교의 원리를 내세우며 일본의 대륙진출을 주장하는가 하면, 이러한 주장에서 "천국"은 동화정책을 지지하기 위한 레토릭으로

---

70)『기독청년』 6호, 1918년 4월.

동원되기도 했다.71) 이처럼 『기독청년』이 지닌 주요한 담론 자원이었던 기독교는 『기독청년』이 애써 형성해 놓은 제국과 식민지 사이의 전선을 흐리기는 효과도 발생시켰던 것이다. 일본의 유연한 신학관은 식민지 유학생들에게 종교의 정치적 전유를 통한 저항적 사상의 길을 열어주었지만, 그들이 그 길에서 만난 것은 종교를 정치적으로 전유함으로써 그들을 억압하려는 제국의 논리였다. 이제 『기독청년』은 담론자원으로서의 기독교가 지닌 한계를 더 이상 외면할 수 없는 상황에 직면했다. 이들은 기독교를 재전유하거나, 다른 담론적 자원을 마련해야 했다.

6. 나오며

재동경YMCA는 1910년대 도쿄 유학생들의 활동과 사상을 살피는 데 있어서 핵심적인 위치를 점한다. 특히 재동경YMCA 회관이라는 공간은 유학생들의 살롱이자 아고라로서 내면 형성의 장이 되었다. 유학생들은 이 공간이 있었기 때문에 실현될 수 있었던 다양한 행사를 통해 저항의 가능성을 타진했고, 그 결과 재동경YMCA 회관에서 정치성은 제거할 수 없는 요소가 되었다. 2·8 독립선언은 그러한 공간적 속성과 주체의 욕망이 공명한 사건이라 할 수 있다. 2·8 독립선언을 전후로 하여 재동경 YMCA는 YMCA 네트워크를 적극적으로 활용하는 양상을 보인다. 이들은 트랜스내셔널한 네트워크를 기반으로 내셔널리티를 강화하기 위한 실천을 동아시아 청년의 연대를 통해 실현시키려 했다. 이 시기의 재동경YMCA에 있어 YMCA 네트워크는 그 무엇보다 현실적이고 구체적인 실존이었다.

『기독청년』의 기독교 담론은 당대 일본 기독교계의 신학관 및 그로

---

71) 한상일, 『제국의 시선』, 새물결, 2004, 81~87쪽 ; 川瀬貴也, 『植民地朝鮮の宗敎と學知 : 帝國日本の眼差しの構築』, 靑弓社, 2009, 69쪽.

인한 영향 관계 속에서 독해될 필요가 있다. 유학생들은 도쿄에서 유학하는 동안 일본 자유주의 신학과의 만남을 통해 점진적으로 사상의 변화를 경험한다. 이들은 자유주의 신학을 통해 신앙과 근대적 지식이라는 딜레마를 비로소 해결했으며, 조선의 기독교를 상대화하고 비판할 수 있었다. 이러한 변화의 영향은『기독청년』의 코스모폴리탄적 지향성, 종교의 사회적 전환이라는 측면에서도 감지된다. 특히,『기독청년』은 덕을 종교라는 맥락 속에 재배치함으로써 덕의 가치를 재발견하는 동시에 실제적 종교로서의 기독교를 구축한다. 이는 기독교를 현실로 옮겨오려는 노력이자 기독교를 통해 식민지 청년의 담론정치를 전개하려는 시도였다.

　이러한 노력은 '지상천국'에 관한 비상한 관심에서 극대화된다. '천국'에 대한 상상은 자유와 평등에 관한 상상과 직접적으로 연동되어 있을 뿐 아니라, 상실된 '나라'에 대한 감각을 자극한다. 그런 점에서 불평등한 현실세계에 대한 비판은 곧 식민통치에 대한 우회적 비판으로, 지상천국 건설을 향한 열망은 자유와 평등이 보장되는 독립 국가를 요구하는 것으로 읽힐 수 있다. 그러나 공동체의 외연을 무한히 확장시킬 수 있는 종교의 구심점은 그만큼 박약한 것이기도 했다. 다수의 역사적 사례를 통해 확인할 수 있는 것처럼 비유와 암시로 가득한 기독교의 텍스트는 그 어떤 것과도 결합할 수 있다.『기독청년』의 한 필자는 이집트의 압제하에 있던 유대 민족과 그들의 민족적 지도자였던 모세에 집중하며 식민지배의 현실을 은근히 꼬집는 동시에 독자에게 모세와 같은 인물이 될 것을 촉구하지만,[72] 어떤 이는 성경을 근거로 일본에 대한 "충성"을 요구하기도 했던 것이다.[73]

　그런 점에서『기독청년』의 후신인『현대』에서 조지 윌리엄스전이 중단되고「칼 마르크스 약전(略傳)」이 연재되기 시작한다는 점은 의미심장하

---

72)『기독청년』5호, 1918년 3월.
73) 강위조(姜渭祚),『일본 통치하 한국의 종교와 정치』, 대한기독교서회, 1977, 28~29쪽.

다. YMCA가 도시 부르주아 계급의 형성과 긴밀히 연관되어 있음을 고려한다면, 조지 윌리엄스와 칼 마르크스 사이에는 극복할 수 없는 단절이 가로놓인 것으로 보인다. 그러나 『기독청년』의 종교 관련 글들을 면밀히 독해한다면 일견 추상적인 듯 보이는 서술 이면에서 저항의 목소리가 분명하게 감지된다. 이러한 목소리는 『현대』의 출현과 논조를 예고하는 것이라고도 볼 수 있다. 자유와 평등에 대한 상상으로 충전된 기독교와 사회주의의 거리는 그리 멀지 않았다.

⟨참고문헌⟩

1. 자료

『기독청년』
『중앙청년회보』

US Mission Network (http://www.usmissionnetworkresources.org/mission-history/)

2. 논저

강위조(姜渭祚), 『일본 통치하 한국의 종교와 정치』, 대한기독교서회, 1977.
김민섭, 「1910년대 후반 기독교 담론의 형성과 『기독청년』의 탄생」, 『한국기독교와
       역사』 38, 한국기독교역사연구소, 2013.
_____, 「1920년대 초 동경 유학생의 "사회", 사회주의 담론 수용연구 - 동경조선
       기독교 청년회 기관지 『현대』를 중심으로」, 『한민족문화연구』 47, 한민족
       문화학회, 2014.
김현주, 『사회의 발견』, 소명출판, 2013.
나카무라 유지로, 박철은 옮김, 『토포스』, 그린비, 2012.
도히 아키오, 김수진 옮김, 『일본 기독교사』, 기독교문사, 2012.
로저 E. 올슨, 김주한·김학도 옮김, 『이야기로 읽는 기독교 신학』, 대한기독교서회,
       2009.
류대영, 『초기 미국 선교사 연구』, 한국기독교역사연구소, 2001.
리디아 리우, 민정기 옮김, 『언어횡단적 실천』, 소명출판, 2005.
민경배, 『한국의 기독교회사』, 대한기독교서회, 1993.
백남훈, 『나의 일생』, 신현실사, 1973.
사와 마사히코, 『일본 기독교사』, 대한기독교서회, 1995.
서은경, 「1920년대 유학생 잡지 『현대』 연구 - 『기독청년』에서 『현대』로 재발간되
       는 과정과 매체 성격의 변모를 중심으로」, 『우리어문연구』 54권, 우리어문
       학회, 2016.
오성종, 「신약용어 "천국" - 개념정의와 번역문제」, 『신약연구』 3권, 2004.
유동식, 『소금 유동식 전집 제6권 : 교회사 II 재일본한국기독교청년회사』, 한들출
       판사, 2009.

윤영실, 「최남선의 수신담론과 근대 위인전기의 탄생」, 『한국문화』 42, 규장각 한국학연구원, 2008.

이경훈, 「『학지광』의 매체적 특성과 일본의 영향 —『학지광』의 주변」, 『대동문화연구』 48권, 성균관대학교 대동문화연구원, 2004.

이기훈, 『청년아, 청년아, 우리 청년아』, 돌베개, 2014.

이진오, 「정노식의 생애 연구」, 『한국학연구』 제53집, 고려대학교 한국학연구소, 2015.

_____, 「정노식의 행적과 『조선창극사』의 저술 경위 검토」, 『판소리학회지』 제28집, 판소리학회, 2009.

이철호, 「1910년대 후반 도쿄 유학생의 문화인식과 실천 :『基督靑年』을 중심으로」, 『한국문학연구』 35, 동국대학교 한국문학연구소, 2008.

전영택, 「불이 붙던 시절의 교회—지난날의 교회를 생각하면서」, 『기독교사상』 통권 제46호, 1961.

전택부, 『한국 기독교청년회 운동사』, 범우사, 1994.

최승만, 『나의 회고록』, 인하대학교 출판부, 1985.

한상일, 『제국의 시선』, 새물결, 2004.

황호덕·이상현 엮음, 『한국어의 근대와 이중어사전』 4~6, 박문사, 2012.

近代日本社會運動史人物大事典編集委員會, 『近代日本社會運動史人物大事典』4, 日外アソシエーツ, 1997.

奈良常五郎, 『日本YMCA史』, 日本YMCA同盟, 1959.

鈴木範久, 『聖書の日本語 : 飜譯の歷史』, 岩波書店 2006.

小野容照, 『朝鮮獨立運動と東アジア : 1910-1925』, 思文閣出版, 2013.

川瀨貴也, 『植民地朝鮮の宗敎と學知 : 帝國日本の眼差しの構築』, 靑弓社, 2009.

Sherwood Eddy, *A century with youth : a history of the Y.M.C.A. from 1844 to 1944*, New York : Association Press 1944.

J.E. Hodder Williams, *the Life of Sir George Williams*, New York : A. C. Armstrong & son, 1906.

세속화와 한국 근대시의 형성

강 동 호

1. 들어가며

이 글은 한국 근대시의 형성 과정을 '세속화(secularization)'라는 관점으로 고찰할 필요성을 제기하는 데 그 목적이 있다. 여기서 세속화는 시에서 근대적 내면이 발생하는 기제를 규명하기 위한 분석 논리이자 그것들의 역사적 변천의 메커니즘을 아우르는 확장적 개념으로 채택된 것이다. 이를 통해 한국 근대시사에서 내면과 초월성에 대한 상상력이 동시적으로 구축되는 과정을 분석하고, 한국 근대시 형성 과정에서 기독교적 세계관이 담당한 역할을 밝히는 데 세속화라는 개념이 유효함을 논증하고자 한다. 요컨대 한국 근대시 형성기에 나타난 기독교적 세계관의 패러디적 차용과 전유가 초월성에 대한 근대적 감각을 주조하고, 나아가 근대시에 대한 한국적 이념형을 수립하는 데 결정적인 동력으로 작용했다고 할 수 있는 것이다. 이 글은 이러한 문제의식을 바탕으로 세속화 테제의 문학사적 적용 가능성을 타진하기 위하여 기존의 이론적 논의들을 자세하게 검토하고, 궁극적으로는 한국 근대시사를 바라보는 새로운 방법론의 필요성을 제언하는 것을 주된 목적으로 삼는다.

한국문학에서 근대적 자아 개념이 형성되는 데 기독교적 세계관과 담론이 끼친 심대한 영향은 최근의 선행 연구들에서도 지적되어온 바 있다.[1] 그러나 이들 연구는, 세계에 대한 주체들의 실존적 태도와 구체적인 문학 양식의 태동을 일정한 문제틀 속에서 통합적으로 규명하는 데까지 나아가지는 못한 것으로 판단된다. 논의가 진전되지 못한 여러 이유가 있겠으나, 그중에서도 한국문학의 역사적 진화 경로를 '근대화'라는 일방향적 흐름으로 일별하는 관점이 우세했다는 사실을 우선적으로 고려해볼 필요가 있다. 서양의 근대를 중세의 초월적 세계관에서 합리적 세속 세계로 이행되는 과정으로 한정한 막스 베버적 세속화 테제가 오랫동안 한국의 근대화를 설명하는 전제 중 하나였다는 점도 같은 맥락에서 상기해봐야 한다. 근대화를 견인하는 당위적 원리로 탈주술화(disenchantment)와 합리화(rationalization)가 전제되었을 때 소위 비근대적, 비합리적 요소로 간주되는 종교성이 근대성이라는 컨텍스트로 충분히 설명될 수 없기 때문이다.

그러나 모더니티와 종교성의 관계에 대한 최근의 다양한 논의들이 말해주듯, 종교적 상상력은 단순히 탈주술화와 합리화의 일로 속에서 점진적으로 배제되어가는 것, 이른바 모더니티의 외부에 놓여 있는 전근대의 잔여물이 아니다. 찰스 테일러(Charles Taylor)에 의해 '삭감 이론(subtraction theory)'이라 명명된 이러한 접근법은 근대적인 것으로 지칭되는 요소들이 초월적(기독교적) 사유들과 맺었던 역동적인 긴장 관계를

---

1) 최근의 주목할 만한 연구로는 정주아,『한국 근대 서북문인의 로컬리티와 보편지향성 연구』, 서울대학교 박사학위논문, 2011 ; 이철호,『영혼의 계보 : 20세기 한국문학사와 생명담론』, 창비, 2013. 정주아는 이광수, 김동인, 주요한, 전영택, 김억, 김소월 등 서북지역 태생 문인들의 로컬리티를 분석하는 가운데, 평안도를 중심으로 확산된 기독교의 영향력에 대해 규명한 바 있다. 특히 이철호의 논의는 기독교적 표상이 20년대 '생명' 담론으로 변형된 사실을 개념사적으로 추적하며 근대적 자아의 형성에 기독교적 세계관이 지대한 영향력을 행사했다는 것을 분석했다는 점에서 각별히 주목할 만하다.

단순화시킬 위험이 있으며, 나아가 모더니티의 성립 과정에 깊이 각인되어 있는 종교적 흔적을 부당하게 저평가할 소지가 있다.[2] 삭감 이론에 근거하여 근대화와 세속화를 동일시하는 시각이 갖는 또다른 한계 중 하나는, 그것이 종교적인 것과 비종교적인 것(세속적인 것)을 나누는 이분법적 인식론을 고착시키고 종교와 세속 범주의 본질주의적 성격을 한층 강화시킨다는 데 있다. 그러나 최근의 종교학 및 인류학적 성과들이 공히 비판하는 것처럼 현재 별무리 없이 통용되고 있는 종교 개념 자체가 근대의 제국주의적 확장 흐름 속에서 만들어진 것, 다시 말해 서구적 개념으로서의 'religion'에 바탕을 두고 있다는 사실을 염두에 두어야 한다. 이른바 종교가 근대적 번역어임을 감안한다면, 그러한 번역이 야기시킨 이분법적 세속화 논의의 본질주의적/보편주의적 편견에 이의를 제기해야 할 까닭은 충분하다고 할 수 있다.[3]

그런가 하면, 한국문학에서의 종교성 연구가 보여주는 한계는 그것이 대체로 영향사에 머물러 있다는 점과도 관련된다. 예를 들어, 생애사를 기반으로 작가의 문학적 세계에 함유되어 있는 기독교적 요소들을 실증적으로 검출하는 작가론 연구들은 개별 작가의 문학을 이해하는 데에는 유용한 참조점들을 제공해줄 수 있으나, 문학사적 시각에서는 다분히 소재주의적 연구에 머물러 있다. 아울러 영향사라는 관점은 종교가 작품의 주제나 소재로 명백히 동원되는 경우에만 비로소 연구 대상을 확정한다는 점에서 논의의 범위를 현격히 축소시키는 측면이 있다.

2) Charles Taylor, *A Secular Age*, Harvard University Prss, 2007, p.22.
3) 이에 대해서는 윌프레드 캔트웰 스미스, 길희성 옮김, 『종교의 의미와 목적』, 분도출판사, 1991 ; 조너선 스미스, 장석만 옮김, 『종교 상상하기』, 청년사, 2013 ; Talal Asad, *Formations of the Secular : Christianity, Islam, Modernity*, Stanford University Press, 2003 등의 논의를 참조할 수 있다. 이에 대한 한국의 사례로는 장석만, 『개항기 한국사회의 '종교' 개념 형성에 관한 연구』, 서울대 박사학위논문, 1992. 일본의 논의로는 이소마에 준이치, 「식민지 조선과 종교 개념에 관한 담론 편성」, 『종교와 식민지 근대』, 책과함께, 2013.

이와 관련하여 가라타니 고진은 일본 근대문학 형성의 물적 조건을 반성적으로 성찰하는 일환으로 기독교의 역할에 주목해야 한다고 주장하면서도, 그것을 영향사나 소재주의적 접근과 차별화하기 위해 다음과 같은 지적을 덧붙인 바 있다. "실제로 기독교의 영향이라는 관점을 취한다면 우리의 시야는 한정되어 버릴 수밖에 없다. 서양의 '문학'은 전반적으로 고백이라는 제도에 의해 형성되어온 것이며, 기독교를 취하든 취하지 않든 '문학'에 감염되는 순간부터 바로 그 안에 편성되어 버리는 것이라고 말해야 할 것이다. 물론 그것이 '기독교적 문학'이어야 할 필요는 전혀 없다."4) 핵심은 '기독교 문학'이라는 범주를 설정하여 주제나 소재 차원에서의 영향 여부를 검증하는 것이 아니라, 기독교적 세계관이 일으킨 "정신 혁명"5)의 근원적 속성을 파악하는 데 있다. 이러한 면면들을 염두에 두면서, 종교 그 자체가 아니라 종교적 상상력 혹은 초월적 사유가 일으킨 텍스트 형식의 변화와 문학 개념의 생성에 초점을 맞춘다면 연구의 대상 및 방법의 확장과 다변화를 도모해 볼 수 있을 것이다.

그런데 가라타니의 논의는 근대문학의 기원을 기독교와 더불어 논할 수 있는 실마리를 선구적으로 제공했다는 의의를 지니고 있으나, 내면 분석과 연관하여 몇 가지 비판적 소지들을 남겨두었기에 보다 신중한 접근이 요구된다. 가령 기독교적 고백과 내면의 형성이 근대문학의 보편적 자질을 구성한다는 것을 당위적으로 강조하는 가운데 그것의 역사성과 허구성을 지적하는 수준에서 논의가 멈춘다면, 애초의 의도와 달리 내면 자체를 균질적인 개념으로 동질화시키는 아이러니한 결과에 도달할 소지가 있다. 이때 내면은 분석의 대상으로서 세심하게 다뤄지기 보다는 개인에 대한 외부 담론의 통제력과 영향력을 증명하기 위한 인식론적 '아르키메데스의 점'으로 전제되면서 일종의 해석학적 순환론을 야기하

---

4) 가라타니 고진, 박유하 옮김, 『일본근대문학의 기원』, 도서출판 b, 2010, 116쪽.
5) 가라타니 고진, 위의 책, 2010, 112쪽.

게 되는 것이다.6) 설사 내면이 근대에 이르러 형성된 담론적 구성물이자 역사적 장치(dispositif)라는 가라타니의 주장을 승인한다고 하더라도 그것이 저 모든 정동적 사태의 비균질성을 총괄하는 개념이라고 보기에는 무리가 따른다. 기존의 연구들이 일구어낸 풍요로운 성과에도 불구하고, 내면이라는 개념을 마치 단독적 실체로 받아들이게 될 때 초래되는 것은 결국 '내면 이해의 평면화'이다. 내면이 자아, 개성, 영혼, 감정 등과의 차이에 대한 배려 없이 다소 성급하게 상호 호환되는 듯한 경향을 보이는 것도 이러한 맥락에서 비롯되었다고 할 수 있다.

한국 근대시사에서 초월성에 대한 관념과 감각이 출현하게 된 경위와 그 의의를 고려할 필요가 있는 것은 근대적 내면의 탄생 과정과 그 논리를 보다 입체적으로 규명하기 위해서이다. 즉, 시에서의 내면은 정서나 자아의식의 표출로 치환될 수 있는 단일한 실체가 아니라, '시적 깊이'7)라는 언어적 리얼리티를 창출해내는 관계이자 형식으로 다뤄져야 한다. 내면이 '시적 리얼리티'를 확보하며 출현하기 위해서는 내면의 대타항인 외부 세계를 향한 실존적 태도가 동시에 정향되고, 그 과정에서 시적 자아와 세계의 한계를 넘어선 초월적인 것에 대한 상상과 감각이 작동해야 한다는 의미이다.8) 미셸 콜로의 지적처럼 내면이 이른바 "하나의 단순한 주제로서

---

6) 이와 관련하여 결정론적 내면 이해에 대한 이소마에 준이치의 비판은 참조할 만하다. "내면은 가라타니가 서술하는 것처럼 동질하거나 평평하지만은 않은, 도리어 어떤 결여태(impossibility)가 아니었을까? 채워지지 못할 결여태가 있기에 언제나 충족을 위해 마지않는 것은 아닐까? (중략) (내면이라는 ; 인용자) 장소는 절대로 하나의 담론에 점거되지 않는다." 이소마에 준이치, 심희찬 옮김, 『상실과 노스탤지어』, 문학과지성사, 2014, 59쪽.

7) 시의 진실성과 깊이의 문제에 대해서는 장 피에르 리샤르, 윤영애 옮김, 『시와 깊이』, 민음사, 1995 참조.

8) 이에 대해서는 정명교, 「한국 현대시에서 서정성의 확대가 일어나기까지」, 『한국시학연구』 제22호, 2008, 75쪽. "서양 문학에 있어서, '서정적 취향'의 궁극적인 종착역은 '내면'이다. 즉 내면의 깊이를 획득함으로써 서정적 주체는 단절의 의식을 다스리고, 상상적으로 조형된 초월적 세계를 자신의 내면에 구축하게

가 아니라, 세계와의 관계, 주체의 성립 그리고 언어의 실행에 동시에 관여하는 진정한 구조"9)로서 간주되어야 한다면, 내면 분석은 외부 세계에 대한 주체의 태도와 정서 그리고 그것의 언어적 표현태 속에서 성립되는 시적 리얼리티의 양태를 통합적으로 규명해야 하는 것이다. 이는 시적 리얼리티를 구성하는 데 초월성에 대한 감각과 태도가 핵심적인 요인으로 작용하며, 나아가 그것에 대한 차이가 곧 시 세계의 유형학적 차이를 유발한다는 것을 뜻한다.

이 같은 문제의식은 한국 근대시의 형성 과정 연구에 있어 특별히 염두에 두어야 할 사안에 해당한다. 주지하듯, 한국 근대시는 통상 '개인의 내면을 자유로운 형식으로 표현한 자유시' 개념을 정립하는 방향으로 전개되었다고 규정된다. 그러나 이러한 표준적 이해에 입각하여 시인의 정서가 자유롭게 표출되는 장면을 시적 개성의 창출과 동일시 할 수는 없다. 개인의 정서를 무제약적으로 표현하는 것만으로는 근대시의 핵심을 드러낼 수 없다는 인식이 당대의 시 이론가들에게 중요한 시학적 쟁점을 부상시켰다는 사실에 주목할 필요가 있다. 이를테면, 황석우, 김억을 비롯한 자유시 이론가들이 '개성의 진실성'을 '리듬론'과 연동시키는 방식으로 자유시 개념을 확립하려 했던 것이나, 30년대의 대표적 시론가인 박용철이 시인의 '진실한 체험'을 바탕으로 개진되는 '시적 변용'의 중요성을 주창하고 나섰던 것 역시 '내면의 진정성'과 '시적 리얼리티'가 긴밀하게 연계되어 있다는 당대의 인식을 보여준다.

한편, 초월성에 대한 상상력과 감각이 중요하게 다뤄져야 하는 또다른 이유는, 근대시를 순수하고 신성한 장르로 격상시키는 낭만주의적 이념이

된다는 것이다. 그 점에서 근대인은 서정적 주체에 와서 세계와 평면적으로 대치하고 있는 2차원적 존재로부터 세계, 외면, 내면을 가진 3차원적 존재로 변신하게 된다고 말할 수 있을 것이다."

9) 미셸 콜로, 정선아 옮김, 『현대시와 지평구조』, 문학과지성사, 2003, 9쪽.

정립되는 데 초월성 담론이 결정적인 역할을 수행했다는 사실에서 찾아질 수 있다. 이때 낭만주의적 담론의 확산과 관련하여 상상적 토대로 작용한 것이 바로 기독교적 세계관이다. 그러나 이 과정은 기독교적 세계관의 직접적 이식이나 소재화가 아니라 그것의 패러디적 차용과 전유라는 메커니즘을 경유하여 수행된 것이다. 시가 독자적 자율성을 확보하는 방향으로 근대화 되기 위해서는 계몽주의적 흐름에 역행하는 세속적 재주술화(reenchantment)가 필수적으로 개진되어야 했다는 뜻이다. 요컨대, 한국 근대시는 전통적 유교 질서가 행사하던 통제적 힘으로부터 해방되는 한편, 초월성에 대한 감각을 내재적 지평에 편입시키는 이중적 세속화를 감당하며 진화해 나갔다고 할 수 있는 것이다. 이러한 문제의식을 전제로 할 때, 우리는 비로소 한국 근대시사에서 내면과 초월성에 대한 상상력이 동시적으로 구축되는 과정을 유형학적으로 분석하고 이 과정에서 기독교적 세계관이 차지하고 있는 중요성과 역할을 보다 상세하게 규명할 수 있는 것이다. 이 글은 향후 진행될 연구의 선행 작업의 일환으로, 최근의 세속화 이론을 재조명하고 세속화라는 접근법을 한국 근대시의 형성 연구에 적용시킬 수 있는 이론적 통로를 마련하고자 한다.

2. 세속화 테제의 계보

　세속화 개념이 근대적 정신의 탄생을 설명하는 핵심적인 원리로 이해되는 데 결정적으로 기여한 논의는 막스 베버의 『프로테스탄티즘의 윤리와 자본주의 정신』(1905)이다. 주지하듯 베버는 "세계의 종교적 '탈주술화'를 그 최종적인 논리적 단계까지 관철"[10]시킨 추동력의 근원으로 개신교

---

10) 막스 베버, 김덕형 옮김, 『프로테스탄티즘의 윤리와 자본주의 정신』, 도서출판 길, 2010, 240쪽.

윤리의 독특한 구원론, 즉 칼뱅주의의 예정설을 거론한 바 있다. 자본주의 정신의 탄생과 관련하여 베버가 지목하고 있는 예정설의 요체는 '구원의 확실성(certitudo slutis)'에 기반을 둔 내세와 현세의 극단적 이분법이다. 이른바 신이 결정한 구원에 관해 현세의 인간이 아무런 영향도 미칠 수 없다는 개신교의 예정설이 가톨릭의 행위 구원주의와는 전혀 다른 성격의 세계관과 행위 준칙을 낳았다는 것이다. 이때 현세에서의 삶은 구원을 위한 '수단'이 아니라, 신이 예비한 구원을 증명하는 결정론적 '표지'로 이해되기 시작한다. 따라서 칼뱅주의자들은 구원의 확실성을 현세의 삶으로 증명하기 위한 냉혹하고도 체계적인 자기통제의 시험에 매순간 직면해야 했다. 즉 이들의 "삶은 오로지 초월적인 목표, 즉 구원에 지향되어 있었다. 그러나 바로 그 때문에 현세적 진행 과정에서 철저히 합리화 되었고 지상에서 신의 영광을 드높인다는 오로지 한 가지 관점에 의해 지배되었다."[11] 이러한 극단적 자기통제는 '저주받을 금전욕'이라 비난받아 마땅했을 자본의 끝없는 축적을 종교적으로도 의미 있는 '고행'이자 '천직'으로 정당화 하고 마침내 "세속적 금욕주의"[12]를 '근면'이라는 자본주의적 노동 윤리로 변형시킬 수 있었던 것이다.

근대성의 핵심적 요소라고 할 수 있는 자본주의 정신이 합리주의와 단순하게 등치될 수 없으며, 계몽주의적 탈주술화의 과정을 통해 필연적으로 출현한다고 간주될 수 없다는 사실은 베버의 종교사회학에서 세속화가 차지하고 있는 독특한 성격을 보여준다. '세속화=탈주술화=합리화'라는 등식이 간단하게 성립할 수 없는 까닭은 자본주의적 합리성의 심층에 자리하고 있는 이윤 창출에 대한 강박적 심리 기제, 이른바 금욕주의 이면의 비합리적 합리주의(irrational rationalism)에 드리워진 신학적 잔영을 간과할 수 없기 때문이다.

---

11) 막스 베버, 위의 책, 2010, 202쪽.
12) 막스 베버, 위의 책, 2010, 243쪽.

물론, 베버가 자본주의적 모더니티가 개신교의 원리로 환원될 수 있으며, 그것이 현재에도 여전히 막강한 효력을 유지하고 있다고 주장하는 것은 아니다. 그는 세계의 탈주술화 및 합리화의 기제가 개신교 신학에서 기원한다고 보았으나, 역사의 발전과 더불어 세계의 세속화가 더욱 극단적으로 진행될수록 자본주의 정신의 신학적 기원이 망각될 것이라고 예언하기도 한다. 베버가 보기에 세속화 단계의 끝에 이르러 도래하는 것은 이윤 창출에만 기계적으로 몰두하는 "정신 없는 전문인, 가슴 없는 향락인"과 그러한 "마지막 단계의 인간들"이 살아가는 쇠우리(iron cage)로서의 폐쇄적 근대인 것이다.

흥미로운 것은 베버의 논의 속에서 세속화가 양면적인 성격을 내포하고 있다는 사실이다. 이른바 세속화는 종교의 탈주술화와 합리화를 가능케 한 일종의 신학적 원동력을 일컬으면서 다른 한편으로는 종교의 소멸로 요약될 수 있는 역사철학적 필연성을 가리키는 개념인 셈이다. 베버의 세속화 테제가 중세와 근대 사이의 연속과 단절 중 어떤 측면을 강조하는지와 관련하여 해석의 혼란을 일으키는 이유가 바로 여기에 있다. 후속 연구들이 지적하듯, 베버의 세속화 테제에는 타동사적(transitive) 성격과 자동사적(intransitive) 성격이 혼재되어 있기 때문이다.[13] 전자의 시각에서 보자면 세속화는 신학적 사유가 특정한 대상으로 변형되는 과정, 즉 근대적인 형태로 재주술화(reenchantment)되는 과정을 가리키지만 후자의 견지에서 본다면 세속화는 신학적 사유의 필연적 소멸을 지시하게 되는 것이다. 요컨대 베버의 세속화 테제에 착종되어 있는 두 상반된 관점은 베버의 세속화 개념을 변증법적으로 구성하는 두 개의 중심축이며, 이후

---

13) 이러한 특징은 세속화에 대한 후속 논의들이 빚지고 있는 베버의 이론이 정작 세속화 자체를 정확하게 규정하지 않았다는 데에서 비롯된다. 베버에게 세속화는 오히려 은유적이고 환유적인 개념, 즉 수사학적 성격이 더욱 짙은 개념이라고 할 수 있다. 이에 대해서는 Daniel Weidner, "The Rhetoric of Secularization", *New German Critique*, No.121, 2014, pp.8~15.

그의 세속화 테제를 한층 개방적으로 해석할 수 있게 만든 독특한 특징이라
고 할 수 있다.[14]

베버를 재해석함으로써 세속화에 대한 논의의 새로운 장을 연 대표적인
사상가는 칼 슈미트이다. 그의 논쟁적인 저서『정치신학 : 주권론에 관한
네 개의 장』은 '예외상태를 결정하는 자가 진정한 주권자'라는 '결단주의
적' 테제를 전면에 내세우고 세속화 개념을 새로운 방식으로 쟁점화
시킨다. 세속화와 관련하여 특별히 주목을 요하는 대목은 '정치신학'이라
는 제목을 달고 있는 제3장이다. 슈미트는 "근대 국가학의 모든 중요한
개념은 세속화된 신학 개념"[15]이라고 주장하면서 그것을 증명하는 방법
론으로 '개념의 사회학'을 제시한다. 개념 사회학을 통해 슈미트는 당대의
인식 구조를 대표하는 개념의 근본적 체계를 발견하고 그것의 개념적
변용을 사회구조 변동과 더불어 분석할 필요가 있다고 역설한다. 이때
슈미트가 주목한 것은 서로 상이한 두 개념 사이에서 형성된 구조적
동형성과 필연적 연속성이다. 이를테면 '법학에서의 예외상태'와 '신학에
서의 기적'이 유사한 의미를 갖는 까닭은 각각의 개념들이 근거하고
있는 당대의 형이상학적 인식 구조가 서로 동일하기 때문이다. 슈미트는
근대를 중세와 단절된 세계로 수용하는 일반적인 세속화 이론을 단호히
거부하고, 나아가 근대 민주주의 및 의회주의 이론이 망각하고 있는

---

14) 이러한 양면성에도 불구하고 이후의 주류 담론에서는 세속화의 자동사적 성격이
　 유난히 강조되면서 중세와 근대를 구분하는 유력한 담론으로 군림해 온 것이
　 사실이다. 그러나 근대가 본질적으로 종교와 세속의 단절을 낳았는지에 대해서는
　 이후에도 비판적인 의견이 간헐적으로 제기되었다. 대표적으로 발터 벤야민은
　 기독교와 자본주의 사이의 형이상학적 연속성을 강조하며 자본주의 자체가
　 종교의 또 다른 형식이라고 분석하는 방향으로 베버의 세속화 테제를 재해석하고
　 있다. 이에 대해서는 발터 벤야민, 최성만 옮김, 「종교로서의 자본주의」,『역사의
　 개념에 대하여』, 도서출판 길, 2012. 아울러 오늘날의 자본주의가 지니고 있는
　 근본적 종교성에 대한 대표적인 사회학적 분석으로는 Luc Boltanski and Eve
　 Chiapollo, *The New Spirit of Capitalism*, Verso, 2007를 참조할 수 있다.
15) 칼 슈미트, 김항 옮김,『정치신학』, 그린비, 2010, 43~44쪽.

주권 이론의 신학적 기원을 드러낼 때 비로소 근대 정치의 진정한 얼굴과 대면할 수 있다고 결론짓는다.[16] 요컨대, 슈미트에게 세속화는 중세와 근대의 형이상학적 연속성과 동일성을 은폐하면서 동시에 드러내는 일종의 유비적 변형 작업의 일환인 셈이다.

근대의 기원을 중세의 신학에 두는 슈미트의 극단적인 세속화 해석은 후대에 이르러 많은 정치적, 철학적 논란을 일으켰다. 가령 독일의 철학자 한스 블루멘베르크는 1966년에 발표한 대표작 『근대의 정당성(*Die Legitimität der Neuzeit*)』을 통해 슈미트적 세속화 이론과 정치신학이 지니고 있는 환원주의적 성격을 전면적으로 비판한다. 블루멘베르크의 세속화 비판은 슈미트뿐만 아니라 신학자 칼 뢰비트의 역사철학 또한 동시에 겨냥하고 있다. 뢰비트 역시 슈미트와 유사한 관점에 입각하여 유토피아론에 근거를 둔 모든 근대의 진보적 역사철학을 세속화된 형태의 기독교 종말론과 동일시하고 있었기 때문이다.[17] 그러나 블루멘베르크에 따르면

---

16) 세속화에 대한 슈미트의 언급은 다른 저작에서도 유사한 형태로 발견된다. 가령 『정치적 낭만주의(*Politische Romantik*)』라는 저서에서도 그는 19세기 낭만주의의 성립 과정에서도 비슷한 맥락의 세속화가 발생했다고 주장한다. "근대에 이르러 대중들의 실존적 태도가 더 이상 형이상학적이지 않다고 단정지을 수는 없다. 사람들의 생각과 감정은 언제나 특정한 형이상학적 성격을 포기하지 않는다. 형이상학은 피할 수 있는 어떤 것이 아니며 그것에 대한 관심을 줄인다고 해서 벗어날 수 있는 무언가가 아니다. 인간이 궁극적이고 절대적인 권위를 갖게 되며, 신이 일상적이고 세속적인 요인에 의해 대체되는 것을 나는 세속화라고 부른다. (중략) 예를 들어 교회가 극장에 의해 대체되고, 종교가 연극이나 오페라의 소재로 다뤄지고, 신전이 박물관으로 치부되는 사태, 그리고 근대의 예술가가 대중들과의 관계에 있어서 일종의 사제의 역할을 하는 것 등 말이다. (중략) 여기서 새로운 요소들이 절대적 권위를 담지하는 것으로 등장한다고 하더라도, 형이상학적 태도와 구조는 여전히 사람들에게 남아 있다." Karl Schmitt, *Political Romanticism*, The MIT Press, 1986, pp.17~18. 흥미로운 것은 이때 진행되었던 낭만주의적 세속화를 슈미트가 '시화(詩化, poeticization)'라고도 명명했다는 사실이다. 시화는 '세계를 낭만화 하라'는 노발리스의 테제의 실천 강령이라고 할 수 있다. 독일 낭만주의자들의 '낭만화 테제'에 대해서는 프레더릭 바이저, 김주휘 옮김, 『낭만주의의 명령, 세계를 낭만화 하라』, 그린비, 2011.

중세와 근대의 동일성과 연속성을 지지하는 세속화론자들은 '실체적 동일성'과 '기능적 동일성'을 혼동하고 있다는 점에서 많은 문제점들을 내포하고 있다. 신학의 개념은 수사적(rhetorical) 목적에 따라 다양하게 전유되는 방식으로 근대화될 수 있는 것이기에, 개념의 구조적 유사성만으로는 연속성과 동일성을 판정할 수 없다는 것이 비판의 요지인 셈이다. 블루멘베르크는 개념이 특정한 역사적 맥락 속에서 수행하고 있는 '기능'을 분석하는 것이 더 긴요한 문제라고 주장하며, "실체론적 동일성"에 근거한 '변형 이론(transformation theory)'으로는 근대적 사유들이 지니고 있는 특수한 성격을 전혀 파악할 수 없다고 비판한다. '기능 변화'라는 측면으로 본다면, 근대에 이르러 이루어진 중세적 개념의 차용과 계승은 단순히 "신학의 세속화"가 아니라 "언어적 세속화(linguistic secularization)"라는 관점으로 이해되어야 하기 때문이다.[18] 따라서 중세의 신학적 사유에서 기원한 개념이 근대에도 여전히 영향력을 발휘하고 있다고 하더라도 그것은 신학적 정신이 일종의 실체적 유산처럼 근대에 온전히 전승되었음을 뜻하지는 않는다.[19] 블루멘베르크에 따르면 진정한 의미의 세속화는

---

17) 이와 관련하여 칼 뢰비트는 "근대의 역사철학은 기독교적 신앙의 실현에서 시작되었으며 종말론적 원형의 세속화에서 완성이 된다"고 주장한다. Karl Löwith, *Meaning in History*, The University of Chicago Press, 1949, p.2.

18) Hans Blumenberg, *The Legitimacy of the Modern Age*, MIT Press, 1983, pp.92~97. 한스 블루멘베르크의 세속화 비판에 대한 요약적 설명으로는 Laurence Dickey, "Blumenberg and Secularization : 'Self-Assertion' and the Problem of Self-Realizing Teleology in History", *New German Critique*, No.41, 1987.

19) 이를테면 근대의 진보(Fortschritt) 개념의 경우 그 역시 어원학적 기원은 신학의 종말론에 있다고 할 수 있지만, 그것이 근대적인 맥락으로 전유되는 과정에서 기왕의 종말론적 개념과 전혀 다른 세계관을 배태했다고 평가할 수 있다. 기존의 신학적 진보와 달리 근대의 진보 개념은 진보적 과정의 종착지를 무한의 지평으로 개방시킴으로써 미증유의 사유 체계를 열었기 때문이다. 이러한 진보 개념 이해는 라인하르트 코젤렉에게서도 동일하게 발견된다. 그의 개념사 연구에 따르면, 우리가 현재 이해하고 있는 진보(Fortschritt)는 종말을 향해 나아가는 종교적 진보(profectus)에서 온 것이지만, 종말에 대한 뉘앙스를 제거하는 '언어적 세속화'

어느덧 효용론적 임계점에 도달한 신학적 사유를 대체하기 위해 근대에
이르러 나타난 새로운 언어적 사유와 은유적 상상력(metaphorlogy)에 가깝
다. 근대의 인간은 그 자신의 정당성의 토대를 더 이상 초월적 신에게서
찾을 수 없는 난파선과 같은 처지에 비유될 수 있지만, 난파당한 뱃조각들
을 재료삼아 새로운 배를 무한히 건조해나가며 근대를 갱신해 나가는
'자기-주장(self-assertion)'적 존재에 비결될 수 있는 것이다.[20] 이러한 단절
적인 역사 인식은 중세와 근대를 연속적으로 파악한 일방적 신학 기원론과
거리를 두면서도, 다른 한편으로는 중세로부터 이어져온 문제의식을
활용한다는 면에서 베버의 세속화 테제를 변증법적으로 계승한다고 평가
할 수 있다.

세속화 테제를 둘러싼 역사철학적 논쟁은 계몽주의적 탈주술화를 전제
로 한 근대 이해의 평면성을 지적하고, 근대성에 대한 논의로부터 그동안
소외되었던 종교의 역할을 재평가한다는 의의를 갖는다. 하지만, 그러한
일련의 접근법들이 여전히 종교와 세속, 중세와 근대 등의 이분법에
고착된 본질주의적 시각으로부터 해방되지 못했다는 지적들이 제기되고
있다는 사실을 상기할 필요가 있다. 종교학자들이 최근 들어 비판하고
있는 것처럼 소위 '중세냐 근대냐', '신학이냐 과학이냐', '연속이냐 단절이
냐'와 같은 양자택일의 물음을 강요하는 것은 근대와 더불어 중세의
역사적 특질을 실체론적으로 고정시키는 결과를 낳을 수 있기 때문이다.
이른바 종교 개념 역시 근대에 이르러 만들어졌다는 사실을 염두에 두지
않는다면, 세속과 종교가 그 태생에서부터 상호의존적인 개념임을 간과할
수 있다는 것이다.[21] 최근의 종교학 논의들이 세속화 테제의 옳고 그름을

가 일어났기에 전혀 새로운 개념으로 탄생할 수 있었던 것이다. 라인하르트
코젤렉, 황선애 옮김, 『코젤렉의 개념사 사전2 : 진보』, 푸른역사, 2010, 50~82쪽.
20) 이에 대해서는 Hans Blumenberg, *Shripwreck with Spectator : Paradigm of a Metaphor
for Existence*, MIT Press, 1997를 참조할 수 있다.
21) 티모시 피츠제럴드는 종교 개념이 세속의 형성과 더불어 성장할 수 있었다고

따지기보다 세속화를 논한다는 것, 즉 세속주의(secularism) 자체에 대한 메타적인 성찰과 비판으로 나아가는 경향을 보이는 것도 그와 무관하지 않다.

　그런가 하면 근대의 연원을 기독교 신학으로 환원시키는 기원론 연구들은, 상이한 전통적 종교관에 기반을 두고 있는 비서구권 문명의 근대화 과정을 타자화 시킨다는 점에서 오리엔탈리즘적이라는 비판을 면하기 어렵다. 종교성 논의를 포스트 콜로니얼리즘적인 연구 범주로 설정하는 최근의 인류학적 성과들은 기독교를 중심으로 형성된 종교 개념이 근대의 제국주의적 확장에 기반을 두고 있는 상상적 개념임을 지적하고 급기야 종교에 대한 본질주의적 정의 자체를 급진적으로 해체하는 데까지 나아간다. 그 연장선상에서 세속주의는 근대적 종교 개념의 탄생과 관련하여 기독교를 특권적인 자리에 올려놓은 결정적인 이데올로기로 지목된다. 기독교의 세속화를 탈주술화 및 합리화로 섣불리 규정함으로써 기독교 이외의 비서구적 종교들을 미신적인 것, 마술적인 것, 비합리적인 것으로 대상화 해버렸기 때문이다.[22]

　인류학자 탈랄 아사드(Talal Asad)는 이러한 포스트 콜로니얼리즘적

　주장한다. 종교는 근대 국민국가와 세속화된 공공성의 성립을 배제하고는 생각될 수 없다. 종교가 일종의 자율적 영역으로 출현한 것은 종교의 개인화와 연결될 수 있었기 때문이며, 동시에 세속화된 공공 영역과 대립되는 영역을 창출할 수 있었기 때문이다. Timothy Fitzgerald, *Rethinking Theology and Religious Studies*, Oxford University Press, p.146.

22) 길 아니자의 지적은 그런 의미에서 주목할 만하다. 그는 종교적인 것과 세속적인 것의 구분을 통해 '종교' 개념을 발명한 것이 다름 아닌 서구의 기독교라고 주장한다. 그런데 더욱 흥미로운 것은 이러한 종교 개념의 발명함으로써 마침내 '종교' 개념을 창안해 냈다. 이때 기독교는 종교 개념 자체를 문제적인 개념으로 만들어버린다. 세속주의(secularism)란 기독교가 종교(religion) 개념을 만들어낼 때 그 자신에게 부여했던 일종의 이름이며, 그 과정에서 기독교 이외의 타자적 믿음 체계를 종교'들'(religions)로 규정해버린다. 이에 대해서는 Gil Anidjar, "Secularism", *Critical Inquiry*, Vol.33, No.1, 2006, p.62.

비판을 수용하는 가운데, 세속화 논의를 생산적으로 활용할 수 있는 효과적 시각을 제시하고 있다는 점에서 보다 주목할 필요가 있다. 탈랄 아사드가 세속화의 문제를 다시 거론하는 것은 세속화의 승리라는 역사적 일반론을 거부하고 동시에 근대의 기원이 기독교 신학에 있다는 단순한 환원론과도 거리를 두기 위해서이다. 그러나 세속화 테제의 서구 중심주의적 시각에도 불구하고 세속화 개념 자체가 전면적으로 부정되고 해체되어야 하는 것은 아니다. 왜냐하면 "국민국가의 형성이라는 근대적 경험 속에서 세속성과 종교성의 표상은 근대인들의 정체성을 매개하고 감각을 빚어내며 경험을 구성하는"23) 해석학적 토대가 될 수 있기 때문이다. 나아가 아사드는 "세계가 단순히 근대와 반근대 혹은 서구와 비서구라는 이분법으로 나뉘어있지 않다는 것을 탐구하기 위한 실용적 방안"의 일환으로 "세속주의가 근거하고 있는 토대를 분석"24)할 필요가 있다고 제안한다. 이러한 세속화 비판/분석은 "'종교적'이라는 범주와 '세속적'이라는 범주가 고정되고 불변하는 개념임을 부정하는 데서 시작된다."25) 다시 말해 세속화에 대한 분석은 '종교적' 혹은 '세속적'이라고 일컫는 범주 자체가 근대화 과정에서 출현한 역사적 담론임을 인지하는 데서 출발해야 하며, 그러한 담론의 형성 및 변화 구조를 분석함으로써 '근대적인 것'과 '반근대적인 것' 사이에서 형성된 역동적 긴장 관계를 포착하는 데까지 나아가야 한다. 이른바 이성, 경험, 과학 등의 근대적 지평들이 내재적인 차원(세속)으로 구성되는 과정과 종교적인 경험 및 상상력이 초월적인 차원으로 재배치되는 과정은 동시적으로 일어난 현상이라고 할 수 있는 것이다. "중요한 것은 '종교적'이라고 일컬어지는 담론에 의해 성스러운 것과 세속적인 것이 서로 어떻게 본질적으로 상호의존적으로 존재하는지

---

23) Talal Asad, *Formations of the Secular*, Stanford University Press, 2003, p.14.

24) Talal Asad, ibid., 2003, p.15.

25) Talal Asad, ibid., 2003, p.25.

를 규명하는 것"26), 다시 말해 종교성과 세속성이 서로 혼종적으로 섞여
있는 회색지대를 주시함으로써 근대가 전통적 사유와 초월적 상상력을
적극적으로 재활용하는 방식을 규명하는 것이다. 세속화가 단순히 전통적
사상이나 종교적 개념의 필연적 소멸을 가리키지 않는 이유가 바로 여기에
있다. 오히려 세속화는 종교적인 전통에 기대고 있는 초월적 상상력이
근대 텍스트와 만나는 순간 발생하는, 일종의 상호텍스트적인 현상에
가깝다.27) 이러한 상호텍스트적 속성을 고려할 때 비로소 초월적인 것과
연루된 모든 감각과 상상력을 종교적인 것, 비세속적인 것, 비합리적인
것이라는 고정된 범주로 고착시키는 인식론적 오류를 피하고, 세속주의가
근거하고 있는 초월적 상상력의 구조를 분석할 수 있는 것이다.28)

3. 근대문학의 세속화와 초월성의 위상학

주지하듯 서구 근대문학은 르네상스를 기점으로 종교적인 내용이나
가치를 전달하는 것을 궁극적인 목표로 삼는 대신 육체, 감각, 자연 등의
비기독교적 요소들을 이야기에 도입하는 방식으로 문학의 인간화, 즉
세속화를 추진해 나갈 수 있었다. 근대문학의 계보학적 원류로 꼽히는
프랑수아 라블레의 『가르강튀아』와 『팡타그뤼엘』(1535), 세르반테스의

---

26) Talal Asad, ibid., 2003, p.26.
27) 세속화 테제가 지니고 있는 상호텍스트적 성격에 대해서는 Daniel Weidner,
    "Secularization, Scripture, and the Theory of Reading : J. G. Herder and the Old
    Testament", *New German Critique*, No.94, 2005.
28) 티모시 피츠제랄드의 지적처럼 세속성 자체가 초월적 영역이 탄생하는 소재지를
    가리킨다. "종교가 초월성을 섬기는 유일한 장소인 것처럼 종교를 규정하는
    것은 이러한 사실을 숨기며 세속성이 자기 증명적 사실성을 확보한 진짜 세계라는
    환상을 더욱 강화한다." Timothy Fitzgerald, *The Ideologies of Religious Studies*, Oxford
    University Press, 2000, p.15.

『돈키호테』(1605) 등을 비롯하여, 계몽주의적 열기 속에서 탄생한 스턴의
『트리스트램 샌디』(1760), 디드로의 『운명론자 자크와 그의 주인』
(1771~1774)과 같은 패러디적 작품들은 종교적 절대성 및 초월성과 대비되
는 일상적 삶의 비속함을 인간주의적 시각으로 옹호한 세속화의 전범들이
다. 그러나 종교에서 세속적 문학으로 이행되는 과정은 단순히 중세의
봉건적 초월성의 규제와 속박으로부터 온전히 해방되는 흐름으로 순탄하
게 설명될 수는 없다. 이를 이해하기 위해서는 우선 계몽주의적 정신이
주도하는 세속화가 세계의 내재화와 평면화를 초래하게 되고, 그에 따라
일종의 내부적 저항에 직면할 수밖에 없다는 지성사적 사실을 상기할
필요가 있다.

　신에 대한 불신을 표명하고 일상적 세계에 눈을 돌리는 극단화된 계몽주
의와 과학주의는 "동질적이고 공허한 시간(homogeneous empty time)"으로
서의 근대적 시간관,29) 즉 확고한 중심을 잃은 수평적(horizontal)이고 내재
적(immanent)인 세계관을 배태함으로써 이른바 가치론적 무정부주의와
도덕적 아노미 상태를 야기할 위험을 내포한다. 그리하여 근대인들은
종교적 질서의 빈자리를 대신할 새로운 가치 체계를 재정비해야 한다는
시대적 요청 앞에 직면할 수밖에 없었던 것이다.30) '국민국가'나 '민족'
등의 집합적 표상들이 당대의 중요한 정치적 개념으로 부상할 수 있었던

---

29) Benedict Anderson, *Imagined Communities*, Verso, 1983, p.24.

30) 세속화를 통한 문학의 인간화가 초월적 가치의 토대를 붕괴시킴으로써 혼란을
　초래하게 되었다는 사실은 20세기 이후 서구의 많은 문학이론가들에 의해 공통적
　으로 지적되고 있는 현상이다. 대표적으로 루카치는『소설의 이론』에서 중세
　이후 등장한 근대소설이 직면해야 했던 상황을 '초월론적인(transzendental) 고향
　상실'이라고 규정한다. 독일의 낭만주의자 노발리스의 시대 진단에 근거하여
　루카치는 근대를 '신이 떠나버린 시대', 탈주술화의 진행으로 '필연적 의미'가
　사라진 시대로 바라보고, 소설의 정신이 그것을 극복해야 한다고 주장한다.
　루카치의 낭만주의적 특징과 세속화의 특성에 대해서는 Franco Moretti, "Lukacs's
　Theory of the Novel", *New Left Review*, No.91, 2015.

것 역시 그러한 맥락에서 이해될 수 있다. 그것들은 근대인들에게 통일적인 경험을 부여할 수 있는 초월적 매개(transcendent mediation)의 위상을 획득해 나가며, 점차 사회를 재구성하는 정치적 규제 원리의 핵심적 요소로 거듭날 수 있었던 것이다.[31]

찰스 테일러는 계몽주의에 반대하는 사유들 가운데 봉건적인 질서에 기대지 않은 사유들, 즉 종교로의 회귀를 시도하지 않은 채 계몽주의적 합리주의와 인간중심주의를 극복하려 했던 지성적 움직임들을 일컬어 '내재적 역계몽(immanent counter-Enlightenment)'이라 명명하고, 그것을 근대예술 및 문학을 주조한 동력의 소재지로 지목한 바 있다. 근대문학은 계몽주의의 변형태인 공리주의에 저항하고, 의미가 박탈된 평면적 세계(flattened world)를 극복하기 위한 일환으로 계몽주의적 정신에 역행하는 사유들을 그 자신의 예술적 주 원리로 내장할 필요가 있었던 것이다.[32] 근대문학이 "자본주의적 세속화의 경향과 그것에 반하여 어떤 초월적인 가치를 추구하는 경향 사이의 착잡한 갈등 속에서 형성되어온 근대 문화 전체의 운명을 상징적으로 보여"[33]준다는 분석도 같은 의미로 해석될 수 있다. 도구적 이성으로 점철된 부르주아적 세속성과 문학이 구별되기 위해서는 문학 그 자체가 합목적적인 세계라는 관념이 수립되어야 했기 때문이다. 요컨대, 문학은 교회의 통제나 종교적 도그마의 영향으로부터 벗어나는 일차적 탈신성화와 더불어 스스로의 초월적 가치를 정초하는

---

31) 민족주의가 지니고 있는 초월적 성격 때문에 민족주의가 일종의 세속화된 종교로 간주될 수 있는지에 대한 논란이 있었다. 아사드는 국민국가가 탄생하고 민족주의가 발현하는 과정에서 종교 자체에 대한 대상화가 동시에 일어났으며, 국민국가 개념을 구성하는 다양한 하위 개념들이 만들어지는 과정에서 종교적 요소를 차용하는 장면을 볼 수 있다고 분석한다. 이것은 종교의 세속화와 민족주의가 서로 지대한 영향을 주고 받았음을 보여주는 증거라고 할 수 있다. Talal Asad, *Formatioins of Secular*, pp.181~194.

32) Charles Taylor, *A Secular Age*, pp.369~370.

33) 김태환, 「세속화 과정과 소설의 종언」, 『예술의 시대』, 아카넷, 2009, 243~244쪽.

재신성화를 동시에 겪으면서 계몽주의의 한계를 갱신해 나가기 시작한다.

19세기 독일 초기 낭만주의는 그러한 맥락에서 새삼 주목할 가치가 있다. 종교의 탈신성화와 문학의 재신성화가 동시적으로 이루어지는 메커니즘을 총괄하여 세속화라고 전제한다면, 이와 같은 흐름의 계보학적 시원에 해당하는 것이 바로 19세기 독일의 초기 낭만주의 운동이기 때문이다. 낭만주의는 근대 내부에 반근대성(counter modernity)의 사유를 정초시킬 수 있게 한 예술사적 분기점이자 오늘날까지도 유지되고 있는 미학주의적 세계관의 원형을 통칭하는 개념인 것이다.[34]

슈미트의 지적처럼 낭만주의의 요체를 파악하기 위해서는 그것이 다루는 대상이나 감정 편향적인 특성 등의 소재적 요소에 주목할 것이 아니라, 낭만적 주체의 형이상학적 태도(metaphysical attitude)에 주의를 기울일 필요가 있다. 슈미트는 낭만주의의 핵심을 가리켜 '주관화된 우연주의(subjectified occasionalism)'라 명명하고, 낭만적 주체의 탄생 원리를 절대적 신의 세속화라고 분석한다.[35] 흥미로운 것은 이때 진행되었던 낭만주의적

---

34) 라쿠-라바르트와 낭시는 『문학적 절대(Literary Absolute)』에서 독일 초기 낭만주의라 불리는 이론적 문예/문화 운동을 꼼꼼하게 분석한 바 있다. 초기 낭만주의는 '근본적' 낭만주의, 다시 말해서 '낭만주의' 전반의 가능성뿐만 아니라 낭만주의 이후의 문학사가 취하게 될 흐름을 결정했다. 이들에 의하면 독일의 초기 낭만주의는 근대에서 이루어지고 있는 모든 예술/문학적 운동 혹은 존재론을 선취하고 있다. 그러한 면에서 이들의 낭만주의는 아방가르드의 모태이면서, 동시에 특정한 역사적 시점에서 발생하고 사라져버린 실정적 사건이 아니라, 모더니티를 살아가고 있는 현재에도 여전히 작동하고 있는 미학적 존재론이라 할 수 있다. 이에 대해서는 Lacoue-Labarthe and Jean-Luc Nancy, *The Literary Absolute : The Theory of Literature in German Romanticism*, State University of New York Press, 1988.

35) occasionalism은 '우연주의' 또는 '기연주의'로 번역이 된다. 이것은 라틴어 occasio에서 유래한 용어로서 기인, 기회, 우연과 동의어라고 할 수 있다. 이것은 원인의 존재를 부정한다는 점에서, 신의 부재로 인한 인과론적 무정부주의 상태로 연결된다. 이에 대해서는 Karl Schmitt, *Political Romanticism*, pp.18~19. 칼 슈미트의 이러한 우연주의 비판에 대한 한국의 연구로는 이병옥, 「칼 슈미트의 정치적 낭만주의 비판－'주관화된 기연주의'를 중심으로」, 『헤겔 연구』 제21권, 한국헤겔학회, 2007.

세속화의 구체적 실천 양태 중 하나로 '시화(詩化, poeticization)'라는 개념이 부상했다는 사실이다. 시화는 '세계를 낭만화 하라'는 노발리스적 테제의 핵심적 실천 강령이라고 할 수 있는데, 이는 사라진 신을 대신하여 세계의 주재자로 등극할 수 있는 주체는 오직 예술적 주체뿐이라는 극단적 이념을 내세우게 만드는 것이다. 이른바 낭만주의의 예술적 주체는 "진리와 선은 오로지 미에 의해 형제가 될 수 있다"(『판단력 비판』)는 칸트의 명제를 통해 최초로 그 철학적 정당성을 확보하였다면, 이후 "언어를 통해 기능하는 모든 예술과 학문분과는 그 자체로 예술로서 행해질 때 … 시로 나타난다"라는 프리드리히 슐레겔의 말로부터 그 최종적 표현을 얻은 것이다. 요컨대 낭만주의는 문학의 세속화가 단순히 종교성의 제거 및 초월성의 타자화라는 방식으로 진행되지 않았음을 방증하는 대표적인 역사적 사례이자, 근대문학사에서 '종교로서의 문학'이라는 근대적 이념과 그를 둘러싼 다양한 사유들을 탄생하게 한 시원에 해당하는 것이다.[36)]

이때 종교가 문학의 재신성화를 위한 중요한 담론적 자원의 원천으로 활용되는 것은 자연스러운 일이었다. 예컨대 문학이 종교의 독단주의를 대체함으로써 도덕적, 정신적 가치를 관장하는 핵심적 영역으로 거듭나야 한다는 매슈 아놀드의 유명한 테제는 세속화 프레임 속에서 문학이 종교와 맺게 되는 친연성을 역설적인 방식으로 드러낸 사례이다. "종교적 독단을 문학으로 대체하려는 매슈 아놀드의 기획은 문학의 교사들을 영어라는 모국어의 사제와 신학자로 만드는 작업"[37)]이라는 로버트 숄즈(Robert Scholes)의 지적처럼, 문학이 종교를 전달하는 도구적 수단이 아니라 종교 그 자체를 대체한다는 이념이 구축되기 위해서는 우선 민족어를 '신성한 것'으로 재발견하는 근대적 기획이 동반되어야 했다. 여기서 간과하지

---

36) 낭만주의에 녹아들어 있는 '종교로서의 문학' 이념에 대해서는 Lacoue-Labarthe and Jean-Luc Nancy, *The Literary Absolute*, pp.75~76.

37) Robert Scholes, *The Rise and Fall of English*, Yale University Press, 1998, pp.35~36.

말아야 할 것은 '종교-문학'이라는 이항대립적 대체 구도가 은폐시키고 있는 근본적 관계, 다시 말해 종교와 문학 사이의 유비적 유사성이다. 종교를 독단주의의 소산으로 맥락화하는 한편, 문학을 진실한 삶을 증언하는 진정한(authentic) 장르로 배치시키는 대치 전략이 적용되기 위해서는 종교와 문학의 '선택적 친화력(elective affinity)'이 전제되어야 한다는 뜻이다.38) 이것은 '대체'를 최종 목적으로 삼는 이항대립적 유비 관계가 보편적으로 내포할 수밖에 없는 상호텍스트적 역설을 가리킨다. 요컨대, 세속적 문학이 종교를 대체할 수 있다는 신념은 세속화가 유비적 유사성에 토대를 둔 종교적 상상력의 변용과 전유라는 상호텍스트적 현상에 가깝다는 사실까지도 암시하는 것이다.39)

이는 근대문학을 구성하는 주요 개념들이나 원리들이 탄생하는 세부적 과정에서 더욱 분명하게 관찰되는 현상이다. 이와 관련하여, 고트프리트 헤르더의 세속적 성서 읽기는 근대에 점차적으로 나타나기 시작한 문학과 종교 사이의 상호텍스트적 관계의 전형을 보여준다. 헤르더는 구약성서를 단순히 신의 언어를 받아 적은 신성한 텍스트로 간주하는 대신, 그것을 일종의 시적 텍스트로 읽는 혁명적 태도를 선보인 바 있다. 성서를 시 텍스트로 읽는 행위는 "성서의 세속화"를 가리키며 다른 한편으로는 "시의 세속화에 대응되는"40) 것이기도 하다. 반대로 말해, 성서를 세속화

---

38) 본래 이 개념은 괴테의 소설 『친화력』에서부터 기원한 것으로 서로 다른 두 원자가 일으키는 화학 작용에 빗대어 인간관계를 설명하려는 목적에 따라 사용된 것이다. 괴테 이후, 베버는 이를 따로 '선택적 친화력'으로 변형시켜 개신교 윤리와 자본주의적 금욕주의가 탄생한 과정을 설명하기도 한다. 막스 베버, 『프로테스탄티즘의 윤리와 자본주의 정신』, 138쪽. 이 개념은 인과론적 영향관계를 비판하고 서로 다른 두 대상 사이에서 일어난 상호 능동적 관계를 강조하기 위해 사용되고 있다.

39) Michael W. Kaufmann, "The Religious, the Secular, and Literary Studies : Rethinking the Secularization Narrative in Histories of the Profession", *New Literary History*, Vol.38, No.4, 2007, p.616.

40) Dieter Gutxen, *Poesi der Bibel : Beobachtungen zu ihrer Entdeckung und ihrer*

하는 작업은 시라는 장르를 성서에 비견될 수 있는 성스러운 반열의 것으로 재신성화한다는 뜻을 동시에 내포한다. 이러한 '성서의 세속화/시의 세속화'라는 이중 기제를 설명하는 구체적 원리가 은유, 인용, 해석 그리고 번역이라는 사실은 근대문학의 탄생과 연관하여 매우 중요한 대목 중 하나이다. 이른바 성서/시가 신이 부여한 능력을 극대로 활용한 인간적 텍스트 실천이라는 인식은 문학의 세속화와 탈세속화를 동시에 도모할 수 있는 상상력의 원천에 해당하며, 이후 슐라이어마허, 슐레겔 형제, 노발리스 등에게 영향을 끼치며 해석학, 번역학이라는 근대문학의 하위 분과가 탄생하는 데에도 지대한 영향력을 행사했던 것이다.[41]

그런가 하면, 근대의 예술적 영감(poetic inspiration)이 탄생하는 과정에서도 유사한 형태의 세속화 기제를 발견하는 것이 가능하다. 르네상스 이후 고대 그리스 신화에 대한 복고적 향수가 대대적인 유행처럼 번지거나, 예술적 천재성에 대한 신비주의적 풍문들이 광범위하게 확산되는 현상에도 어김없이 세속화 과정이 연루되어 있다. 다만 눈여겨보아야 할 것은 이러한 천재 형상과 예술적 영감(inspiration)에 대한 동경이 확산되는 과정에서 17세기 비서구문명에 대한 인류학적 기록들이 중요한 역할을 수행했다는 사실이다. 플래허티에 따르면 18~19세기 유럽에서 유행했던 천재 담론은 두 가지 중심 표상으로 구성되어 있는데, 그 하나가 오르페우스라는 신화적 표상이라면 다른 하나는 비서구 문명의 샤먼에 대한 민족지학적 (ethnographical) 표상이다.[42] 샤먼이 보여주는 신비한 황홀(ecstasy) 및 이국

Interpretation im 18. Jahrhundert, U of Bonn, 1968, p.11. 이 내용은 Daniel Weidner, "Secularization, Scripture, and the Theory of Reading : J. G. Herder and the Old Testament", *New German Critique*, No.94, 2005에서 재인용.

41) 낭만주의에서의 번역의 중요성에 대해서는 앙트완 베르만, 윤성우·이향 옮김, 『낯선 것으로부터 오는 시련-독일 낭만주의 문화와 번역』, 철학과현실사, 2009.

42) Gloria Flaherty, *Shamanism, Colinialism and the Wild Man*, Chicago University Press, 1987, pp.74~75.

적(exotic) 퍼포먼스 등에 대한 서구인들의 관심과 기독교적 유일신 개념이
결합하여 예언가로서의 예술가, 치유자로서의 예술가라는 신비주의적
형상이 출현할 수 있었다는 것이다. 예술가들의 재능이야말로 신으로부터
부여받은 축복이자 저주라는 인식은 종교적 개념의 일종인 에피파니
(epiphany)가 세속적으로 변형되는 과정에서 더욱 구체적으로 완성된다.[43)
신적 진리의 현현이라는 본래의 뜻이 예술적 영감의 발현과 실천이라는
근대적 의미로 재편되면서 에피파니는 이후 근대문학의 진리적 기대
지평을 구성하는 핵심적인 축으로 거듭나게 된다.

　이처럼 초월성에 대한 감각과 상상력은 신학의 퇴장과 함께 점진적으로
소멸되는 것이 아니라, 근대성의 가치와 정당성을 두둔하기 위한 상상적
원천으로 끊임없이 재활용되고 재배치되어야 했던 것이다. 그러나 이러한
재신성화를 동반한 문학의 세속화가 또다른 형태의 절대적 질서를 도입하
는 방향으로 진행되지 않았다는 사실은 여전히 중요하다. 즉, 근대문학이
재신성화를 통해 발현하는 초월성은 단순히 낭만적 자아의 절대성을
드높이는 방식으로 획득되는 것이 아니라, 주체, 세계 그리고 언어가
구성하는 다소 독특한 위상학적 관계 속에서 수반되는 것이다.

　찰스 테일러가 근대예술의 정신이 '내재적 역계몽'에 있다고 말하며
특별히 내재적 지평의 영역을 강조했던 진정한 의도가 바로 여기에 있다.
과학적 계몽주의에 대항하여 예술은 근대의 내재적 지평 속의 또다른
현실을 상상하게 만드는 방식으로 초월성과 관계를 맺기 시작한다. 테일러
는 이와 같은 일련의 흐름 속에서 "초기의 종교적 전통을 수반하는 특이한
유사물이 설정되지만 그것은 부정된 초월성의 틀 안"에서 비로소 유지될
수 있다고 주장하며, 부정적 초월성의 역설적 형태를 일컬어 '내재적
초월성(immanent transcendence)'이라 명명한다.[44)

---

43) Talal Asad, *Formations of Secular*, pp.26~56.
44) 찰스 테일러, 『세속화와 현대 문명』, 344~350쪽.

내재적 초월성은 앞서 언급했던 문학과 미학의 절대화 과정에서 비로소 창발될 수 있는 관념이지만, 종교의 외재적 초월성(external transcendence)과는 전혀 다른 위상학적 지위를 가진다는 점에서 다분히 근대적인 현상으로 이해되어야 한다.45) 외재적 초월성(수직적 초월성)과 달리 내재적 초월성(수평적 초월성)은 철저하게 실체화를 배격한 것, 현실화 될 수 없는 것으로 표현되며 따라서 신적 초월성과도 근본적으로 구분되는 측면이 있다. 그것은 오히려 근대적 삶의 내재적 지평이 지니고 있는 한계를 환기하는 감정적 토대이자 인식적 표상에 가깝다. 이를테면 그것은 "우리의 삶에 무언가 잘못되어 있다는 느낌, 즉 진정으로 중요한 무언가를 억압하는 질서 속에서 우리가 살아가고 있다는 느낌"46)을 지속적으로 불러일으키는 소재지로 기능한다. 그리고 그 결과 개시되는 것이 잃어버린 초월성에 대한 향수가 존재하는 내재적 공간(immanent space)으로서의 근대적 세계, 즉 자연이다.47) 이제 시로 표현된 자연은 잃어버린 초월성에 대한 상실감을 표출하기 위한 대리보충적 무대로서 내재화 된다. 이른바 예술은 종교의 대체적 선택지로 간주되고 일종의 "내재적 신비"의 가능성을 고취시키는 것으로 여겨지지만, 이러한 문학의 예술적 신비는 오직

---

45) 유사한 관점에서 마사 누스바움은 외재적 초월성과 내재적 초월성(internal transcendence)을 구분하는 가운데, 이것이 현대의 정치적 욕망을 설명하는 주요 원리 중 하나라고 설명한다. 이에 대해서는 Martha Nussbaum, "Transcending Humanity", *Love's Knowledge : Essays on Philosophy and Literature*, Oxford University Press, 1990.

46) Charles Taylor, *A Secular Age*, p.358.

47) 물론 자연이 단순히 내재적 초월성의 무대로만 기능한다고 볼 수는 없다. 가령 한국의 전통적 서정시에서 자연은 흔히 '자아의 세계화, 세계의 자아화'라고 일컬어지는 동일성의 시학이 구축되는 데 동원되었던 핵심적 재료였다. 이러한 한국적 서정시 안에서의 자연을 과연 내재적 초월성이 발현되는 장소로 규정할 수 있는가는 분명 논의의 여지가 있다. 다만 한국 서정시에서 자연의 위상학을 해명하는 것은 한국 낭만주의의 특수한 성격을 규명하는 작업과 긴밀한 관계를 맺고 있다는 사실을 짚고 넘어갈 필요는 있을 것이다. 이와 관련해서는 차후에 이어질 후속 연구에서 보다 구체적으로 해명하고자 한다.

부정적인 방식으로, 다시 말해 상실된 것으로 환기될 수 있을 뿐이다.

내재적 세계관 속에 부정적으로 편입된 초월성은 전통적 언어관과 문학적 수사학에 있어서도 결정적 변화를 이끌어낸다. 이를테면 상징(symbol)에 대한 전통적 토대가 붕괴될 수밖에 없었던 것 역시 더 이상 인간의 기호가 신적 초월성과 세계의 충만함을 온전히 지시할 수 없다는 인식이 보편화 된 결과이다. 폴 드 만의 초기 낭만주의에 대한 분석이 말해주는 바처럼, 중세에 억압되었던 알레고리를 낭만주의자들이 복원하기 시작했던 것 역시 그러한 맥락과 깊은 연관이 있다. 즉 예술은 더 이상 자연을 모방하는 것에 그치지 않고 인공적으로 새로운 세계를 창조해야 한다는 시대적 과제에 직면한 것이다.[48] 공식적으로 인정된 의미의 질서로부터 벗어난 근대시는, 이제 인공적 감수성의 언어를 통해 스스로를 기호학적 구성물로 재창조할 필요가 있었던 것이다. 이처럼 내재적 프레임에 갇혀 버렸을 때 예술이 도모할 수 있는 최선의 일은 기호를 전통적 의미로부터 분리시키고, 역사적 노스탤지어라는 형식을 통해 과거를 일종의 상실된 것으로 현재화 시키는 일이다.[49]

내재적 초월성에 의거한 문학의 세속화는 부르주아적 세계와의 불화를 통해 스스로를 저주받은 시인으로 이미지화 하는 보들레르적 세계관에서 보다 극적인 표현을 얻는다. "카인의 종족이여, 하늘로 올라라/그리하여 신을 지상으로 내던져라!"(「아벨과 카인」, 『악의 꽃』)라고 쓰기를 서슴지 않았던 보들레르는 주지하듯 자신을 포함한 근대의 시인들을 천상에서

---

48) 이에 대해서는 Paul de Man, "The Rhetoric of Temporality", *Blindness and Insigt : Essays in the thetoric of Comtemporary Criticism*, University of Minnesota Press, 1983. 그러나 폴 드 만은 초기 낭만주의자들의 알레고리에 대한 관심과 통찰이 이후의 19~20세기 낭만주의자들의 상징화 전력에 의해 사라지게 되었다고 말한다. 후기 낭만주의자들의 이러한 작업은 초월성을 다시 외재화 하는 일의 일환으로 해석될 수 있다.

49) Charles Taylor, *A Secular Age*, pp.353~454.

추락한 천사들로 일컬었다. 시인은 무의미하고 권태로운 도시적 삶을 그대로 받아들이기를 거부하기 때문에 세속의 저주받은 존재가 되고, 그들의 신성함을 알아보지 못하는 무지한 대중에 의해 조롱당한다. 그러나 근대의 시인들은 세속적 세계의 비정함을 부정적인 방식, 즉 알레고리적으로 대상화 하면서도 그 자신이 그로부터 쉽게 벗어날 수 있다고 낙관하지도 않는다는 점에서 근본적으로 아이러니한 존재들, 낭만주의적 부정성을 체현하는 존재들이다. 근대 예술의 정조를 근원적으로 주조하는 우울(melancholy)이 정초되는 까닭도 바로 세속적 세계 및 종교적 초월성에 대한 이중적 단절에서 오는 아이러니 때문이다.50) 예술의 "현대성은 일시적인 것, 순간적인 것, 우발적인 것으로 그것이 예술의 반쪽을 이루며 나머지 반은 영원한 것, 불변하는 것"51)이라는 보들레르의 테제가 드러내고 있는 것이 바로 그것이다. 근대시는 절대적인 것에 대한 향수를 간직하고, 다른 한편으로 자신들이 기거하고 있는 세속에 대한 대결을 마다하지 않는 이중 부정의 정신에 의거하여 세계와의 관계를 고집스럽게 이어나간다. 이것이 엘리엇, 조이스, 말라르메, 랭보 등 당대의 시인들의 인식을 관통하는 이념이자, 부정신학적인 방식으로 문학을 초월적인 대상으로 신성화 시킬 수 있었던 핵심적 요소들이다.

---

50) 발터 벤야민의 보들레르 해석은 보들레르의 문학 세계 전편을 파괴적 알레고리와 우울로 설명한 선구적인 작업이다. 이에 대해서는 발터 벤야민, 황현산 옮김, 『보들레르의 작품에 나타난 제 2제정기의 파리』, 도서출판 길, 2010.

51) 샤를 보들레르, 이건수 옮김, 「현대적 삶의 화가」, 『보들레르의 수첩』, 문학과지성사, 2011, 53쪽.

4. 한국적 세속화 논의의 가능성 : 결론을 대신하여

이상에서 세속화에 대한 이론적 검토와 더불어 그것이 근대문학의 영역과 초월성에 대한 전유와 어떤 관계가 있는지에 대한 논의를 전개해 나갔다. 이 글은 이러한 일련의 이론적 방법론에 주목할 필요성을 제안하고 그것이 한국 근대시의 형성 과정 연구에 유용한 통찰을 제공할 수 있다는 사실을 환기하는 데 그 목적이 있다. 따라서 세속화를 중심으로 한 모더니티 연구가 한국의 근대시사에 어떻게 구체적으로 적용될 수 있는지에 대한 세부 작업들은 후속 과제로 남겨두고자 한다. 다만, 이 장에서는 향후 진행될 연구와 관련된 개략적인 문제의식을 밝힘으로써, 세속화 논의가 한국 근대시사에 적용될 수 있는 가능성에 대해 간략하게 논하고자 한다.

세속화 논의의 적용 가능성을 전제로 한다면, 한국 근대시 형성기에 나타난 낭만주의적 성향을 종교적 상상력의 세속적 차용이라는 맥락에서 분석해 볼 수 있을 것이다. 이를테면 예술이 "인생을 上向식이며, 改造식이며, 創造식이며, 發展식이며 模倣식이는" 것이라는 김억의 미학주의적 인식이 등장할 수 있었던 배경을 이해하기 위해서는 당대 시 이론가들이 개진한 기독교적 세계관의 문학적 세속화를 외면할 수 없는 것으로 보인다. "個人의 中心的 生活을 藝術的 되게 하여라. 그러면 社會的 生活도 藝術的 되리라.—몬져, 個性的 生命의 斷片을 모아, 藝術的 되게 하여라. 그러면 藝術은 人生로의 藝術的 되리라"[52]는 김억의 주문은 '세계를 미학화 하라'는 낭만주의적 실천 강령의 한국적 번역이라 해도 무방하다. 한국 근대문학 형성기에서 광범위하게 포착되는 낭만주의적/신비주의적 경향성을 단순히 감상주의적 허위의식이나 서양 문예사조의 무분별한 학습의 결과로

---

52) 김억, 「예술적생활」, 『학지광』 6호, 1915.

환원하는 기왕의 관점이 문제적일 수밖에 없는 이유가 여기에 있다. 오히려 이것은 근대시의 이념(자유시)을 확립하는 일이 궁극적으로는 전통 시가에서는 찾아볼 수 없는 차원의 초월적 가치의 영역(자유-개성-영혼-내재율)을 창출하는 작업과 긴밀하게 연동되어 있음을 환기시킨다. 김억이 「쯔란스 詩壇」(『태서문예신보』 1918. 12. 7.)에서 '영', '하나님', '악마', '심해', '무한계' 등 종교적 색채가 다분한 신조어와 번역어를 동원하여 자유시의 정당성을 논증한다는 사실은 "모든 藝術은 精神 또는 心靈의 産物"[53]이라는 낭만주의적 관념을 수립하는 데 기독교적 세계관이 유용한 준거틀로 기능했다는 사실을 분명히 보여준다. 이른바 낭만주의적 성향의 보편적 확산은 한국 근대시가 근대적(절대적) 자아 모델을 구축하고 이른바 세계문학사의 자장권 내에 편입되기 시작했음을 나타내는 당대의 유력한 증거이기도 한 것이다.

그런가 하면, 한국 근대시가 세계문학적 보편성에 도달하는 가운데 소위 "한국적 낭만주의"[54]라고 지칭될 수 있는 특수성 또한 배태했다는 것을 기억할 필요가 있다. 이와 관련하여 자유시를 지지하던 논자들이 1920년대 중반에 이르러 자유시의 이념을 포기하고, 민요시와 시조라는 반근대적 장르 개념으로 선회했다는 사실은 각별히 문제적이다. 자유시에 대한 포기가 사유의 연속인지, 단절인지에 대해서는 여러 선행 논의들이 있었으나,[55] 세속화의 관점에서 보자면 그러한 반근대적 복고주의는 단순한 회귀가 아니라, 초월성을 '조선심', '민족혼', '조선적 전통' 등과 같은 외부적 실체에 이전시키려 한 결과로 해석될 여지가 있다. 자유시 논의가 촉발되고 다시 그것을 부정하는 흐름이 중요한 이유는 그것이

---

53) 김억, 「시형의 음률과 호흡」, 『태서문예신보』 1919. 1. 13.
54) 오세영, 「민요시파와 한국낭만주의」, 『한국낭만주의시연구』, 일지사, 1980, 153쪽.
55) 자유시를 주창하던 시인들이 시조부흥론 등을 위시로 한 국민문학론으로 귀결되는 데 일본의 영향이 결정적이었다는 시각으로는 구인모, 『한국 근대시의 이상과 허상－1920년대 '국민문학'의 논리』, 소명출판, 2008.

초월과 내재의 변증법을 착근시키려는 당대의 이론적 궤적을 상징적으로 드러내주기 때문이다. 이러한 특수성은 서구의 근대문학적 이념에 녹아 있는 초월성에 대한 관념을 수입하고, 나아가 문학과 예술의 신성화를 내면화 하는 세속화 과정에서 발생한 번역적 균열(translative rupture)로 판단할 기제가 충분해 보인다. 이러한 한국 근대시의 특수성을 가늠하는 데 있어서 유용한 분석적 방법으로 활용할 수 있는 기준의 하나가 앞서 언급한 세속화 메커니즘과 초월성의 위상학적 구조이다. 요컨대, 한국근대시의 형성 과정에서 생산되었던 시와 담론들의 면면을 살펴보면 종교적인 상상력이 수행한 역할뿐만 아니라, 그 과정에서 새롭게 정립되었던 '외재적 초월-내재적 초월'의 역학 관계를 발견할 수 있을 것이다. 이러한 초월적 순환론의 메커니즘을 황석우, 김억, 김소월 등의 시와 시론을 통해 해명하는 것은 이 글에 남겨진 후속 과제 중 하나라고 할 수 있다.

　아울러 자유시에 대한 이념을 또다른 유형으로 전유했던 시적 세계관의 하나로 30년대 초중반의 시문학파를 주목할 수 있다. 주지하듯, 초기의 자유시 이론가들이 민요시와 시조로 투신한 이후 근대시가 개인의 영혼에서부터 발아한 언어적 산물이라는 관념은 박용철, 정지용, 김영랑 등 '시문학파'라 불리는 일군의 시인들에 의해 더욱 첨예한 방식으로 계승되기에 이르렀다. 여기서도 종교적인 상상력이 문학적으로 차용되는 장면을 명백하게 목도할 수 있다. 시를 체험과 영감이 종합하여 빚어낸 "시적 변용(變容)"의 결과이자 "수태를 고지"[56]하는 순간으로 설명하는 박용철의 시론은 이후 한국 특유의 낭만주의적 토대가 구축되는 데 지대한 영향을 끼치면서 한국 근대시의 유력한 계보학적 시원으로 거듭날 수 있었던 것이다. 시인을 "하나님의 다음가는 창작자"로 일컫기를 주저하지 않고 시를 "到達할길없는 彼岸을 理想化한 말"로 인식한 이들의 신비주의적

---

56) 박용철, 「시적 변용에 대하여」, 『박용철 전집 2』, 시문학사, 1940, 5쪽.

시세계는 기독교적인 세계관을 염두에 두지 않고는 이해될 수 없다.[57] 시적 체험의 유일무이성을 강조하고 거기에 형이상학적 우월성을 부여함으로써 시인의 존재와 그 언어적 표현을 특권화 하려는 노력은 시의 신성화라는 재세속화 메커니즘이 어떻게 진행되었는지를 여과 없이 노출시킨다. 이들의 시세계는 초기 자유시론자들의 작업보다 한층 치밀하게 전개됨으로써 '종교로서의 문학'이라는 낭만주의적 이념을 극단적 형식 속에서 표출시키고 있는 것으로 판단된다. 그러나 초기 자유시론자들과 달리 이들이 외재적 초월성에 쉽게 의존하지 않을 수 있었던 동력 역시 세속화와 무관하지 않다는 것을 기억할 필요가 있다. 김기림, 임화 등과 벌였던 기교주의 논쟁을 통해 박용철이 더욱 구체화시켰던 것처럼 시문학파의 시인들은 시인의 개성과 영혼이 발현되는 진정한 소재지로 감정 그 자체보다는 "체험"을 중시하고, 시가 발현되는 과정의 "우연성"에 방점을 찍는다. 이러한 특징은 30년대의 시의 한 흐름이 서구의 종교적 낭만주의에 한층 가깝게 다가섬으로써 초월성을 내재화 했다는 가설을 제기하게 만든다. 이들에 의해 상상된 시 관념, 즉 시 자체가 현세를 초월한 숭고하고 성스러운 존재라는 미학적 인식은 이후 시의 순수성과 자율성을 극단적으로 옹호하는 이념이 개화될 수 있도록 만든 시사적(詩史的) 토대가 된 것으로 보인다. 이를 세속화라는 틀로 해명하고, 초월성의 위상학적 관점에서 비교 분석하는 것 역시 이 글의 향후 과제로 남겨둔다.

---

57) 가령 이명찬은 비판적인 어조로 박용철의 시가 지니고 있는 종교적 구도를 문제 삼는다. "그가 시를 삶의 목적으로 두었을 때, 그것은 시에의 고통스런 전력투구이자 현재에는 그 목표를 결코 이룰 수 없는 종교적 구도의 과정에 다름 아니기 때문이다." 이명찬, 「시의 언어에 대한 새로운 자각」, 『한국 현대시론사 연구』, 문학과지성사, 1998, 164쪽.

〈참고문헌〉

1. 자료

김억, 「예술적생활」, 『학지광』 6호.

김억, 「쯔란슨 詩壇」, 『태서문예신보』 1918. 12. 7.

김억, 「시형의 음률과 호흡」, 『태서문예신보』 1919. 1. 13.

이광수, 「야소교의 조선에 준 은혜」, 『청춘』 1917. 7.

박용철, 「시적 변용에 대하여」, 『박용철 전집 2』, 시문학사, 1940.

2. 논저

구인모, 『한국 근대시의 이상과 허상-1920년대 '국민문학'의 논리』, 소명출판, 2008.

김태환, 「세속화 과정과 소설의 종언」, 『예술의 시대』, 아카넷, 2009.

김흥규, 「1920년대 초기시의 역사적 성격」, 『문학과 역사적 인간』, 창작과비평사, 1980.

오세영, 「민요시파와 한국낭만주의」, 『한국낭만주의시연구』, 일지사, 1980.

이명찬, 「시의 언어에 대한 새로운 자각」, 『한국 현대시론사 연구』, 문학과지성사, 1998.

이병옥, 「칼 슈미트의 정치적 낭만주의 비판-'주관화된 기연주의'를 중심으로」, 『헤겔연구』 제21권, 한국헤겔학회, 2007.

이철호, 『영혼의 계보 : 20세기 한국문학사와 생명담론』, 창비, 2013.

장석만, 『개항기 한국사회의 '종교' 개념 형성에 관한 연구』, 서울대 박사학위논문, 1992.

정명교, 「한국 현대시에서 서정성의 확대가 일어나기까지」, 『한국시학연구』 제22호, 2008.

정주아, 『한국 근대 서북문인의 로컬리티와 보편지향성 연구』, 서울대학교 박사학위논문, 2011.

황종연, 「신 없는 자연」, 『상허학보』 36집, 상허학회, 2012.

가라타니 고진, 송태욱 옮김, 『탐구 1』, 새물결, 1998.

_____, 박유하 옮김, 『일본근대문학의 기원』, 도서출판 b, 2010.

라인하르트 코젤렉, 황선애 옮김, 『코젤렉의 개념사 사전2 : 진보』, 푸른역사, 2010.

막스 베버, 김덕형 옮김, 『프로테스탄티즘의 윤리와 자본주의 정신』, 도서출판 길, 2010.

미셸 콜로, 정선아 옮김, 『현대시와 지평구조』, 문학과지성사, 2003.

발터 벤야민, 황현산 옮김, 『보들레르의 작품에 나타난 제 2제정기의 파리』, 도서출판 길, 2010.

_____, 최성만 옮김, 「종교로서의 자본주의」, 『역사의 개념에 대하여』, 도서출판 길, 2012.

샤를 보들레르, 이건수 옮김, 「현대적 삶의 화가」, 『보들레르의 수첩』, 문학과지성사, 2011.

앙트완 베르만, 윤성우·이향 옮김, 『낯선 것으로부터 오는 시련―독일 낭만주의 문화와 번역』, 철학과현실사, 2009.

야콥 타우베스, 조효원 옮김, 『바울의 정치신학』, 그린비, 2012.

윌프레드 캔트웰 스미스, 길희성 옮김, 『종교의 의미와 목적』, 분도출판사, 1991.

이소마에 준이치, 「식민지 조선과 종교 개념에 관한 담론 편성」, 『종교와 식민지 근대』, 책과함께, 2013.

_____, 심희찬 옮김, 『상실과 노스탤지어』, 문학과지성사, 2014.

장 피에르 리샤르, 윤영애 옮김, 『시와 깊이』, 민음사, 1995.

조너선 스미스, 장석만 옮김, 『종교 상상하기』, 청년사, 2013.

찰스 테일러, 『세속화와 현대 문명』, 철학과현실사, 2003.

칼 슈미트, 김항 옮김, 『정치신학』, 그린비, 2010.

프레데릭 바이저, 김주휘 옮김, 『낭만주의의 명령, 세계를 낭만화 하라』, 그린비, 2011.

헤겔, 두행숙 옮김, 『헤겔 미학 I』, 나남출판, 1996.

Benedict Anderson, *Imagined Communities*, Verso, 1983.

Charles Taylor, *A Secular Age*, Harvard University Prss, 2007.

Daniel Weidner, "Secularization, Scripture, and the Theory of Reading : J. G. Herder and the Old Testament", *New German Critique*, No.94, 2005.

Daniel Weidner, "The Rhetoric of Secularization", *New German Critique*, No.121, 2014.

Franco Moretti, "Lukacs's Theory of the Novel", *New Left Review*, No.91, 2015.

Gil Anidjar, "Secularism", *Critical Inquiry*, Vol.33, No.1, 2006.

Gloria Flaherty, *Shamanism, Colinialism and the Wild Man*, Chicago University Press, 1987.

Hans Blumenberg, *The Legitimacy of the Modern Age,* MIT Press, 1983.

Hans Blumenberg, *Shripwreck with Spectator : Paradigm of a Metaphor for Existence*, MIT Press, 1997.

Karl Löwith, *Meaning in History*, The University of Chicago Press, 1949.

Karl Schmitt, *Political Romanticism,* The MIT Press, 1986.

Lacoue-Labarthe and Jean-Luc Nancy, *The Literary Absolute : The Theory of Literature in German Romanticism*, State University of New York Press, 1988.

Laurence Dickey, "Blumenberg and Secularization : 'Self-Assertion' and the Problem of Self-Realizing Teleology in History", *New German Critique*, No.41, 1987.

Luc Boltanski and Eve Chiapollo, *The New Spirit of Capitalism*, Verso, 2007.

Martha Nussbaum, "Transcending Humanity", *Love's Knowledge : Essays on Philosophy and Literature*, Oxford University Press, 1990.

Michael W. Kaufmann, "The Religious, the Secular, and Literary Studies : Rethinking the Secularization Narrative in Histories of the Profession", *New Literary History*, Vol.38, No.4, 2007.

Paul de Man, "The Rhetoric of Temporality", *Blindness and Insigt : Essays in the thetoric of Comtemporary Criticism*, University of Minnesota Press, 1983.

Robert Scholes, *The Rise and Fall of English*, Yale University Press, 1998.

Talal Asad, *Formations of the Secular : Christianity*, Islam, Modernity, Stanford University Press, 2003.

Timothy Fitzgerald, *The Ideologies of Religious Studies*, Oxford University Press, 2000.

제3장

이입, 접속, 습합하는 기독교

다산 정약용을 통해 본 유교와 천주교의 만남
―한국적 근대성의 논리를 둘러싼 논쟁의 맥락에서―

나 종 석

1. 들어가는 말

이 글에서 추구되는 것은 다산학의 근대성을 해명하는 기존 연구가 일종의 선험적 틀로서 자명하게 전제하고 있는 인식 패러다임에 대해 비판적으로 성찰해보는 것이다. 다산학의 근대성을 긍정적으로 평가할 때 천주교의 영향을 강조하는 경향이 있는데, 그런 해석이 지니는 문제점을 비판적으로 다루어보고자 하는 것이다. 한국사상사 연구에서 실학보다도 더 뜨거운 주제는 별로 없을 것이다. 실학 개념이 성립가능한지에 대한 이의 제기가 존재하지만 조선 후기의 새로운 학풍으로서의 실학은 여전히 많은 학자들에 의해 공유되고 있다. 물론 실학의 성격을 어떻게 보아야 할지에 대해서는 여전히 논쟁 중이다. 그럼에도 한국학계에서 다산학을 포함하여 실학을 '근대지향' 및 '민족지향'으로 규정하는 것은 여전히 주류적 입장이다. 정일균에 의하면 실학연구의 주류적 입장은 "해방 이래, 특히 1960년대 이후부터 '자본주의 맹아론' 또는 '내재적 발전론'의 도식 위에서 조선후기의 사회변동과 실학을 인식하려는 흐름으로서, 여기서는 실학적 사유체계로부터 곧바로 한국적 근대성, 또는 근대정신의 내재적 태반을 읽어 내거나 확인하려는 독법"으로 이해된다.[1] 임형택도 20세기 한국의 실학 연구에서의 "관건어는 '근대지향'"이었으며, 이 근대 지향은 한국을 비롯한 동아시아 사회에서 근대로의 "내재적 발전의 가능성을 확인"하는 작업이었다고 강조한다.[2]

이런 실학 규정으로 인해 그 동안의 실학연구는 조선의 성리학과 실학의 대립적 구도를 지나치게 강조하면서 성리학=조선망국론의 주장을 암묵적으로 전제하는 문제점을 보여주었다.[3] 이는 우리사회의 전통=전근대 혹은 반(反)근대로 보는 서구중심주의적 사유방식의 내면화의 결과로도 이해될 수 있을 것이다. 실학을 근대 및 민족지향으로 보는 주류적 관점은 서구 근대=근대 일반이라는 입장을 자명한 것으로 전제하고 있기 때문이다.[4] 그러므로 1990년대 이후 실학의 개념과 성격 등에 대해 전통적인 주류적 입장에 대해 반기를 들고 "'자본주의 맹아론'에 대한 비판을 제기함과 동시에 이른바 '실학의 근대성'이라는 명제 또한 부정"하는 흐름이 크게 대두되었다.[5]

그럼에도 다산학을 포함하여 실학이라고 일컬어지는 조선후기의 사상의 흐름, 특히 마테오리치(Matteo Ricci, 利瑪竇, 1552~1610)가 편찬한 『천주실의(天主實義)』등 서학(西學)의 영향을 받아 다산학이 근대성을 띨 수 있었다는 관점은 아직도 건재하다. 예를 들어 송영배는 2013년의 글 「다산에 보이는『천주실의(天主實義)』의 철학적 영향」에서 다산이『천주실

---

1) 정일균, 「1950·60년대 '근대화'와 다산 호출」, 나종석 외 엮음, 『유학이 오늘의 문제에 답을 줄 수 있는가』, 혜안, 2014, 192쪽.
2) 임형택, 「新實學, 그 가능성과 方向」, 『韓國實學研究』 22, 2011, 7쪽 이하 참조.
3) 실학이라는 용어사용의 문제를 포함하여 다산학을 주자학과의 단절을 보여주는 근대지향적 실학으로 이해하는 흐름에 대해서는 백민정, 『정약용의 철학 : 주희와 마테오리치를 넘어 새로운 체계로』, 이학사, 2007, 412~442쪽 참조 바람.
4) 실학과 조선 성리학 사이의 관계에 대해서는 임형택, 「21세기에 다시 읽는 실학」, 『대동문화연구』 42, 2003, 1~22쪽 참조 바람.
5) 정일균, 「1950·60년대 '근대화'와 다산 호출」, 앞의 글, 192쪽.

의(天主實義)』의 독해를 통해 '반(反)성리학적인 철학적 관점'을 형성할 수 있었다고 한다. 송영배에 의하면 다산은 "『천주실의(天主實義)』에 소개된 서구적인 윤리사상의 구도를 적극적으로 원용함으로써, <명상적 관념적인 성리학>의 패러다임을 <실천적 윤리중심>의 새로운 패러다임으로 전환시킬 수 있었다." 또한 다산은 이런 새로운 패러다임의 전환을 통해 인간과 자연의 성리학적 합일에서 벗어나 자연과 인간에 대한 "근대적인 전환"을 이룩할 수 있었다. 달리 말하자면 다산은 인간과 자연의 근대적인 분리를 가져와 자연에 대한 과학적인 인식의 가능성을 확보함은 물론이고 이성적인 존재로서의 인간의 주체적이고 자유로운 인간관을 제시할 수 있었다는 말이다.6)

이 글에서 필자는 이런 관점에 대해 이의를 제기해보려는 것이다. 그렇다고 다산학의 형성에 서학이나 천주교의 영향이 부정되어야 한다는 주장을 하고자 하는 것이 아니다. 그런 영향이 다산학의 형성에 어떤 방식으로 작용하고 있는지 그리고 그 결과 산출된 다산학의 성격을 근대적인 것이라고 규정할 수 있는지 그리고 그렇다고 한다면 그 근대성은 어떤 근대성인지에 대한 물음에 대해 천착하지 않으면 안 된다고 본다. 이런 문제에 대한 반성 없이 다산학의 근대성을 언급하는 것은 서구 근대성을 근대의 모델로 설정하고 그에 유사한 것을 조선후기사회에서 발견하고 그것을 한국의 근대성의 '맹아'나 '싹'으로 보려는 시도의 반복에 그칠 것이기 때문이다. 한국사의 시대 구분에서도 근대 서구와의 접촉을 시작한 개항기부터 근대의 시작으로 보는 것이 통례인데, 조선성리학을 중세적인 봉건제 사유로 보고 그에 비판적인 조선후기사상에서 실학이라 불리는 사조를 근대지향의 사상적 흐름으로 보는 관점 역시 역사적 시대구분을 사상사 연구에서 반복하는 것이다. 더구나 본문에서 좀 더 상세하게

---

6) 송영배, 「다산에 보이는 『천주실의(天主實義)』의 철학적 영향」, 경기문화재단 실학박물관 편, 『다산사상과 서학』, 경인문화사, 2013, 33~35쪽.

검토될 것이지만 근대 서구에서 가톨릭(천주교)은 20세기 중반에 이르기까지 서구사회의 근대화와 세속화를 가장 강렬하게 비판한 세력이었음을 감안한다면 마테오리치를 매개로 해 조선에 전파된 천주교 및 서학의 충격으로 근대지향의 사상이 비로소 움트기 시작했다는 식의 연구 결과는 당혹스럽기까지 하다.

그리고 조선후기사상사 연구의 상당수는 조선을 비롯한 비서구 사회의 근대는 서구의 충격과 영향에 의해서 비로소 가능했을 것이라는 서구중심주의적 사유 패러다임의 타당성을 무비판적으로 답습하고 있다. 그런 한에서 그런 식의 연구방법은 조선의 사상사 내지 철학사를 분석하고 이해하는 틀로서는 부적절하다. 그런 사유 패러다임은 전통과 근대의 단절을 지나치게 과장하지 않을 수 없고 서구와의 접촉이나 충격이 없었던 동아시아의 전통사회를 기계적으로 근대적이지 않은 봉건적인 혹은 전근대적인 사회이고 그런 사회를 규정한 조선 성리학과 같은 사조는 기껏해야 전근대적 사유방식에 불과하다는 결론에 이르지 않을 수 없기 때문이다. 그런데 중국 송대에 등장한 주자학과 조선시기의 성리학이 정말 그렇게 전근대적인 사고방식에 지나지 않을까?[7]

유럽을 근대의 기준으로 삼는 패러다임은 유럽과 비서구사회의 관계를 전통과 근대 그리고 선진과 후진이라는 문명사이의 위계서열을 정당화하지 않을 수 없다는 점에서도 분명 재고가 필요한 관점이다. 이런 식의 전통과 근대의 단절을 강조하는 사유는 전통과 근대를 이어주는 연속적 요소를 부차적인 것으로 보는 경향이 있다. 예를 들어 한국사회의 근대화를 방해하는 주범의 하나로 비판되는 가족이기주의처럼 지속적인 영향력을 행사하는 전통은 아무리 잘해보아야 서구적 근대화의 길을 방해하는

---

7) 주자학의 창시자인 주희의 사상이 결코 봉건적인 것이 아님을 밝혀주는 최근의 연구 결과는 다음 참조 바람. 위잉스, 이원석 옮김, 『주희의 역사세계 : 송대 사대부의 정치문화 연구 상/하』, 글항아리, 2015.

장애물 정도로 취급되곤 한다. 유럽 중심주의적 사유 패러다임은 결국 조선을 비롯한 동아시아의 전통사회에서 오늘에 이르는 역사가 유럽과 다른 독자적인 길을 걸어온 역사일 수 있다는 가능성을 원천적으로 차단한다. 그리고 과거를 바라보는 시야를 특정한 방식으로 제한하는 것은 서구의 충격을 수용한 조선사회의 토대가 무엇이었는지 그리고 그런 수용의 조건에 의해 서양이 거꾸로 제약되어 우리의 역사가 서구와는 다른 길을 걸어가게 된 이유를 균형 잡힌 시각에서 보는 것을 방해하는 것으로 귀결된다.

그러므로 우리는 조선후기 사회에 대한 인식은 물론이고 실학의 개념과 범위 그리고 그 성격에 대한 기존의 서구 근대 중심적인 방법론과 인식의 틀 자체를 비판적으로 재검토할 필요가 있다. 이런 맥락에서 필자는 다산 정약용의 사례를 중심으로 천주교와 유학의 만남이 한국 근대성의 성격을 해명하는 작업에 어떤 실마리를 제공할 수 있는지를 살펴보려 한다. 다산학에 근대적 성격이 존재한다면 그 근대성은 서구 근대성을 모델로 해서 이해되어야 하는 것인지를 포함하여 어떤 근대성인가의 물음을 제기하고 그에 대한 명쾌한 답은 아니라 할지라도 그런 질문에 대한 해명의 실마리라도 제시해보고자 한다.

이런 문제의식을 좀 더 명료하게 하기 위해 다산학의 실천지향적 윤리관이 어떤 점에서 사회구원을 지향하는 유교적 정치신학으로 이해될 수 있는지 그리고 그런 다산의 유교적 신학이론이 왜 서학 및 유교전통 사이의 창조적 대화의 산물이라고 이해되어야 하는지를 서술할 것이다. 특히 필자는 서학 및 천주교의 영향을 받고 서학의 인식적 패러다임을 그대로 반복한 것이 아니라, 유교적 전통의 재해석을 통해 서학의 충격과 도전에 창조적으로 응전한 사유의 결과로서 다산학이 이해되어야 함을 강조할 것이다. 간단하게 말하자면 다산학은 서학 및 천주교의 도전에 대한 조선 유학의 창조적인 유교적 대응 내지 비판임을 보여주고자 한다.

마지막으로는 다산학의 근대성이 서학의 충격과 영향에서 가능한 것이
아니라 오히려 넓게는 유학전통 자체, 좁게는 조선유학사상의 자기혁신과
성찰의 맥락에서 더 잘 이해될 수 있다는 주장을 정당화해볼 것이다.
이를 통해 필자는 이런 새로운 해석이 다산학의 근대성 문제 및 한국
근대성의 논리를 해명하는 데 어떤 기여를 할 수 있는지를 간단하게나마
언급할 것이다.

2. 천주교, 다산의 상제(上帝)관 그리고 그의 경학체계의 성격

정약용(丁若鏞, 茶山, 1762~1836)의 유학사상과 조선성리학 사이의 관계
는 다산학 연구에서 핵심 쟁점 중 하나이다. 한 동안은 다산학을 반주자학
적 사유로 보는 관점이 흥했지만 요즈음에 들어 다산학을 주자학에 반대되
는 학문으로 이해하는 것은 지나치다는 주장이 더 호응을 얻고 있다.
다산이 주자학을 다양하게 비판하고 있는 것은 사실이지만 그런 비판이
곧바로 주자학을 반대하는 것이라는 결론을 정당화시켜주는 것은 아니기
때문이다. 그래서 요즈음은 탈(脫)성리학 혹은 탈(脫)주자학적 사유라는
개념이 더 자주 사용되는 경향이 있다.

다산학이 반주자학인지 여부를 떠나 그가 여러 측면에서 주자학에
대해 비판적 문제제기를 하고 있음은 분명하다. 다산은 자신이 왜 주자학을
비판할 수밖에 없는지를 다음과 같이 설명한다. "요사이 사람들이 성인(聖
人)이 되려고 해도 능할 수 없는 데에는 세 가지 이유가 있다. 첫째는
하늘(天)을 이치(理)로 인식한 것이며, 둘째는 인(仁)을 만물을 낳는 이치라
고 인식한 것이며, 셋째는 용(庸)을 평상(平常)으로 인식한 때문이다. 신독으
로 하늘을 섬기고, 힘써 서(恕)를 실천함으로써 인을 구하고 또한 오래
하면서 쉬지 않는다면 이것이 성인인 것이다."(今人欲成聖而不能者. 厥有三

端. 一認天爲理. 一認仁爲生物之理. 三認庸爲平常. 若愼獨以事天. 强恕以求仁. 又能恒久而不息. 斯聖人矣.)8)

위 인용문에서 다산은 그가 보는 주자학의 문제점이 무엇인지 그리고 그런 한계를 극복하기 위해 자신이 무엇을 대안으로 제시하고 있는지를 매우 압축적으로 표현한다. 다산에 의하면 주자학은 하늘을 이치로 파악하는 오류를 범하고 있는데, 하늘은 섬김의 대상으로 이해되어야 한다. 하늘을 섬긴다는 것, 즉 사천(事天)은 하늘이 인격적인 성격을 지닌 신앙의 대상이라는 것을 의미한다. 하늘에 대한 인격적인 이해는 다산학의 핵심 중의 하나이다. 그의 상제관 혹은 새로운 천(天) 개념은 그의 인성론과 자연에 대한 이해의 기초를 이루고 있기에 그렇다. 다산은 천과 상제를 동일한 것으로 보고 천즉리(天卽理)에 입각한 성리학의 이법(理法)적 천 개념과 구별되는 인격적인 존재이자 신앙의 대상으로서의 천·상제 개념을 자신의 사유의 토대로 제시한다.

다산의 상제사상의 연원으로 퇴계 학맥을 강조하는 연구들이 존재한다. 그러나 다산의 상제사상의 형성에서 마테오리치의 영향도 지대하다. 김선희에 의하면 "다산의 상제관의 연원을 조선 유학 내부 문제로만 귀착시키는 것은 설득력이 약하다."9) 퇴계에서 다산으로 이어지는 사상의 내적 계승을 강조하는 연구들은 다산 상제관의 형성에 키친 서학 및 천주교의 영향을 축소하고 있다고 그는 비판한다. 그래서 그는 다산의 상제관의 연원을 제대로 이해하기 위해서는 조선유학의 사상적 맥락과

8) 정약용, 전주대호남학연구소 역, 『심경밀험(心經密驗)』, 『국역 여유당전서 : 경집 I·대학·중용』, 전주대학교출판부, 1986, 189쪽. 이 글에서 다루지는 않겠지만 다산의 주자학에 대한 비판은 성리학 자체에 대한 전면적 비판이 아니라 당대 현실과의 비판적 대화 능력을 상실하고 체제 이데올로기로 변질된 속류 성리학자들에 대한 비판이라는 성격이 더 강하다고 여겨진다.
9) 김선희, 「라이프니츠의 신, 정약용의 상제」, 경기문화재단 실학박물관 편, 『다산 사상과 서학』, 앞의 책, 123쪽.

더불어 서학의 자극을 함께 고려하지 않으면 안 된다고 본다.[10] 금장태도 다산이 주자학적 세계관을 탈피하여 새로운 유학이론을 개척할 수 있었던 것은 고증학과 한학을 비롯한 다양한 반(反)주자학적 사유를 활용하는 것 외에도 서학의 영향으로 인한 것이라고 본다. 그에 의하면 다산의 사유형성에 가장 큰 영향을 주었던 것은 천주교와 서양 학문인 서학이었다.[11]

마테오리치는 인격적인 상제(上帝) 개념을 통해 성리학의 천리(天理)관을 비판하는 작업을 『천주실의』에서 수행했다. 그는 기독교의 하느님을 고대 유교경전에 나타나는 상제(上帝)나 천(天)과 동일한 것으로 보면서 고대 중국의 원시유학사상과 기독교의 상제숭배사상은 기본적으로 다르지 않다고 강조했다. 그러나 그는 송명 시기의 성리학을 무신론적인 것으로 보고 주자학의 태극론과 이기론 등을 부정한다.[12] 송영배는 마테오리치에 의해 소개된 "토미즘적인 사유의 패러다임이 그대로 다산철학의 핵심적 구도를 이루고 있다"고 주장한다. 마테오리치의 『천주실의』에 나타나는 '반성리학적' 사유 패러다임을 구성하는 세 가지 요소는 ① 정신과 물질의 이분법과 '이성적 존재'로서의 인간의 고유성을 파악하는 것, ② 인간의 '자유의지'와 '도덕실천'을 통한 '자아의 완성', ③ 성리학의 이치(理)로서의 태극은 의존적인 속성에 불과하고 이성적이고 인격적인 신의 존재를 긍정한다는 점 등이다. 이에 상응하여 다산철학에서 발견되는

---

10) 위의 글, 124쪽. 그의 연구는 퇴계 이황과 다산의 인격적 천관, 즉 상제관 사이의 연속과 단절의 양상을 잘 보여주고 있다. 특히 121~137쪽 참조 바람.
11) 금장태, 「다산경학(茶山經學)의 탈주자학적(脫朱子學的) 세계관」, 『다산학』 1, 2000, 36쪽.
12) 마테오리치, 송영배 외 옮김, 『천주실의』, 서울대학교출판부문화원, 2010, 제2편 참조 ; 금장태, 「다산경학(茶山經學)의 탈주자학적(脫朱子學的) 세계관」, 위의 글, 39쪽. 정약용이 주자학의 이기론을 비판하는 데 서학의 영향이 결정적이었다는 점은 많은 연구자들이 지적하는 바다. 한형조, 「다산과 서학 : 조선 주자학의 연속과 단절」, 『다산학』 2, 2001, 144쪽.

사유 패러다임은 ① 인간과 사물의 범주론적인 구별, ② 성리학의 만물일체의 인 혹은 인물성동론에 대한 부정, ③ 이치는 속성에 지나지 않고 상제의 주재성 강조 등 세 가지로 구성되어 있다.13)

다산은 상제를 어떻게 이해하는가? 다산은 기독교적인 창조주와 같은 전능성은 아닐지 모르나 상제의 전능성을 강조한다.14) "상천의 일이란 광대하고 신묘하여, 능히 하지 못할 것이 없다."(上天之載, 廣大神妙, 無所不能)15) 그리고 다산에게 상제는 자연적인 천이 아니라 유일하고 그 어느 존재와도 짝할 수 없는 고귀한 것으로 이해된다. "황천상제는 지극히 하나일 뿐이요 둘이 없으며, 지극히 존귀하여 짝이 없다."(皇天上帝, 至一而無二, 至尊而無匹)16) 상제가 유일무이한 고귀한 존재인 것처럼 상제는 신령스러운 능력을 지닌 인격신적인 존재, 즉 "영명하여 주재하는 하늘"(靈明主宰之天)이기도 하다.17) 더 나아가 다산은 천을 인격적 주재자이자 인간의 도덕적 본성의 근본으로 생각한다. "하늘의 주재자는 상제가 된다. 그것을 천이라고 하는 것은 국군을 단지 국이라고 칭하는 것과 같으니, 이것은 감히 손가락질하여 말하지 않는다는 뜻이다. 저 푸른 유형의 하늘은 우리에게 있어 지붕처럼 덮고 있는 것에 불과하고 그

---

13) 송영배, 『동서철학의 충돌과 융합』, 사회평론, 2012, 181쪽. 송영배의 이런 주장이 지니는 문제점에 대해서는 백민정, 『정약용의 철학 : 주희와 마테오리치를 넘어 새로운 체계로』, 앞의 책, 439~440쪽 참조 바람.

14) 다산의 상제관이 형성된 시기에 대해 학자들 사이에 이견이 존재한다. 다산의 상제관이 『天主實義』를 읽은 20대부터 형성되기 시작한 것으로 보는 금장태의 주장에 대해 이영훈은 다산의 저술에서 상제가 체계화된 모습으로 본격적으로 등장하기 시작하는 것은 1811년대의 尙書 연구부터라고 보아야 한다고 주장한다. 이영훈, 「다산의 인간관계 범주구분과 사회인식」, 『다산학』 4, 2003, 33쪽 각주 55.

15) 정약용, 전주대 호남학연구소 옮김, 『중용자잠(中庸自箴)』 권2, 『國譯 與猶堂全書』, 전주대 출판부, 1986, 222쪽.

16) 정약용, 『尙書古訓』 권6.

17) 정약용, 김지용 역주, 『정다산시문선』, 교문사, 1991, 480쪽.

등급도 땅·물·불과 똑같은 등급이 되는데 지나지 않으니 어찌 인간의 성(性)·도(道)의 근본이겠는가? … 천하의 영(靈)이 없는 물건은 주재자가 될 수 없다."18)

정약용은 천지만물 일체의 인 사상을 비판하고 동물과 인간 본성의 차이를 역설하면서 도덕적인 행위의 가능성을 인간에게 국한시킨다. 다산에 의하면 "도의(道義)의 성은 오직 사람만이 가지는 것이고 금수이하는 이를 얻을 수 없다."19) 그래서 다산은 기질지성과 본연지성의 구별을 통해서만 인간과 여타 생명체의 차이를 해명하려는 성리학을 비판하고 인간과 동물의 본성의 차이를 강조한다. "사람의 성(性)은 성(性)의 일부인 인성(人性)이고, 개·소의 성도 성(性)의 일부인 금수성(禽獸性)일 뿐입니다. 대개 사람의 성은 도의와 기질 두 가지를 합하여 하나의 성이 된 것이고, 금수의 성은 순전히 기질의 성일 뿐입니다. … 내가 생각건대, 개·소·사람의 성을 똑같이 기질의 성이라고 한다면, 이는 인류(人類)를 깎아 내리는 것이고, 똑같이 도의의 성이라고 한다면 이는 금수를 끌어 올리는 것이 되니, 두 가지 설에 모두 병통이 있습니다. 내가 생각건대, 사람의 성은 사람의 성이고, 개·소의 성은 곧 금수의 성입니다."20)

앞에서 본 것처럼 정약용은 태극의 보편적인 이치가 인간을 포함한 만물에 구비되어 있다는 성리학적 관점에 대해 비판적이다. 그는 인간의 본성과 동식물의 본성이 뚜렷하게 구별된다고 강조한다. 그래서 동식물과 달리 인간만이 인의예지의 도덕을 실행에 옮길 수 있는 고귀한 존재로 격상된다. 이런 다산의 문제의식은 당대의 조선사회의 위기에 대한 강렬한

---

18) 정약용, 이지형 옮김, 『맹자요의(孟子要義)』, 현대실학사, 1994, 383~384쪽.

19) 정약용, 이지형 옮김, 『논어고금주(論語古今註)』 5, 사암, 2010, 89쪽.

20) 정약용, 『맹자요의(孟子要義)』, 앞의 책, 315~316쪽. 이 글에서는 다산의 성리학 비판의 타당성 여부를 다루진 않는다. 다산의 조선 성리학에 대한 비판이 지니는 문제점에 대해서는 다음 글 참조 바람. 정순우, 「다산 공부론에 있어서 '덕성(德性)'의 문제」, 『다산학』 2, 2002.

비판의식 그리고 현실개혁의식의 표출이다. 다산은 당대의 위기를 총체적 위기상황으로 보고 그것을 "터럭하나 만큼이라도 병통 아닌 것이 없는바, 지금이라고 고치지 않으면 반드시 나라가 망한 다음이라야 그칠 것이다"[21]라고 진단했다. 그의 경학에서의 새로운 면모는 현실사회의 문제를 비판적으로 극복하려는 경세학과 밀접하게 연결되어 있다.[22] 그리고 인간 이외의 만물은 섬김의 대상이 아니라 "향유하고 이용"되는 존재로 이해된다.[23] 인간과 자연의 통일 그리고 천지만물 일체의 인이라는 우주적 가족주의의 성격을 지니고 있는 성리학과 달리 인간과 자연 사이의 위계서열적인 관점은 다산의 인간중심주의적 사유의 성격을 드러내준다.

이처럼 다산은 주자학적인 천리관을 비판하고 인격적인 상제이론을 추구하면서 인간의 도덕적 실천행위에 대한 새로운 이해를 보여준다. 즉 다산은 상제를 인간의 도덕적인 자기완성과 인륜적인 실천의 문제로 접근한다. "하늘이 사람의 선악을 살피는 것은 항상 인륜에 있으므로 몸을 닦아 하늘을 섬기는 바, 또한 인륜에 힘을 다하는 데 있다.(天之所以察人善惡, 恒在人倫, 故人之所以修身事天, 亦以人倫致力.)[24] 동양 유학의 경전 중의 하나인 『중용』에 대한 여러 글에서 다산은 천명(天命), 인심도심(人心道心) 그리고 인간의 심성(心性)에 대한 새로운 사유를 보여준다. "중용의 글은 구절마다 모두 천명을 말한 것이며 구절마다 모두가 천명으로 귀속된 것이다."[25] 다산은 천명(天命)을 받들어 하늘을 섬기는 행위가 인도, 즉

21) 정약용, 이익성 옮김, 『경세유표 1』, 한길사, 1997, 79쪽.
22) 다산 경세학의 경학적 기초에 대해서는 백민정, 『정약용의 철학 : 주희와 마테오리치를 넘어 새로운 체계로』, 앞의 책, 385~400쪽 참조 바람.
23) 정약용, 전주대 호남학연구소 옮김, 『중용강의보(中庸講義補)』 권1, 『國譯 與猶堂全書』, 전주대 출판부, 1986, 264쪽.
24) 정약용, 전주대 호남학연구소 옮김, 『중용자잠(中庸自箴)』 권1, 『國譯 與猶堂全書』, 전주대 출판부, 1986, 198쪽.
25) 정약용, 『중용강의보(中庸講義補)』 권1, 앞의 책, 308쪽.

인간이 지켜나가야 할 올바른 길이라고 본다. "솔성(率性)이란 천명을 따르는 것이다."[26] 그런데 하늘로부터 부여받은 인간의 선한 마음, 즉 인간이 선한 행위를 하도록 이끄는 도심(道心)에는 "하늘의 혀"가 "깃들어 있다"고 다산은 말한다. "도심(道心)이 경고하는 것은 황천(皇天)이 명하신 경계나 다름없다"는 것이다. 이처럼 다산은 인간의 도덕적 행위의 궁극적 근거를 "천명(天命)"이라고 한다.[27]

그러나 하늘이 부여한 천명을 수행하는 것은 매우 어려운 일이다. 인간이 하늘로부터 부여받은 영명한 능력으로 인해 천명을 수행할 수 있는 존재이기는 하지만 다산이 보기에 인간은 쉽게 악에 빠진다. 인간은 도심과 더불어 기질이 합쳐져 있는 존재이기 때문이다. 인간에게 부여된 것은 선에 대한 경향성이나 가능성이다. 인간이 인간다운 것은 동물과 달리 인의예지와 같은 "도의(道義)"를 실천으로 옮길 수 있는 능력을 지니고 있기 때문이다. 달리 말하자면 인간은 동물과 달리 도의를 행할 수 있는 "영명(靈明)"한 능력을 지닌 존재이다. 그런데 영명한 능력을 지닌 인간은 본능에 의해 움직이는 동물과 달리 스스로 선을 실현하고자 하는 의욕에 따라 행동을 결정할 수 있는 존재, 즉 자유의지에 의거하여 스스로 도덕적 선을 행동에 옮길 수 있는 존재이다. 그래서 정다산은 '천명지성'의 성(性)을 마음의 기호(嗜好)로 이해한다. 즉 "성이란 내 마음이 좋아하는 바이다(性者心之所嗜好)"[28]로 이해한다. 이것이 정다산의 독창적인 '성기호설(性嗜好說)'이다.

다산의 성기호설은 도덕적 행위를 행함에 있어서 인간의 자유로운 선택을 강조하는 이론이다. 다산은 선을 행할 수도 있고 혹은 악을 행할 수도 있는 인간의 주체적인 선택 능력을 '권형(權衡)' 혹은 '자주지권(自主之

---

26) 정약용, 『중용자잠(中庸自箴)』 권1, 앞의 책, 200쪽.
27) 위의 책, 200~201쪽.
28) 위의 책, 198쪽.

權’이라고 한다. 다산에 의하면 인간은 자주지권(自主之權) 혹은 권형(權衡)이라 불리는 자유의지를 지닌 존재이지만 동시에 하늘로부터 부여받은 천명을 수행해야 하는 존재이기도 하다. 인간의 성이 선하다는 맹자의 성선설이 주장하는 것은 사람이 자연스럽게 선을 행할 수 있다는 주장이 아니다. 그렇다면 사람의 도덕적 행위에서의 주체성과 책임의 문제를 논할 수 없기 때문이다. 다산에 의하면 "하늘이 사람한테 주체적인 권능(自主之權)을 주었다." 따라서 사람은 "선을 하려고 하면 선을 하고 악을 하려고 하면 악을 하는" 것이다. 달리 말하자면 악을 피하고 선을 행하는 것은 "사람의 공(功)이 되고 악을 하면 실제로 자신의 죄가 된다."[29] 선한 일을 하는 것이나 악한 일을 하는 것이나 다 인간의 주체적인 권능 혹은 자유의지에 의한 선택의 결과이기에 그런 행위의 결과에 대해 인간이 좋은 결과는 결과대로 아니면 나쁜 결과에 대해서는 그 죄과의 책임을 지는 존재라고 다산은 생각한다. 다산은 그의 자주지권의 이론의 핵심을 다음과 같이 주장한다. "다만 선하지 않을 수 없다면 사람에게 공이 없는 것이다. 이에 또 선할 수도 있고 악할 수도 있는 권형을 부여하여, 그의 자주력에 따라 선으로 향하려고 하면 이를 들어주고, 악으로 나아가려고 하면 이를 들어주었으니, (사람의) 공과 죄가 여기에서 일어나게 되는 것이다."[30]

다산이 1814년에 완성한 『맹자요의』에서 인(仁)을 마음속에 본래 갖추어져 있는 이치(理)로 보는 주자학의 관점을 비판하면서 인을 행함에 있어 인간의 작위(作爲)를 강조한다. "'위인(爲仁)'이라 할 때 '위(爲)'자는 '작(作)'자와 같은 것이니, 힘을 써서 일을 행하는 것을 '위(爲)'라 하고, 손을 대어 일을 도모해 나가는 것을 '위(爲)'라고 한다."[31] 이런 인간의

---

29) 정약용, 『맹자요의(孟子要義)』, 앞의 책, 135~136쪽.

30) 정약용, 『논어고금주(論語古今註)』 5, 앞의 책, 79쪽.

31) 정약용, 『맹자요의(孟子要義)』, 앞의 책, 93쪽.

능동적이고 작위적인 특성을 강조하는 다산의 '자주지권'의 이론은 아마 그가 1810년대에 이르러 전통적인 유교의 덕치와 거리를 두면서 본격적으로 주장한 "작위(作爲)의 왕정론"[32]의 전개와 연결되어 있다고 여겨진다. 이처럼 다산이 인간의 자주지권의 이론을 통해 스스로의 행위에 대해 책임을 져야 하고 인간의 작위적인 능동적 행위를 강조했지만 그가 인간의 도덕적 행위의 근거를 오로지 인간에게서만 구한 것은 아니다. 다산에 의하면 인간의 도덕적 의무는 하늘에서 부여받은 사람의 본심을 실현해내는 것이다.

그런데 다산은 인간이 하늘로부터 부여받은 도덕적인 의무를 실행하도록 고무하고 격려하는 것을 상제의 역할에서 구한다. 다산에게 상제는 인간을 도덕적으로 인도하는 문제와 관련해서 언급된다. "하늘이 생(生)을 부여해 주자마자 이 명(命)[천명-필자]도 있게 마련이며, 또 살고 있는 동안에는 시시각각 이 명은 계속되고 있는 것이다. 하늘은 차근차근 말로 타이를 수는 없다. 못하는 것이 아니라 하늘의 혀는 도심(道心)에 깃들어 있으니 도심이 경고하는 것은 황천(皇天)이 명하신 경계나 다름이 없다."(天於賦生之初, 有此命, 又於生居之日, 時時刻刻.續有此命. 天不能諄諄然命之.非不能也. 天之喉舌. 寄在道心. 道心之所儆告. 皇天之所命戒也.)[33]

그리고 상제로부터 주어지는 천명은 사람이 어떤 악한 일을 할 때 그런 행위를 하지 말라고 경고하는 인간의 마음속의 도덕적 양심의 목소리처럼 작용한다. 그래서 다산은 "도심과 천명은 두 가지로 나누어 볼 수 없다(道心與天命, 不可分作兩段看)"라고 하면서 하늘은 늘 "도심"에 따라 사람이 행동하도록 "인도"하는 방식으로 작동한다고 강조한다. "하늘의 경고 또한 형태가 있는 이목으로 말미암은 게 아니라 항시 형태가 없는 묘용(妙用)의 도심을 따라 유도하고 가르쳐준다. 이것이 이른바 '하늘이

---

32) 이영훈, 「다산의 인간관계 범주구분과 사회인식」, 앞의 글, 34쪽.
33) 정약용, 『중용자잠(中庸自箴)』 권1, 앞의 책, 198쪽.

그의 마음을 인도하네'라는 것이다."[34]

이처럼 다산의 상제의 이론은 인간의 도덕적 실천의 수행성을 강화하는 맥락에서 이해되어야 한다. 인간은 악에 빠지기 쉬운 존재이기에 평소에 늘 선을 좋아하고 악을 피하고자 하는 마음가짐을 확충하는 수양 공부를 게을리 해서는 안 된다. 그래서 상제의 명령인 천명을 잘 섬기는 일은 개인이 악한 욕망에 빠지지 않도록 늘 자신의 마음을 다스리는 공부와 수양이 요청된다. 그리고 그런 수양 공부법의 핵심은 '신독(愼獨)'이다. 물론 이는 정약용만의 새로운 방법이 아니다. 그러나 다산에게 있어서 신독은 천명의 소리, 즉 상제의 명령을 제대로 이해하고 그것에서 벗어나지 않으려고 경계하고 두려워하고 삼가는 것이다. 그래서 다산은 사람들이 늘 상제가 자신을 감시하고 있음을 자각하면서 하늘을 두려워하고 행실에 있어 늘 삼가야 한다고 강조한다. 간단하게 정리하면 신독(愼獨)의 공부란 상제의 명령을 받드는 방법으로 '삼가고 두려워하는(戒愼恐懼)' 것이다.[35] "하늘의 영명(靈明)은 인심과 통하여 숨겨 있으되 나타나지 않은 것이 없고, 미세하되 밝혀지지 않은 것이 없어, 거처하는 그 집을 굽어보며 나날이 감시함이 여기에 있다는 것을 진실로 아는 사람이 있다면 비록 대담한 사람일지라도 경계하고 삼가고 두려워하지 않을 수 없을 것이다." (天之靈明, 直通人心, 無隱不察, 無微不燭, 照臨此室, 日監在玆, 人苟知此, 雖有大膽者, 不能不戒愼恐懼矣.)[36] 이처럼 다산에게 신독의 공부는 상제에 대한 섬김, 즉 사천(事天)으로 이어진다. 그래서 다산은 말한다. "천지귀신이란 바깥에 널려 있는데 그 중에서도 지극히 크고 지극히 높은 것은 상제이시다. 문왕이 조심조심하는 마음으로 밝게 상제를 섬겼던 일과 중용에서의

---

34) 위의 책, 203~204쪽.
35) 계신공구(戒愼恐懼)에 대한 주희와 정약용의 이해의 차이점에 대해서는 이상익, 「정약용의 윤리사상에 대한 주자학적 반론」, 『동방학지』 119, 2003, 314~317쪽 참조 바람.
36) 정약용, 『중용자잠(中庸自箴)』 권1, 앞의 책, 204쪽.

계신공구(戒愼恐懼)가 어찌 밝은 마음으로 상제를 섬기는 학문(昭事之學)이 아니겠는가?"[37]

정약용은 인간이 스스로 도덕적인 선한 행위를 확충할 수 있는 수양법으로 상제의 감시와 연관해 전통적인 '신독(愼獨)'을 새롭게 해석하는데 그치지 않고 상제의 상벌을 언급한다. 권형이라는 인간의 주체적인 선택 능력을 강조하면서, 다른 한편으로 상제가 늘 인간의 행동을 감시할 뿐 아니라 상과 벌을 준다는 점을 강조하는 것 사이에는 상당한 긴장이 존재한다. 상제는 선한 사람에게 복을 내리고 나쁜 사람에게 화를 내린다는 것, 즉 '복선화음'이란 사람들이 도덕적인 행동을 하도록 만드는 것은 스스로의 주체적인 선택이 아니라 상제가 주는 상이나 벌에 대한 두려움이나 즐거움인 것으로 이해될 수 있기에 그렇다. 다산에 의하면 상제에 대한 두려움은 군자라고 해서 벗어날 수 없다. "군자가 암실(暗室)에 있으면서 두려워하며 감히 나쁜 짓을 하지 못하는 것은 거기에는 상제가 그를 굽어보고 있을 알기 때문이다."[38] 군자도 이렇게 홀로 있을 때 자신의 마음을 삿되게 하지 않도록 상제의 감시와 경계를 두려워하는 마음을 지녀야만 한다면 일반 백성들은 말할 필요가 없다. 그렇다면 정약용의 도덕이론은 인격적 상제의 상과 벌을 도덕적 행위의 근거로 설정하는 것으로 되고, 그런 도덕이론은 자율적인 도덕이론이 아니라 타율적인 태도를 옹호하는 것으로 이해될 수도 있다.[39] 그래서 오문환은 "다산이 찾아낸 자율적 인간은 절대적 주재신에 대한 공포감 때문에 도덕을 선택할

---

37) 정약용, 『중용강의보(中庸講義補)』 권1, 앞의 책, 308쪽.

38) 위의 책, 203쪽. 다산의 이 구절을 들어 차이전평은 다산의 상제관이 서학의 상제 개념보다도 선진 유학의 상제 개념에 더 가깝다고 주장한다. 차이전평, 김중섭·김호 옮김, 『다산의 사서학 : 동아시아의 관점에서』, 너머북스, 2015, 119~120쪽 참조.

39) 정약용의 윤리이론이 타율적 윤리이고 주자학의 윤리이론에 비해 퇴보했다는 관점을 옹호하는 글로는 이상익, 「정약용의 윤리사상에 대한 주자학적 반론」, 앞의 글, 283~327쪽 참조 바람.

수밖에 없는 수동적이고 피동적인 성격을 갖는다"고 주장한다.[40]

그러나 정약용이 하늘이 내릴 상벌에 대한 두려움을 강조하는 것은 상벌에 대한 두려움 자체를 도덕적 행위의 참다운 근거로 간주했다고 해석하기보다 도덕적 행동의 동기를 인간의 마음에 불러일으키는 방법으로 이해되어야 할 것이다. 달리 말하자면 도덕의 근거를 해명하는 일과 도덕적으로 옳다고 해명된 도덕적 규범 내지 원칙을 구체적 상황 속에서 행동으로 옮길 때 요구되는 동기는 구별되어야 한다. 앞에서 언급했듯이 다산에게 도덕의 궁극적 근거는 천명(天命)일 따름이다. 천명이라 불리는 상제의 명령의 구체적 내용은 기존의 유학 전통이 주장하는 '효제충신'과 '인의예지'라는 덕목과 전혀 다르지 않다. "덕은 나의 곧은 마음을 행하는 것이다. 행하지 않으면 덕이 있을 수 없다. 효제충신과 인의예지를 덕이라 말하는데 미처 행하지 않는다면 어떻게 덕이라 할 수 있는가?"[41] 천명을 인간의 주체적인 힘으로 실행에 옮길 때 요청되는 것이 상제에 대한 두려움이다. 앞에서 보았듯이 다산은 상제를 두려워하고 삼갈 줄 아는 것을 신독의 공부에서 핵심적인 것으로 이해한다. 이런 맥락에서 다산의 상제론의 "요청적인 성격"을 강조하는 성태용의 지적은 일리가 있다.[42]

다산은 도덕적으로 선한 사람이 늘 행복한 것이 아니고 악한 사람이 벌을 받는 것이 아니라는 점을 잘 알고 있다. 그럼에도 그는 그런 상황과 무관하게 도덕적 행동을 묵묵히 수행하는 것이 군자의 도리라고 생각한다. "군자는 하늘을 섬길 때 하늘이 움직이지 않는다고 하더라도 공경하며

---

40) 오문환, 「다산 정약용의 근대성 비판 : 인간관 분석을 중심으로」, 『정치사상연구』 7, 2002, 16쪽.

41) 정약용, 『중용자잠(中庸自箴)』 권3, 앞의 책, 246쪽.

42) 성태용, 「다산학에 있어서의 몸 기름과 마음 기름」, 『다산학』 2, 2001, 123쪽. 최동희도 다산학에서 나타나는 인격적인 신에 대한 강조가 도덕법칙의 실현 가능성에 대한 인간의 믿음이나 희망을 보장하기 위해 신을 요청한 칸트의 도덕이론과 유사하다고 주장한 바 있다. 최동희, 『서학에 대한 한국실학의 반응』, 고려대학교 민족문화연구소, 1988, 183쪽.

하늘이 말을 하지 않는다고 하더라도 믿는다. 그러므로 작은 백성들이 군자를 섬기는 경우에도, 상을 주지 않아도 권하고 노여워하지 않아도 위엄을 느낀다. 이것은 하늘과 사람이 감응하는 신비함(妙理)이다."[43)

또한 큰 덕이 있는 공자가 일생동안 의미 있는 지위에 오르지 못했다는 점에 대해 설명하면서 다산은 한고조 유방은 아무런 덕이 없는데도 황제의 자리에 올랐음을 공자의 삶에 대비시킨다. 그런 공자의 생애에 대해 안타까움을 느끼는 것은 어째서인가? 공자가 덕에 따른 응당한 보상, 즉 당대의 명성이나 인정을 받지 못했다는 점에 대해 안타까워하는 것이다. 그렇다고 그런 세속적인 성공을 기대하는 것은 군자의 도리가 아니라고 다산은 강조한다.[44) 그러므로 다산에게 도덕의 궁극적 근원이 상제가 주는 보상이 아니라고 해석할 여지가 존재한다.

3. 인(仁)에 대한 상호주관적 해석과 '유교적 신학'으로서의 다산학

앞에서 본 것처럼 정약용은 상제의 초월성을 강조하면서 이를 인간의 도덕성을 실현하는 맥락에서 이해하고 있다. 마찬가지로 다산은 초월적이고 인격적인 상제 이론을 구성하면서 그것을 내세에 대한 심판이나 구원에 대한 이론으로 연결시키는 마테오리치의 『천주실의』의 사유방식에 대해서는 거리를 취한다. 예를 들어 '현세를 잠시 머무는 것으로 생각하고 내세를 인간이 진정으로 거처해야 하는 고향으로 생각하는 것'은 정약용의 생각과 다르다. 더구나 마테오리치는 "현세를 짐승들의 세계"라고 규정하고 "현세를 본래의 [삶의] 처서로 여기는 것은 짐승들의 무리들"이라고

---

43) 정약용, 『중용자잠(中庸自箴)』 권3, 앞의 책, 256쪽.
44) 차이전평, 『다산의 사서학 : 동아시아의 관점에서』, 앞의 책, 184쪽 참조 바람.

생각한다.45) 그러나 이런 식의 내세와 현세의 이원론적인 구별은 다산의 사유 방식과 거리가 멀다.

정약용은 자신의 상제 이론을 인간의 주체적인 도덕적 실천행위의 맥락에서 뿐만 아니라 왕도정치의 구현을 가능케 하는 인간과 인간 사이의 인륜적 관계의 확립과 연관시킨다. 그래서 정약용은 "옛 성인이 하늘을 섬기는 학은 인륜을 벗어날 수 없다"고 강조한다.46) 이 구절이 보여주듯이 정약용에게 천명을 따라 하늘을 섬기는 일은 곧바로 인간 세상에서 도덕적 인륜세계를 구현하는 실천과 동일시된다. 이는 다산의 상제 이론이 전형적인 유교적 사유 방식의 맥락을 벗어나 있지 않다는 점을 보여준다. 주지하듯이 유교적인 문명주의는 이 세상을 피하거나 내세에서의 구원을 찾는 것과 거리가 멀다. 유학이 추구하는 도는 이 세상에서 요순성왕의 이상적 대동세계를 구현하는 것이다. 그러므로 유교적 문명주의가 추구하는 이상주의를 굳이 신학적 용어로 표현한다면 '사회적 구원'을 지향하는 이상주의일 것이다. 이렇듯 정약용이 서학의 영향을 받아 주자학의 천리관을 비판하면서 초월적인 상제관을 고대 유학의 경전 속에서 재구성해내는 방식으로 서학을 주체적으로 수용하고 있다.

앞에서 언급했듯이 정약용은 두려워하고 삼가는 신독 공부를 통해 인간의 도덕적 주체성을 확보하려고 하면서 이를 다른 사람과의 인륜적 관계를 잘 성취하는 일과 연결시킨다. 정약용은 하늘을 천리로 그리고 인을 천지만물의 일체로 보는 주자학으로 인해 공자가 가고자 한 성인(聖人)의 길이 봉쇄되었다고 보고 "신독으로 하늘을 섬기고 힘써 서(恕)를 실천함으로써 인을 구하는"47) 데에서 상실된 공자의 도를 되살리는 방법을 구했다. 다산에게 신독과 인을 실현하는 일은 밀접하게 연결되어 있다.

---

45) 마테오리치, 『천주실의』, 앞의 책, 120~121쪽.
46) 정약용, 이지형 옮김, 『논어고금주(論語古今註)』 4, 사암, 2010, 269쪽.
47) 정약용, 『심경밀험(心經密驗)』, 앞의 책, 189쪽.

그의 인과 서에 대한 이론의 핵심은 서의 실천을 통한 인의 실현을 지향하는
것이다. 그래서 다산은 "인이란 인륜의 성덕(成德)이며, 서(恕)란 인을
이루는 방법이다."라고 주장한다.48) '인이 인륜의 성덕'이라는 것은 인(仁)
이 인간이 삶에서 추구해야 할 최고의 혹은 궁극적인 목적임을 보여준다.
그리고 그런 지극한 선으로서의 인륜의 성덕은 사람과 사람 사이의 인륜
관계가 가장 완전하게 이루어진 상태를 말한다. 그래서 다산은 "인이란
인륜으로서의 지선(止善)을 명명한 것이다."라고 말한다.49)

　주자학을 비판하면서 공맹의 원시유학이 본래 의도했던 길을 되살리기
위해 다산이 내세운 인(仁)과 서(恕)에 새로운 관점의 핵심은 섬김의 대상으
로써 하늘의 명령을 인간 사이의 상호관계와 교감에 대한 강조와 밀접하게
연결시키는 데에 있다. 그에 의하면 공자의 인(仁)은 철저하게 사람 사이의
관계라는 틀에서 이해되어야 한다. "도란 사람이 따라가야 하는 길이다.
인(仁)이란 두 사람이 서로 관여되는 것이다. 어버이를 섬겨 효도하는
것이 인이 되니 여기에서는 부(父)와 자(子) 두 사람이 관여되고, (중략)
백성을 기르되 자애로써 하는 것이 인이 되니 여기에는 목(牧)과 민(民)
둘이 관여된다. 이를 미루어 보아 부부와 붕우에 이르기까지 무릇 두
사람 사이에서 그 도를 다하는 것이 모두 인이다."50) 이처럼 다산은
하늘, 즉 상제의 명령에 기반을 두고 있는 인륜의 도리란 사람사이의

---

48) 정약용, 이지형 옮김, 『논어고금주(論語古今註)』1, 사암, 2010, 525쪽.
49) 위의 책, 497쪽.
50) 위의 책, 79쪽. 다산은 또 다음과 같이 말한다. "살펴보건대 인이란 사람(人)이다.
　　두 사람이 인이 되니, 부자로서 그 분수를 다하면 인이요 [부와 자는 두 사람이다],
　　군신으로서 그 분수를 다하면 인이요, [군과 신은 두 사람이다] 부부로서 그
　　분수를 다하면 인이다. [부(夫)와 부(婦)는 두 사람이다] 인의 이름은 반드시
　　두 사람 사이에서 생긴다.[단 한 몸으로써는 인의 이름이 성립되지 않는다.]
　　가까이는 五敎에서부터 멀리는 천하 萬姓에 이르기까지, 무릇 사람과 사람이
　　그 분수를 다하면 이를 인이라 한다." 정약용, 이지형 옮김, 『논어고금주(論語古今
　　註)』3, 사암, 2010, 301쪽.

상호작용과 교감 속에서 실현되는 것임을 분명히 한다.

다산은 인(仁)을 사람 사이의 사회적 관계 속에서 출현하는 것으로 재해석하는 것과 함께 서(恕)에 대해서도 전통적인 주자학적 이해와 다른 모습을 보여준다. 신독을 통해 하늘에서 우리를 굽어보는 상제에 대해 두려워하면서 인간 사이의 관계에서의 인륜적 도리를 다하고자 애쓰는 일을 통해서 인이 달성된다고 보기 때문이다. 사람 사이의 인륜적 관계를 제대로 하기 위해 힘들여 恕를 행하는 작업과 하늘을 섬기고 상제를 두려워하는 신독의 공부가 서로 분리될 수 없게 서로 연결되어 있다는 것이다. 달리 말하자면 다른 사람과의 제대로 된 인륜적 관계를 가족이나 친구, 더 나아가 (친족) 사회 및 국가에서 이루지 못한다면 신독의 공부는 허물어지기 쉽다는 것이다. 그래서 공자는 천하의 모든 일이 인륜에서 벗어난 것은 없으므로 다양한 사회적 관계에서 요구되는 본분과 도리를 다하기 위해 늘 애써야 한다고 말하면서 인을 구하는 길이 바로 인륜적 관계에 힘을 쓰는 서(恕)의 작업과 동일한 것임을 역설한다. "사람의 도는 인을 구하는 데서 벗어날 수 없으며, 인을 구하는 것은 인륜에서 벗어날 수 없다. (중략) 서란 인륜을 행하는 방법이고, [곧 혈구지도이다.] (이는 공자가) 하나로 꿰뚫고 있다. 그러므로 서 한 글자가 종신토록 행할 만한 것이다."[51]

인(仁)과 서(恕)의 관계에 대한 다산의 관점은 인간의 사회성을 보다 분명하게 제시한다. 즉, 그가 보기에 홀로 자신의 도덕적 자아를 완성시킬 수 있는 존재는 없다. 이런 맥락에서 타인과의 올바른 도덕적 관계를 형성하려는 실천 행위는 자신을 세우고 완성하는 작업이기도 하다. 그러므로 다산은 "충서(忠恕)를 읽으면서 모두가 충(忠)으로 자신을 닦고 서(恕)로써 타인을 다스리고자 하는 이는 몹시 잘못된 것"이라고 비판하고 "서는

---

51) 정약용, 『논어고금주(論語古今註)』 4, 앞의 책, 365쪽.

자신을 닦는 것이다"라고 강조한다.[52] 다산이 "자신을 다하는 것을 충이라 하고 자신을 미루어 나가는 것을 서라고 한다."는 기존의 충서 이론을 비판하는 것도 주체성과 상호주체성의 상관성에 대한 강조로 이해된다.

충과 서를 다른 것으로 보는 기존의 충서 이론은 자칫하면 수기치인을 선후 관계로 오해하여 사람과 사람 사이의 관계에서 비로소 사람의 주체적 자각이나 자아의 도덕적 완성도 보장받을 수 있다는 사실을 소홀히 하기 쉽다고 다산은 생각한다. 그래서 다산은 "서"를 "근본"으로 보고 이런 서를 "행하는 것을 충"이라고 해석한다. "사람으로서 사람을 섬김 되에라야 충이라는 이름이 있는 것이지 내 단독으로는 충이 없으니, 비록 먼저 스스로 다하고자 하여도 착수할 수가 없는 것이다. 그런데 지금 사람들은 모두 '오도(吾道)'는 충을 먼저 행하고 서를 뒤에 행하는 것으로 인식하고 있으니, 본뜻을 잃음이 먼 것이다. 바야흐로 충을 다하려 할 때 서는 이미 그 행해지고 있음이 오래되었다."[53] 다산은 서 개념으로부터 공자의 도를 이해해야한다고 주장한다. "유가에서는 도를 전하는 법이 없다. 그러나 하나의 서(恕) 자를 잡고서『논어』·『중용』·『대학』·『맹자』에 임할 때 그 천만 마디 말들이 이 하나의 서 자의 풀이 아닌 것이 없다. 공자의 도는 참으로 이 하나의 서(恕)일 따름이니, 여기에 이를 다 열거할 수 없다."[54] 이로부터 우리는 다산의 이론에서 개인의 도덕적인 완성과 타인과의 도덕적인 관계가 상호의존하고 있음을 발견한다. 이런 맥락에서 차이전평은 다산의 서(恕) 이론이 도덕적 주체를 "선험적 주체"로서가 아니라 "사회 안에서 공존하고 교류하는 '실천적 주체' 및 '상호적 주체'로 이해하는 관점을 보여준다고 높이 평가한다.[55] 이처럼 자아의 실현이

---

52) 정약용, 『심경밀험(心經密驗)』, 앞의 책, 174쪽.
53) 정약용, 『논어고금주(論語古今註)』 1, 앞의 책, 461쪽.
54) 정약용, 이지형 옮김, 『논어고금주(論語古今註)』 2, 사암, 2010, 461쪽.
55) 차이전평, 『다산의 사서학 : 동아시아의 관점에서』, 앞의 책, 152쪽.

타자와의 성공적인 인륜적 만남과 상호작용 속에서만 가능하다는 다산의 사유 속에서 인간관계가 이익을 추구하는 관점에 의해 왜곡되어서는 안 되고 타자를 목적으로 대하지 않으면 안 된다는 도덕 원칙의 실마리를 발견하게 된다.

다산이 인간의 사회적 관계 속에서 인간의 능동적이고 실천적인 행위의 중요성에 대해 주목한다고 해서 개인의 자발성과 주체성을 상호주관적 관계 속으로 환원하지 않는다는 점에 주목할 필요가 있다. 이런 입장은 양주 묵적에 대한 다산의 논의에서 보다 분명한 형태로 서술되어 있다. 다산은 양주 묵적의 한계를 논하면서도 양주와 묵적을 현인(賢人)이라고 인정한다. 그러면서 그는 양주의 본래 뜻을 다음과 같이 해석한다. "허물없는 한 사람을 죽여서 천하를 얻을 수 있더라도 그렇게는 하지 않는 것도 나를 위한 학(學)이니, 심하게 말하자면 이것을 '머리카락 한 올을 뽑아서 천하를 이롭게 하더라도 하지 않는다'고 하는 것이다."[56] 양주에 대한 다산의 주장에서 우리는 각 개인의 생명의 소중함과 존엄성에 대한 다산의 긍정 그리고 그 어떤 공리주의적인 견해나 관점에 의해서도 사람의 존엄성은 훼손될 수 없다는 다산의 입장을 읽어낼 수 있다. 이는 인간 존엄성의 평등성에 대한 유교적 선언으로 이해되어도 좋을 것이다.

주체성과 상호주체성의 상관성에 대한 다산의 통찰은 인(仁)과 서(恕)에 대한 그의 독창적인 해석에 그치지 않는다. 다산의 인과 서에 대한 상호주체적 혹은 관계적 이론은 상제와 인륜관계 사이의 상호작용의 이론으로 전개된다. 간단하게 말하자면 유학에서 가장 소중하게 여겨지는 인을 다산은 인륜 관계의 완성에서 구하고 그런 최상의 인륜 관계를 형성하기 위해 애쓰는 노력을 바로 하늘을 섬기는 것으로 이해한다. 달리 말하자면 하늘을 섬기는 일은 인륜 관계에서의 도리를 다하려는 노력과 별개의

---

56) 정약용, 『맹자요의(孟子要義)』, 앞의 책, 190쪽.

일이 아닌 것으로 이해된다. 다산은 하늘을 섬기는 일이 인륜 속에 있다는 점을 강조하고 그런 인륜을 최상의 상태로 끌어올려 인을 이룩하는 방법으로 서(恕)를 새롭게 해석하고 있기 때문이다. 그래서 서(恕)를 매개로 하여 '하늘을 섬기는 일(事天)'과 '사람을 섬기는 일(事人)'이 결합된다. "이 하나의 '서(恕)' 자는 사람을 섬길 수 있는 데에도 해당되고, 하늘을 섬길 수 있는 데에도 해당된다."[57] 하늘을 섬기는 일이 궁극적으로 인간을 섬기는 일이라는 주장은 동학의 '사인여천(事人如天)'과 '인내천(人乃天)' 사상의 전조로 이해될 수 있을 것이다.[58]

요약하자면 신독에 의한 개인의 수양도 그 궁극적인 목적은 타인에 대한 사랑을 구체적으로 실현하는 데 있다. 그리고 恕의 수행을 통해 타인에 대한 사랑을 구체적인 인륜적 관계 속에서 구현해 내는 일은 상제를 섬기는 사천학(事天學)이 지향하는 궁극 목적이기도 하다. 상제에 대한 학설이 궁극적으로 이 세상에서의 인륜적 관계의 실현으로 이어진다는 것은 정약용 상제설의 독특성을 보여주는 것이다. 정약용의 상제설이 왜 천주교의 상제설과 갈라지는가도 여기에서 분명해진다.[59] 그러므로 정약용의 학문은 내세에서가 아니라 인간 세계에서 인륜적 관계의 완성을

---

57) 정약용, 『논어고금주(論語古今註)』 4, 앞의 책, 269쪽.

58) 흥미로운 것은 동학의 창시자인 최제우도 서학의 현실 개혁 의식의 부재를 비판한다는 점이다. 조광, 『조선후기 사회와 천주교』, 경인문화사, 2010, 469쪽 참조. 동학사상의 연원을 유교에서 구하는 일은 새로운 것이 아니지만 다산의 서를 매개로한 사천과 사인의 종합이론이 어떻게 동학으로 이어지는지에 대해서는 별도의 연구가 필요할 것이다.

59) 샤를르 달레는 다산이 유배에서 풀려나 고향에 돌아온 뒤 죽을 때까지 천주교 신앙을 잃지 않았다고 강조한다. 달레 저, 안응열/최석우 옮김, 『한국천주교회사』 중, 한국교회사연구소, 1980, 17쪽. 다산학 연구에서 다산이 평생 동안 천주교 신자였는지의 문제도 하나의 쟁점으로 남아 있다. 일부 연구자들은 다산이 정치적 탄압으로 천주교를 배신했으나 그 행위를 뉘우치고 평생을 은밀한 천주교 신자로 살았다고 보는데 반해 이런 연구에 대해 비판적인 다수의 학자도 존재한다. 이에 대해서는 백민정, 『정약용의 철학 : 주희와 마테오리치를 넘어 새로운 체계로』, 앞의 책, 434~438쪽 참조 바람.

통한 구원을 지향하는 정치신학이자 유교적인 사회구원의 신학으로 이해
되어야 한다. 그래서 다산은 자신의 새로운 상제론과 인(仁) 및 서(恕)
이론을 통해 자신만의 정치론, 즉 유교적 경세론을 발전시킨다.[60]

사실 많은 학자들이 주장하듯이 정약용의 상제설에는 원죄 개념도
없고 사후 세계에 대한 적극적 언급도 없다.[61] 다산의 상제설은 결국
유교적인 이론인 셈이다. 그리하여 도널드 베이커는 다산의 상제설을
유교적 전통에 대한 "유신론적 재해석"으로 보면서 다산의 신은 천주교의
신이 아니라 "유교적 신(confucian God)"이라고 한다.[62] 금장태도 다산에게
서 하늘을 섬기는 일이 "하늘과 인간의 직접 만남으로 몰입되는 것이
아니라 인간 사회의 질서나 규범과 결합되어 이해"되고 있음을 강조한다.
그리고 하늘에 대한 섬김이 내세에 대한 심판이나 하늘나라에서의 영생으
로 귀결되지 않고 현세에서의 인간다운 인륜적인 세계를 구현해내는
과제로 귀결되고 있다는 점에서 다산학이 결국 "유교적 세계관의 특성"을
보여주고 있다고 그는 주장한다.[63]

---

60) 물론 이 글에서는 다산학 전체, 특히 경세학을 다루진 못했다. 다산의 경학과
    경세론의 관계에 대해서는 송재소, 「다산 경세론의 인문학적 기초」, 송재소
    외 지음, 『다산 정약용 연구』, 사람의 무늬, 2012, 13~61쪽 참조 바람. 다산의
    정치이론에 대한 우리 학계의 연구 현황에 대해서는 다음 글이 상세하고 정치하다.
    이봉규, 「경학적 맥락에서 본 다산의 정치론」, 송재소 외 지음, 『다산 정약용
    연구』, 사람의 무늬, 2012, 65~129쪽.
61) 금장태, 『정약용 : 한국실학의 집대성』, 성균관대학교출판부, 1999, 159쪽 참조.
62) 도널드 베이커, 김세윤 옮김, 『조선후기 유교와 천주교의 대립』, 일조각, 1997,
    85쪽.
63) 금장태, 「다산의 사천학과 서학수용」, 『철학사상』 16, 서울대철학사상연구소,
    2003, 136쪽 참조.

4. 정약용과 한국 근대성의 문제

지금까지 다산학이 왜 서학 및 천주교의 영향을 받았음에도 유교적 사유 전통 속에서 형성된 독창적인 유학이론으로 이해되어야 하는지를 살펴보았다. 그렇다면 다산학은 어떤 점에서 한국의 근대성 논의와 연결되는가? 정다산은 흔히 실학의 집대성자로 평가된다. 그리고 다산에게서 근대지향 및 민족지향을 찾는 것은 그 동안 실학연구를 포함한 다산학 연구의 주된 흐름이라 할 것이다. 조선의 "실학은 중세사회의 정체기·해체기에 근대를 지향하는 역사의 행정 속에서 등장"했다는 이우성의 강조는 이를 잘 표현한다.[64]

많은 연구자들은 실학의 집대성인 다산학을 포함하여 근대지향 및 민족지향이라는 성격을 지니는 것으로 간주되어 온 조선실학의 사상적 연원을 서학의 영향이라는 맥락에서 해석한다. 달리 말하자면 조선후기의 소위 '봉건적' 내지 '전근대적' 질서를 해체시키는 데 서학 및 서교(천주교)가 긍정적으로 기여했음을 강조하는 연구 경향이 존재한다. 예를 들어 실학연구자로 정평이 나 있는 윤사순의 입장을 보자. 그는 서학의 영향에 대해서 조선후기의 수많은 유학자들이 보여준 배타적인 태도의 이유를 다음과 같이 말한다. "나[윤사순-필자]의 견해로는, 이 경우 실제로 유학자들이 가장 심각하게 우려한 것은 서학인들의 '평등관'이었을 것 같다. 천주 앞에서는 '모든 사람[萬人]이 다 평등하다'는 서학의 사유를 유학자들은 가장 심각하게 여겼을 것으로 추정된다. 이 만인 평등관은 남녀차별을 무시하고 파괴하는 것을 넘어서 신분 차별에도 영향을 가져오기 때문이다. 그 시대 유학은 이른바 '전근대적 차등의식'을 바탕으로 신분과 직업 등에 따라 인간을 갖가지로 차별하는 '불평등관'을 시행케 하였다. 양반·

---

64) 이우성, 「다산의 경학(經學)과 경세학(經世學)의 관계」, 『다산학』1, 2000, 12쪽.

상인(良民)·천민·노비 및 적서·남녀, 그리고 사·농·공·상의 차별 등이 그러한 것이다. 바로 이러한 계층 등차의 체제로 이루어진 사회가 그 시대의 사회였다. 그런 시대에 만인 평등관은 곧 조선의 사회체제에 대한 부정을 의미하게 된다. 따라서 극히 일부의 진보적인 사고를 지녔던 유학자들 외에는, 서학의 평등관을 용인할 수 없었다."[65]

다산학과 실학연구에 많은 업적을 선보인 금장태도 서학이 조선후기 사회에 준 충격을 다음과 같이 설명한다. "다산의 활동시기에 사회문제의 중심을 강타하였던 '서학'은 바로 유교사회의 전통과 **서구적 근대 문물**(강조_필자)의 만남이요, 그 역사적 전환의 단초를 이루었던 것이라고 할 수 있다."[66] 한국천주교 교회사 연구의 대표적 학자인 조광의 경우도 다르지 않다. 그는 가톨릭이 조선후기 사회에서 수용된 이래 가톨릭이 조선후기 사회에 끼친 긍정적인 기능을 역설한다. 그에 의하면 "창조주 천주에 의해서 피조된 모든 인간은 평등한 존재"라고 생각한 천주교가 조선후기 사회에 "평등성에 대한 자각"을 강화시켜주었다. 그리하여 서학을 통해 인간에 대한 평등의식을 지니게 된 조선후기 사회의 천주교들은 "봉건사회의 해체와 새로운 사회의 형성을 동시에 추구하고 있었던 것"이라고 조광은 설명한다.[67]

그러나 천주교와 더불어 들어온 만민 평등관은 조선의 신분제 사회를 해체시키고 조선사회를 근대사회로 이행시키는 데 긍정적 역할을 했다는 주장은 여러 점에서 엄밀하게 검토될 필요가 있다. 첫째로, 이 주장은 천주교와 조선사회의 만남을 "전통과 서구적 근대 문물의 만남"으로 규정하는 데에서 보듯이 서구 근대와 천주교를 동일한 것으로 보고 있다. 달리 말하자면 천주교는 서구에서 기원하여 우리사회에 유입된 것이고

---

65) 윤사순, 『한국유학사』 하, 지식산업사, 2012, 84쪽.
66) 금장태, 『정약용 : 한국실학의 집대성』, 앞의 책, 162쪽.
67) 조광, 『조선후기 천주교사 연구의 기초』, 경인문화사, 2010, 19쪽 이하 및 33쪽.

서구는 근대이므로 천주교는 서구 근대 문물이라는 주장이 마치 자명한 것처럼 전제되어 있다. 또한 이런 전제에 대한 비판적 의문을 제기하지 않고 그것을 토대로 해 서구 근대 문물인 천주교의 영향은 조선과 같은 봉건사회를 해체하고 새로운 근대사회로의 이행에 긍정적 역할을 수행했다는 결론이 자연스럽게 도출된다. 그러나 이런 식의 추론과 주장은 설득력이 약하다. 가톨릭은 서구 근대의 역사에서 근대에 반대하는 가장 강력한 세력이었기 때문이다. 장구한 역사를 지닌 가톨릭 역사를 논할 수는 없기에 서구 근대에 대한 가톨릭의 공식 태도 몇 가지만을 예로 들어보자. 1791년 피우스(Pius) 6세 교황은 "신적 계시에 따라서 '인간 권리에 대한 혐오스러운 철학'과 특히 종교, 양심, 언론의 자유와 모든 인간의 평등을 거부하였다."[68]

1870년대에도 로마 교황은 80가지의『근대적 오류에 대한 교서요목 (*Syllabus errorum modernorum*)』을 통해 근대에 대한 전면 전쟁을 선포했다. 주요 오류 목록에 오른 것을 보면 "자연주의, 합리주의와 같은 철학적 조류, 사회주의와 공산주의 등 정치사회 이론들"이 포함되어 있다. 특히 흥미로운 대목은 다음과 같은 문장을 오류라고 비판한 것이다. 즉 "로마 교황은 진보, 자유주의, 현대 문명과 화해하고 조화를 이룰 수 있고, 또한 그렇게 해야 한다."라는 문장이 오류 목록에 오른 것이다.[69] 유럽에서 가톨릭이 인권에 대해 보여주었던 오랜 적대적인 태도를 포기하고 가톨릭의 고유한 인권 이해에 대한 독창적 구상을 발전시킨 시기는 1960년대에 이르러서였다고 알려져 있다.[70] 이는 1960년대 초에 이루어진 제2차 바티칸 공의회의 결과이었다.[71] 이 공의회를 통해 가톨릭교회는 1953년

---

68) 한스 큉, 배국원 옮김,『가톨릭의 역사』, 을유문화사, 2003, 204쪽.

69) 호르스트 푸어만, 차용구 옮김,『교황의 역사 : 베드로부터 베네딕토 16세까지』, 길, 2013, 231쪽.

70) 크리스토프 멩케·아른트 폴만, 정미라·주정립 옮김,『인권철학입문』, 21세기북스, 2012, 113쪽.

피우스 12세 교황에 의해 규탄 받았던 종교와 양심의 자유 및 인권에 대한 긍정적인 태도 전환을 표명하고 근대 패러다임을 수용했다. 즉 제2차 바티칸 공의회를 통해 가톨릭교회는 비로소 "근대적 발전, 세속사회, 과학, 민주주의에 대하여 근본적으로 긍정적 태도를 취할 것"을 선언했다.[72]

둘째로, 조선후기 사회에 천주교와 더불어 도입된 만민평등 의식이 조선후기 사회의 해체에 긍정적 역할을 수행했다는 주장이 지니는 문제점이다. 신 앞에서 모든 사람은 평등하다는 인식을 갖고 있는 가톨릭의 인간관의 유입이 근대로 이행하는 데에서 긍정적인 요인이었다는 식의 주장은 지나치게 단순하고 모호하며 일면적인 주장이다. 우선 이 주장은 두 가지 모호함을 내포한다. 하나는 신 앞에서의 만민이 평등하다는 인식이 곧바로 불평등하고 신분제적인 전근대 사회에 대한 개혁으로 이어지지 않을 수 있다는 점이다. 서구 기독교의 역사가 보여주듯이 신 앞에서 모든 인간이 평등하다는 인식이 인간의 삶의 다양한 영역에서의 존엄성 및 평등성의 보장으로 해석된 것은 근대에 이르러서이다. 달리 말하자면 신 앞에서 모든 사람들이 동등하다는 인식은 부당한 현실 세계나 비근대적인 사회체제의 전면적 수용과 양립가능하다는 것이다. 신 앞에서의 평등이란 제한된 사회적 영역, 기독교의 경우 교회 공동체 내에서만 적용되고 가족, 경제, 국가 등 그 이외의 모든 영역에서의 봉건적인 질서가 관철될 수 있기 때문이다.[73] 그래서 "만인 평등관은 곧 조선의 사회체제에 대한 부정을 의미"한다는 윤사순의 주장은 논리적 비약이다.

또 따른 하나는 신 앞에서의 만민의 평등관과 조선사회의 지배적 이데올

---

71) 제2차 바티칸 공의회는 1962년부터 1965년까지 진행되었다. 호르스트 푸어만, 『교황의 역사 : 베드로부터 베네딕토 16세까지』, 앞의 책, 257쪽 참조.

72) 한스 큉, 『가톨릭의 역사』, 앞의 책, 239쪽.

73) 크리스토프 멩케·아른트 폴만, 『인권철학입문』, 앞의 책, 192쪽 참조.

로기인 성리학적 사유 체계와의 대비가 문제이다. 즉 성리학적 사유 체계에 대한 이중 잣대의 문제이다. 성리학적 사유 내에서도 신 앞에서의 만민평등과 대등한 이념이 존재하는 데도 불구하고, 그런 측면에 대해서는 별로 언급하지 않기 때문이다. 모든 인간이 갖추어야 할 보편적인 덕목으로 인(仁)을 주장한 공자에서부터 일반 사람들도 요순 성왕과 다르지 않다는 맹자의 주장을 거쳐 모든 사람은 배움을 통해 성인(聖人)이 될 수 있다는 성리학에서의 성인가학론(聖人可學論)에 이르기까지 유학 전통에도 만민 평등의식은 풍부하다.[74]

셋째로, 조선후기 사회에 유입된 천주교를 서구 근대와 쉽게 일치시키는 사유는 넓게는 동아시아 유교사회, 좁게는 조선 유교사회의 자기 혁신의 잠재성을 과소평가하기 쉽다. 일례로 서학에 개방적인 태도를 지닌 유학자들은 흔히 급진적이고 진보적인, 즉 (서구) 근대 지향의 맹아를 보여주는 사유 흐름으로 긍정적으로 평가되는 데 비해, 안정복이나 신후담과 같이 성호 이익의 제자들이면서도 소위 공서파(功西派)로 불리는 천주교에 비판적인 유학자들은 보수적인 인물들로 이해된다. 한국 실학연구에서 대단한 업적을 이룬 학자도 정평이 나 있는 벽사 이우성은 성호 이익의 학파를 서교를 비판하는 우파와 서학에 대한 관심에서 천주교에 대한 신앙의 태도로까지 나간 좌파로 나누고 이 둘의 성격에 대해 다음과 같이 평한다. "성호(星湖)는 18세기 우리나라 사상계에 새로운 방향을 타개하고 실학의 성립에 결정적 역할을 한 인물이다. 그러나 그의 학문과 사상은 진보적 측면과 보수적 측면의 양면을 동시에 가지고 있었으며 이것이 그의 문하에 녹암(鹿菴, 권철신)과 순암(順庵, 안정복)으로 대표되는

---

74) 배움을 통해 모든 사람이 성인이 될 수 있다는 주장(聖人可學論)은 주자학의 중요한 학설의 하나인데, 이 이론은 "마음의 자율성에 대한 새로운 주장과 개개인 이 직접 도에 접근해 터득할 수 있다는 주장"으로 이해될 수 있다. 윌리엄 시어도어 드 배리, 표정훈 옮김, 『중국의 '자유' 전통』, 이산, 2004, 51쪽.

좌파·우파의 두 갈래 경향을 낳게 하였다. 녹암을 선두로 하여 유교경전에
대한 신해석, 주자학에 대한 회의와 비판, 서양문화에 대한 급진적 수용
등 성호의 지식주의(知識主義)의 발전·확대시킨 성호 좌파의 전통사상에
의 도전과 외래문화에의 대담한 접근에 대해 순암계는 적극적으로 견제를
가하려 했지만 결국 그것을 막아낼 수 없었다."75)

그러나 성호 좌파에 대한 순암의 대응 방식을 보수적인 것으로 평가하는
것은 무리이다. 특히 성호학파의 많은 유학자들이 천주교를 신앙으로
받아들이는 과정에서 유교적 관점에서 천주교의 문제점을 비판적으로
지적하는 것은 매우 주목할 만하다. 필자는 안정복의 천주교 비판이
매우 논리적이며 이성적인 방식으로 이루어지고 있다고 생각한다. 강재언
에 의하면 안정복은 신후담과 더불어 "조선의 유학사에서 충분히 서양서
를 터득한 기초 위에서 그 나름대로 가장 내재적이고 체계적으로 천주교를
비판한 유학자"이다.76)

안정복의 천주교에 대한 비판은 결코 근본주의적이고 다른 문화나
종교에 대한 철저한 배타적 태도와 거리가 멀다. 그는 천주교가 유학과
마찬가지로 천학(天學)임을 인정하고 천주교의 삼혼론을 긍정적으로 평가
하는 등 천주교 이론에 대해 관용적인 모습을 보여준다. 안정복이 보여준
태도는 조선후기 사회의 지배층이 보여준 천주교신자들에 대한 무자비한
탄압의 태도와 다르다. 뿐만 아니라 안정복의 태도는 당대의 천주교신자들
이 보여준 조상에 대한 제사와 같은 유교적 전례를 미신과 우상숭배로
낙인찍어 조선의 유교문화를 극단적으로 거부하는 방식과도 구별된다.
천주교도들이 보여준 조선의 유교문화에 대한 배타적인 태도는 천주교를
이단과 사설로 배척하는 보수적 유학자들의 비관용적 태도와 전혀 다르지

---

75) 이우성, 『한국의 역사상』, 창작과비평사, 1982, 104~105쪽.

76) 강재언, 이규수 옮김, 『서양과 조선 : 그 이문화 격투의 역사』, 학고재, 1998,
    122쪽.

않다. 그래서 안정복의 천주교에 대한 태도는 "배야론자의 야교 배척이나 야교신자의 이단 배척의 비타협, 비관용 정신과 좋은 대칭을 이루고 있다"고 평가된다.[77]

한국의 근대성 형성 과정에서 조선후기에 도입된 천주교가 준 긍정적 기여를 강조하는 입장이 지니는 문제와 관련하여 마지막으로 거론되어야 할 것은 그런 입장이 자명한 것으로 전제하고 있는 서구 근대 유일주의이다. 앞에서 거론된 여러 문제점들을 통해서도 어느 정도 드러난 것처럼 '천주교=서구 근대문물 대 조선후기 전근대사회'라는 대립 구도는 유럽 근대성의 자생성의 신화를 내면화한 것에 불과하다. 유럽 근대성의 자생성의 신화는 근대는 유럽 근대이기에 근대의 기원은 서유럽이고 비서구사회의 근대는 오로지 서구사회와의 접촉과 충격에 대한 반응에 의한 결과라는 사유 방식에 다름 아니다. 그러나 "근대성이 순전히 유럽의 발명품이라는 생각에는 정신병적인 무언가가 있다."[78] 비서구 사회와의 접촉과 다른 문화의 영향이 없는 유럽 근대의 탄생은 상상할 수 없기 때문이다.[79]

5. 나가는 말을 대신하여 :
유학의 혁신적 재규정으로서의 다산학과 근대성의 문제

근대성은 유럽 근대성이라는 신화를 극복하기 위한 방법으로서 비서구

---

77) 가와하라 히데끼, 「안정복의 천학관(天學觀)과 예수회의 이성선교」, 임형택 외 지음, 『순암 안정복의 학문과 사상』, 성균관대학교출판부, 2013, 57쪽.

78) 안토니오 네그리·마이클 하트, 정남영·윤영광 옮김, 『공통체』, 사월의 책, 2014, 116쪽.

79) 이 문제에 대해서는 다음 저서를 참조 바람. 안드레 군더 프랑크, 이희재 옮김, 『리오리엔트』, 이산, 2003, ; 엔리케 두셀, 박병규 옮김, 『1492년 타자의 은폐 : '근대성의 신화'의 기원을 찾아서』, 2011, 참조 바람.

사회의 독자적인 근대성의 가능성을 탐색하는 작업은 시사하는 바가 크다.[80] 우리에게 필요한 것은 근대에 대한 포스트모던적 비판보다도 유럽 중심적인 근대 이론을 상대화하면서도 다양한 지역에서 등장한 풍부한 근대적 요소들에 대해 개방적인 새로운 근대성 이론일 것이다. 새로운 근대성 이론을 위해 유럽 중심주의적 근대성 이론에 의해 "잃어버린 근대성들(lost modernities)"을 발굴해내어 이를 유럽 중심주의적 근대 이론을 비판적으로 재구성할 수 있는 방법으로 삼아야 할 것이다.[81]

서구 중심주의적 근대 이론의 폭력성에 의해 망각된 비서구 사회의 역사적 경험 중에서 다산과 긴밀하게 연결되어 있는 것 중 하나가 동아시아 유교사회에서 실행되었던 과거제도이다. 출생을 원리로 하지 않고 능력을 중시하는 원리에 의거하여 관료를 선발했던 동아시아의 유교적 관료제도의 합리성과 근대적 요소는 과소평가될 수 없다. 게다가 관리를 채용하는 데 능력을 검사하는 시험을 통해 선발하는 제도는 유럽 역사에서도 비교적 최근에 실시된 것이다. 영국이 관리 임용에 시험을 채택한 것은 1870년 이후이고, 미국에서는 1883년에 이르러서이다. 그런데 이런 "관리 등용 시험제도의 시작은 중국 과거의 영향이라고 보는 견해가 유력하다."[82]

조선사회에서 실시된 과거제도가 중국의 그것과 비교해서 좀 더 폐쇄적이고 신분제적인 제약이 더 크게 존재했음에도 불구하고 개인의 능력에 따라 관료를 선발하는 조선의 과거제도도 "근대적 특성들"을 지니고

---

80) 미야지마 히로시(宮嶋博史)는 동아시아의 독자적인 근대성, 즉 '유교적 근대성' 이론을 제시하여 한국학계에 논쟁을 불러일으키고 있다. 특히 그는 주자학이 근대화 과정에서 부정되어야 할 유산이 아니라 서구적 근대와 다른 동아시아 고유의 유교적 근대의 사유 체계로 독해될 수 있다고 강조한다. 이에 대해서는 미야지마 히로시, 『나의 한국사 공부 : 한국사의 새로운 이해를 찾아서 』, 너머북스, 2013, 제12장 참조 바람.

81) 알렉산더 우드사이드, 민병희 옮김, 『잃어버린 근대성들』, 너머북스, 2012, 참조.

82) 미야자키 이치사다, 박근철·이근명 옮김, 『중국의 시험지옥 : 과거(科擧)』, 청년사, 1993, 230쪽.

있었다.[83] 게다가 과거제도를 통해 선발된 사람들은 편의상 관료라 하지만 요즈음의 행정 관료와 다른 점이 있다. 그들은 행정만이 아니라 왕과 더불어 정치를 수행하는 정치가이기도 했다. 과거제도에서 중요한 것은 유교적 교양이었는데 과거제도는 왕권을 견제하는 장치이기도 했다. 원칙상 노비와 같은 천인을 제외하고 모든 남성들에게 응시 자격이 부여된 과거제도는 "형식을 바꾼 일종의 총선거"라고도 평가받고 있다.[84] 그러므로 다산이 살았던 조선후기 사회는 간단하게 봉건적인 신분제 사회이자 전근대 사회로 규정될 수 없다. 마찬가지로 조선사회의 통치 이념이었던 성리학이나 성리학과의 비판적 대결을 통해 탄생한 다산의 새로운 형식의 유학사상도 서구 근대 패러다임에 의해 접근되어서는 제대로 이해될 수 없다.

필자는 앞에서 다산학이 서학 및 천주교의 영향을 받았지만 그런 영향을 계기로 해 자신이 속해 있었던 유교 문화의 잠재력을 새롭게 혁신한 결과임을 강조했다. 그리고 그런 다산학은 사회구원을 궁극적 목적으로 삼는 유교적 정치신학으로 독해되어야 함도 역설했다. 게다가 주체성과 상호주체성의 상관성의 이론으로 다산이 어떻게 전통적인 유교의 인(仁) 이론을 새롭게 전개하고 있는지를 설명하면서 다산학에는 인간의 보편적인 존엄성에 대한 분명한 자각이 존재하고 있음을 강조했다. 어떤 사람에게는 이런 식의 접근 방식이 서구 근대를 근대성의 표준으로 설정하고 그와 유사한 것이나 맹아를 다산에게서 찾으려는 기존의 내재적 발전론의 사상사 연구를 답습하는 것으로 여겨질지도 모를 것이다.[85]

그러나 만약에 누군가 필자와 마찬가지로 다산에게서 민주주의와 친화

83) 알렉산더 우드사이드, 『잃어버린 근대성들』, 앞의 책, 29쪽.
84) 미야자키 이치사다, 『중국의 시험지옥 : 과거(科擧)』, 앞의 책, 237쪽.
85) 다산에게서 발견될 수 있는 '민주 기획'에 대한 균형 잡힌 연구로는 김호, 「다산 정약용의 '민주(民主)' 기획」, 나종석 외 엮음, 『유교적 공공성과 타자』, 혜안, 2014, 183~218쪽 참조 바람.

적인 측면들을 발굴하는 시도가 유럽 중심적 근대론의 내면화에 불과하다
고 비판한다면, 필자는 그에게 다음과 같이 반문하고 싶다. 그런 비판이
오히려 민주주의는 오로지 서구 근대의 산물이라는 해석을 자명한 것으로
전제하고 있는 것은 아닌가? 더 나아가 근대성, 민주주의 그리고 인간의
보편적인 동등 존중에 대한 자각 등의 기원과 계보를 온통 서구에로
환원시키는 작업에 필자는 동의하지 않는다. 그러므로 문제는 인간의
보편적인 동등존중이나 민주주의 등을 이해하는 방식의 차이이다. 필자가
추구하는 것은 민주주의나 인권 등과 같은 개념들을 서구 중심주의적
방식으로 구성하는 담론체계와 다른 이론 구성의 추구이다.

　민주주의나 인권 등과 같은 인류의 보편적 가치들을 서구에 기원을
둔 근대 서구만의 산물이고 그런 산물이 비서구사회로 전파되었다는
식의 유럽 중심주의적 사유 패러다임을 상대화 시키는 작업을 통해 필자가
의도하는 것은 문화상대주의를 옹호하자는 것이 아니다. 필자가 보기에
다산학이 한국의 근대성의 논리를 해명하는 데 지니는 중요성은 하늘을
섬기는 일을 인륜적 관계에서 인(仁)을 실현시키는 작업과 동일한 것으로
보는 사유 구조이다. 정약용은 서학을 통해 유학 전통에 내재해 있는
종교적인 하늘에 대한 사유를 새롭게 해석해내면서도 서학 및 천주교의
틀을 답습하지 않았다. 그는 하늘에 대한 종교적 사유를 바탕으로 해서
내세에서의 구원보다는 사회생활에서의 이상세계의 구현을 희망하는
유교적 문명주의를 새로이 발전시킬 수 있었기 때문이다. 종교적 초월의
의미를 역사에 대한 참여를 통해 현실을 개혁하는 작업 속에서 구하는
다산의 사천학(事天學)은 유학과 기독교(천주교)의 만남에서 등장한 유교
의 혁신적 재구성으로 이해되어야 한다. 그런 점에서 주자학이 불교를
품은 유학('불교의 옷을 입은 유교')인 것처럼 다산학은 '천주교를 안고
있는 유학'이라고 볼 수 있다.

　그런데 신(상제)에 대한 믿음을 사회구원과 연결시키는 사유 방식은

정약용에게만 국한되어 있지 않다. 장공 김재준 목사(1901~1987)는 함석헌(1901~1989)과 더불어 20세기 한국사회에서 나타난 대표적인 진보적인 개신교 인물이다. 그는 우리나라에서 현실참여의 신학적 전통을 세우는 데 크게 기여했다고 평가받고 있는데, 이때 기독교의 영향이 지대했음은 말할 필요도 없다. 그러나 종교인의 현실참여와 사회변혁 의식의 출현은 결코 기독교의 영향 때문만은 아니다. 그는 어렸을 때부터 유학자인 아버지로부터 유학 교육을 받으며 자랐다. 그는 열 살 이전에 이미 동양 고전 사서를 다 암기할 정도였다.[86] 장공 김재준의 정치신학에 공맹의 유교 정치철학이 들어 있음을 강조하는 것은 우연이 아니다.

그러나 이런 점보다도 더 결정적으로 중요한 지점은 김재준이 초월적인 하느님에 대한 사상보다는 역사 속의 하느님에 더 강한 관심을 기울이도록 추동한 사유방식이다. 그리고 그런 사유방식의 형성에서 유교적 전통의 영향은 매우 컸다.[87] 그의 사회 참여적 정치신학의 이론적 배경이 되는 다음과 같은 주장을 보자. "예수의 종교는 어떤 것인가? 그것은 우선 그 방향에 있어서 하늘이 땅에로, 하나님이 인간이 되어 역사 가운데 오신 종교다. (중략) 무엇 때문에 오셨는가? (중략) 하늘이 땅에 내려온 것은, 땅을 하늘에 올라가기 위함이 아니라, 하늘이 땅의 몸이 되기 위함이었다. 하나님 아들이 인간이 된 것은 인간들의 혼, 인간성이 하나님 아들딸로서의 바탕을 갖게 하기 위함이었다. 어디까지나 현존한 땅을 위하고 현존한 인간을 위한 것이었다. 부활 승천한 예수도 '다시 오실 이'로 올라가신 것이요. 그 반대는 아니었다."[88]

김재준의 사고는 다산의 사유 구조와 매우 유사하다. 물론 그는 개신교

---

86) 김경재, 『김재준 평전』, 삼인, 2014, 38쪽.

87) 이에 대해서는 한문덕, 「장공 김재준의 신학사상의 유교적 요소」, 『장공 김재준의 신학세계』, 장공 김재준목사기념사업회 편, 한신대학출판부, 2006, 참조.

88) 김경재, 『김재준 평전』, 앞의 책, 219쪽에서 재인용.

목사로 기독교적 입장에서 유교적인 현세주의와 현실 세계에 대한 책임의
식을 수용했다고 볼 수 있다. 그러므로 천주교를 품은 다산의 유교적
신학과 달리 그의 신학은 유교적 기독교라 할 수 있을 것이다. 천주교와
유교의 생산적이고 창조적 대화의 산물인 다산학은 동아시아 유교사회와
서구 기독교사회 사이의 만남이 보여줄 수 있는 전형적인 사유 구조를
대변한다.[89) 이런 맥락에서 사람을 잘 섬기는 맥락에서 상제를 공경하고
섬기는 일을 이해함에 의해 공맹의 유학정신을 새롭게 정초한 다산학이
그리스도교의 참다운 사회적 복음 정신을 이해하는 데 기여할 수 있으리라
는 어느 한 연구자의 주장은 경청할 필요가 있다.[90)

　앞선 분석이 근대성에 대한 다원적인 이해[91)와 다양한 근대로의 길을

---

89) 필자는 선행 연구에서 한국 민주주의 역사에서 유교적 정치문화가 긍정적으로
　　끼친 영향을 추적하는 작업을 통해 한국 근대성의 고유한 논리를 해명하고자
　　했다. 나종석, 「한국 민주주의와 유교문화 : 한국 민주주의론을 위한 예비적
　　고찰」, 나종석 외 엮음, 『유학이 오늘의 문제에 답을 줄 수 있는가』, 혜안, 2014,
　　242~270쪽 참조 바람.

90) 이런 입장에서 최기복은 다음과 같이 주장한다. "이러한 다산의 신앙관은 그리스도
　　의 복음 정신과 일맥상통하니, 성경을 보면 만민의 창조주요 아버지인 하느님은
　　악인에게나 선인에게나 똑같이 햇빛과 비를 내려주시고, 자녀인 인간이 구하기도
　　전에 무엇이 필요한지 알고 계시며, 말로써 '주님, 주님' 부르는 것보다 하느님의
　　뜻을 실천하는 것을 훨씬 더 중히 여기시며, 사랑 자체인 그분은 이웃 사랑을
　　인간 구원과 완성의 유일한 척도로 삼으신다." 최기복, 「다산의 사생구원관」,
　　『다산 사상 속의 서학적 지평』, 서강대출판부, 2004, 360쪽.

91) 필자는 다중 근대성(multiple modernities)과 다른 의미에서의 '다원적 근대성(plural
　　modernities)'이란 용어를 사용하고자 한다. 필자가 만들어 낸 용어이지만 다원
　　근대성은 근대의 출발을 서구 근대성으로 설정하면서 비서구 사회에서 등장하는
　　다중 근대성을 서구적인 원본 근대성의 "창조적 수용(creative adaption)"에 불과한
　　것으로 강조하는 것과는 다르다. 필자는 근대성의 출발이 서구에서 유일하게
　　출현한 것이라는 가정을 고수하는 고전적 유럽중심주의적 근대성 이론 및 다중
　　근대성 이론과 다르게 근대에 이르는 다원적인 길을 긍정한다. 그래서 소위
　　동아시아의 전통사회, 명·청 시기나 조선후기 사회를 유럽적 근대와 차별화되는
　　독자적인 비유럽적인/비자본주의적인 근대사회로의 이행을 경험한 것으로 본다.
　　물론 이런 입장을 학문적으로 세밀하게 전개하기에는 추가되어야 할 과제들이
　　산적해 있다.

긍정하는 새로운 근대 이론이 필요하다는 결론을 지지해줄 것이라고 필자는 믿는다. 그렇다면 주자학을 전근대적 혹은 반근대적인 사유 방식으로 보는 입장은 재고될 필요가 있다. 그리고 주자학에 대한 비판의 성격을 지니는 실학이나 다산학을 전근대적인 주자학에 대비되는 근대 지향의 사고로 보는 것이 아니라, 동아시아 고유의 '근대적' 사회가 초래한 병리적 현상들에 대한 비판적 성찰로 재규정될 수 있을 것이다.

〈참고문헌〉

1. 자료

정약용, 이지형 옮김, 『논어고금주(論語古今註)』 1~5, 사암, 2010.

_____, 이익성 옮김, 『경세유표 1』, 한길사, 1997.

_____, 김지용 역주, 『정다산시문선』, 교문사, 1991.

_____, 이지형 옮김, 『맹자요의(孟子要義)』, 현대실학사, 1994.

_____, 전주대호남학연구소 역, 『심경밀험(心經密驗)』, 『국역 여유당전서 : 경집 I · 대학 · 중용』, 전주대학교출판부, 1986.

_____, 전주대 호남학연구소 옮김, 『중용자잠』, 『國譯 與猶堂全書』, 전주대 출판부, 1986.

_____, 전주대 호남학연구소 옮김, 『중용강의보』, 『國譯 與猶堂全書』, 전주대 출판부, 1986.

_____, 『尙書古訓』.

2. 논저

강재언, 이규수 옮김, 『서양과 조선 : 그 이문화 격투의 역사』, 학고재, 1998.

금장태, 「다산의 사천학과 서학수용」, 『철학사상』 16, 서울대철학사상연구소, 2003.

_____, 「다산경학(茶山經學)의 탈주자학적(脫朱子學的) 세계관」, 『다산학』 1, 2000.

_____, 『정약용 : 한국실학의 집대성』, 성균관대학교출판부, 1999.

김선희, 「라이프니츠의 신, 정약용의 상제」, 경기문화재단 실학박물관 편, 『다산 사상과 서학』, 경인문화사, 2013.

김경재, 『김재준 평전』, 삼인, 2014.

김호, 「다산 정약용의 '민주(民主)' 기획」, 나종석 외 엮음, 『유교적 공공성과 타자』, 혜안, 2014.

나종석, 「한국 민주주의와 유교문화 : 한국 민주주의론을 위한 예비적 고찰」, 나종석 외 엮음, 『유학이 오늘의 문제에 답을 줄 수 있는가』, 혜안, 2014.

백민정, 『정약용의 철학 : 주희와 마테오리치를 넘어 새로운 체계로』, 이학사, 2007.

성태용, 「다산학에 있어서의 몸 기름과 마음 기름」, 『다산학』 2, 2001.

송영배, 「다산에 보이는『천주실의(天主實義)』의 철학적 영향」, 경기문화재단 실학 박물관 편, 『다산사상과 서학』, 경인문화사, 2013.

_____, 『동서철학의 충돌과 융합』, 사회평론, 2012.

송재소, 「다산 경세론의 인문학적 기초」, 송재소 외 지음, 『다산 정약용 연구』, 사람의 무늬, 2012.

오문환, 「다산 정약용의 근대성 비판 : 인간관 분석을 중심으로」, 『정치사상연구』 7, 2002.

위잉스, 이원석 옮김, 『주희의 역사세계 : 송대 사대부의 정치문화 연구 상/하』, 글항아리, 2015.

윤사순, 『한국유학사』 하, 지식산업사, 2012.

이봉규, 「경학적 맥락에서 본 다산의 정치론」, 송재소 외 지음, 『다산 정약용 연구』, 사람의 무늬, 2012.

이상익, 「정약용의 윤리사상에 대한 주자학적 반론」, 『동방학지』 119, 2003.

이영훈, 「다산의 인간관계 범주구분과 사회인식」, 『다산학』 4, 2003.

이우성, 「다산의 경학과 경세학의 관계」, 『다산학』 1, 2000.

_____, 『한국의 역사상』, 창작과비평사, 1982.

임형택, 「新實學, 그 가능성과 方向」, 『韓國實學研究』 22, 2011.

_____, 「21세기에 다시 읽는 실학」, 『대동문화연구』 42, 2003.

정순우, 「다산 공부론에 있어서 '덕성(德性)'의 문제」, 『다산학』 2, 2001.

정일균, 「1950·60년대 '근대화'와 다산 호출」, 나종석 외 엮음, 『유학이 오늘의 문제에 답을 줄 수 있는가』, 혜안, 2014.

조광, 『조선후기 사회와 천주교』, 경인문화사, 2010.

____,『조선후기 천주교사 연구의 기초』, 경인문화사, 2010.

최기복, 「다산의 사생구원관」,『다산 사상 속의 서학적 지평』, 서강대출판부, 2004.

최동희,『서학에 대한 한국실학의 반응』, 고려대학교 민족문화연구소, 1988.

한문덕, 「장공 김재준의 신학사상의 유교적 요소」,『장공 김재준의 신학세계』, 장공 김재준목사기념사업회 편, 한신대학출판부, 2006.

한형조, 「다산과 서학 : 조선 주자학의 연속과 단절」,『다산학』2, 2001.

가와하라 히데끼, 「안정복의 천학관(天學觀)과 예수회의 이성선교」, 임형택 외 지음,『순암 안정복의 학문과 사상』, 성균관대학교출판부, 2013.

도널드 베이커, 김세윤 옮김,『조선후기 유교와 천주교의 대립』, 일조각, 1997.

마테오리치, 송영배 외 옮김,『천주실의』, 서울대학교출판부문화원, 2010.

미야자키 이치사다, 박근철·이근명 옮김,『중국의 시험지옥 : 과거(科擧)』, 청년사, 1993.

미야지마 히로시,『나의 한국사 공부 : 한국사의 새로운 이해를 찾아서 』, 너머북스, 2013.

샤를르 달레, 안응열/최석우 옮김,『한국천주교회사』중, 한국교회사연구소, 1980.

안드레 군더 프랑크, 이희재 옮김,『리오리엔트』, 이산, 2003.

안토니오 네그리·마이클 하트, 정남영·운영광 옮김,『공통체』, 사월의 책, 2014.

알렉산더 우드사이드, 민병희 옮김,『잃어버린 근대성들』, 너머북스, 2012.

엔리케 두셀, 박병규 옮김,『1492년 타자의 은폐 : '근대성의 신화'의 기원을 찾아서』, 2011.

윌리엄 시어도어 드 배리, 표정훈 옮김,『중국의 '자유' 전통』, 이산, 2004.

차이전평, 김중섭·김호 옮김,『다산의 사서학 : 동아시아의 관점에서』, 너머북스, 2015.

크리스토프 멩케·아른트 폴만, 정미라·주정립 옮김,『인권철학입문』, 21세기북스, 2012.

한스 큉, 배국원 옮김,『가톨릭의 역사』, 을유문화사, 2003.

호르스트 푸어만, 차용구 옮김,『교황의 역사 : 베드로부터 베네딕토 16세까지』, 길, 2013.

초기 개신교 신자의 개종(改宗)이 지닌 성격
-1900~1910년을 중심으로-

장 석 만

1. 서론

개종(改宗)이란 신앙을 지니고 있지 않다가 신앙심을 가지게 되거나, 이전에 믿었던 신앙 대신 새로운 신앙으로 바꾸어 믿게 되는 것을 일컫는다. 그래서 흔히 개종의 주요 특징 중 하나가 과거와의 전면적 단절이라고 꼽힌다. 이 점에서 개종과 근대성의 경험은 서로 닮은 성격을 가지고 있다. 개종처럼 근대성 또한 이전의 전통과 철저한 단절을 주장한다. 개종과 근대성 모두 낡음과 새로움의 이분법을 포함하면서, 새로움에 대해 적극적인 가치평가를 내린다. 이와 같은 문제를 연구하는 작업은 네덜란드의 종교학자이자 인류학자인 피터 반 데어 비어가 말한 대로, 어떻게 새로움에 대한 개념화가 이루어지는지 그리고 이와 동시에 그것이 낡은 것의 내용을 어떻게 상상하게 하는지를 살펴야 할 것[1]이다.

---

1) Peter van der Veer, "Introduction," *Conversion to Modernities : The Globalization of Christianity*, Peter van der Veer (ed.), New York and London : Routledge, 1996, p.19. 여기서 비어는 비르기트 마이어(Birgit Meyer)의 논의를 소개하며 이 점을 언급하고 있다.

한국에서 개신교는 1884년에 선교사 알렌(H. N. Allen)이 입국한 이후, 1890년에서 1910년 사이에 비약적으로 발전하였다. 그리고 이 시기는 한국사회에서 급격한 변화가 일어난 시기이기도 했다. 개신교는 스스로를 새로움의 화신으로 부각시킨 반면, 반드시 척결해야 할 낡은 전통을 제시하면서 자신의 아이덴티티를 세워 나갔다. 무속과 민간신앙을 믿는 일, 조상제사를 행하는 일, 풍수지리를 믿는 일, 점(占)보는 일, 첩(妾) 두는 일, 도박하는 일, 술 먹는 일, 담배 피는 일 등이 과거의 나쁜 짓으로 범주화되어 개신교 신자들이 해서는 안 되는 행위로 금지되었다. 그리고 이런 행위들은 새로운 시대인 "근대"와는 어울릴 수 없는 것이라고 선전되었다.

이 논문은 주로 1900년에서 1910년 사이의 10년 동안 개신교의 개종과 한국의 근대성 경험을 서로 연관시켜 봄으로써, 한국의 개신교와 한국의 근대성의 성격을 보다 잘 이해하려는 의도에서 시작되었다. 주요 내용은 다음과 같이 이루어져 있다. 첫째로 개신교 선교사 및 개신교도들의 전통적 관습 폐기와 "미신" 타파 운동을 서술하고, 전통과의 단절이 근대성의 확립으로 이끈다는 주장을 분석한다. 둘째, 1902년 옥중에서 일어난 지식인의 집단적 개종에 대해 분석하여 초기 개신교 신자들의 개종 동기를 살피고, 그 성격을 서술한다. 셋째, 1907년의 대부흥운동에서 나타난 개신교의 새로운 양상을 기술하고, 선교사들이 파악한 조선인의 개종이 지닌 문제점을 함께 논의한다. 또한 이 운동에서 중요한 역할을 한 길선주 목사를 분석하여, 개신교 신자들의 경험세계가 과연 어떠한 것이었는지를 검토한다. 결론에서는 근대성의 기본원리에 속한다고 볼 수 있는 정교분리, 양심의 자유, 공(公)과 사(私)의 구분들이 개신교의 개종경험과 어떤 연관이 있는지 서술하고, 당시 등장하고 있던 민족 아이덴티티의 형성과도 관련되어 있음을 언급할 것이다.

2. 단절의 수사학

DARKNESS

To fear for life and know not why ;
To bear abuse without reply ;
To give not half but all the road ;
To be the ox, to bear the load ;

To bow to wood and mound of sod ;
To fill the earth with friends of hell ;
To search for years and find no God,
But filthy rags and clanging bell ;

To be content with house of clay ;
To wade in mire of obscene street ;
Fit mate for beast with husks to eat ;
All night in sin, in sin all day.[2]

이 시는 칼 루푸스(Will Carl Rufus, 1876~1946) 목사의 "The Contrast in Korea"라는 시 중에서 앞부분에 해당하는 것인데, 그가 처음 한국에 와서 교육자 겸 감리교 목사로 지낸 기간 중에 쓴 것이다.[3] 이 시에서

---

2) Rev. W. Carl Rufus, "The Contrast in Korea," *The Korea Mission Field*, Vol.4, No.4, April, 1908, p.1.

3) 루푸스는 조선에 오기 전에 미국 고등학교에서 수학을 가르치는 교사였고 (1902~1905), 미국 감리교회의 목사(1905~1907)로 재직하였다. 1907년 조선에 와서 평양에서 수학과 천문학을 가르쳤고, 2년 후에는 서울의 감리교 선교부에서 교육을 책임 맡았다. 이후 미국에 돌아가 미시간 대학에서 천문학 박사학위를

조선인은 혹사 받으면서 두려워하며 살면서도 아무 문제도 느끼지 못하고, 우상숭배의 어리석음에서 빠져 나오지도 못할 뿐 아니라, 보잘 것 없는 거주지와 음식, 더러움이 가득한 거리에서 살아가는 것으로 그려진다. 그러나 전반부의 어두운 분위기와 달리, 후반부에서는 정반대의 모습이 나타나 있다.

> LIGHT
>
> There's a vision in the soul and the eye burns bright
> > With a light ;
> There's a purpose in the step
> > And might.
> Jesus comes gives inspiration ;
> Lifts the load exalts the station ;
> Fills the soul with aspiration
> > For the right.
> Toil is pleasure when the Master shares the thorn-cruel goad
> > Of the load ;
> Life is lifted from the debt
> > Once owed.

취득(1915)하고, 교수로 재직하였다(1913~1915). 그러나 선교에 대한 열정으로 다시 한국에 와서 서울의 감리교 대학에서 수학과 천문학을 가르쳤다. 세 아들의 교육 문제 때문에 1917년 미국의 대학으로 복귀하여 재직하다가, 1942년 은퇴하였다. 그가 조선에 도착한 것이 1907년이므로, 이 시는 그가 입국하자마자 쓴 것이라고 생각한다. 다음의 자료를 참고할 것. Frederick Edward Brasch, "Will Carl Rufus(1876-1946)," *Popular Astronomy*, Vol.56, No.3(Whole No.553), 1948, pp.119~121.　http://articles.adsabs.harvard.edu/cgi-bin/nph-iarticle_query?bibcode= 1948PA.....56..119B&db_key=AST&page_ind=1&plate_select=NO&data_type=GI F&type=SCREEN_GIF&classic=YES　https://sites.lsa.umich.

Free from sin and superstition,

Souls are thrilled with heavenly vision ;

Earth becomes thru fond petition

Christ's abode.[4]

여기서 이제 예수가 짐을 덜어 주고, 빛에서 건져 줌으로 말미암아, 어둠에서 빛으로의 극적인 전환이 가능해진다. 죄악과 미신에서부터 해방되어 밝게 빛나는 새로운 삶이 열리게 되는 것이다. 개신교를 영접하고 난 후, 이전과 전적으로 달라지는 모습에 대한 이러한 묘사가 그리 새로운 것은 아니다. 그리고 사실상 개신교로의 개종 경우에만 볼 수 있는 것도 아니다. 그러나 이 시기 개신교의 경우에는 개종 이전과 이후의 변화가 근대 이전과 근대 이후의 변화와 서로 겹쳐 나타난다는 데 그 특징이 있다. 여기에서 개신교가 해방시켜 준다고 하는 죄악과 미신이란 살인, 강도, 절도, 간음 등의 일반적인 범죄와 함께 개신교 교리가 금하는 죄만을 지칭하는 것이 아니다. 이른바 우상숭배에 해당하는 굿하기, 점치기, 조상숭배뿐만 아니라, 이전에는 관행적으로 행하여 온 노름, 술, 담배, 조혼, 축첩, '풍수지리로 명당 찾기' 등도 또한 근대적 합리성과 맞지 않은 미신으로 치부됨에 따라, 바로 이런 행위를 하는 것이 죄악이 된 것이다. 『독립신문』의 다음과 같은 주장도 같은 맥락에서 이루어진 것이다.

우상에게 제사한다든지, 산천귀신에게 기도한다든지 하는 (중략) 이단 의 사술을 좇는 백성들은 동·서양을 물론하고 반드시 어두우며, 반드시 미약하게 되는 반면, 하나님을 존경하며 천도를 조종하는 나라들은 반드시

---

4) *Ibid.*, pp.1~2.

부강해질 것이다.5)

산천귀신에 기도하는 등의 우상숭배를 한다는 것과 이단(異端)의 사술(邪術)을 한다는 것의 의미는 무엇인가? 하나님을 존경하지 않는다는 의미로 미루어 볼 때, 그것은 유일신을 경배하지 않는 태도를 지칭한다고 보인다. 독립신문은 이 하나님 존경의 태도와 나라의 부강이 서로 연관되어 있다고 주장하는 것이다. 이에 대해『독립신문』은 다음에서 좀 더 명확한 입장을 펴고 있다.

　　지금 대한국의 정치와 풍속을 보건대, 태서 문명의 나라에서 존숭하는 교회는 이단이라 하여 근본 이치를 궁구하여 보지도 아니하고, 다만 태서 각국의 병기와 전보, 전기, 전기차, 화륜선, 우체법과 각종 기계는 취하여 쓰고자 하니 이것은 근본을 버리고 끝만 취함이라. 나무뿌리 배양할 생각은 아니하고 나무 가지와 잎사귀만 무성하기를 바라니 실로 우스운 일이 아닐 수 없다.6)

위의 내용은 나라의 부강을 이루기 위해서는 이전의 방식과 전적으로 다른 생활방식과 사고방식이 요청되는데, 이것이 개신교 신앙을 받아들이는 것과 밀접히 연관된다는 것이다. 이런 주장에는 이중(二重)의 단절이 내포되어 있다. 즉 나라의 부강을 위해 전통사회와 근대사회의 단절이 요청되듯이, 우상숭배 및 미신의 단계와 개신교 신앙의 단계 사이에 단절이 필요하다는 것이다. 개신교가 처음부터 가톨릭과의 차별성을 강하게 주장하면서 자신의 아이덴티티를 내세운 것도 이와 관계가 있다. 주류 개신교는 우주의 창조자 이외에 마리아를 숭배하는 것이 우상숭배에

5)『독립신문』광무 3년(1899) 9월 12일, 1쪽.
6) 위의 글, 1쪽.

해당하는 것이며, 가톨릭이 종교와 정치를 혼동하는 것이야말로 근대사회의 원리를 제대로 파악하지 못했음을 드러내고 있다고 주장했다. 즉 개신교의 관점에서 볼 때, 가톨릭은 비합리성과 낡은 전통의 영역에 안주해 있었다. 이제 새로움의 방향을 나타내 주고 있는 서구의 문명과 그 근본을 이루고 있는 개신교는 낡음의 영역에 속한 이전(以前) 사회원리 및 신앙과 철저히 단절해야 한다고 주장한다. 이런 이중의 단절을 강조하는 수사학이 영향력을 행사하게 되면서, 바야흐로 개신교는 한국사회에서 새로운 문명의 담지(擔持)자로 나서게 된다.

3. 지식인의 옥중 개종

1902년 6월, 이상재, 이원긍, 유성준, 홍재기, 김정식, 이승인 등 당시 정치의 개혁을 주장하던 이들이 정부 전복을 기도했다는 혐의를 받아 한성감옥에 투옥되었다. 이들 뿐만 아니라 이곳에는 당시 일본에 망명하고 있었던 박영효, 유길준과 내통하여 정부 전복을 획책하였다는 죄목으로 이미 이승만 등이 형(刑)을 살고 있었고, 안국선, 신흥우 등도 옥에 갇혀 있는 상태였다. 그런데 감옥생활을 하던 2~3년 동안, 이들은 대부분 세례를 받고 개신교 신자가 되었다. 일제시대에 한국종교와 문화에 대해 광범위한 연구를 한 이능화는 이들의 집단적 개종이 관리와 양반사회에서 개신교를 신앙하게 된 계기를 이루는 것[7])이라고 주장하였다. 어떻게 이런 일이 생겨난 것일까? 이들이 믿고자 했던 개신교는 과연 어떤 성격을 지닌 것이었을까? 이 장에서는 이승만, 유성준, 김정식, 안국선 등을 중심으로 이들이 파악한 개신교의 성격과 개종의 동기를 살펴보고자 한다.

---

7) 이능화, 『조선 기독교급 외교사』, 조선기독교 창문사, 1928, 204쪽.

이승만(李承晩, 1875~1965)은 박영효와 연락하여 고종 폐위를 음모한 혐의를 받고, 1899년 1월 한성감옥에 투옥되었다. 원래는 종신형이었으나, 몇 차례 감형을 받아 1904년 8월에 석방되었다.[8] 이 감옥에 있는 동안 이승만은 1902년 12월 개신교에 입교하였다. 그는 1903년 10월부터 감옥 안에 세워진 학교에서 죄수들에게 한글, 영어, 일어, 산수, 역사, 지리 등을 가르쳤고, 신약과 찬송가도 가르쳤다.[9] 그 자신이 밝히고 있는 개종의 동기는 다음과 같다.

> 혈육의연한 몸이 오륙년 역고에 큰 질병 없이 무고히 지내며, 내외국 사랑하는 교중 형제자매들의 도으심으로 하도 보호를 많이 받았거니와, 성신이 나와 함께 계신 줄을 믿고, 마음이 점점 굳게 하여 영혼의 길을 확실히 찾았으며, 작년 가을에 괴질이 먼저 들어와 사오일 동안에 육십여 명을 목전에서 쓸어 내일 새, 심할 때에는 하루 열일곱 목숨이 앞에서 쓰러질 때에 죽는 자와 호흡을 상통하며, 그 수족과 몸을 만져 곧 시신과 함께 섞여 지내었으되, 홀로 무사히 넘기고 …[10]

여기서 이승만은 열악한 환경의 감옥에서 고립된 채 살면서 개신교인의 많은 도움으로 자신이 어떤 힘에 의해 보호받고 있다는 마음이 생겼다는 것, 전염병이 돌아 수많은 사람들이 죽는 것을 목격하면서 그 와중에서 자신이 살아남은 것에 감사하고 싶은 마음이 생겼음을 나타내고 있다. 그러나 이런 내용만으로는 이승만이 왜 하필 개신교로 개종하였느냐의 문제를 설명할 수 없다. 그가 옥중에서 썼다고 하는 다음과 위의 글은

---

8) 이광린, 「구한말 옥중에서의 기독교 신앙」, 『한국개화사의 제문제』, 일조각, 1986, 218~219쪽.
9) 이승만, 「옥중전도」, 『신학월보』 제3권 제5호, 1903년 5월, 185쪽.
10) 위의 글, 187쪽.

좀 더 그의 개종 동기를 밝히는 데 도움을 준다.

> 지금 우리나라가 쓰러진 데서 일어나려 하며 썩은 데서 싹이 나고자
> 할진데, 이 교로써 근본을 삼지 않고는 세계와 상통하여도 참 이익을
> 얻지 못할 것이오, 신학문을 힘써도 그 효력을 얻지 못할 것이오. …
> 우리는 마땅히 이 교로써 만사에 근원을 삼아 각각 나의 몸을 잊어버리고
> 남을 위하여 일하는 자 되어, 나라를 일심으로 받들어 영미 각국과 동등이
> 되게 하며 이후 천국에 가서 다 같이 만납시다.[11]

이승만에게 개신교는 멸망해 가는 나라를 부흥시킬 수 있는 근본적인
방법을 제공해 주는 것이었다. 모든 백성이 개신교를 믿어 하나로 단결함과
동시에 이기심을 버리고 나라를 위해 헌신한다면 영미와 같은 선진국과
동등하게 될 수 있다는 것이다. 여기에서 이승만이 개신교로 개종한
이유를 대체로 짐작할 수 있다.

김정식(金正植, 1862~1937)은 1898년 경무사의 직책에 있다가 독립협회
에 대한 대처가 미약하다 하여, 목포로 좌천당하였다. 그 후 면직되어
상경하여 있던 중, 1902년에 체포되어 투옥되었다. 일본에 있던 박영효,
유길준과 내통하여, 정부를 전복시켜 했다는 것이 혐의 내용이었다. 고통
과 억울함 속에서 1년을 보낸 후, 김정식은 조금 한가로운 감방생활을
보낼 수 있게 되었다. 이때 그는 무료함과 걱정거리를 잊기 위해 감방에
들여온 예수교 관련 책을 읽기 시작하였다. 그는 그 중에서 존 번연의
『천로역정』을 읽고, 큰 감명을 받기에 이른다. 주인공이 아무 잘못 없이
12년 동안 옥중 생활을 한 이야기뿐만 아니라, 눈 먼 딸을 데리고 고초를
겪는 이야기가 그의 심금을 울린 것이다. 여기에서 김정식은 "그도 사람이

---

11) 이승만, 『독립정신』, 234~235쪽(이덕주, 「초기 한국 기독교인의 저술활동」, 『초기
    한국 기독교사 연구』, 한국기독교역사연구소, 1995, 276쪽에서 재인용).

고 나도 사람이거늘, 도대체 그는 어떠한 사상과 정신을 가지고 있길래 이토록 이 세상의 고락을 담담히 지켜 볼 수가 있는 것일까?"12)라고 곰곰이 생각하게 된다. 그리고 번연의 그 능력이 예수교를 믿는데서 나온다고 생각하여, 『신약』, 『구약』을 열심히 공부한다. 특히 『신약』에 나오는 "공중에 나는 새는 농사짓지 아니하되 먹는다."라는 구절에서 그는 자신이 옥에 갇혀 처와 두 자식이 겪는 생활고에 의미를 부여할 수 있는 근거를 찾았다. 그래서 "하나님이 우리 사람을 내실 때에 어찌 굶어 죽게 하실 이치가 있겠습니까? 야소(耶蘇) 잘 믿으시고 안심하여 지내시면 사는 도리가 있습니다."13)라고 주장할 수 있게 된다. 1912년 그가 자술한 「신앙의 동기」에서 김정식은 그 후 자신이 경험한 예수와의 만남을 이렇게 기록하고 있다.

슬프다. 나는 임금의 미워함을 받아 이 육신이 옥문 밖을 나가기는 바랄 수 없은즉, 이 육신은 벌써 이 세상을 떠난 물건이라. 다만 깨끗한 마음으로 우리 예수를 따라 가는 것이 나의 마땅한 본분으로 생각하니라. 그 후, 한 밤 고요하고 잠들지 아니할 때에, 스스로 이 육신의 불쌍한 지경을 생각하며, 전전반측할 때에 예수께서 내 누은 요에 함께 앉으신지라. 그 무릎을 붙잡고 (내가) 하는 말이 '나는 肉身의 父母도 없고 兄弟도 없으니 내 불쌍한 事情을 告할 곳이 없으되, 나를 至極히 사랑하시고 지극히 친절하시고 지극히 불쌍히 여기시는 예수 형님께 고하옵니다. 내가 전일에 주색에 沈溺하요 先祖에게 불효함과 처자에게 박정함과 친구에게 교만한 죄가 많고, 더욱이 나의 사랑하는 딸 鶯似의 나이 10세도 안되어 두 눈이 멀어 앞을 보지 못하는 것을 로마교당 양육원에 보내었으니 때때로 부모 부르짖을 생각을 하면 뼈가 저리고 오장이 녹는 듯합니다.'

12) 백악춘사, 「다정다한 : 사실소설」, 『태극학보』 제7호, 광무11년(1907), 51~52쪽.
13) 위의 글, 54쪽.

이에 예수께서 손으로 내 등을 어루만지며 위로하시되, '네 회개함을
내 아나니 너무 서러워 마라.' 그 말씀이 귀에 들릴 적에 그 불쌍히
여기시는 음성에 감동하여 자연 마음이 灑落하여져서 무슨 큰 짐을 벗은
모양도 같고, 물에 빠졌다 나온 것도 같으매.…14) (강조는 필자)

이와 같은 내용에서 살펴볼 수 있는 점은 자신이 옥중생활에서 겪은
좌절, 눈먼 딸을 양육원에 떼어 보낸 아픔, 그리고 가족이 겪고 있는
어려운 생활을 떠올리면서 다가오는 고통에 대해『신약』에서 그 의미부여
의 근거를 발견하면서 김정식의 개종이 이루어졌다는 것이다. 아무런
죄 없이 옥에 갇힌 것에 대해 억울함과 분노가 솟구치는 단계가 지나자
좌절과 회한이 찾아 왔으며, 가족이 겪는 어려움에 대한 연민으로 극심한
고통을 느끼고 있을 때, 신약의 내용이 그에게 따뜻한 위안을 마련해
준 것이었다. 그 후 그가 경험한 예수와의 만남도 초월적이거나 전율을
느끼게 하는 성격을 전혀 지닌 것이 아니라 마치 옆집의 형님이 가슴
아파하는 동생을 어루만져 주는 듯한 것이었다. 그래서 그의 "예수형님"은
신과 인간 사이에 넘을 수 없는 거리를 상정하고 있는 선교사들의 예수와는
사뭇 다른 것이었다. 이러한 그의 개종경험 때문에 김정식은 다른 신자들과
다르게 노장(老莊)을 탐독하고 불교사원을 방문할 수 있었으며, "불교인은
물론 기타 유사 종교인들까지 회동"15)할 수 있었던 것이다.

1894년 김홍집 내각에서 농상공부 회계국장을 역임하였으며, 대표적
개화파인 유길준(兪吉濬, 1856~1914)의 동생이기도 한 유성준(兪星濬,
1860~1934)은 1902년 수구파의 득세와 그에 따른 개화파의 탄압으로
인해 한성감옥에 투옥되었다. 다섯 평의 넓이에 20여 명의 죄수들이
가두어져서 그는 운신도 제대로 할 수 없었고 잡범들과 함께 생활을

---

14) 김정식, 「신앙의 동기」, 『성서조선』 제100호, 1937년 5월호.
15) 유영모, 「고 삼성 김정식선생」, 위의 글, 100쪽.

하게 되어 많은 고초를 겪을 수밖에 없었다.[16] 그렇게 억울함과 분노의
세월을 보내던 중, 감방 내에 순한문 성경 한권이 들어와 그는 이를
보게 되었다. 유성준은 자신이 성경을 읽게 된 이유를 다음과 같이 말하고
있다.

> 글 읽을 욕심이 팽창하던 중에 다른 서적은 없을 뿐더러 그 무지한
> 사람들과 접어(接語)하기가 싫어서 마태복음 1장에서 시작하여 아침부터
> 저녁까지 읽어갔으나, 그 뜻을 깨닫지 못할 뿐더러 구구 절절히 다 虛言과
> 幻術에 불과한 즉 우리 유교에 대하여는 참 이단이라 아니할 수 없다고
> 생각하였다.[17]

이런 입장은 1895년 일본망명 중 윤치호(尹致昊, 1865~1945)를 만난
자리에서 윤치호가 자신은 개신교를 믿게 되었다고 하자, "외인을 사귀어
사교를 믿고, 우리 선조의 전하여 오는 공맹의 도를 배반코져 하니 진실로
한심한 일이로다."[18] 하면서 그가 분노를 표시하였던 것과 맥을 같이
하는 것이다. 그러나 유성준은 도저히 맘에 맞지 않아 구석에 던져두었던
성경을 다시 읽어 보게 되는데, 옆의 잡범들에 신경을 쓰지 않기 위한
것이었다. 그를 정기적으로 방문한 선교사 및 이승만의 권유 등에 의해
유성준은 1년 동안 신약을 7번 읽었다. 그리고 그는 예수를 공자와 비등한
수준으로 인정하게 되었다.[19] 이는 1903년 11월 언더우드 목사가 유성준에
게 "이제 성경을 읽은 지 1년이 지났는데 예수를 누구로 생각하느냐?"라는
질문에 그가 "공자와 같은 성인으로 생각하노라."[20]라고 한 대답에서

---

16) 유성준, 「밋음의 動機와 由來」, 『기독신보』 1928년 7월 4일.
17) 위의 글, 134쪽.
18) 위의 글, 134쪽.
19) 위의 글, 134쪽.

잘 나타난다. 그때 언더우드 목사가 기도는 목사만이 아니라 누구나
할 수 있으며, 주의 이름으로 기도를 해야 예수가 구세주인줄 알게 될
것이라고 하는 말을 듣고, 그 이튿날부터 기도를 지속적으로 해 나가게
되었다. 그러다가 그 해 12월, 그는 극적인 종교체험을 하기에 이른다.

> 기도하던 중, 갑자기 가슴이 터지는 것 같고 눈물이 비 오듯 하며,
> 40평생에 경과한 일체 행동이 정직, 염결, 공평한 줄로 자신하고 자랑한
> 것이 다만 자기를 위하는 명예와 공리심이었다는 죄를 황연히 깨닫게
> 되었다. 그리고 같은 날, 「마태」 7장 9절~11절을 읽다가 하나님 아버지의
> 은총과 구주의 공덕에 더욱 감격하게 되었다. 이후부터는 하나님을 원망하
> 고 사람을 원망하는 마음이 전혀 소멸되고 다만 구주의 넓고 크신 은덕을
> 감사하며, 마음이 평안하여 무한한 즐거움이 생기었다.[21]

유성준을 비롯하여 비슷한 시기에 개신교로 개종경험을 하게 된 이들이
어떻게 그런 변화를 갖게 되었을까? 다음과 같은 유성준의 글에서 하나의
단서를 찾아 볼 수 있다.

> 이 해 12월 말에 투옥된 여러 동지들이 모여 서로 말하기를 우리
> 오늘날 같이 하나님의 무한한 은총을 얻음은 모두 이근택 씨[22]의 덕이다.
> 출옥한 후에 그를 방문해서 치사함이 옳다 하면서 이전의 원수 갚을
> 생각이 이처럼 변한 것에 대해 감사하는 뜻으로 모두 하나님께 기도하였
> 다.[23]

---

20) 위의 글, 134쪽.
21) 위의 글, 134쪽.
22) 이근택은 당시 경무총감으로서 개화파 인사들을 체포, 투옥한 장본인이었다.
23) 앞의 글, 134~135쪽.

유성준이 개종을 하게 되는 과정은 3가지로 나누어 볼 수 있다. 첫째는 개신교를 사교(邪敎)로서 파악하고, 공맹의 도를 적극적으로 수호하려고 한 단계이다. 둘째는『신약』을 반복해 읽은 후, 예수를 공자와 비슷한 반열에 있는 존재로 인정하게 된 단계이다. 셋째는 자신의 죄를 깨닫는 종교체험을 거치면서 개신교로 개종하는 단계이다. 첫 번째에서 두 번째 단계로 옮겨가는 과정에서 특이한 것은『신약』을 접하게 된 계기가 감옥에서 어떤 글이라도 읽을 욕심에서 시작되었다는 점이다. 자신의 마음에 맞지 않아『신약』을 여러 번 내던졌다가도, 단지 책보는 것으로 감옥생활의 고초를 벗어나기 위해 계속 읽게 된 것이다. 책을 읽은 후, 어떠한 측면에서 그가 예수를 공자와 같은 성인으로 여기게 되었는가는 자세히 알 수 없다. 다만 윤리적인 관점에서 공자와 예수를 같은 수준에 있는 것으로 여기게 되지 않았을까 짐작할 뿐이다. 자신의 죄를 깨닫게 되는 세 번째 단계에서, 유성준은 하나님의 은총과 자신의 죄가 확연히 대조되는 경험을 하게 된다. 그 종교체험의 계기가 되는 것이「마태복음」의 한 구절인데 그 내용은 다음과 같다. "너희 중에 누가 아들이 떡을 달라 하면 돌을 주며, 생선을 달라 하면 뱀을 줄 사람이 있겠느냐? 너희가 악한 자라도 좋은 것으로 자식에게 줄 줄 알거늘 하물며, 하늘에 계신 너희 아버지께서 구하는 자에게 좋은 것으로 주시지 않겠느냐?" 이 내용에서 현저한 것은 아들에 대한 아버지의 자애로운 사랑이다. 아들과 아버지, 인간과 하나님이 서로 상응되고 있는 것으로 묘사되면서, 아버지의 사랑에 대한 신뢰가 강조되어 있다. 그래서 공자와 예수가 나누어지는 점이 바로 예수에게서 찾게 된 바의 자식에 대한 보다 친밀하고, 자애로운 배려에 있었다고 추측할 수 있다. 하지만 예수를 믿게 되었다고 해서 공자에 대한 존경심이 사라진 것은 결코 아니다.「深思하자」라는 글에서 유성준은 무엇을 기준으로 깊이 생각할 것인가라는 질문을 던진 다음 이렇게 주장한다. "기독의 旨와 공자의 慮와 殷王의 勤과 華翁의 明과 李文成의 智와 鄭忠武의 能으로

良鑑을 作할 것이냐. …"24)

그런데 도대체 어떻게 예수와 공자가 나란히 숭앙될 수 있었던 것일까? 우선 다음과 같은 점에 주목하는 것이 필요하다. 즉 유성준은 옛 관습에 중독되고 마취되어 빠져 나오지 못하고 있는 이들을 어떻게 치료해서 각성시킬 것인가라는 문제를 중요한 것으로 제기했다. 그가 개신교인임에 긍지를 느끼는 점도 개신교도 중에는 "술 먹고 도박하는 자가 없으며, 관혼상제의 번문허례와 성황사찰의 축원하는 미신과 巫覡僧尼의 유혹이 없는"25)것이었다. 이런 구습(舊習)에서 벗어나게 하기 위해서는 만물 중의 영장인 인간의 지능을 제대로 활용해야 하는데 이것을 이루기 위해서 그는 "종교의 진리로 기초를 정하고, 哲人의 良規로 門路를 作할 것"26)이 필요하다고 주장한다. 여기서 종교의 진리와 철인의 규범 사이의 상호연관성을 인정하게 됨으로써, 자연히 예수와 공자의 관계도 서로 배타적일 필요를 지니지 않게 되는 것이다.

안국선(安國善, 1878~1926)은 1895년 군부대신을 지낸 안경수(安駉壽, 1853~1900)의 가까운 친척으로 그의 추천으로 일본에서 유학생활을 하였다. 그는 동경전문대학을 졸업하고, 귀국한 직후인 1899년 11월에 체포되는데, 박영효와 연관된 역모사건에 연루되었기 때문이다. 그 후 1904년 3월 종신유형을 선고받을 때까지 4년 동안 그는 옥에 갇혀 살게 된다. 그리고 이 기간 동안, 그는 개신교로 개종하게 된다.27) 그가 어떤 동기에서 개종하였는지는 구체적인 자료가 없기 때문에 알 수 없다. 그러나 1907년 3월 유배에서 풀려나 쓴 글을 통해 그의 개신교 신앙 성격을 파악할 수 있다. 안국선은 「大韓今日善後策」이란 글에서 20세기 조선이 나아야

---

24) 유성준, 「심사하자」, 『청년』 제5호, 1921년 7~8월.

25) 유성준, 「밋음의 동기와 유래」, 1928년 7월 16일.

26) 유성준, 「심사하자」, 3쪽.

27) 최기영, 「한말 안국선의 기독교 수용」, 『한국기독교와 역사』 제5호, 1996, 32~33쪽.

할 방향을 '교화(敎化)조선'과 '실업(實業)조선'으로 들고 있다.[28] 조선이
부흥하기 위해서는 근본적으로는 인민교화를 해야 하고, 실제적으로는
실업을 발전시켜야 한다는 주장이다. 교화에는 두 가지가 있는데 하나는
종교이고, 다른 하나는 교육이다. 안국선은 이 두 가지야말로 사회가
문명을 이루는 근본이며, 특히 종교로 인하여 문명이 발달하는 것임에도
지금 한국에는 종교가 없기 때문에 커다란 문제가 되고 있다고 진단한다.

> 인도의 문명은 불교에 기인된 것이었고, 중국의 문명은 유교로 인해
> 일어난 것이었다. 터어키, 이집트 등의 고대문명은 이슬람에 그 근원이
> 있는 것이며, 서구의 금일 문명은 예수교가 그 근본이다.… 그래서 금일의
> 서구 문명을 수입하고자 한다면 예수교를 믿어 종교를 개량하는 것이
> 필요하다.[29]

안국선의 주장은 서양문명을 수입하려면 인민의 성질을 전면적으로
감화시켜야 하는데, 그것을 위해 서양문명에 알맞는 종교를 택해야 한다는
것이다. 이것이 20세기의 대세에 적응하는 것이고, 그럴 때만이 국가의
독립과 사회의 문명이 성취될 것[30]이기 때문이다. 그러나 그뿐만이 아니
다. 안국선은 예수교를 믿음으로써 일본을 넘어설 수 있는 가능성도
엿보고 있다.

> 일본이 만약 종교까지 바꾸었더라면 정말 서양문명과 나란히 같은
> 위치에 놓였을 것이다. 그러나 종교의 문명은 못하고 물질적 문명만

---

28) 안국선, 「大韓今日善後策」, 2~3쪽 ; 김대희, 『二十世紀朝鮮論』, 일신사, 융희 원년
   (1907).
29) 위의 글, 2~3쪽.
30) 위의 글, 2~3쪽.

이루었기에, 정치, 법률, 기계, 농·공·상 등은 문명을 이루었으나 도덕상에
는 아직 야만을 면치 못하고 있다.[31]

　서양의 물질적 문명은 서양의 종교에 그 바탕을 둔 것임에도, 그 종교를
취하지 않고 물질문명만 취한 것은 커다란 결함이 있는 태도라는 주장이다.
안국선이 보기에 이런 태도로는 문명의 근본을 발전시킬 수 없었다.
그에게는 단지 정부의 관제(官制)나 바꾸고, 인민의 의관(衣冠)이나 새롭게
하는 것은 근본적인 것이 아니라[32] 피상적인 것이다. 이런 피상적 조치로
는 새로운 문명을 이룰 길이 없다. 인민의 성질을 완전히 바꾸어 병의
근원을 도려내야 한다. 여기에서 서양종교인 예수교가 요청되는 것이다.
　인민의 의관 변화를 근본적인 변화가 아니라고 여기는 안국선의 관점은
조선시대의 유교적 예절관념과 매우 차이를 보여주고 있다. 1895년 12월의
단발령 이후, 의복과 머리 스타일의 변화를 둘러싸고 심각한 갈등이
여전히 계속되고 있던 와중에서도[33] 안국선과 같은 입장은 이전과 같은
인간관계의 예절이 아니라, 인민의 내면적 측면에 대해 관심의 초점이
점차 옮겨 가고 있음을 나타내고 있기 때문이다. 앞서 유성준이 관혼상제의
형식성에 대해 비난하고 있는 것도 이와 같은 맥락에서 나온 것이라
볼 수 있다. 인간 내면의 중요성이 강조되면 될수록, 유교의례의 번잡한
형식성은 그만큼 비난받게 마련이었다. 일제시대에 이러한 경향은 더욱
강화되어, 유교의 허례허식 때문에 나라가 망했다고 하는 담론(허례허식

---

31) 위의 글, 2~3쪽.
32) 위의 글, 3쪽.
33) J. R. Moose *The Korean Mission Field*, Vol.2, No.1, 1905, 11, pp.4~5. 여기에서
　　무스 목사는 상투를 잘랐기 때문에 죽을 뻔했던 Mr. Yei의 이야기를 들려주고
　　있다.("It came about in time that in some parts of the country to be minus a top-knot
　　was a sure sign that in some way the owner of such a head was an enemy to his
　　country.")

망국론)이 널리 퍼져나가면서 상당한 영향력을 지니게 되었다.

기독교를 믿어야 서양문명의 근본을 얻을 수 있다는 주장은 당시 상당히 강력한 세력을 지니고 있었는데, 여기에는 두 가지의 기본 전제가 있다. 하나는 종교가 문명의 핵심적 기반을 이루고 있다는 것이며, 다른 하나는 종교의 기본 모델이 기독교 특히 개신교라고 보는 것이다. 안국선도 이런 두 가지 전제를 당연시 하였으며, 특히 인간의 위치를 금수(禽獸), 초목(草木)과 비교하면서 기독교 신앙의 필요성을 언급하고 있다. 즉 본래 인간은 만물 중에 가장 뛰어나므로 하나님을 대신하여 금수, 초목 등 세상만물을 다스릴 수 있는 권능이 있다. 그러나 지금 인간은 만물 중에 제일 귀하고 뛰어난 위치에 있는 것이 아니라 오히려 제일 어리석고, 제일 더러운 지경에 처해 있다. 즉 "사람이 떨어져서 짐승의 아래가 되고, 짐승이 도리어 사람 보다 상등이 되었으니, 어쩌면 좋을꼬?"[34] 그렇다면 어떻게 해야 할 것인가? 이에 대한 그의 대답은 "예수 씨의 말씀을 들으니 하나님이 아직도 사람을 사랑하신다고 하니 … 회개하면 구원 얻는 길이 있다"[35]는 것이다.

이승만, 김정식, 유성준, 안국선은 모두 1902~1904년의 기간 동안, 한성감옥에 투옥되어 있던 도중에 개신교로 개종하였다. 이승만, 안국선의 경우, 개신교와 서구의 문명은 뗄 수 없는 관계로 인식되었다. 서구문명의 근본을 이루고 있는 개신교를 수용하는 것이 서구와 같은 문명수준으로 나라를 만드는 유일한 방법이라고 생각하였다. 반면 김정식과 유성준은 자신의 죄에 대한 자복(自服)을 통해 개신교로 개종하였다. 김정식은 옥중에서의 좌절감, 그리고 자신이 투옥되어 가족이 겪고 있는 어려움에 마음 아파하다가 "예수형님"의 따뜻한 위로를 받고 개신교를 받아들이게

---

34) 안국선, 「금수회의록」, 전광용 등 편, 『한국신소설전집』 제8권, 을유문화사, 1968, 32쪽.
35) 위의 글, 32쪽.

되었다. 유성준은 옥중에서 글을 읽고 싶은 욕심에서 『신약』을 보게
되었고, 자신의 자만심에 대한 깨달음, 그리고 부모-자식 사이의 자애로운
관계에 비추어진 하나님의 은총에 감격하여 입교하였다.

선교사들의 입장에서 보았을 때, 이승만, 안국선과 같은 개종은 환영할
만한 것이 아니었다. 개신교를 믿는 나라가 가장 높은 문명을 지니고
있기 때문에 그와 같은 문명을 달성하기 위해서 나라 안의 모든 이들이
당연히 개신교를 믿어야 한다는 논리는 그들에게 못마땅한 것이었다.
샤프 목사는 이런 동기를 가지고 개신교를 믿으려는 자들을 이렇게 평가하
고 있다.

그들은 개신교 자체와 개신교로 인한 결과물을 구별하지 못하는 자들이
며, 개신교의 영적 본질을 제대로 파악하지 못한 자들이다.36)

그러나 이런 선교사들의 주장에 대해서 만만치 않은 비판이 제기되어
서로의 입장이 팽팽히 맞서게 되었다. 다음은 국민교육의 필요성을 강력히
주장하는 당시 신문의 논설이다.

예수교 학교에서는 국민을 양성치 아니하고, 예수교도를 양성하며,
천주교 학교에서는 국민을 양성치 아니하고, 천주교도를 양성하며, 천도
교 학교에서는 국민을 양성치 아니하고, 천도교도를 양성하고 있다. …
그럴 경우 예수교는 흥왕할지언정 국가는 흥왕치 못 할지며, 천주교는
흥왕할지언정 국가는 흥왕치 못 할지며, 천도교는 흥왕할지언정 국가는
흥왕치 못할 것37)이다.

36) C. E. Sharp, "Motives For Seeking Christ," *The Korean Mission Field*, Vol.2, No.10.
1906, p.183.
37) 「국민교육을 施하라」, 『대한매일신보』 1909년 11월 24일.

기독교가 민족과 국가는 어떻게 되든 상관없이 천국 가는 것만 골몰하게 된다면 가히 두려워할만한 문제가 아닐 수 없다는 이런 입장은 나중에 선교사들과 갈등을 불러일으키게 된다. 이에 대해서는 다음 장에서 자세히 언급될 것이다.

김정식과 유성준의 경우, 종교체험을 통해 개신교 신자가 되었지만 역시 선교사들의 개신교와는 성격을 달리하고 있다. 김정식은 옆집의 인정 많은 형님처럼 예수를 묘사하면서, 다른 종교인들과 거리낌 없는 교제를 하였으며, 신종교 혹은 민간종교에 종사하는 사람과도 어울렸던 것이다. 이에 비해 유성준은 어떤 경우에도 술을 하지 않고, 조상제사도 지내지 않는 등 단호한 신앙생활을 하였으나, 여전히 공자를 대성인(大聖人)으로 숭앙하는 모습을 보여주고 있다. 그러나 개종한 지 25년이 지나 자신의 개종체험을 적어 두게 된 유성준의 기록에서 선교사들의 신앙과 가장 근접해 있는 개신교인을 만날 수 있게 된 것이 그저 우연이라고는 여겨지지 않는다. 1928년 당시 유성준의 입장이 25년 전의 개종사건을 회상하는 데 영향을 안 미쳤으리라고는 생각할 수 없기 때문이다.

4. 1907년 대부흥운동의 개종

1903년 하디(Robert Alexander Hardie, 1865~1949)[38] 목사가 원산에서 열린 기도모임에서 자신의 선교 실패를 자인하고, 그 원인이 자신이

---

38) 하디는 1890년 토론토 의대를 졸업한 후, 조선에 와서 원산지역의 의료선교사로 8년 동안 활동하였다. 선교부를 감리교가 맡게 되자 감리교에 입교하여 1900년 목사 안수를 받고 목회활동을 하였다. 원산, 서울, 황해도 송도, 평양에서 대규모 부흥운동을 이끌었다. 1909년에 서울로 옮겨 1936년 은퇴할 때까지 감리교 신학교에서 구약을 가르쳤다. Charles Yrigoyen Jr. and Susan E. Warrick, *Historical Dictionary of Methodism* (3rd ed.), Lanham, Maryland : Scarecrow Press, 2013, p.178.

한국인에 대해 지녔던 우월감과 권위의식에 있었음을 고백하였다. 하디의
회개에서 시작된 죄의 고백은 곧 신자들 사이에서 널리 확산되어 운동으로
전개되었다. 1905년 8월부터 보다 본격적으로 진행된 부흥운동은 빠른
속도로 전국 각지에 퍼져 나갔으며, 1907년 평양에서 그 절정에 달하였는데
이를 통해 신자들이 증가하였다. 이런 교세 신장에 대해 언더우드(Horace
Grant Underwood, 1859~1916) 목사는 대체적인 숫자라고 하면서도 다음과
같은 통계를 제시하며, "당대의 경이로운 선교 업적(missionary marvel of
the age)"이라고 할 만하다고 주장한다.[39]

연대	교회수	전도소	세례교인	학습교인	헌금(달러)
1901	216	284	4,699	16,437	5,323.02
1902-3	252	329	6,395	21,664	7,475.79
1903-4	267	353	7,916	23,356	8,222.06
1904-5	321	470	9,761	30,136	13,528.67

또한 교회사가 민경배는 언더우드의 자료를 인용하여 1905~1907년
사이의 개신교 교세확장을 다음과 같이 보여준다.[40]

연대	교회수	전도소	세례교인	학습교인	헌금(달러)
1905	321	470	9,761	30,136	13,528.67
1907	642	1,045	18,964	99,300	53,197.85
증가율(%)	200	222.3	194.2	329.5	393.2

이 표에 의하면, 2년의 기간 동안 개신교는 교회 수, 전도소 수, 세례교인

---

39) H. G. Underwood, *The Call of Korea : Political, Social, Religious*, Illustrated from
   photographs by Cameron Johnson, New York, Chicago, Toronto, London and Edinburgh :
   Fleming H. Revell Company, 1908, p.148.
40) 민경배, 『한국기독교회사』 개정판, 대한기독교출판사, 1982, 263쪽.

수 모두 대개 2배의 증가를 보인 것으로 나타나 있다. 하지만 다른 통계에 따르면 증가율이 2배에 해당되지는 않았다.[41]

연도	장로교 교인 수	전년에 대한 증가율(%)	감리교 교인 수	전년에 대한 증가율(%)	전체 교인 수	전 교인 중 장로교인 비율(%)
1907	72,968	28.16	33,319	1.84	106,287	68.65
1908	94,981	30.16	37,030	11.14	132,011	71.95

이 표에 따르면, 장로교의 경우 1907년에 작년대비 28%의 신자 증가를 보인데 반해, 감리교는 겨우 2% 정도 증가에 그치고 있다. 감리교와 장로교 사이의 이런 차이는 부흥운동에서 장로교가 주도권을 쥐고 있었다는 점, 그리고 본래 정치적, 사회적 성향이 강하였던 감리교 신자 중에서 부흥운동의 탈정치적 경향에 불만을 느끼고 교회에서 나간 사람이 상당수 있었다는 것[42]을 보여준다. 통계숫자가 지니는 이데올로기적 측면을 감안하더라도, 상당수의 사람들이 부흥운동에 활발하게 관여하였던 장로교로 개종하였음을 알 수 있다. 다음의 내용은 당시 미국에 있었던 이승만이 피츠버그 연회에서 부흥운동에 대해 언급한 내용으로, 그 분위기를 짐작할 수 있게 한다.

최근에 벌어졌던 소동 이후에 놀랄만한 힘이, 엄청난 부흥의 성령이 나라에 임하였습니다. 평민과 시골의 가난한 농부뿐만 아니라, 왕족, 정부 고관, 보수적인 유학자, 불교 승려, 상류층 부인에 이르기까지 전국의 모든 종류 사람들이 자신들이 갈 수 있는 하나님의 집에 쏟아져 들어왔습니

---

41) 서정민, 「초기 한국교회 대부흥운동의 이해」, 이만열 외 지음, 『한국기독교와 민족운동』, 종로서적, 1986, 257쪽. 이 통계는 『조선예수회장로회 총회록』과 *Official Minutes of the First Annual Session Korea Mission Conference Methodist Episcopal Church*, Seoul, Korea, 1905 - 에 의한 것이다.

42) 서정민, 위의 책, 258쪽.

다.43)

그런데 이와 같이 부흥운동을 통해 개종한 사람들은 어떠한 동기에서 개신교를 믿게 된 것일까? 이들은 앞에서 언급한 바 있던 옥중의 지식인들처럼, 자신들의 개종에 대해 남겨 놓은 글이 없기 때문에 그들의 구체적인 개종동기에 대해 파악하기란 쉽지 않은 일이다. 그러므로 간접적인 방식으로 그에 관해 살펴볼 수밖에 없다. 다음 부분에서는 우선 선교사들이 기록해 놓은 내용을 통해 그들의 개종 상황을 알아 본 후, 1907년 평양 대부흥회를 이끌었던 길선주 목사를 살펴봄으로써 부흥운동을 통해 개종한 사람들의 성격을 파악해 보고자 한다.

1) 선교사가 파악한 개종 상황

샤프 목사는 1906년 황해도 지방에서 개신교로 개종한 이들의 동기를 다음과 같은 3가지로 정리하고 있다.44) 첫 번째는 보호를 얻고 권력을 지니려고 하는 욕구 때문에 개신교로 개종하는 경우이다. 상호도움을 얻기 위해 우후죽순 격으로 수많은 단체들이 만들어지고 있던 가운데, 개신교회에 가입하는 것이 권세와 보호를 얻을 수 있는 좋은 방책이었음은 의심할 수 없는 것이었다. 두 번째는 개신교가 서구문명의 원천이기 때문에 개신교를 믿어 서구와 같은 문명수준을 달성해야 한다는 것이다. 세 번째는 샤프가 보기에 진정으로 영혼의 목마름을 가지고 있으며, 성령의 은사를 받고 개종한 이들이다. 이들은 개종을 통해 근본적으로

---

43) "Appeals of Native Christians(Address of E. Sung Man at Pittsburgh Convention.)," *The Korean Mission Field*, Vol.4, No.6, June 1908, p.96.

44) C. E. Sharp, "Motives For Seeking Christ," *The Korean Mission Field*, Vol.2, No.10. 1906, pp.182~183.

다른 인간으로 탈바꿈하였으며, 가장 바람직한 개종 동기를 보여주는 경우라고 간주되었다. 두 번째의 동기는 앞서 언급한 바 있던 옥중 지식인의 경우에 전형적으로 나타나는 것이다. 첫 번째 개종 동기에 대해 좀 더 구체적으로 살펴봄으로써 이것이 세 번째 개종 동기와 어떻게 차이를 보이는지 알아보고자 한다.

한국 개신교의 초기 역사에서 완만한 증가를 보이던 신자 수가 갑자기 늘어나게 되는 계기는 1894~1896년과 1905~1906년 사이라고 알려져 있다. 장로교 선교 보고서를 중심으로 작성된 통계에 의하면 장로교인은 1895년의 180명에서 1896년에는 2000명으로 10배 이상의 증가를 보였다. 장로교의 중심지였던 평양이 청일전쟁의 전쟁터가 되었던 것으로 인해 그런 신자 수의 성장이 이루어졌다고 흔히 분석되고 있다. 1905년에서 1906년 사이에도 미(美) 감리회의 경우, 7,796명에서 12,719명으로, 그리고 장로교의 경우에는 37,407명에서 56,943명으로의 비약적인 신자 증가를 나타내고 있다.45) 이처럼 1894~1895년의 청일전쟁과 1903~1904년의 러일전쟁 기간 동안, 개신교로 개종한 신자가 급증하였다는 것은 당시 일본, 청, 러시아의 어느 세력도 무시할 수 없었던 미국 및 서구 나라에 많은 조선인들이 의존하려고 하였음을 보여주는 것이다. 이러한 개종자에게 개신교란 조선 정부의 탐학(貪虐)으로부터 자신들을 보호해 줄뿐만 아니라 일본, 청, 러시아의 침략으로부터도 안전하게 자신들을 지켜줄 수 있는 방패막이이자 피신처이었던 셈이다. 조금 긴 에피소드이지만 밀러 목사46)가 전해주는 다음의 이야기는 이와 같은 개종의 성격을 생생하

---

45) 한국기독교사연구회, 『한국기독교의 역사 1』, 기독교문사, 1989, 254~255쪽.
46) 프레드릭 S. 밀러(Miller, Frederick Scheiblim, 閔老雅, 1866~1937). 그는 피츠버그 대학(1889)과 유니언 신학교(1892)를 졸업한 후, 1892년 11월 15일 부인(Anna Reinecke)과 함께 미국 북장로회 선교사로 한국에 왔다. 1893년 서울에서 예수교학당(경신학교) 책임자가 되어 기독교 교육에 힘썼고, 1895년 연동교회의 기초를 마련하였으며, 청주지역에서 44년간 선교활동을 하였다.

게 묘사하고 있다.

　　나는 언제 한번 우리 클라스의 사람마다 어떻게 예수를 발견하게 되었느냐고 물은 적이 있었다. 김씨가 일어나 이렇게 말했다. "내 이야기는 그리 특별하진 않지만 말하겠습니다. 아내와 나는 우리가 알고 있는 모든 정령에게 숭배하는 것을 법으로 하고 있었습니다. 그래서 집과 뜰에는 산신, 뒤뜰 신, 부엌 신, 집안신등 수많은 신을 모시는 곳으로 가득 차 있었습니다. 방안에도 그런 곳으로 가득하여 밤에는 자러 방에 들어가는 것도 무서웠습니다. 머리를 거기에 부딪쳐서 신들이 화가 나기라도 하면 우리 가정에 재앙이 떨어지기 때문이었죠... 그런데 기독교인들은 그런 정령들에게 두려움도 없고 별 관심도 보이지 않으면서도 아무 문제없이 잘 지내고 있다는 것을 알게 되었습니다. 저는 그들 중 누군가 내게 귀신으로부터 자유로워질 수 있는 비밀을 알려 주었으면 하고 바라게 되었습니다. 그러다가 어떤 연못 골 사람이 저를 야소교회로 초청하였습니다. 그래서 교회에 몇 주 동안 나갔지요. 마침내 저는 집사 중 한분에게 이렇게 말했습니다. '내 마누라와 저는 우리 집에 있는 귀신단자 만지는 것이 두렵습니다. 그렇지만 당신네들은 그것을 무서워하지 않더군요. 그래서 우리들은 당신네들이 우리 집에 오셔서 그것들을 모조리 치워 주시면 좋겠다고 생각합니다. 이제 우리는 그리스도를 믿고 따르고 싶기 때문이지요. 그래서 교회 사람들이 그 집에 가서 그 단자들을 모두 모아 불아 넣어 태워 버렸습니다.'" 그는 이렇게 말하였다. "그 날 밤 꿈에서 저는 사탄이 집 뜰 뒤 담장을 넘어 사라지는 것을 보았고, 그 뒤부터는 더 이상 귀신을 두려워하지 않게 되었습니다. 집안에 병든 사람이 생겨 어머니께서 무당을 불러오려고 하면, 집사람과 저는 이렇게 말합니다. 안됩니다. 어머니! 그리스도가 귀신들보다 더 힘이 셉니다. 우리는 그리스도를 믿어야 합니다. 그 분이 무엇을 주시던 그것은 좋은 것입니다."47)

이 이야기에서 김씨가 예수를 믿은 이유는 개신교의 교리가 설득력이 있다거나 윤리적인 가르침에 감복해서가 아니다. 그가 개종한 까닭은 오직 '예수귀신'이 다른 귀신보다 훨씬 더 강력하기 때문이다. 이처럼 더 강력한 힘을 가진 존재에 의해 보호받고자 하는 바람은 당시 갖은 간난과 고초를 겪고 있었던 서민들에게는 절박한 것이었다. 그래서 김씨와 같은 이유에서 개신교로 개종한 경우가 당시 상당히 광범위하게 발견될 수 있었다고 해도 별로 이상하지 않다. 청일전쟁이나 러일전쟁과 같은 비상시에는 이런 경향이 좀 더 가속화되어 나타난 것일 뿐이다.

여기에서 선교사가 본 조선인의 개종에 대해 좀 더 살펴보고자 한다. 우선 제임스 게일(James Scarth Gale, 奇一, 1863~1937)이 1898년에 간행한 책, 『코리언 스케치(Korean Sketches)』의 관련 내용을 검토한다. 게일은 1888년 12월에 캐나다 장로회 선교사로서 한국에 도착하여, 1927년 6월 떠날 때까지 전도활동과 교육, 번역 활동을 활발히 펼친 사람이다. 『코리언 스케치』는 한국 체류 10년 만에 간행한 책으로, 당시의 여러 가지 흥미로운 내용이 기록되어 있다. 그 가운데 외국 선교사에 관심을 보이는 조선인의 동기(動機)에 관한 다음의 내용이 주목할 만하다.

> 사람들은 우리들이 기독교를 전도하러 그곳에 갔다는 것을 알자마자 사방에서 갖가지의 이유 때문에 몰려들었다. 어떤 사람은 쌀 때문이었고, 어떤 사람은 일 때문이었고, 어떤 사람은 돈 때문이었고, 또 어떤 사람은 악귀와 악령에서 벗어나기 위해서였다. 말하자면 기독교에 대한 갈망 때문에 찾아온 사람은 하나도 없었다. 사실 그들은 누구에게도 기독교에 대한 이야기를 들은 적이 없었으니, 자기가 알지 못하는 것에 대해서 욕망을 가질 수는 없는 노릇이다. 나쁜 기운에 시달렸던 많은 사람들이

---

47) F. S. Miller, "Kim's Conversion," *The Korean Mission Field*, Vol.6, No.3, 1910. 3, p.66.

겁에 질린 채로 와서, 그로부터 벗어날 방법을 물었다. 우리가 제시한
치료 방법은 『신약』의 구절을 읽어주는 것이었는데, 우리는 지금 『신약』을
영어에서 조선말로 번역을 진행 중에 있다. 그들은 열심히 경청한다.
나는 복음서의 이야기를 듣고, 송두리째 삶이 바뀌어 이전의 속박된
삶에서 벗어나게 된 이들을 알고 있다. 그 결과, 그들의 가정은 더 깨끗하고
정돈되었으며 그들이 섬기던 우상 및 숭배 물건들은 자취를 감추었다.
그들이 커다란 해방감을 경험하게 되었다고 말할 때, 그 말이 진실이라는
것을 금방 느낄 수 있을 것이다.[48]

여기에서 게일은 조선인이 기독교에 관심을 보일 때, 선교사가 바라는
이른바 "순수한" 동기에 의해 그 관심이 나타난 것이 아니라, 쌀, 돈,
일, 그리고 축귀(逐鬼)에 대한 바람 때문에 나타난 것이라고 주장한다.
1898년 당시 기독교 전도가 그리 넓게 퍼지지 못했으므로, 게일은 조선인이
기독교를 알지 못한 것도 무리가 아니라고 보았다. 위의 인용문에는
쌀, 돈, 일로 대표되는 현실적인 요청, 그리고 축귀가 대변하는 불가시
영역의 지배권을 둘러싸고 벌어지는 각축(角逐)이 생생하게 기술되어
있다. 이밖에도 게일은 개종에 관한 두 가지 재미있는 에피소드를 소개하고
있는데, 하나는 김 영감 이야기이고, 다른 하나는 신씨라는 머슴 이야기이
다.

김 영감 이야기는 제12장 「잊을 수 없는 친구들」에 나오는 내용으로,
김 영감은 게일이 전도하러 북동 해안지방(아마도 함흥 지방)에 갔을
때, 만난 노인이다. 김 영감은 첫 날의 전도 집회에 참석하여 게일의

---

48) Rev. James S. Gale, B. A., *Korean Sketches*, Chicago, New York, Toronto : Fleming
H. Revell Company, 1898, pp.246~247 ; 제임스 게일, 장문평 옮김, 『코리언 스케치』,
현암사, 1970, 293~294쪽. 번역본의 내용은 그대로 사용하지 않고, 군데군데
수정하였다.

말을 귀 기울여듣고 있다가 부모를 증오하고 형제의 아내와 결혼하라고
하는 것이 과연 기독교 교리냐고 성을 내면서 자리를 박차고 떠났다.
그러나 다시 와서는 게일의 설명을 듣고 나서 그는 개종의 경험을 하게
된다. 그의 태도가 극적으로 바뀌게 된 것은 다음과 같은 예수의 이야기를
들은 것이 계기가 되었다.

> 길손에게 쉬게 해 주라. 굶주린 자에게 먹을 것을 주라. 근심이 있는
> 자는 모두 오라! 그리고 죽었던 사람이 주님이 음성을 들었다. 가난하고
> 집 없는 여인은 주님이 자기를 돌봐 준 것을 깨달았다. 마땅히 처벌받아야
> 했던 도둑은 천국에 가서 평안을 얻었다. 주님 자신은 양손을 못 박히고
> 발을 찢기고 옷이 피투성이가 되는 고통을 겪으셨다.[49]

　게일이 기록한 바에 따르면, 김 영감은 눈물을 흘리면서 예수의 이야기
에 큰 감명을 받았다고 말했다. 50여 년을 살아오면서 처음으로 하나님을
가까이 하게 되었다고 했다. 그의 얼굴이 달라져서 주위 사람들이 깜짝
놀랄 정도였다. 고뇌의 표정이 사라지고 평온한 표정이 나타났다. 김
영감은 마을 사람들에게 가서 자신의 변화를 말해주었다. 마을 사람들은
김 영감의 갑작스런 변화에 혼란에 빠졌고, 공포에 사로잡혔다. 김 영감이
밤에 큰 소리로 기도했기 때문이다. 다음의 내용은 김 영감의 변화에
대해 마을사람이 보였던 부정적인 반응을 잘 보여준다.

> 그들은 차례로 고사를 지내고, 마을에 들어온 귀신으로부터 구출해
> 달라고 자기네 신들에게 빌었다. 그중 대담한 사람 하나가 하나님을
> 거역하며, 김 영감을 위협하고, 비열하고 무식한 말투로 하나님을 모독하

---

49) *Ibid.*, p.230 ; 위의 책, 273쪽.

고 나서 산 밑에 있는 자기 집으로 돌아갔다. 그러나 큰 비가 내려서 산사태가 일어나 그 사람을 파묻어 버렸다. 그러나 김 영감은 하나님께서 사람들을 구해 주시고 산사태가 그치게 해 주십사고 기도했다.[50]

여기서 산사태는 전통적으로 숭배되었던 신들이 이제 '잡신(雜神)'으로 강등되어 유일신인 '하나님'의 지배하에 놓이게 되는 상황을 상징적으로 보여준다. 하나님은 김 영감의 기도에 산사태로 응답하였고, 김 영감은 산사태를 그치게 해달라는 기도를 다시 드림으로써 승자(勝者)의 여유를 보인 것이다.

신씨라는 머슴 이야기는 아주 가난한 머슴 신씨가 게일을 찾아오면서 시작된다.[51] 머슴이 방에 들어오자 게일과 함께 일하던 양반들은 머슴이 더럽고 고약한 냄새를 풍긴다고 방에서 쫓아내라고 야단을 친다. 그래서 신씨가 집회에 참석할 때에는 항상 제일 먼 구석에 자리해야 했다. 하지만 두어 달 후에 그는 전혀 다른 모습으로 교인들 사이에 앉아 있게 되었다. 깨끗한 손, 건강한 몸, 그리고 잘 차려입은 옷맵시를 하고 나타난 것이다. 이런 외면적 변화는 그의 내면에서 일어난 변화를 드러내는 것이다. 게일은 그가 정신적 감옥에 갇힌 죄인에서 자유로운 인간으로 변화한 것을 다음과 같이 묘사한다.

　　그는 여러 해 동안 아무 짝에도 못 쓰는 죄인이었다. 그는 정신적인 감옥에 갇혀 있었고, 그의 두 발은 차꼬를 차고 있었다. 악의 병력이 그를 감시하고 감옥의 문은 닫혀 있었다. 그는 사형이 선고된 것도 모르고 잠들어 있었다. 그런데 주의 천사가 내려와서 그의 잠을 깨우고 '나를 따라 와라.' 하였다. 그는 어찌된 영문인지도 모르면서 천사의 뒤를 따라

---

50) *Ibid.*, pp.230~231 ; 위의 책, 273~274쪽.
51) *Ibid.*, pp.247~248 ; 위의 책, 294~295쪽.

나섰다. 차꼬가 풀어지고, 감시원들은 무력해지고, 옥문은 활짝 열리고, 큰 도시로 나선 그는 자유로운 인간으로 되었다.[52]

머슴 신씨의 개종은 그 자신뿐만 아니라 주위에도 놀랄 만한 효능을 발휘한다. 신씨의 아내가 콜레라에 걸리자 교인들이 모여 기도를 드렸는데, 다 죽게 되었던 그녀가 기도의 보답으로 살아난 것이다. 게일은 치사율이 높은 전염병도 기도를 통해 치료가 가능함을 보여준 것이라고 주장한다. 심지어 어떤 사람은 기독교 교인이라면 콜레라 같은 전염병에 걸릴 리 없다고 주장한다.[53] 이런 주장들은 당시 사람들이 기독교에 기대했던 강력한 힘이 어떤 종류인가를 잘 보여준다.

기독교가 지닌 강력한 권능(權能)을 드러내는 것은 기독교를 받아들이는 조선인 신도뿐만 아니라, 기독교를 전도하는 선교사 자신에게도 해당되는 것이었다. 선교사는 자신이 살고 있는 거처 그리고 자신의 몸이 강한 권력으로 충만해 있다고 조선 사람들에게 과시(誇示)해야 했다. 이 점에 관해 헨리 드레이크(Henry Burgess Drake, 1894~?)가 쓴 『일제시대의 조선 생활상(Korea of the Japanese)』을 통해 잠시 언급하고자 한다. 제14장 「미국인 선교사들(The American Missions)」에서 드레이크는 선교사 및 그 가족이 조선에서 누리는 사치스런 생활에 대해 비판을 하고 있다. 우선 그는 현지인(조선 사람)들이 기독교와 서구사상의 구분을 하지 못한다고 보고 다음과 같이 주장한다.

　　보통의 현지인에게 기독교와 서구주의를 명확하게 구분하여 설명해 주기란 쉽지 않다. 그들에게 기독교는 거대한 벽돌집, 하인들, 그리고 사회적 특권을 의미한다. 다시 말하면, 기독교는 지위의 강등(降等)과는

---

52) *Ibid.*, p.248 ; 위의 책, 294~295쪽.
53) *Ibid.*, p.248 ; 위의 책, 295쪽.

대조되는 것, 즉 풍요와 번영을 의미한다. 풍요와 번영은 교육을 통해 취득될 수 있기 때문에 현지인들은 선교 학교로 모여든다.[54]

하지만 드레이크에 의하면 서구사상 및 서구의 물질주의와 기독교를 구분하지 못하는 점은 현지인뿐만 아니다. 그런 점에서는 선교사들도 마찬가지다.

그(집주인)는 이들(선교사들)이 선교 교육을 받았다는 점을 이용하여 장치 돈벌이할 자격을 갖추려 한다고 나에게 털어 놓았다. 그 선교사들은 단순히 기독교 윤리와 서구의 물질적 진보를 구별하지 못했을 뿐이므로 나는 그들이 그들의 동료보다 더 파렴치하다고는 생각하지 않는다.[55]

드레이크가 미국 선교사의 과시욕에 대해 쓴 글은 일제시대 조선에서 선교사가 누린 특권적 지위가 당시 서구, 특히 미국에 부여되었던 국제적인 권위와 밀접하게 연결되어 있음을 보여주며, 기독교와 미국문명의 이미지가 서로 결합되어 있었음을 알려준다. 이런 이미지의 결합이 선교사뿐만 아니라, 조선인에게도 마찬가지로 해당되었음은 앞에서 살핀 바와 같다.

---

54) To the ordinary native, then, Christianity quite obviously is hardly distinguishable from Westernism. It means large brick houses, servants, social prestiges- in short, amplitude and prosperity as opposed to mean degradation. An amplitude and prosperity to be attained through education, hence the natives flock to the mission schools ; Henry Burgess Drake, *Korea of the Japanese*, London : John Lane The Bodley Head Ltd., 1930, p.166 ; H. B. 드레이크 지음, 신복룡, 장우영 역주, 『일제시대의 조선생활상』, 집문당, 2000, 165쪽. 번역문은 고쳤다.

55) It was my host himself…who confessed to me that all these men wanted was to take advantage of the mission education to qualify themselves for commercial appointments. Not, I think, that they were more unscrupulous than their fellows, but simply because the missionaries have failed to distinguish for them Christianity and Western materialistic progress. *Ibid.*, pp.167~168 ; 위의 책, 166~167쪽.

그리고 이런 점은 1921년 조선총독부에서 간행한 『조선인』이란 단행본에서도 확인할 수 있다.

이 책은 다카하시 도루(高橋亨, 1877~1967)가 쓴 것으로, 당시 다카하시는 도쿄제국대학을 졸업한 후, 1903년에 조선에 와서 조선총독부의 촉탁(囑託)으로 활동하고 있었다. 이 책에서 다카하시는 조선인이 기독교에 입교하는 것이 신앙에 따라 이루어진 것이 아니라, 자신의 이해(利害)에 따른 것이라고 주장하면서 다음과 같이 그 이유를 설명한다.

> 그리스도교에 입교하는 것이 저마다 이익을 지키기 위해서라고 보는 견해가 타당한 이유는 최근 서양인의 힘을 빌려서 관리의 가렴주구에 저항해야 한다고 믿고 그리스도교에 입교하는 사람이 많다는 것을 보아도 알 수 있다. (중략) 조선 그리스도교도는 이익을 요구하는 것을 주된 목표로 삼는 자들이다. 그래서 거슬러 올라가자면 선교 초기 교도들도 입교의 동기가 신앙에 있지 않고, 단체의 세력을 이용하고자 하는 욕구에 있었다고 추론할 수 있다.[56]

조선인의 기독교 입교 가운데, 당시 기독교가 누리고 있던 '치외법권(治外法權)'의 특혜를 강조하는 관점도 강력하게 제기되었다. 1914년 4월의 경무 부장 회의에서, 나스(那須) 강원도 경무 부장은 「입교 퇴교의 심리」라는 제목으로 다음과 같이 보고하였다.

> 예수교는 한때 대단한 성황을 이루었으나, 세월의 흐름에 따라 쇠퇴하고 있다. 재작년 1만 2,000명 정도의 신도가 있었지만(강원도의 경우), 현재는 8,000명 남짓 된다. 선교사는 신도 만회책을 열심히 강구하고

---

56) 다카하시 도루, 구인모 역, 『식민지 조선인을 논하다』, 동국대학교출판부, 2010, 52~53쪽.

있기는 하지만 신도가 증가될지 아직 확답은 없다. 이천군에 기독교 여학교가 있었는데 마침내 폐교하지 않으면 안 될 지경에 이르렀다고 한다. 애당초 입교 동기는 기독교가 성한 시대는 치외법권(治外法權)의 위치에 설 수 있다고 하는 그릇된 믿음에서 너도나도 앞 다투어 가입했으나, 오늘 날에는 별다르게 보호를 받지 못하게 됐으므로 줄지어서 퇴교한다. 그런데 오히려 천도교, 시천교 등은 성황을 이루는 경향이 있다. 그들의 포교 방법은 무지한 인민을 속이는 수단이다. 이를테면 1인 이상 기부한 자에게는 천인장(天認章)이라고 하는 휘장을 주며, 10원 이상 기부한 자에게는 포상장(襃賞章)이라는 휘장을 준다. 이런 휘장 소지자는 일단 국난이 터지는 날이면 상당한 자격을 가진 인물이 된다고 과장한다. 그리하여 우매한 인민 중에는 한 마리밖에 없는 소까지 팔아서 30원이나 50원까지도 기부하는 자가 있다.[57)]

1922년 5월 5일자 『경성일보』의 기사도 기독교 신자의 입교동기로서 치외법권의 측면을 거론한다.

조선인이 기독교 신자가 되는 데는 그 선교사의 본국세력을 등에 지고 자국 정부의 억압과 간섭을 피해 치외법권적 입장에 있기 위해서다. 선교사 역시 이를 전도의 방편으로 이용했으며, 본국세력에 기대서 적극적으로 기독교를 보호했다. 그러므로 기독교 신도가 나쁜 일을 저질러도 교회 안에 잠복해 버리면 당시의 정부도 선교사의 배후 세력을 두려워해 쉽게 이를 포박할 수 없었다. 그리고 기독교라는 이름을 내걸면 많은 편의가 뒤따랐기 때문에, 이들의 사상이 기독교의 윤리와 합치되지 않음에도 불구하고, 국정에 불평을 품은 자들은 서로 이끌어 기독교에 입문하게

---

57) 조선총독부 편저, 김문학 옮김, 『일제가 식민통치를 위해 분석한 조선인의 사상과 성격』, 북타임, 2010, 375쪽.

했다. 대체로 조선의 도덕 교육은 형식적인 유교와 소극적인 유교의
감화력에 있다. 그 결과 형식적인 도의만을 따르는 소극적인 존재가
된다.[58]

다카하시 도루는 이해(利害)를 따르는 입교 동기가 그리스도교뿐만
아니라, 동학과 같은 신흥종교에도 관철된다고 주장한다. 그리스도교와
동학이 전교를 시작하자마자 순식간에 많은 사람들이 신자가 된 것은
당파를 만들어 자신의 이익을 지키고자 했기 때문이라고 본다.[59]

다카하시가 내세우는 이런 주장은 조선인의 일반적 특성을 열거하면서
그 중 네 번째로 '당파심'을 드는 가운데 나타났다. 당파심이외에도 그는
사상의 고착(固着), 사상의 종속, 형식주의, 문약(文弱), 심미(審美)관념의
결핍, 공사(公私)의 혼동 등을 조선인의 부정적 성격으로 거론한다.[60]
입교 동기에 대한 다카하시의 주장은 종교적 신앙과 정치적, 경제적
이해를 이분법적으로 구분하고 각각의 영역이 섞여서는 안 된다는 전제하
면서 이루어진다. 다카하시가 1920년 8월, 『태양(太陽)』이라는 잡지에
기고한 「조선개조의 근본문제」라는 제목의 논문에서 다음과 같은 주장을
한 것도 이에 따른 것이다.

종교력이 박약한 것과 종교적 신앙이 잡스럽고 그릇된 것은 조선
종교의 특색이라고 할 수 있다. 조선불교사에서 나타나는 신앙의 특색은
본래 신라, 백제시대부터 조선시대에 이르기까지 1천5백 년간 지위의
높고 낮음을 막론하고 모두 현세에서의 이익을 부처와 보살에게 기도하고
구한 데서 비롯한다.[61]

---

58) 위의 책, 396쪽 ; 『경성일보』 1922년 5월 5일.
59) 다카하시 도루, 앞의 책, 52쪽.
60) 위의 책, 25~74쪽.

이어서 기독교에도 마찬가지의 혼동이 널리 만연해 있음을 비판한다.

조선의 기독교도 역시 선교를 구실로, 선교사들이 배후의 국가 원조의 힘을 빌려 관리와 양반의 가렴주구나 압박을 면하고자 하는 정치적 이익을 적지 않게 도모하고 있었던 것은 의심할 여지도 없다. 김윤식도 『운양집』에서 당시 기독교도를 일종의 대정부 독립 자위당으로 간주하여, 선교사들이 관헌에 대해 신자를 비호하고 선교사의 힘이 부족하면 외교관의 힘까지 빌려서라도 집요하게 그들의 무리를 비호하고자 하는 데에 분개했다. 그래서 정치와 종교를 반드시 구별하여 아무리 기독교도라고 하더라도 보통 백성들과 마찬가지로 소송이나 범죄가 있는 경우에는 조선 관리의 구속 수사에 따르도록 해야 한다고 통렬하게 논한 바 있다.[62]

한 마디로 다카하시는 조선사회에 순수한 종교적 신앙이 없고, 정치적인 것만 있어서 매우 단순하고, 원시적인 사회라고 단언한다. 정치와 종교의 구분이 제대로 이루어지지 못한 채 있어서 커다란 결함을 드러내므로, 이를 뒤바꾸는 정신적 개조가 필요하다고 역설한다. 그래야 조선의 여러 가지 난제(難題)가 풀릴 것이라는 것이다.

이와 같이 조선인의 사회에서는 아직도 정치적 세력의 구속으로부터 벗어나지 못한 지식력, 그러니까 학문의 독립적인 가치와 권위에 대한 이해(理解)가 이루어지지 않고 있다는 것을 알 수 있다. 또한 정치적 이익에 더러워지지 않은 순수한 종교적 신앙으로부터 넘쳐나 사회 인심의 원천을 맑게 하는 종교력의 발현도 찾아볼 수 없다. 조선사회는 정치력 일색으로 이루어져 정치 하나로 지탱되고 있는 것이다. 매우 단순하고

---

61) 위의 책, 114쪽.
62) 위의 책, 116쪽.

원시적이다. (중략) 순수한 종교적 신앙을 경험해 보지 못한 이에게 경건하고 정성을 다하는 감정이 생겨날 리가 없다. 우리는 조선이 학문과 종교의 전통적인 정치적 구속에서 해방되는 것이야말로 조선이 진정한 진보의 가능성을 지닌 사회로 개조되는 의미 있는 첫걸음이라고 믿는 바이다. 이 개조, 그러니까 정신적 개조가 이루어져야 비로소 조선인 학생의 학업 태도가 진지하게 되고, 착실하게 되어 조선 교육의 근본이 설 것이다. 또한 종교에 수반된 여러 가지 어려운 문제가 해결되고, 정치가와 종교가가 서로 흉금을 터놓고 손을 맞잡고 협력해야 조선인 교화에 힘을 다할수 있다.[63]

여기서 서구 선교사와 일본 통치세력 모두 정치와 종교의 분리를 전제하고 종교가 지정된 영역 안에서 움직여야 순수한 종교가 되는 반면, 그 영역을 벗어나 정치에 관여하게 될 경우에 위험한 세력으로 지목한다는 것을 알 수 있다. "30년 동안 조선에 머물러 조선 사정에 정통하다"는 미국 북감리교 선교사 W. A. 노블[64]이 조선인 기독교 신자를 비판하는 것도 이런 이유이다.

내가 조선 예수교 신도를 비판하는 이유는 다음과 같다. 일종의 방편으로 신도로 되고 싶은 자가 있으며, 또한 한일병합에 따른 불평심에서 출발해 제3국의 사람에게 의지해 독립을 시도하려는 자도 있다. 그리고 외국인과 접촉해 일반 조선인 사이에서 상당한 세력과 신용을 얻고자 신도가 되고 싶어 하는 동기를 발견하게 되기 때문이다. 우리의 선전(교육,

---

63) 위의 책, 116~117쪽.
64) William Arthur Noble(魯普乙, 1866~1945). 그는 1892년부터 1934년까지 체류하며 선교 활동한 미국의 선교사다. 간행한 책은 *Ewa : A Tale of Korea*. Jennings and Graham, 1906. 번역본은 『이화』, 범우사, 1987.

의료, 복음)에 대해 상당한 경의를 표해서, 한때 맹종적 태도를 보인
사례도 있었다. 그런데 요즘에는 조선인의 사상은 변화되고, 배은망덕한
태도를 보이기에 이르렀다. 요컨대 세계에서 으뜸으로 조종하기 어려운
국민은 인도인과 조선인일 것이다.[65]

그리고 이러한 이분법적 관점은 1907년에 절정에 달한 이른바 대부흥운
동을 계기로 하여 보다 확산되는 경향을 보이게 된다. 여기서 논의를
풀어가기 위해 우선 이런 질문을 던지며 시작하도록 하자. "대부흥운동에
서 개종의 성격은 이전에 두드러진 개종과 다른가?" "다르다면 어떻게
다른가?" "앞에서 언급한 바 있던 샤프 목사의 시 구절, 'a real soul hunger'와
'a real work of God's Spirit'에 의해 이루어진 개종은 어떠한 것인가?"
당시 황해도 송도에서 전도활동을 하고 있던 크램(W. G. Cram)[66] 목사는
자신의 구역인 송도의 부흥운동에 대해 이렇게 말하고 있다.

성령이 일으키는 죄의 자각은 강력해서 사람들의 마음속에 죄를 드러냄
과 동시에 그 죄를 치료해줄 분이 그리스도라는 점을 분명하게 보여주었
다. 많은 기독교도들도 죄를 품고 있다는 엄중한 판결을 받았다. 성령의
지도력(指導力) 아래, 죄를 고백하고 참회하는 것이 진정성 있게 진행되었
다. 그리스도가 자신의 죄를 몰아내고 있다고 그들이 분명하게 믿을
때, 그들의 가슴 안에 즐거움과 기쁨이 스며드는 것을 보는 것은 매우
감동적이다. 그들이 보이는 확신은 아주 깊고, 그들이 개종했다는 것은
내가 미국에서 본 것처럼 명백했다. 진정컨대, 주께서는 사람들을 편파적

---

65) 조선총독부 편저, 『일제가 식민통치를 위해 분석한 조선인의 사상과 성격』,
376쪽.
66) Willard Gliden Cram(奇義男, 1875~1969). 미국 에즈베리 대학 졸업한 후, 1902년에
남감리회 선교사로 내한하여 1922년 귀국할 때까지 감리사로 농촌전도에 주력하
였다.

으로 대하지 않으신다.[67]

위의 인용문은 부흥운동을 묘사하는 선교사들의 전형적인 방식을 보여
주고 있다. 성령이 임재(臨在)하여 그동안 사람들이 저지른 죄를 근본적으
로 참회하게 만듦으로써, 회개한 인간으로 거듭나게 되어 영혼의 구원이
이루어진다는 것이다. 이 부흥 운동 기간 중에 죄에 대한 고백이 한국인에
게 끼친 작용에 대해 언급한 다음의 구절은 선교사들의 관점을 잘 나타내고
있다.

조선 사람들이 기독교도가 되면, 그들은 산 주변에 있는 '악마의 집'을
부수고, 집 주변에 악령을 위해 세운 움막도 파괴한다. 하지만 이런 부흥
집회가 열리고 나서야 비로소 악마가 각자의 마음속에 세워놓은 집이
무너져 내렸음을 많은 이들이 알게 되었다.[68]

부흥회의 열기를 통해 악마의 외형적인 거처를 부수는 데 그치지 않고,
각자의 마음속에 도사리고 있었던 악마의 거주지를 파괴하게 되었다는

---

67) W. G. Cram, "The Revival in Songdo," *The Korea Mission Field*, Vol.2, No.6, 1906,
p.4. The conviction of the Holy Spirit was strong, revealing sin in the hearts of the
people and at the same time revealing clearly Christ, sin's remedy. Many of the Christians
were also convicted of indwelling sin. Under the leadership of the Holy Ghost the
repentance and confession of sin were genuine. It is indeed inspiring to see the joy
and gladness which came into their hearts when they definitely believed that Christ
rolled away their sins. The convictions were as deep and the conversions were as clear
as any I have ever seen in the home land. Truly the Lord is no resepcter(respecter의
오기) of persons.

68) When the Koreans become Christians, they destroy the "devil house" on the mountain
sides and the booth for the evil spirits by their door-yard, but not until these revival
meetings did many of them find the house the devil had built for himself, in their
hearts, destroyed. Rev. J. Z. Moore, "The Great Revival year," *The Korea Mission
Field*, Vol.3, No.8, August 1907, p.117.

것이다. 여기서 부흥회가 작동한다고 여겨지는 곳이 눈으로 볼 수 있는 곳이 아니라, 마음속 깊이 감추어져 있던 불가시의 영역임을 알려준다. 부흥회의 특징은 외면성이 아니라 내면성에 작용한다고 보는 점이다. 선교사가 보기에 이제 조선 사람은 3000년 동안 사자(死者)에게 당한 지배(支配)에서 벗어나 '살아 있는 신'을 찾을 수 있게 되었다. 그래서 부흥회는 기독교에게 진정한 승리를 안겨주게 되었다고 보고 이렇게 선언한다.

너무나도 분명한 것은 기독교와 이 부흥운동이 조상숭배에 파멸을 가져다주었다는 점이다. 이 점에서 기독교는 결코 조선의 관행에 굴복하지 않을 것이다.[69]

이처럼 선교사들이 "악마의 거처"와 "조상숭배"에 대해 자신 있게 그 박멸을 주장할 수 있게 된 것은 한국인에게 이전에는 없었던 죄의 개념이 부흥운동으로 인해, 심어질 수 있게 되었다고 여겼기 때문이다.[70] 그러나 선교사들은 어떻게 한국인이 이전과는 달리 "죄의 진실되고 엄중한 성격에 대해 분명하고 확실한 관념(a definite and clear idea of the true and terrible character of sin)"을 가지게 되었다고 믿을 수 있었던 것인가? 우선 선교사들은 성령이 임재(臨在)할 때 죄인들이 보이는 고통스러운

---

69) *Ibid.*, p.118.

70) Among a people like the Koreans there is no definite and clear idea of the true and terrible character of sin, so that when first converted they are not prepared to manifest the deep and awful conviction that is found among those who have been taught what sin really is. This fact has led some into believing that the Koreans are incapable of deep feeling. This revival, however, has shown that having once come under the power of even a semi-Christian environment,... they are as capable of an overwhelming sense of sin as any people on earth. "The Cry of the Church," *The Korea Mission Field*, Vol.4, No.4, April 1908, p.62.

모습 속에서 죄의 무서움을 확인[71]할 수 있다고 여겼다. 이런 고통의
모습은 많은 조선 사람들에게 너무나 생소한 것이었다. 예컨대 선교사의
하인으로 십년동안 착실하게 개신교를 믿어왔던 이도 부흥회에서 벌어지
고 있는 광경은 오히려 우스꽝스러운 것이었다. 그래서 그는 신자들이
죄를 고백할 때 하는 모습을 흉내 내며, 동료들과 장난을 치기도 하였다.

> 그가 일하던 주방은 종종 무대로 바뀌어 그는 부흥회 장면을 모방하면서
> 친구들을 즐겁게 했다. 그는 바닥에 자신의 몸을 던지며 주먹으로 바닥을
> 치는 흉내를 냈다. 그리고 폭소가 터지는 가운데, 교회에서 종종 목격한
> 바 있던 몸부림을 시늉했다.[72]

더구나 성령의 임재와 더불어 자신이 저지른 죄에 대해 자복하는 고통스
런 모습은 너무 끔찍한 것이었기에 그것을 성령의 작업으로 여기지 않고
악마가 들린 것으로 여긴 경우도 적지 않았다.[73] 하지만 이와 같이 성령의
임재와 함께 나타난 죄에 대한 두려움은 자신이 저지른 죄에 대한 자백으로
이어지며, 성령의 세례(baptism of the Holy Spirit)를 통해, 죄의 사함을
받고 "갱생의 확신(the assurance of the new birth)"을 경험하게 되었다.
이후 이렇게 새로이 거듭난 자의 생활은 실제생활에서 많은 변화를 야기한
다. 예컨대 도박꾼으로 남 속이기를 밥 먹듯 하던 사람이 자기도 모르게
정직해진 이야기[74]라든지 남들이 전혀 몰랐던 범죄를 스스로 공개함으로

---

71) "The Revival : the Awakening of the Students," *The Korea Mission Field*, Vol.4, No.6,
   June 1908, p.84.

72) "The Direct Effects of the Revival," *The Korea Mission Field*, Vol.4, No.5, May 1908,
   p.70.

73) "The Religious Awakening of Korea : Deep-seated Prejudice and Antagonism," *The
   Korea Mission Field*, Vol.4, No.7, July 1908, pp.106~107.

74) F. S. Miller, "Why Kim Thought he had Received the Spirit," *The Korea Mission
   Field*, Vol.4, No.2, February 1908, pp.23~24.

써 자기 고용주에게 오히려 깊은 인상을 주게 된 이야기75)는 그런 변화의 모습을 보여주고 있다.

2) 길선주의 개종 상황

이 부분에서는 부흥 운동을 절정으로 이끄는데 결정적 공헌을 한 길선주 (吉善宙, 1869~1935) 목사가 어떤 과정을 거쳐 개종하였는가를 살펴봄으로써 부흥운동에서의 개종의 성격을 파악해 보고자 한다. 길선주는 예수를 믿기 전에 선도(仙道) 및 도교를 수련한 것으로 유명한 사람이었다.76) 그는 여러 차례의 백일기도를 드리다가 다음과 같은 신비체험을 했다고 한다.

> 이처럼 진심갈력하는데, 방안에서는 진동하는 옥피리가 들려오고, 간혹 옆에서는 총소리처럼 폭발하는 요란한 소리에 깜짝 놀라는 때도 있었다. 이 같은 선도 공부로 영험을 얻은 선생은 갈구하는 진리를 발견했다는 기쁨에 넘쳤다.77)

그러나 길선주는 자신의 도우(道友) 김종섭의 개신교 개종과 청일전쟁을 당하여 피난할 수밖에 없었던 경험을 통해 개신교에 관심을 기울이게 되었다. 그리고 그는 점점 선도와 예수교 사이에서 갈등을 느끼게 되었다.

---

75) "True to God's Conviction," *The Korea Mission Field*, Vol.4, No.4 April. 1908, pp.62.

76) 반면 선교사 측에서는 예수를 믿기 전에도 그가 유일신을 추구하고 있었다고 주장한다. For a hundred days he prayed and fasted on a mountain top, seeking to find and know God, before he had even heard of such a thing as the Gospel of Jesus. "Kil Moxa," *The Korea Mission Field*, Vol.6, No.5, May 1910, p.118.

77) 길진경, 『靈溪 길선주』, 종로서적, 1980, 30쪽(이덕주, 『한국 그리스도인의 개종이야기』, 전망사, 1990, 338쪽에서 재인용).

현재 잡고 올라가는 선도란 썩은 줄과 같아서 위구의 염(念)이 심하고, 저편에 있는 예수道라는 줄도 기실 든든한지 하는 의혹이 나서 견딜 수 없었다. 반생적공의 선도를 더 의지할 수 없고, 예수道를 믿으려 하나 그 역시 구원영생의 도인지? 의구에 쌓였다.[78]

그래서 길선주는 자신이 여태까지 믿어 오고 있었던 '삼령신군(三靈神君)'에게 "현 세계를 움직이고 있는 예수道가 참 도인가 아니면 거짓 도인가" 알려 주기를 기도하였다. 그러나 아무 응답을 얻을 수 없었다. 이때 개신교도가 된 친구, 김종섭이 찾아와 물었다. "삼령신군에 기도하니 어떠하오?" 길선주의 답변은 "번민만 날뿐이오." 다시 김종섭의 말. "그러면 하느님 아버지께 기도해 보시오." 길선주의 물음. "인간이 어떻게 하느님을 아버지라 칭하리오?" 김종섭의 답변. "그러면 아버지란 칭호를 빼고 그저 '상제'님이라 칭하여 상제님께 기도해 보시오."[79] 친구의 권유로 길선주는 이제 기도의 대상을 '삼령신군'에서 상제님으로 바꾸어 "예수가 참 구주인지 가르쳐 달라"고 기도하기 시작하였다. 기도한 지 사흘째 되던 날, 그는 신비로운 경험을 하게 된다.

간절히 기도하던 중에 옥적 소리와 같이 淸朗한 소리가 방안에 들리더니 이어 총소리 같은 소란한 큰소리가 있어 공기를 진동하는지라. 선생이 크게 놀라 잠잠하니 공중에서 '길선주야, 길선주야, 길선주야' 三次 부르거늘 선생이 더욱 두렵고 떨며 감히 머리를 들지 못하고 업디어 '나를 사랑하시는 하느님 아버지여 나의 죄를 사하여 주시옵고 나를 살려 주옵소서' 기도하면서 방성대곡하니 그때 선생의 몸은 불덩이처럼 달아서 더욱 힘써 기도하였다.[80]

---

78) 김인서, 「영계선생소전」, 『신앙생활』 1932년 12월(이덕주, 위의 책, 341쪽 재인용).
79) 위의 글, 341~342쪽.

이런 경험을 한 후, 길선주가 세례를 받고 개신교로 개종한 것이 1896년 8월 15일이었다. 그의 개종체험에서 흥미로운 점은 선도수련 때의 강령체험과 상당히 유사하다는 것이다. 옥피리 소리가 들리고 총소리에 놀라는 것은 양자에 공통되는 점이다. 다만 그의 이름 부르는 소리를 듣고, 매우 두려워하면서 죄 사하여 줄 것을 비는 것은 앞에서는 없었던 점이다. 그리고 하느님을 아버지로 부르게 된 점도 이전의 입장과는 달라진 것이다. 죄에 대한 두려움, 죄를 사해주는 하느님의 힘에 대한 경외심, 격렬한 참회 이러한 것이 길선주의 개종경험에서 두드러지며, 1907년의 대부흥 운동에서도 공통되게 찾아 볼 수 있는 점이다.

길선주가 왜 선도에 회의를 느끼고, 예수도(道)에 기울게 되었는가는 구체적인 자료가 없으므로 알 수 없다. 그러나 예수도가 "현 세계를 움직이고 있다"는 앞의 구절에서 볼 때, 그가 지금의 시대는 예수교의 시대라는 생각을 하고 있었음을 알 수 있다. 그러면서도 길선주는 여태까지 자신을 지탱해온 선도를 포기할 수 없어 자신의 신앙대상인 삼령신군에게 예수교를 극복할 수 있는 방법을 구하게 된다. 그러나 그 방법을 구할 수 없게 되자 길선주는 마침내 신앙대상을 예수로 바꾸고, 예수교의 압도적인 힘에 두려워하면서 개종하게 된다. 죄에 대한 두려움은 대부흥운동 전반에 걸쳐 현저하게 나타나며, 두려움이 큰 만큼 죄를 자백하고 참회하는 강도도 강해지기 마련이었다. 이와 함께 장래 있을 최후의 심판에 대한 두려움도 엄청난 강도로 사람들에게 전달되었다. 대부흥운동의 상징이었던 길선주 목사가 후에 말세론에 그토록 집착하게 되었던 것도 그의 이러한 개종경험에 내재되어 있던 것으로 보인다. 다음 내용은 당시 길선주 목사 지도하의 부흥회에 참석했던 사람들이 죄에 대한 두려움을 어떻게 느끼게 되었는지 잘 보여주고 있다.

---

80) 위의 글, 342쪽.

그날 밤 길선주 목사의 얼굴은 위엄과 능력이 가득 찬 얼굴이었고, 순결과 성결로 불붙은 얼굴이었다. 그는 길 목사가 아니었고 바로 예수님이었다. 그는 눈이 소경이어서 나를 보지 못하였을 터이나, 나는 그의 앞에서 도피할 수 없었다. 하나님이 나를 불러 놓은 것으로만 생각되었다. 전에 경험하지 못한 죄에 대한 굉장한 두려움이 나를 엄습하였다.(강조는 필자)[81]

위의 내용에서 주목할 만한 점은 이 참석자가 부흥회를 인도하고 있던 길선주 목사를 예수와 동일시하고 있는 것이다. 그리고 이런 예수의 현존을 경험하면서 그가 예수에 대해 지니는 지배적 느낌은 압도적 두려움이다. 자신의 앞에 존재하는 엄청난 힘을 경험하면서, 그는 자신이 저지른 죄 값을 생각하고 두려움에 떤다. 그러나 죄의 고통에 몸부림치면서 그 죄를 자복함으로써 그 압도적 힘의 존재로부터 죄 사함을 얻는다. 그 이후에 그는 항상 그 두려운 대상을 마음속 깊이 담아두면서 일상생활을 영위해 나간다. 이런 과정이 길 목사가 인도하는 부흥운동에 참석하였던 이의 개종 경로였을 것으로 여겨진다. 길 목사와 예수를 동일시한 참석자의 경험이 선교사들의 신앙과 얼마나 다른가에 대해서는 길게 이야기할 필요가 없을 것이다. 또한 이렇게 두려움을 주는 예수의 성격이 앞서 김정식의 "예수형님"과 얼마나 다른 것인가에 대해서도 설명할 필요가 없을 것이다. 죄에 대한 두려움, 죄에 대한 내면화, 죄를 사해 주는 존재에 압도되는 경험 등은 부흥운동의 개종경험에서 두드러지게 나타나는 점이다. 이와 같은 죄에 대한 강조는 이전 삶과의 단절을 철저(徹底)화 하는 효과를 낳게 된다. 그 결과, 죄로부터 사함의 증거를 끊임없이 확보하기 위하여 기존 삶과의 무수한 단절의 증거를 마련하려는 욕망에 시달리게 된다. 조혼, 흡연, 도박, 음주에 대한 정죄와 함께, 여성교육, 청결, 자유연애

81) 김양선, 『한국기독교사연구』, 기독교문사, 1971, 86쪽(서정민, 앞의 글, 249쪽에서 재인용). 이는 1907년 길선주 목사의 부흥집회에 참석하였던 정익로의 기록이다.

등에 대한 적극적인 권장은 바로 죄의 공간을 개개인의 마음속에 마련함으로써 만들어진 것이었다. 이제 개개인은 자신을 속속들이 바라보고 있는 유일신의 시선에 보다 적극적으로 노출되게 되었다. 그리고 개개인의 내면(內面) 속에 자리 잡게 된 이런 죄의 공간에는 이른바 개인의 진정성(authenticity)이 자리 잡게 되었다. 이른바 개인화, 내면화의 계기가 만들어진 것이다.

　그런데 부흥운동을 통해 마련되기 시작한 죄의 내면화에 대해 어떠한 평가가 부여되어 온 것일까? 이에 대해 두 가지의 관점을 거론할 수 있다. 하나는 성령 임재에 대한 확신, 죄에 대한 고백, 최후 심판에 대한 신앙을 내면화하게 됨으로써 개신교가 비로소 한국에 뿌리내리게 되었다는 관점이다. 다른 하나는 부흥운동을 계기로 한국교회가 비정치화, 비민족화 되었다는 관점이다.[82] 부흥운동이 한국 개신교의 성격에 커다란 영향을 미쳤다는 것은 틀림없는 사실이다. 여태까지 한국개신교를 지배하여 온 것이 열광주의와 보수주의의 노선이었음은 부흥운동의 영향이 적지 않았음을 보여주는 것이다. 한편 부흥운동으로 인해 한국개신교 교회가 탈정치화 되었다는 것은 생각해볼 문제를 던져 준다. 여기에서 탈정치화 되었다는 것은 무엇을 의미하는가? 1901년에 이미 "교회일과 나라일은 같은 일이 아니라"[83]는 장로교회의 결의문이 보이고 있으므로 부흥운동 이전에 개신교회는 교회영역과 정부영역의 명백한 구분의식을 지니고 있었다고 여겨진다. 또한 개신교가 처음부터 가톨릭과 스스로를 구분하는 기준의 하나가 바로 개신교는 가톨릭과는 달리 정부의 일에 간섭하지 않는다는 점이었으므로 개신교회 특히 개신교 선교사들은 교회영역과 정부영역의 분리를 기본원칙으로 삼고 있었다. 이런 맥락에서 일본주재 감리교 감독, 해리스(M. C. Harris)가 다음과 같이 부흥운동의

---

82) 앞의 책, 한국기독교사 연구회, 273~276쪽.

83) 「교회와 정부사이에 교제할 몇 조건」, 『그리스도신문』 1901년 10월 3일.

비정치적 성격을 강조하는 것이 놀랍지 않다.

> 나는 그것(부흥운동)이 정치적이지 않다는 점을 확신한다. 나는 애써서 사실 조사를 하였기에 그것을 안다. 한 때 기독교인이 정치 운동에 개입하고자 노력했던 적이 있었지만, 이제 잘못을 고치고 제자리를 찾게 되었다.[84]

하지만 해리스가 "부흥운동은 정치적이 아니다"라고 할 때, 도대체 "정치적"이라는 의미가 무엇인가? 앞서 장로교회의 결의문에서 교회영역과 정부영역의 명백한 구분의식을 요청하면서, 교인들에게 "황제를 충성으로 섬기며, 관원에 복종하고, 나라 법에 순종"[85]해야 함을 강조하고 있다. 따라서 "부흥운동은 정치적이 아니다"라고 할 경우, 이는 부흥운동이 국가권위에 대한 저항과 도전을 하지 않는다는 의미로 해석할 수밖에 없다. 정부의 영역을 정치의 영역과 일치시키면서 개신교 교회는 자신이 이 영역과는 다른 곳에 자리 잡고 있음을 보여주고 있는 것이다. 그곳은 바로 정치와 구별되는 종교의 영역으로, 개개인의 마음속에 자리 잡고 있는 영역이다. 이제 종교는 정부의 영역, 그리고 정치의 영역이라는 의미에서의 공적 영역에 소속된 것이 아니라, 개인의 내부영역에 속해 있다는 의미의 사적영역에 속한 것이라는 새로운 분류체계가 만들어지게 되었다. 그리고 부흥운동은 죄를 각자의 내부에 내면화함으로써 종교의 사적(私的) 영역화 및 정교분리 원칙이 확고하게 수용되도록 만드는 데 커다란 기여를 하였다.

---

84) "I am confident that it (the revival movement) is not political, as I have taken pains to investigate the facts. At one time, especial effort was made to involve the Christians in political movements, and with some success. This, however, was effectually corrected." Bishop M. C. Harris, "Observations in Korea," *The Korea Mission Field,* Vol.4, No.5 May. 1908, p.69.

85) 「교회와 정부사이에 교제할 몇 조건」, 위의 글.

5. 결론

한국에 개신교가 들어왔을 때, 조선왕조는 위기에 봉착하고 있었다. 당시 조선왕조를 유지하기 위해서 여러 가지 개혁조치가 이루어지고 있었지만, 눈에 띄는 효과는 보이지 않고, 점점 더 위기가 심화되어 가고 있는 중이었다. 기존체제에 대한 위기감이 팽배해질수록, 사회전반에 걸친 변화는 그만큼 시급하게 요청되었다. 이 상황에서 개신교는 일군의 한국인들에게 낡은 체제를 바꿔, 새로운 삶의 비전을 제시해줄 수 있는 것으로 비쳐졌다. 개신교를 통해 그들은 어떤 것이 새로움이고, 어떤 것이 낡은 것인지 생각하기 시작하였다. 새로운 시대와 낡은 시대가 대조적으로 비교되었으며, 우상숭배와 미신의 이름 아래 낡은 시대가 정죄되었다. 개신교가 새로움을 구현하는 것으로 되기 위해서는 낡은 것을 만들어내는 동시에, 그것과의 단절을 보여줘야 하기 때문이다.

어떤 이들에게 개신교는 막강한 서구문명의 원동력으로 여겨져서, 그들은 한국도 서구와 같은 힘을 갖추려면 바로 개신교를 수용하여야 한다고 주장하였다. 개신교가 서구문명의 상징으로 여겨진 것이다. 개신교야말로 지금의 이 위기를 벗어나게 해줄 수 있으며, 서구를 닮게 만들어 줄 수 있는 비밀의 열쇠로 간주되었다. 1902년 옥중의 개종자 중에서 이승만과 안국선은 이런 경우에 해당되는 이들이다.

한편 또 다른 이들은 개인적인 고통과 좌절감에 휩싸여 있다가 개신교에서 안식처를 찾은 경우로서, 과거 자신의 잘못을 뉘우치는 경험을 통해 개신교로 개종하게 된다. 1902년의 개종자 중에서 김정식과 유성준이 이에 해당한다. 그러나 예수를 "형님"으로 여긴다거나 대성인으로서의 공자를 존경하는 등에서 볼 수 있듯이, 개신교의 개종으로 인한 단절의 효과는 그리 크다고 볼 수 없다.

1902년의 옥중 개종자가 주로 지식인에 한정된 것이었다면, 1907년에 정점에 달한 부흥운동에서의 개종은 일반 서민들이 대거 참여한 광범위한 것이었다. 이 부흥운동은 죄에 대한 두려움과 죄에 대한 격렬한 참회에 특징이 있으며, 개개인의 마음속에 죄를 내면화함으로써, 죄의 항목에 들어가게 된 것에 대해 보다 철저한 배제가 이루어진다. 이른바 미신과 우상숭배에 대한 공격이 더 과격해지며, 과거의 전통에 대한 단절도 강화되게 된다. 또한 개신교 신앙이 정치영역과 분리된 개인의 내면에 속해 있다는 것이 강조되면서 종교와 정치의 분리라는 원칙도 보다 강하게 주장되었다. 이와 함께 공(公)/사(私)의 영역분할 중에서 종교는 사적 영역에 속해 있는 것으로 인정되기 시작하였다. 그 결과 개신교를 문명의 상징으로 보고, 서구부강의 힘을 얻기 위한 조처로 개신교 수용을 주장하던 세력들과 갈등을 빚게 되었다. 더욱이 개신교에 기대어 국가의 독립과 민족보존을 도모하려던 세력은 부흥운동을 계기로 대거 개신교 진영으로부터 일탈하기에 이른다.

개개인의 마음속에 죄의 공간을 만듦으로써, 보다 확실하게 개인의 내면영역을 발견케 한 부흥운동은 의례의 형식성을 "허례허식"이라고 단정하고 내면의 진정성을 강조하게 된다. 죄의 내면화가 심화되면 될수록, 외면적 형식성은 그만큼 부정적으로 비추어지게 되기 마련이었다.

그렇지만 길선주의 성령강림의 경험 때마다, 옥피리소리와 총소리가 들렸다는 점, 그가 개종한 신앙은 "예수교"가 아니라 "예수道"라는 점, 그리고 어느 부흥회 참석자가 길선주 목사와 예수의 얼굴을 일체화시킨 점에서 볼 수 있듯이 선교사들이 찬양한 부흥 운동의 개신교와 길선주의 개신교는 같은 것이 아님을 잊어서는 안 될 것이다.

〈참고문헌〉

1. 자료

김대희, 『二十世紀朝鮮論』, 일신사, 융희 원년(1907).

김정식, 「신앙의 동기」, 『성서조선』 제100호, 1937년 5월호.

『독립신문』, 광무 3년(1899), 9월 12일.

무명, 「국민교육을 施하라」, 『대한매일신보』 1909년 11월 24일.

무명, 「교회와 정부사이에 교제할 몇 조건」, 『그리스도신문』 1901년 10월 3일.

백악춘사, 「다정다한: 사실소설」, 『태극학보』 제7호, 광무 11년(1907).

유성준, 「심사하자」, 『청년』 제5호, 1921년, 7-8월.

_____, 「믿음의 動機와 由來」, 『기독신보』 1928년 7월 4일.

이능화, 『조선 기독교급 외교사』, 조선기독교 창문사, 1928.

이승만, 「옥중전도」, 『신학월보』 제3권 제5호, 1903년 5월.

The Korea Mission Field (연도별)

"Kil Moxa," *The Korea Mission Field*, Vol.6, No.5, May 1910.

Miller, F. S., "Kim's Conversion," *The Korea Mission Field*, Vol.6, No.3, 1910.

"The Religious Awakening of Korea: Deep-seated Prejudice and Antagonism," *The Korea Mission Field*, Vol.4, No.7, July 1908.

"The Revival : the Awakening of the Students," *The Korea Mission Field*, Vol.4, No.6, June 1908.

"Appeals of Native Christians(Address of E. Sung Man at Pittsburgh Convention.)," *The Korea Mission Field*, Vol.4, No.6, June 1908.

"The Direct Effects of the Revival," *The Korea Mission Field*, Vol.4, No.5, May 1908.

"The Cry of the Church," *The Korea Mission Field*, Vol.4, No.4, April 1908.

Rev. W. Carl Rufus, "The Contrast in Korea," *The Korea Mission Field*, Vol.4, No.4, April, 1908.

F. S. Miller, "Why Kim Thought he had Received the Spirit," *The Korea Mission Field*, Vol.4, No.2, February 1908.

Rev. J. Z. Moore, "The Great Revival year," *The Korea Mission Field*, Vol.3, No.8, August 1907.

C. E. Sharp, "Motives For Seeking Christ," *The Korea Mission Field*, Vol.2, No.10, 1906.

W. G. Cram, "The Revival in Songdo," *The Korea Mission Field*, Vol.2, No.6, 1906.

J. R. Moose, *The Korea Mission Field*, Vol.2, No.1, 1905.

2. 논저

다카하시 도루, 구인모 역, 『식민지 조선인을 논하다』, 동국대학교출판부, 2010.

H. B. 드레이크 지음, 신복룡, 장우영 역주, 『일제시대의 조선생활상』, 집문당, 2000.

민경배, 『한국기독교회사』 개정판, 대한기독교출판사, 1982.

안국선, 「금수회의록」, 전광용 등 편, 『한국신소설전집』 제8권, 을유문화사, 1968.

이광린, 「구한말 옥중에서의 기독교 신앙」, 『한국개화사의 제문제』, 일조각, 1986.

이덕주, 『한국 그리스도인의 개종이야기』, 전망사, 1990.

_____, 「초기 한국 기독교인의 저술활동」, 『초기 한국 기독교사 연구』, 한국기독교역사연구소, 1995.

이만열 외 지음, 『한국기독교와 민족운동』, 종로서적, 1986.

제임스 게일, 장문평 옮김, 『코리언 스케치』, 현암사, 1970.

조선총독부 편저, 김문학 옮김, 『일제가 식민통치를 위해 분석한 조선인의 사상과 성격』, 북타임, 2010.

최기영, 「한말 안국선의 기독교 수용」, 『한국기독교와 역사』 제5호, 1996.

한국기독교사연구회, 『한국기독교의 역사 1』, 기독교문사, 1989.

Drake, Henry Burgess, *Korea of the Japanese*, London : John Lane The Bodley Head Ltd., 1930.

Gale, Rev. James S. *Korean Sketches*, Chicago, New York, Toronto : Fleming H. Revell Company, 1898

Underwood, H. G., *The Call of Korea : Political, Social, Religious*, Illustrated from photographs by Cameron Johnson, New York, Chicago, Toronto, London and Edinburgh : Fleming H. Revell Company, 1908.

van der Veer, Peter (ed.), *Conversion to Modernities : The Globalization of Christianity*, New York and London : Routledge, 1996.

Yrigoyen Jr. Charles and Susan E. Warrick, *Historical Dictionary of Methodism* (3rd ed.), Lanham, Maryland : Scarecrow Press, 2013.

기독교-불교의 융합과 그 사회적 의미
: 변선환의 사상을 중심으로

이 선 호

1. 서론

21세기에 접어든 오늘날에도 종교 간의 갈등과 대립은 상당히 심각한 상태로 전개되고 있다. 이러한 현상은 여러 종교들 사이에서 나타나고 있는데, 문제는 이러한 갈등이 종교들 사이에서 뿐만이 아니라, 정치, 경제, 사회, 문화라는 일상적인 대부분의 분야까지 확산되고 있다는 점에 있다. 어떤 점에서 종교 간의 갈등은 더욱 더 커지고 있는 실정이다.

예를 들어 1947년 인도와 파키스탄은 종교적인 이유로 영국으로부터 각각 독립되게 되었는데, 이는 종교 간의 갈등이 정치적으로 큰 영향력을 발휘하는 점을 보여주는 사례였다. 한편 기독교로 대변되는 서구와 이슬람으로 대표되는 세력권 사이의 해묵은 갈등이 2001년에 발생한 이른바 9·11 사태로 인해 더욱 증폭되고 있는 양상이다. 더욱이 2014년 칼리프 제도에 근간한 국가설립을 시도한 이슬람국가(IS)의 출현으로 이슬람 내부에서도 심각한 충돌이 발생하는 사태까지 이르렀다. 유럽연합(EU) 내부에서도 이민자들이 증가하면서 종교 간의 갈등은 상당히 심각한 양상으로 나타나고 있는 실정이다. 급기야는 "예언자"를 풍자했다는 이유로 이슬람교도들이 2015년 1월 7일 프랑스 언론『샤를리 에브도(*Charlie Hebdo*)』본사를 무장 공격하여 살상하는 일도 발생하였다.[1]

우리나라에서도 온건한 형태라고는 해도 이러한 종교적 갈등은 늘 일어나고 있다.[2] 전통적으로 우리나라에서 주요한 종교로 인정될 수 있는 것은 유교, 불교(원불교 포함), 기독교(천주교, 개신교 포함), 동학 계열(천도교 포함), 대종교 정도일 것이다. 그 중 앞의 세 종교가 비교적 교세가 크며, 사회적인 영향력도 상당하다고 할 수 있다.

이에 이 논문에서는 특별히 범위를 좁혀 우리나라에 불교가 먼저 유입된 가운데 기독교가 전파되면서 서로 조우(遭遇)하게 되는 부분을 역사적으로 조망하고자 한다. 이 과정에서 한국사에서 종교 문제와 관련된 망탈리테가 분석될 것이다. 나아가 이를 바탕으로 20세기 후반 이후 포스트모더니즘이 대두하는 가운데에도 종교 간의 갈등이 심화되는 상황에서 기독교적 입장에서 이를 극복하고자 시도한 변선환(邊鮮煥, 1927~1995)의 노력을 중점적으로 분석할 것이다. 그리고 이러한 시도가 지니는 의미를 새로운

---

1) 유럽연합, 특히 프랑스 내부의 이민자 문제와 종교 갈등에 대해서는 다음의 연구를 참조할 것. 박단, 「2005년 프랑스 '소요사태'와 무슬림 이민자 통합문제」, 『프랑스사 연구』14, 2006, 225~260쪽 ; 박단, 「프랑스 공화국과 이민」, 『프랑스사 연구』21, 2009, 151~172쪽 ; 박단, 『프랑스의 문화전쟁, 공화국과 이슬람』, 서울 : 책세상, 2005 ; 한명숙, 「프랑스 국적법 개정과 북 아프리카 이민자 문제, 1986-1993」, 『프랑스사 연구』20, 2009, 153~184쪽 ; 이재원, 「프랑스 기독교 지식인과 탈식민화 문제 ― 프랑스령 인도차이나를 중심으로」, 『프랑스사 연구』27, 2014.

2) 2015년에도 황교안(黃敎安, 1957~현재) 국무총리 지명자가 기독교 편향성을 지니고 있다고 하여 논란이 되고 있으며, 반대로 박원순(朴元淳, 1956~현재) 서울시장은 불교 편향성을 지니고 강남 코엑스 옆에 신설되는 역명을 봉은사역으로 명명하는 절차를 밟았다고 하여 보수 기독교 측으로부터 비난을 받고 있다. 다음의 언론 보도 내용을 참조. 「황교안, '대한민국 복음화'를 꿈꾸는가?」, BBS,『양창욱의 아침저널』2015년 6월 3일 ; 「'봉은사역명 제정' 박원순 시장·신연희 구청장 고발키로 ⋯ 코엑스역명추진위 기자회견」,『국민일보』2015년 5월 7일.

관점에서 고찰해 보고자 한다.

2. 한국사에서 기독교와 불교의 만남

서구의 기독교가 우리나라와 처음 접촉한 것은 통일신라(統一新羅, 668~935) 및 발해(渤海, 618~926) 때로 판단된다. 일반적으로 연구자들은 당(唐, 618~907) 당시 네스토리우스(Nestorius, ?~451?) 계열의 경교(景教)가 유행하여 이른바 '대진경교유행중국비(大秦景教流行中國碑)'가 781년에 시안(西安) 지역에 설립된 것을 그 근거로 제시한다.[3] 즉 상당수 역사학자들은 당시 당나라와 밀접한 교류가 있었던 통일신라와 발해가 경교를 접촉하였을 것이라는 가설을 제시하여 왔다.[4] 일찍이 영국의 고든(E. A. Gordon, 1851~1925) 여사가 경교가 우리나라에 소개된 바 있다고 주장하였으며, 미국의 라투렛(K. S. Latourette, 1884~1968) 역시 초기 천주교회 선교사들이 대승불교(大乘佛教)와 기독교의 유사성에 대해 주목하여 양 종교의 초기 접촉설에 대해 시인하였다고 언급하였다.[5]

---

3) 비문의 자세한 내용은 다음을 참조할 것. 우심화, 「'大秦景教流行中國碑' 비문(碑文) 역주(譯註)」, 『ACTS 신학과선교』 9, 2005, 229~262쪽.

4) 백낙준(白樂濬, 1896~1985)은 불국사에서 발견된 십자가가 중국에서 발견된 경교의 것과는 다르며 종교적 의미가 없다는 일본인 학자의 견해를 지지하고 있다. 그러나 발해에서 발견된 불상에 십자가가 있다는 점을 고려하면 이 문제는 재고될 필요가 있다고 판단된다. 민경배(閔庚培, 1934~현재)의 경우 경교유입설을 지지하고 있다. 백낙준, 『한국개신교사』, 서울 : 연세대학교출판부, 1973, 22쪽 ; 佐伯好郎, 『支那基督教の研究』, 東京, 1943, 523쪽 ; 민경배, 『한국기독교회사』, 서울 : 연세대학교출반부, 2007.

5) 백낙준, 『한국개신교사』, 서울 : 연세대학교출판부, 1973, 15~16쪽 ; E. A. Gordon, *Some Recent Discoveries in Korean Temples and Their Relationship to Early Eastern Christianity*, Trans. Korea Branch of the Royal Asiatic Society, Vol.5, Pt.1, pp.1~39 ; K. S. Latourette, *The Development of Japan*, 2nd ed., p.22.

그런데 1950년대 이후 발굴된 고고학적 성과를 참조해 보면 상당히 독특한 점을 발견할 수 있다. 즉 경교와 관련된 유물들이 불교와 매우 밀접한 관련성을 지니면서 발굴되었다는 사실이다. 구체적으로 경교 관련된 십자가가 불국사 경내에서 발견되었으며, 발해의 불상 중 일부가 십자가를 목에 두르고 있는 것이다. 이러한 부분은 우리나라에서 초기 기독교가 불교와 접촉할 당시에 이미 지식인들은 두 종교의 차이점 보다는 공통점에 주목하고 있었다는 사실을 보여준다.[6]

사실 종교들 사이에서 일어난 그러한 융합적인 특성은 우리나라의 고유한 부분으로, 일찍이 삼국시대부터 발견되는 것이라고 할 수 있다. 그 대표적인 예가 1993년 부여(扶餘) 능산리(陵山里)에서 출토된 백제(百濟, BC 18~660)의 금동대향로(金銅大香盧)와 7세기 사비성(현재, 부여)에 건립된 것으로 보이는 사택지적비(砂宅智積碑)를 들 수 있다. 이 두 유물에서 불교와 도교가 절묘하게 융합되고 있음을 확인할 수 있다. 금동대향로는 불교 도구이지만 정작 새겨진 상징들은 도교에 근간하고 있으며, 사택지적비 역시 7세기 귀족 사택지적이 절을 지으면서 만든 것이나 그 내용은 불로장생(不老長生)을 기원하는 도교적 인식에 바탕을 두고 있다.[7]

주지하듯이 통일신라 중대의 승려 원효(元曉, 617~686)는 성(聖)과 속(俗)을 아우르는 입장을 보여 전통적인 불교를 뛰어넘었던 것이다. 원효가 저술한 『대승기신론소(大乘起信論疏)』는 독특한 일심(一心) 사상을 바탕으로 저술된 명저로, 후에 중국과 일본에까지 전파되어 크게 인정받는

---

6) 이러한 발굴 작업은 김양선(金良善, 1908~1970)에 의해 주도되었으며, 현재 숭실대학교 한국기독교박물관에 소장되어 있다. 구체적인 연구 성과는 다음을 참조할 것. 김양선, 『한국기독교사연구』, 서울 : 기독교창문사, 1971.

7) 금동대향로에 대해서는 다음을 참조할 것. 이내옥, 「백제금동대향로의 사상」, 『진단학보』 109, 2010, 1~28쪽. 한편 최근 사택지적비에 대한 통전적인 해석을 비판적으로 검토한 논문이 발표되었다. 다음을 참조할 것. 조경철, 「백제 사택지적비의 연구사와 사상경향」, 『백제문화』 45, 2011, 129~149쪽.

성과를 일구기도 하였다. 원효의 노력 역시 불교 교종 내부의 갈등을 극복하기 위한 새로운 시도였던 것이다.[8] 나아가 하대의 유학자 최치원(崔致遠, 857~?)은 풍류(風流), 현묘(玄妙)한 도의 개념을 바탕으로 유불도 3교 통합의 이론을 제시하기도 하였다.[9]

고려(高麗, 918~1392) 성종(成宗, 960~997, 재위 981~997) 당시 유학자 최승로(崔承老, 927~989)는 「시무 28조(時務二十八條)」에서 유교를 치국의 도로, 불교를 내세의 도로 제시하면서 두 종교 간에 각각의 역할이 있음을 인정하였다.[10] 대각국사(大覺國師) 의천(義天, 1055~1101)도 원효를 존경하여 교종의 입장에서 선종을 통합하는 천태종(天台宗)을 확립하였다. 이러한 노력은 보조국사(普照國師) 지눌(知訥, 1158~1210)로 계승되어 선종의 입장에서 교종을 통합하려는 조계종(曹溪宗)이 확립되는 계기가 되기도 한 것이다. 또한 지눌의 제자인 진각국사(眞覺國師) 혜심(慧心, 1178~1234)은 아예 유불일치설(儒佛一致說)을 주장하기도 하였다.[11]

그러나 조선(朝鮮, 1392~1910) 초기까지만 해도 유지되었던 이러한 융합정신은 16세기, 나아가 17세기 이후 성리학이 교조화(敎條化)되면서 점차 주류 정치계에서 약화되게 된다. 15세기를 이끈 관학파(官學派) 출신 관리들은 성리학을 바탕으로 하면서도 유교, 불교, 도교에 대해 상대적으로 포용적인 모습을 보여 주었다.[12] 이러한 부분은 태조(太祖), 세종(世宗), 세조(世祖) 등 15세기의 상당수 왕들이 성리학을 국가의 근간으로 하면서도 개인적으로는 불교를 신봉하였다는 점, 강화도 마니산(摩尼山)에서 도교행

---

8) 정상봉, 「원효(元曉) 화쟁사상(和諍思想)과 그 현대적 의의」, 『통일인문학』 53, 2012, 201~222쪽.

9) 鸞郞碑 序文 ; 김성환, 「최치원 '國有玄妙之道'설의 재해석 : '한국 고대 신선사상의 지속과 변용'의 시각에서」, 『도교문화연구』 34, 2011, 9~38쪽.

10) 『高麗史』, 「崔承老傳」.

11) 정혁, 「高麗後期 眞覺國師 慧諶의 佛儒同源思想」, 『북악사론』 3, 1993, 175~214쪽.

12) 김홍경, 「朝鮮初期 官學派 儒學者의 異端意識」, 『유교사상연구』 7, 1994, 209~240쪽.

사인 초제(醮祭)를 거행하였다는 점 등에서도 파악할 수 있다. 사실 16세기만 하여도 사림(士林)들은 성리학을 연구하기 위해 서원을 건립하면서 불교의 사찰 배치형태를 그대로 수용하기도 하였던 것이다.

그러나 붕당정치의 발달과 함께 점차 송시열(宋時烈, 1607~1689)의 노론(老論)을 중심으로 주류 정치계에서는 성리학이 유일시 되게 되었으며, 그 과정에서 같은 유학자인 윤휴(尹鑴, 1617~1680), 박세당(朴世堂, 1629~1703) 등은 사문난적(斯文亂賊)으로 몰려 사형당하거나 정계에서 제거되기까지 하였다.13) 이런 상황에서 정제두(鄭齊斗, 1649~1736)를 중심으로 하는 소론(少論)들은 강화도에서 숨어 지내며 가학(家學)의 형태로 유교의 한 분파인 양명학을 연구해야 했다.14) 그리고 명문가 출신인 홍대용(洪大容, 1731~1783)은 성리학의 극복이 중요하다는 점을 보여주기 위해 무한우주론(無限宇宙論)과 지전설(地轉說)을 주장하게 되었던 것이다.15) 특이한 부분은 19세기 고증학으로 유명한 유학자 김정희(金正喜, 1786~1856)가 만년에는 불교에 귀의하여 스님들과 같이 지냈다는 점이다.16)

기독교가 우리 사회에 다시 영향을 준 것은 바로 임진왜란(壬辰倭亂, 1592~1599)을 통해서였다. 고니시 유키나가(小西行長, 세례명 : 아우구스티노, 1555~1600)의 천주교 부대는 십자가를 내세우고 포르투갈 사람인 예수회 종군신부 세스페데스(Gregorio de Cespedes, 1551~1611)를 대동하고 조선에 온 바, 일부 조선인을 상대로 세례가 이루어졌으며 납치된 조선인들이 일본에서 천주교인으로 순교하는 일들도 일어나게 되었다. 주목할

---

13) 붕당정치의 전개에 대해서는 다음을 참조할 것. 이성무, 『조선시대 당쟁사』, Vol.1-2, 서울 : 동방미디어, 2000.

14) 천병돈, 「강화학파의 형성과 사상적 계보」, 『인천학연구』 7, 2007, 97~130쪽.

15) 임종태, 「무한우주의 우화 : 홍대용의 과학과 문명론」, 『역사비평』 71, 2006, 261~285쪽.

16) 김월성, 「秋史 金正喜의 藝術觀과 佛敎의 영향」, 『어문연구』 33-2, 2005, 381~404쪽.

부분은 고니시 유키나가와 함께 조선에 온 무장 가토 기요마사(加藤淸正, 1562~1611)의 부대는 불교를 내세운 부대라는 점이었다.[17]

한편 임진왜란 이후 조선에서는 재야 남인(南人) 인사를 중심으로 보유론(補儒論) 등에 근거하여 유교적인 입장에서 기독교를 긍정적으로 이해하려는 시도들이 일부 전개되었지만, 1784년 이승훈(李承薰, 1756~1801)의 세례 이후 본격적으로 전래된 천주교에 대해 상당한 박해가 일어난 것이 사실이었다.[18] 다만 1861년 최제우(崔濟愚, 1824~1864)에 의해 창시된 동학은 유불도 및 기독교 중 천주교를 비판하면서도 동시에 종합하려고 시도한 것으로 평가된다. 아쉬운 점은 조선에서는 불교가 큰 억압을 받았기에, 이 시기에는 기독교와 관련된 불교의 인식이 크게 발견되지 않는다는 점이며, 기독교인들 역시 정치 주류를 차지하던 유교와의 관계에 비교적 더 주목할 수밖에 없었다는 점이다.

그러나 개항 이후 들어온 서구 기독교 선교사들은 오히려 구한말의 상황에서 불교에 대해 주목하게 되었다. 이들 중 성공회 선교사 일부는 1900년 강화도에 설립한 가장 초기의 성당 모습을 아예 불교의 사원과 비슷하게 만들기도 하였던 것이다.[19] 이러한 부분은 물론 선교를 위한 정책적인 부분일 수 있지만, 선교사들도 불교를 기독교 선교를 위해 활용하거나, 사원의 형태에 주목하였다는 점에서 특징적인 부분이라고 할 수 있다.[20] 주목할 만한 것은 사실 불교와 유교를 두루 활용하여

---

17) 이에 대한 초기의 연구는 다음을 참조할 것. 山口正之, 『朝鮮西敎史』, 東京 : 雄山閣, 1967.

18) 이에 대한 초기의 연구는 다음을 참조할 것. 李能和, 『朝鮮基督敎及外交史』, 京城 : 朝鮮基督敎彰文社, 1928.

19) 사적 제424호인 강화 성당에 대해 일부 학자들은 유교와의 관련성을 주장하지만, 일반적으로는 불교 사찰의 분위기를 띤 것으로 평가한다.

20) 초기 성공회 신부들 상당수는 그러나 제국주의적인 관점에서 조선의 문화를 바라보는 한계가 있었다. 이에 대해서는 다음을 참조할 것.
작자미상, 『조선약론』, 서울 : 연세대학교 학술정보원 ; 대한성공회, 『공도문』,

유사성에 주목하여 선교를 확산하고자 하는 노력이 이미 마테오 리치 (Matteo Ricci, 利瑪竇, 1552~1610)를 중심으로 하는 예수회 선교사들에 의해 중국 명(明, 1368~1644) 나라에서도 시도된 바 있다는 사실이다.[21]

한편 20세기를 전후해 온 서구 선교사들 중 언더우드(Horace G. Underwood, 元杜尤, 1859~1916), 에비슨(Oliver R. Avison, 魚丕信, 1860~1956), 헐버트(Homer B. Hulbert, 轄甫, 1863~1949) 등 일부는 한국의 고유한 전통에 대해 해박한 지식을 갖추기 위해 노력하였다.[22] 또한 대부분의 선교사들은 고유한 한국의 종교에 대해 선교적인 측면에서 주의를 기울이기도 하였던 것이 사실이다.

하지만 선교사들을 통해 개신교를 수용한 한국인들의 정서는 타종교와의 관계에 있어서 보다 포용적이었다. 1919년 일제 치하에서 일어난 기미독립운동(己未獨立運動)은 기독교를 수용한 초기의 목사들인 길선주 (吉善宙, 1869~1935/장로교), 신석구(申錫九, 1875~1950/감리교) 등 16명에 달하는 지도자들이 천도교와 불교 등과 연합하여 적극적인 정치 행동에 나섰다는 점에서 독특한 측면을 발견할 수 있다.

즉 기미독립운동은 우리나라 내 주요한 종교지도자들이 민족의 독립이라는 선(善)의 실천을 위해 서로 큰 피해를 입을 수밖에 없는 상황에서도 적극 연합하는 모습을 보여 준 하나의 이정표가 된 사건이었던 것이다.

서울 : 연세대학교 학술정보원 ; 박준형, 이선호, 「영국 성공회의 『조선약론』과 그 인식에 관한 연구」, 『韓國敎會史學會誌』 34, 2013, 187~218쪽.

21) 안대옥, 「마테오 리치(利瑪竇)와 補儒論」, 『동양사학연구』 106, 2009, 117~158쪽 ; 이규성, 「마테오 리치(Matteo Ricci)의 적응주의 도입과 그 발전 과정에 대한 신학적 고찰」, 『가톨릭신학』 21, 2012, 165~205쪽.

22) 언더우드와 에비슨의 사례를 참조할 것. 특히 언더우드는 한국의 전통전교에 대해 상당히 정확한 지식을 갖추고 있었다.
Horace Grant Underwood, *The Call of Korea*, New York : Fleming H. Revell Company, 1908 ; Oliver R Avison, *Memoirs of Life in Korea*, edited by H. W. Park, Seoul : The Korean Doctors' Weekly, 2012.

이들에게 정치와 종교는 별도로 분리된 것이 아니었으며, 종교 간의 차이 역시 서로 간의 연합보다 중요한 것은 아니었던 것이다. 또한 같은 시기 불교도인 이능화(李能和, 1869~1943)와 같은 이는 1928년에 독실한 기독교인 아버지를 기념하면서『조선기독교급외교사(朝鮮基督敎及外交史)』와 같은 기독교 역사서를 저술하였을 뿐만 아니라, 불교, 유교, 도교, 무속, 민속 등을 연구하면서 이를 두루 심화하려 시도하기도 하였다.[23]

3. 변선환의 신학과 종교다원주의 시도

제2차 세계대전 이후 세계 기독교계에서는 점차 종교 간 대화를 강조하는 변화가 일어나게 되었다. 변화의 움직임은 개신교 내부에서 먼저 일어나게 되었다. 존 모트(John Mott, 1865~1955) 등의 주도로 1948년에 공식적으로 결성된 개신교 중심의 연합기구인 세계교회협의회(WCC)에서도 세계평화를 추구하기 위해 종교 간 대화에 적극 나서게 되었다. 그는 이러한 노력으로 1946년에 노벨평화상을 수상하기도 하였다.

한편 천주교 내부에서 일어난 변화의 움직임은 교황 요한 23세(Ioannes PP. XXIII, 1881~1963, 재위 1958~1963)와 바오로 6세(Paulus PP. VI, 1897~1978, 재위 1963~1978)가 주도한 제2차 바티칸 공의회(1962~1965)를 들 수 있다.[24] 이는 교황 비오 9세(Pius PP. IX, 1792~1878, 재위 1846~1878)가 주도한 제1차 바티칸 공의회(1869~1870)를 뒤집는 성격이

---

23) 李能和,『朝鮮基督敎及外交史』. 한편 이능화에 대한 다양한 관점의 종교적 연구는 다음을 참조할 것. 이종은 외,『우리 문화의 뿌리를 찾는 이능화 연구』, 서울 : 집문당, 1994.

24) 이에 대한 비교적 최근의 연구는 다음을 참조할 것. Michael Walsh, "The Religious ferment of the sixties," *The Cambridge history of Christianity Vol 9 World Christianity 1914-2000*, Hugh McLeod edit., Cambridge : Cambridge University Press, pp.304~322.

강하였다. 제2차 바티칸 공의회는 개신교는 물론 여타 종교에 대해 포용적인 입장을 취하였지만, 제1차 바티칸 공의회는 오히려 공의회 석상에서 교황의 무오 함을 강조하는 보수적인 측면이 강하였기 때문이었다.[25]

바로 이러한 분위기 속에서 우리나라에서도 기독교를 전통적인 우리의 문화와 연결하여 재해석하려고 시도하는 이른바 토착화 논쟁이 1960년대 이후 학계에서 활발하게 일어나게 되었다. 이와 관련된 주된 목사이자 신학자들로 윤성범(尹聖範, 1916~1980/감리교, 감신대학교 학장 역임), 유동식(柳東植, 1922~현재/감리교, 연세대학교 교수 역임) 등을 들 수 있다. 이들은 한국적 신학 창출을 표방하면서, 우리나라 기존 주류 종교들에서 강조되었던 성(誠), 풍류(風流) 등의 개념을 신학에 접목시키기 위해 노력하였다.

물론 이러한 흐름이 기독교 내부에서 종교 간의 대화를 강조하는 에큐메니칼(ecumenical) 진영에만 일어난 것은 아니었다. 복음의 순수성을 강조하는 에반젤리칼(evangelical) 진영에서는 이러한 흐름에 반발하여 세계복음주의연맹(WEA)을 중심으로 세력이 결집되었는데, 이러한 갈등을 둘러싸고 한국 개신교 내부에서도 큰 갈등이 일어나게 되었다.[26] 그 결과 상당수 교단이 두 진영으로 분열되는 아픔을 겪게 되었는데, 대표적인 사건으로 대한예수교장로회가 1960년에 에큐메니칼 운동을 지지하는 통합 측과 에반젤리칼 운동을 지지하는 합동 측으로 분열되게 되었던 것을 들 수 있다.

그런데 변선환도 초기에는 종교 간 대화의 문제와 공존에 대해 관심이

---

25) 변선환 역시 이러한 부분에 관심이 많았다. 이에 대해서는 다음을 참조할 것. 변선환, 「종교 간의 대화 백년과 전망」, 연도미상 ; 변선환, 『변선환전집 1 : 종교 간 대화와 아시아신학』, 변선환아키브 편집, 천안 : 한국신학연구소, 1996 ; 변선환, 「한국문화 속의 기독교」, 『인문과학연구』 6, 1986.

26) '복음주의'의 개념에 대해서는 다음을 참조할 것. 로저 올슨 저, 이선호 옮김, 『복음주의 신학의 역사』, 서울 : 한들출판사, 2010.

있었다.27) 다만 그는 시간이 지남에 따라 이러한 토착화 논의를 한 단계 뛰어 넘어 종교다원주의(宗敎多元主義)로 접근하였다는 점에서 큰 파장을 불러일으키게 되었던 것이다. 변선환은 미국 드류 대학교(Drew University)와 스위스 바젤 대학교(University of Basel) 대학원에서 신학을 공부하고 귀국한 이후 개신교 신학의 토착화와 타 종교와의 대화를 시도하였다. 변선환 역시 윤성범, 유동식과 더불어 감리교 목사이자 신학자였다. 그는 윤성범과 유동식의 고민을 종합하고 더욱더 확장시키려 노력하였는데, 불교에 대해 각별한 관심을 기울였다.28)

사실 변선환이 이러한 문제에 천착하게 된 것은 포스트모더니즘의 시대가 던지는 질문에 적극 대응하기 위한 노력과 관련된 것이었다.29) 하지만 이러한 변선환의 시도는 복음의 순수성에 기초한 에반젤리칼 운동을 지향하는 측과 큰 갈등을 겪게 되었다. 결국 감신대학교(監神大學校) 학장을 역임하던 변선환은 타 종교에도 구원이 있다는 주장을 전개하다가, 1992년 감리교에서 파문 선고를 받고 교계와 학계에서 축출되었던 것이다.

다만 변선환이 진정한 의미의 종교다원론자라고 판단할 수 있는지는 재고될 필요가 있다. 왜냐하면 그가 기독교 이외의 타 종교에도 구원이 있을 수 있다고 강조한 것은 맞지만, 기독교 중심적인 가치관을 포기하였는 지는 의문이기 때문이다. 예를 들어 변선환이 주목하고 있는 것은 타 종교와의 만남을 통해 기독교의 지평이 확산될 수 있다는 점을 전제로 하고 있다. 그는 기독교와 타종교가 대립적인 모습을 보이는 것, 일정

---

27) 변선환, 「유, 불, 선, 무와 공존하는 길로」, 『마당』 서울 : 1984.

28) 변선환, 「한국 개신교의 토착화 : 과거, 현재, 미래」, 미간행 원고 ; 변선환, 『변선환 전집 3 : 한국적 신학의 모색』, 변선환아키브 편집, 천안 : 한국신학연구소, 1997, 76~101쪽.

29) "우리는 소위 post-modern, post-democratic, post-protestant 시대에 살면서, 이 시대가 던지고 있는 문제의 심각성을 진지하게 받아들여야 할 것이다." 변선환, 「한국문화 속의 기독교」, 『인문과학연구』 6, 1986.

부분 서로 공유하고 있는 영역이 있는 것, 서로의 공유를 통해 새로운 저변이 확장되는 것 등 세 가지로 종교의 만남을 정리하였다. 그 중 그는 세 번째 입장을 지지하는데, 이러한 부분이 바로 그것이다. 변선환은 첫 번째 입장을 근본적 대치설로, 두 번째 입장을 자연신학으로, 세 번째 입장을 신성취설(Reconception Theory)로 보았다.30)

나아가 변선환은 하나님의 절대 주권을 인정하는 차원에서 타 종교에도 구원이 있을 수 있다고 강조한다.31) 하나님의 절대 주권을 인정한다는 점에서 그의 사상은 종교개혁자인 칼빈(Jean Calvin, 1509~1564)이나 신정통주의 신학자인 칼 바르트(Karl Barth, 1886~1968)와도 일부 연결되는 부분이 있다.

구체적으로 그는 타 종교 내부에도 하나님으로 상징화되는 창조주의 구원 사역이 있을 수 있다는 입장을 전개하고 있다. 물론 그도 천동설이 지동설로 바뀌게 된 것처럼, 기독교를 중심으로 세상이 도는 것이 아니라 하나님을 중심으로 세상의 모든 종교가 돈다는 입장을 개진한다.32) 이런 점에서 그는 종교다원론자일 수 있지만, 여전히 "하나님"이라는 근본적인 창조주를 상정하고 있다는 점에서 종교다원론자가 아닐 수 있는 것이다.

그에게 공유될 수 있는 부분은 그리스도, 석가모니, 공자, 노자 최제우(최수운)인 것이지 "하나님"의 개념인 "신(神)"은 아닌 것이었다. 그의 사상을

---

30) 변선환, 『탁사 최병헌과 동양사상』, 서울 : 숭전대학교 한국기독교문화연구소, 1985.

31) "신의 구원의 역사는 절대로 교회의 벽이나 성서와 전통교리, 기독교 서구 문명 속에 폐쇄되지 않는다. 오늘의 다원주의 종교해방신학의 빛에서 보게 될 때 많은 논란이 있어 왔지만, 두 가지 유형의 개신교 전위신학, 토착화신학과 민중신학은 근본적으로 그리스도의 복음, 십자가와 부활의 진리에 성실할 뿐 아니라 앞으로 한국 개신교회 뿐만 아니라 세계 교회에 신학적으로 공헌할 수 있는 신학적 유산이라고 본다." 변선환, 「한국 개신교의 토착화 : 과거, 현재, 미래」 ; 변선환, 『변선환전집 3 : 한국적 신학의 모색』, 100쪽.

32) 변선환, 『탁사 최병헌과 동양사상』, 1985.

자세히 보면 이들 종교들이 "신"으로 귀결되고 있지만, 불교의 "과거불, 석가, 공", 유교의 "공자, 천명", 도교의 "노자, 자연", 천도교의 "최수운, 인내천" 등이 발현되는 것은 기독교의 "신"으로부터 온 것임을 알 수 있다.33) 변선환은 원불교와 대화를 추진하면서 중국 선종의 6대 조사인 혜능(慧能, 638~713)의 말을 비유적으로 사용하였는데, 성서는 달을 가리키는 손가락과 같지만 달은 그리스도라고 언급하기도 하였다.34)

변선환은 그러한 모색과정에서 우리나라의 다양한 종교에 대해 접근하고 있지만, 특히 불교에 대해 천착하는 모습을 보여 주었다. 이는 그가 불교와 관련하여 남긴 문헌이 타 종교를 압도하고 있다는 점에서도 발견할 수 있다. 특히 그는 대승불교 전통에 집중하면서, "그리스도"를 불교의 보살(菩薩), 미륵(彌勒) 등과 관련짓는 길희성(吉熙星, 1943~현재)의 주장에 대해 큰 관심을 보이고 있다. 주지하듯이 미륵은 불교에서 민중을 구원하는 부처인바, 기독교의 예수와 일정부분 유사성이 있었기 때문이었다.35) 하지만 변선환이 집중한 과제는 "불교적 그리스도론"이나 "불교적 한국 신학"이지 "그리스도론의 불교화나", "한국 신학의 불교화"는 아니었던 것이다.36)

그런 점에서 변선환은 우리나라 역사에서 나타나는 종교 간 융합에 대해 각별히 관심을 기울였다.37) 근대 이후와 관련해서 그는 한용운(韓龍

---

33) 변선환, 「불교와 기독교의 대화」, 『불교사상』 22, 1985.

34) 변선환, 「일원상(一圓相)의 진리와 존재 신비주의」, 『한국종교』 4·5, 1980.

35) 변선환, 「불교적 그리스도론의 여명 – 길희성 교수의 논문 "예수, 보살, 자비의 하느님 : 불교적 관점에서 본 그리스도론"을 중심으로」, 『사목』 170, 1993.

36) 변선환, 「불교적 그리스도론의 여명 – 길희성 교수의 논문 "예수, 보살, 자비의 하느님 : 불교적 관점에서 본 그리스도론"을 중심으로」 ; 변선환, 「불교적 한국 신학의 여명 – 이재숙 박사의 논문, "불교의 공(Sunyata)과 그리스도 강생(空化, Kenosis)의 신비"를 중심으로 한 종교신학적 응답」, 『한국 그리스도 사상』, 서울 : 한국그리스도사상연구소, 1995.

37) "서구 신학자들에게서 플라톤과 아리스토텔레스, 칸트와 헤겔, 야스퍼스와 하이데

雲, 1879~1944), 이광수(李光洙, 1892~1950), 이기영(李箕永, 1922~1996)
등에 대해 관심을 기울였다. 주지하듯이 한용운은 기독교인들과 적극
협력하여 기미독립운동을 이끌었던 인물이었다.[38] 또한 이광수의 경우
기독교에 대해 상당한 지식을 갖춘 인물이었지만, 이후 불교에 귀의하였
다.[39] 해방 이후에 활동한 불교학자로 원효 연구 전문가인 이기영 역시
이광수, 이능화와 유사한 경향을 보여주었다. 이기영은 독실한 기독교인
가정에서 태어났지만, 천주교로 개종하였으며 마지막에는 불교로 귀의하
였던 것이다.[40]

　다만 변선환의 글을 잘 읽어 보면 실지 그가 원한 것은 종교 간 평화를
위한 대화인 점을 확인할 수 있다. 그에게 중요한 것은 기독교적인 정신이
구현되는 것이며, 서구중심적인 기독교가 동양에서 새로운 의미로 재해석
되고, 한국적 기독교로 발전하는 것이라고 할 수 있다. 그가 가장 두려워하
는 것은 종교 간의 갈등과 대화의 단절이며, 억압적이고 폭력적인 선교였
다. 변선환은 "저주에서 종교 간의 대화에로" 나아갈 것을 강조한다.[41]

　이 부분에서 변선환은 본회퍼(Dietrich Bonhoeffer, 1906~1945)가 『옥중서
신』에서 주장한 "기독교의 비종교화"와 밀접한 관련이 있다고 판단된

　　거, 블로흐와 프랑크푸르트학파가 저들의 신학형성에 소중하였던 것처럼, 우리
　　신학자들에게는 한국이 낳은 천재적 사상가 원효와 지눌, 퇴계와 율곡이 동학
　　운동 못지않게 중요할 것이다." 변선환, 「한국에서의 문화선교신학의 과제」,
　　『기독교사상』, 서울 : 대한기독교서회, 1983.
38) 변선환이 한용운에 대해 언급한 것은 다음을 참조. 변선환, 「해방 후 기독교와
　　불교의 수용 형태」, 서울 : 감리교신학대학교, 1978(문교부 학술연구 조성비에
　　의한 연구보고서).
39) 변선환이 이광수에 대해 언급한 것은 다음을 참조. 변선환, 「한국문화 속의
　　기독교」, 『인문과학연구』 6, 1986.
40) 변선환이 이기영에 대해 언급한 것은 다음을 참조. 변선환, 「해방 후 기독교와
　　불교의 수용 형태」.
41) 변선환, 「종교 간의 대화 백년과 전망」; 변선환, 『변선환전집 1 : 종교 간 대화와
　　아시아신학』, 17쪽.

다.42) 변선환은 기독교의 비종교화와 관련하여 세 가지로 분석하였다. 첫째 유형은 종교의 영역(Sacred)이 굳건하게 유지되면서 세속 영역(Profane) 속으로 확산되는 것이다. 둘째 유형은 종교가 세속 속에서 그저 작은 한 섹터로 남는 것이다. 셋째 유형은 종교의 영역이 세속의 영역과 같아지는 것이다. 그는 첫째 유형을 정통주의로, 둘째 유형을 종교의 세속화로, 셋째 유형을 종교의 비종교화로 해석하였다. 변선환은 특히 셋째 유형에 대해 세속 세계를 직접 신학으로 바꾸는 노력으로 보는데, 본회퍼, 몰트만(Jürgen Moltmann, 1926~현재), 미국 및 중남미의 해방신학과 관련을 짓는다.43)

변선환은 자신의 주장을 종교개혁과 같은 입장에서 사고하려고 하였으며, 토머스 쿤(Thomas Kuhn, 1922~1996)이 언급한바 코페르니쿠스적인 전환(패러다임 쉬프트)이 한국 신학계에 일어나야 한다고 강조하였다. 그는 우리나라에 전래된 신학이 서구 중심적인 신학이기에 이를 절대화해서는 곤란하다는 입장을 견지하였다. 그 근거로 그는 만약 기독교가 서양사회가 아니라 동양사회로 먼저 전파되었다면 지금과는 상당히 다른 모습을 띠었을 것이라는 주장을 전개한다. 그렇기에 그에게 중요한 것은 한국적 신학의 창출이었던 것이다.

따라서 변선환은 자신의 주장을 종교개혁의 전통과 철저하게 관련지으려 하였으며, 감리교의 전통과 연결 지으려 하였다. 그는 종교개혁자 루터(Martin Luther, 1483~1546), 감리교의 창시자 존 웨슬리(John Wesley, 1703~1791)에 대해 주목하였다.44) 또한 한국적인 신학의 창출과 관련하여

---

42) Dietrich Bonhoeffer, *Letters and Papers from Prison*, Dietrich Bonhoeffer Works, Volume 8, edited by John W. de Gruchy, translated by Isabel Best, Lisa E. Dahill, Reinhard Krauss, Nancy Lukens, New York : Christian Gremmels, Eberhard Bethge, and Renate Bethge, 2013.

43) 변선환, 「한국 종교의 근대화 방향」, 연도미상 ; 변선환, 『변선환전집 3 : 한국적 신학의 모색』, 변선환아키브 편집, 천안 : 한국신학연구소, 1997, 281~299쪽.

서는 우리나라 감리교 내에서 이와 결부될 수 있는 최병헌(崔炳憲, 1958~1927), 이용도(李龍道, 1901~1933)를 재해석하려고 시도하였다.[45] 특히 변선환은 최병헌이 강조한 "만종일련(萬宗一欒)"의 개념에 주목하였다. 주지하듯이 최병헌은 이 개념을 활용하여 비교종교학적인 개념에서 기독교를 분석하고 있으며, 기독교와 타 종교의 관련성을 폭 넓게 분석하였던 것이다.[46]

4. 결론

이 논문을 통해 한국사에서 종교와 관련하여 두 가지 주요한 망탈리테가 있었음을 확인할 수 있다. 한국사에서 나타나는 하나의 흐름은 새로운 종교가 유입되면 이를 기존의 주류 종교들과 함께 융합하려는 노력이 있었다는 점이다. 그리고 이를 통해 당대 지식인들 중 일부는 새로운 영역을 개척하려고 시도하였다. 또 다른 하나의 흐름은 지식인들이 오히려 새로운 종교를 거부하고, 기존의 주류 종교의 본질을 강화하려고 하는 움직임이 있었다는 점인데, 이는 조선 후기 성리학이 교조화되거나 보수적이 되는 현상에서 발견할 수 있다. 물론 이러한 경향성이 비단 한국적 상황에만 적용되는 것은 아닐 것이지만, 적어도 한국사 내부에서 두드러지게 나타나는 특성인 것은 분명해 보인다.

그런 점에서 기독교도 불교나 여타 종교들이 유입될 때 나타난 것처럼 한국사에서 기존의 주류 종교들을 융합하거나 주류 종교들에 융합되는

---

44) 변선환이 웨슬리 신학에 주목한 것은 다음을 참조. 변선환, 『변선환전집 4 : 요한 웨슬리 신학과 선교』, 변선환아카이브 편집, 천안 : 한국신학연구소, 1997.
45) 변선환이 이용도에 대해 언급한 것은 다음을 참조. 변선환, 「이용도와 마이스터 에크하르트」, 『신학과 세계』 4, 1978.
46) 변선환, 「탁사 최병헌 목사의 토착화 사상」.

시도와 관련이 되어 왔는데, 이런 시도는 역설적이지만 서구 신학의 본질을 추구하고 이를 더욱 강화하고자 하는 보수적인 시도와 함께 나타났던 것이다. 이러한 특성은 20세기 후반 이후 혼성성(混成性 혹은 주변부)과 중심부라는 관계성에 주목하는 포스트모더니즘이나 포스트콜로니얼리즘과도 연결될 수 있다. 호미 바바(Homi K. Bhabha, 1949~현재)가 언급한 "문화의 위치(The Location of Culture)"는 한국사의 중심적인 과제에서 끊임없이 탐색되어왔던 부분이라고 할 수 있다.

특별히 기독교는 그 유입 초기부터 불교와의 관계성에서 불교를 중심으로 하는 수용자 측에 의해 융합이 시도되는 특징이 있었으며, 본격적으로 개신교가 전래된 19세기 후반 이후에는 수용자 측면 뿐 아니라 선교사나 목사 등 전파자 입장에서도 불교를 활용하는 특징이 있었다. 또한 기독교의 수용자나 전파자 모두 기존의 주류 종교와의 관계성에 대해 주목하였는데, 그런 점에서 기독교와 불교(특히 대승불교)의 관계성은 상당히 중요하게 다루어졌다.

변선환은 20세기 후반 포스트모더니즘이 제기하는 질문에 대해 한국적이고 기독교적인 관점에서 대응하려고 시도한 신학자이자 목사였다. 그는 제2차 바티칸 공의회, 세계교회협의회(WCC) 등이 전개한 종교 간 대화의 노력, 그리고 1960년대 이후 우리나라 신학자들이 전개한 신학의 한국화 작업 등의 영향을 받았으며, 새로운 이정표를 제시하기 위해 노력하였다.

이에 그는 한국사에서 면면히 이어지는 종교 간 융합과 타 종교에 대한 개방성을 바탕으로, 타 종교에도 구원이 있을 수 있다는 혁신적인 주장을 전개하였다. 그러나 변선환이 이러한 주장을 전개한 것은 20세기 후반 이후 변화하는 선교 상황과 종교 간 갈등 속에서 평화를 일구기 위한 그 나름대로의 시도였으며, 코페르니쿠스적인 혁명을 일구거나 또 다른 의미의 종교개혁을 이끌기 위한 노력이었던 것이다. 변선환은 특히 다양한 종교와의 관계성 속에서 불교에 대해서도 각별한 관심을 기울였는바, 원효, 한용운, 대승불교 등은 그 주요한 분석 대상이었다.

하지만 변선환이 비록 기독교와 불교의 융합을 추구하기는 하였지만, 이러한 종교 간의 대화를 종교다원주의적인 입장에서만 추진하였다고 평가할 수는 없을 것이다. 오히려 그는 본회퍼가 주장한 것처럼 기독교의 비종교화라는 관점에서 종교 간 대화에 나섰던 것이며, 하나님의 절대주권을 인정하는 측면에서 타 종교에 구원이 있을 수 있다는 입장을 표명하였던 것이다. 이러한 작업을 통해 그는 서구 중심의 기독교를 한국적인 기독교로 지평을 넓히고 재해석하려고 시도하였다. 감리교 목사로서 변선환은 자신이 전개한 신학의 정당성을 종교개혁자 루터, 감리교의 창시자 존 웨슬리, 그리고 한국 감리교의 대표적인 목사들 중 자신이 추구한 바와 일맥상통하다고 판단한 최병헌, 이용도, 윤성범, 유동식 등에서 찾으려고 시도하였다.

올해는 변선환이 서거한 지 20주년이 되는 해이다. 변선환은 비록 종교의 보수적인 흐름을 상징하는 주류 기독교 측에 의해 정죄되었지만, 21세기 종교 간 갈등이 첨예하게 나타나고 있는 상황 속에서 재평가될 필요가 있다. 그의 사상에 동의하건 그렇지 않건, 그가 제기한 질문들은 기독교 에큐메니칼 진영과 에반젤리칼 진영 등 양 쪽 모두에게 있어서, 또한 한국종교사에서 중요한 위치를 점할 수밖에 없기 때문이다.

〈참고문헌〉

1. 자료

『高麗史』,「崔承老傳」.

鸞郎碑 序文.

大秦景敎流行中國碑.

대한성공회, 『공도문』, 서울 : 연세대학교 학술정보원.

작자미상, 『조선약론』, 서울 : 연세대학교 학술정보원.

변선환, 『변선환전집 1 : 종교 간 대화와 아시아신학』, 변선환아키브 편집, 천안 : 한국신학연구소, 1996.

_____, 『변선환전집 2 : 불교와 기독교의 만남』, 변선환아키브 편집, 천안 : 한국신학연구소, 1997.

_____, 『변선환전집 3 : 한국적 신학의 모색』, 변선환아키브 편집, 천안 : 한국신학연구소, 1997.

_____, 『변선환전집 4 : 요한 웨슬리 신학과 선교』, 변선환아키브 편집, 천안 : 한국신학연구소, 1997.

_____, 「불교적 한국 신학의 여명 – 이재숙 박사의 논문, "불교의 공(Sunyata)과 그리스도 강생(空化, Kenosis)의 신비"를 중심으로 한 종교신학적 응답」, 『한국 그리스도 사상』, 서울 : 한국그리스도사상 연구소, 1995.

_____, 「불교적 그리스도론의 여명 – 길희성 교수의 논문 "예수, 보살, 자비의 하느님 : 불교적 관점에서 본 그리스도론"을 중심으로」, 『사목』 170, 1993.

_____, 「한국문화 속의 기독교」, 『인문과학연구』 6, 1986.

_____, 「불교와 기독교의 대화」, 『불교사상』 22, 1985.

_____, 『탁사 최병헌과 동양사상』, 서울 : 숭전대학교 한국기독교문화연구소, 1985.

_____, 「유, 불, 선, 무와 공존하는 길로」, 『마당』, 1984.

_____, 「한국에서의 문화선교신학의 과제」, 『기독교사상』, 서울 : 대한기독교서회, 1983.

_____, 「일원상(一圓相)의 진리와 존재 신비주의」, 『한국종교』 4·5, 1980.

_____, 「이용도와 마이스터 에크하르트」, 『신학과 세계』 4, 1978.

_____, 「해방 후 기독교와 불교의 수용 형태」, 서울 : 감리교신학대학교, 1978/문교

부 학술연구 조성비에 의한 연구보고서.

_____, 「종교 간의 대화 백년과 전망」, 연도미상.

_____, 「한국 개신교의 토착화 : 과거, 현재, 미래」, 미간행 원고.

_____, 「한국 종교의 근대화 방향」, 연도미상.

「'봉은사역명 제정' 박원순 시장·신연희 구청장 고발키로… 코엑스역명추진위 기자회견」, 『국민일보』 2015년 5월 7일.

「황교안, '대한민국 복음화'를 꿈꾸는가?」, BBS『양창욱의 아침저널』, 2015년 6월 3일.

Horace Grant Underwood. *The Call of Korea*, New York : Fleming H. Revell Company, 1908.

Oliver R Avison. *Memoirs of Life in Korea*, Edited by H. W. Park, Seoul : The Korean Doctors' Weekly, 2012.

2. 논저

김성환, 「최치원 '國有玄妙之道'설의 재해석 : '한국 고대 신선사상의 지속과 변용' 의 시각에서」, 『도교문화연구』 34, 2011.

김양선, 『한국기독교사연구』, 서울 : 기독교창문사, 1971.

김월성, 「秋史 金正喜의 藝術觀과 佛敎의 영향」, 『어문연구』 33-2, 2005.

김홍경, 「朝鮮初期 官學派 儒學者의 異端意識」, 『유교사상연구』 7, 1994.

로저 올슨, 이선호 옮김, 『복음주의 신학의 역사』, 서울 : 한들출판사, 2010.

민경배, 『한국기독교회사』, 서울 : 연세대학교출반부, 2007.

박단, 「프랑스 공화국과 이민」, 『프랑스사 연구』 21, 2009.

____, 「2005년 프랑스 '소요사태'와 무슬림 이민자 통합문제」, 『프랑스사 연구』 14, 2006.

____, 『프랑스의 문화전쟁, 공화국과 이슬람』, 서울 : 책세상, 2005.

박준형, 이선호, 「영국 성공회의 『조선약론』과 그 인식에 관한 연구」, 『韓國敎會史學 會誌』 34, 2013.

백낙준, 『한국개신교사』, 서울 : 연세대학교출판부, 1973.

안대옥, 「마테오 리치(利瑪竇)와 補儒論」, 『동양사학연구』 106, 2009.

우심화, 「"大秦景敎流行中國碑" 비문(碑文) 역주(譯註)」, 『ACTS 신학과선교』 9, 2005.

이규성, 「마테오 리치(Matteo Ricci)의 적응주의 도입과 그 발전 과정에 대한 신학적
　　　　고찰」, 『가톨릭신학』 21, 2012.
이내옥, 「백제금동대향로의 사상」, 『진단학보』 109, 2010.
李能和, 『朝鮮基督敎及外交史』, 京城 : 朝鮮基督敎彰文社, 1928.
이성무, 『조선시대 당쟁사』 Vol.1-2, 서울 : 동방미디어, 2000.
이재원, 「프랑스 기독교 지식인과 탈식민화 문제－프랑스령 인도차이나를 중심으
　　　　로」, 『프랑스사 연구』 27, 2012.
이종은 외, 『우리 문화의 뿌리를 찾는 이능화 연구』, 서울 : 집문당, 1994.
임종태, 「무한우주의 우화 : 홍대용의 과학과 문명론」, 『역사비평』 71, 2006.
정상봉, 「원효(元曉) 화쟁사상(和諍思想)과 그 현대적 의의」, 『통일인문학』 53, 2012.
정혁, 「高麗後期 眞覺國師 慧諶의 佛儒同源思想」, 『북악사론』 3, 1993.
조경철, 「백제 사택지적비의 연구사와 사상경향」, 『백제문화』 45, 2011.
천병돈, 「강화학파의 형성과 사상적 계보」, 『인천학연구』 7, 2007.
한명숙, 「프랑스 국적법 개정과 북 아프리카 이민자 문제, 1986~1993」, 『프랑스사
　　　　연구』 20, 2009.

山口正之, 『朝鮮西敎史』, 東京 : 雄山閣, 1967.
佐伯好郎, 『支那基督敎の硏究』, 東京 : 1943.

Dietrich Bonhoeffer, *Letters and Papers from Prison*. Edited by John W. de Gruchy, translated
　　　　by Isabel Best, Lisa E. Dahill, Reinhard Krauss, Nancy Lukens.. Dietrich Bonhoeffer
　　　　Works, Volume 8, New York : Christian Gremmels, Eberhard Bethge, and Renate
　　　　Bethge, 2013.
E. A. Gordon, *Some Recent Discoveries in Korean Temples and Their Relationship to Early
　　　　Eastern Christianity*, Trans. by Korea Branch of the Royal Asiatic Societ. Vol.5.
K. S. Latourette, *The Development of Japan*, 2nd ed.
Michael Walsh, "The Religious ferment of the sixties," *The Cambridge history of Christianity
　　　　Vol 9 World Christianity 1914~2000*, Hugh McLeod edit., Cambridge :
　　　　Cambridge University Press.

제4장

현대 한국의 이념, 운동 혹은
기독교의 대항가치

해방 후 한국 무교회주의자들의 공동체 구상

김 건 우

1. 무교회주의의 성격과 계보

한국 무교회주의는 우치무라 간조(內村鑑三)의 조선인 제자 김교신, 함석헌, 양인성, 류석동, 정상훈, 송두용 6명이 일본에서 돌아와 기독교 동인지 『성서조선』을 창간(1927년 7월)하면서 시작되었다. 무교회주의의 본체와 성격을 이해하기 위해서는 다음과 같은 김교신의 언급들(1936년 10월, 1940년 9월, 『성서조선』)을 참고해야 한다.

무교회주의자로 자임하는 이는 동정을 구하거나 혹은 자기 과장을 위하여 무교회론을 열렬히 변론하고자 하는 이들이 있으나, 우리도 예수 믿는 사람이지 결코 무교회를 신봉하는 자가 아니다. 교회 조직의 필요를 논하는 이가 있을 때에 그 헛된 생각임을 우리가 지적할 뿐이요, 교회에만 구원이 있다고 고집하는 이를 만날 때에 교회 밖에도 구원이 있다고 프로테스트할 뿐이다.[1] (이하 밑줄 강조는 모두 인용자)

---

1) 김교신, 『김교신 전집 2 - 신앙론』, 부키, 2001, 84쪽.

종교개혁자 마르틴 루터도 생존 당시에는 일개 무교회주의자에 지나지 않았었다. 유일의 교회인 줄 알았던 로마 천주교회를 비판 공격하였으니 이보다 더한 무교회주의자가 없었다. (중략) 오직 참 기독교도에게는 변하지 않는 표준이 내재하기 때문에 그 존재가 곧 비판이요, 공격이 된다.[2]

『성서조선』을 발간하던 내내, 제도 교회 측으로부터의 비난과 공격에 끊임없이 시달렸던 김교신은 교회 측과의 논쟁에는 관심이 없음을 수차 언급했다. 비판과 공격이 무교회주의의 본령이 아님을 언급하는 가운데, 김교신은 자신들이 루터의 정통 개혁신앙의 맥을 이을 뿐이라고 했다. '무교회'라는 이름은 전혀 중요하지 않으며, 루터의 '만인사제론'과 '오직 성서(Sola Scriptura)'의 신념에 따라 신과 개별 인간 사이에 어떤 제도적 매개자도 인정할 수 없다는 원칙을 지키는 것이라고 했다. "우치무라의 제자니 운운하는" 비판에 대해서도 "우리는 누구에게 배웠노라고 공고할 필요도 없이 오직 유일한 스승님 예수만을 나타내고자 하였을" 뿐, "우리는 누구보다도 '무교회'라는 문자를 즐겨하지 않는다"고 했다. "무교회주의 자는 건드리지만 않으면 아주 무난한 존재자이다." "그러므로 제발 우리를 건드리지 말라."[3]

"교회 밖에도 구원이 있다"라는 언급은 무교회주의의 핵심 성격을 말해준다.[4] 제도적 중심을 인정하지 않는다는 것이 핵심인데, 이런 입장이

---

2) 김교신, 위의 책, 2001, 268~269쪽.
3) 김교신, 위의 책, 2001, 286쪽.
4) 사실 기독교회 측의 공격에는 그 나름의 근거가 있었다. 교회의 입장에서 보았을 때, 무교회주의의 '만인구원론'은 확실히 문제였다. "원래 나는 사후 문제에 관하여 지식이 매우 천박합니다. 다만 나의 믿음으로는 (구원이) 믿는 자는 물론이요, 미신자에게까지 미치는 것인 줄로 압니다. 어쨌든 구원받지 못할 이는 하나도 없을 것인 줄로 믿습니다. 즉 만인구원론을 취합니다."(김교신, 위의 책, 2001, 149~150쪽)

'정신적 아나키즘'의 성향을 내포하고 있다는 데에 논의의 초점을 두고
볼 필요가 있다. 백소영은 무교회주의의 무정부주의적 성격을 다음과
같이 잘 요약했다.

> (무교회주의는) 살아있는 신앙을 일정한 형태의 제도 속에 묶어 넣으려
> 는 모든 시도를 거부합니다. 제도라는 것이 인간의 산물이라고 보는
> 것인데, 그래서 제도화된 성례전이나 예배 형식에 대해 부정적입니다.
> '지속적으로 제도화를 부정하는 원칙'은 보다 넓은 사회를 대할 때에도
> 똑같이 적용되며, 인본주의적 문명과 그 제도를 신성화 또는 절대화하는
> 모든 시도에 대해 프로테스트합니다.5)

무교회주의자들이 기본적으로 '내세'에 별 관심을 두지 않기 때문에,
이런 무정부주의 성향은 더욱 중요성을 띤다. 김교신은 "나의 관심사는
사후 생활의 문제가 아니고 철두철미 현생의 문제"라는 것, "사후 혹은
내세 운운의 구는 나를 위로하지 못할뿐더러 실망이 아니면 분개를 더할
뿐", "내가 원하는 것은 사후의 성화가 아니라, 내세의 약속이 아니라,
이 육신 이대로가 살아생전에 1년이라도 혹은 1일이라도 완전의 역(域)에
달하기"라고 했다.6)

지극히 '비타협적'이고 '정신주의적'이면서도 기본적으로 '현실'에 초
점을 둔다는 것, 더하여 '아나키즘적'인 성향은 필연적으로 국가주의와
대립을 야기하게 되는데, 그 양상에 대해서 논의하기 전에 우선 한국
무교회주의의 계보를 일별해 두어야 한다. 김교신은 해방을 보지 못하고
사망했기 때문이다.

---

5) 백소영, 「왜 하필 무교회인가」, 『기독교사상』 2003년 9월호, 199~200쪽.
6) 『김교신 전집 2』, 127~129쪽.

〈그림 1〉 한국 무교회주의 계보

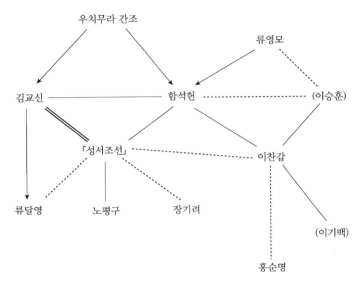

그림의 중심은 김교신의『성서조선』에 있다. 그림에서『성서조선』과 이어진 인물들은 모두『성서조선』사건의 핵심으로 지목되어, 이 사건으로 검거되었던 사람들 중 가장 오랜 시간 옥고를 치러야 했다.『성서조선』을 중심에 놓고 보았을 때 두 개의 계보가 있다. 먼저, 김교신의 가장 가까운 벗이었던 함석헌을 경유하는 하나의 계보이다. 오산학교가 그 매개가 되는데, 남강 이승훈의 집안 종손인 이찬갑이 중심이 되어 해방 후 하나의 모델을 제시하게 된다.[7] 또 하나의 중요한 계보는 김교신의 직계 제자인

---

7) 함석헌이 오산학교에 재임했던 기간은 1928~1938년 사이이다. 오산 재임 초기부터 함석헌의 무교회주의 성서모임은 시작되었는데, 남강은 말년에 이찬갑의 권에 따라 모임에 몇 차례 정도 참석한 것으로 기록되어 있다. 이기백의 경우도 부친을 따라 1930년대 후반 무렵 성서모임에 참석하였지만, 겨우 10대 중반의 나이 때였다. 그런 점에서, 이승훈－이찬갑－이기백의 집안 계보를 무교회주의 계보로 연결하는 것에는 무리가 따른다. 그럼에도 '그림 1'에 집안 계보를 포함시킨 것은 한국 무교회주의와 오산학교의 관련성을 드러내기 위해서이다. 이기백과 무교회주의의 인연은 이뿐만이 아니다. 이기백은 일본 유학 시절 부친 이찬갑의

류달영으로 이어진 줄기이다. 류달영은 스승이 가지고 있던 이상 하나를 한참의 시간이 흐른 후 매우 큰 스케일로 현실화하고자 했다. 이 내용부터 살펴보자.

2. 류달영의 '재건국민운동본부' : 국가적 기획의 가능성

전쟁의 와중에 있던 1952년, 당시 서울대 농대 교수였던 류달영은 피난지 대구에서 몇 년래 구상하던 책 한권을 출간했다.『새 역사를 위하여 – 덴마크의 교육과 협동조합』인데, 이 책은 판과 쇄를 거듭하며 대중에 큰 반향을 일으켰고, 1961년 쿠데타 직후의 군사정부에서 만든 '재건국민운동본부'의 본부장을 맡게 되는 계기로 작용했다.[8] 류달영의 공동체 구상을 이해하기 위해 꼭 검토해야 할 책인데, 이 책의 내용을 분석하기 전에 그 기원과 함께 밑바탕이 되는 사유부터 살필 필요가 있다. 하나씩 거슬러 올라가 보기로 한다.

류달영이 보여주었던 김교신에 대한 전적인 존경과 신뢰는 유명하다. 후일 그는 "오늘의 나의 인생관과 세계관은 모두 김교신 스승과의 만남으로 자리잡은 것이다"라고 했다. 류달영이 양정고보에 입학하던 1928년은 김교신도 동경고등사범 지리박물과를 졸업하고 일본에서 돌아와 양정에서 교편을 잡은 첫해였고, 이후 류달영이 졸업할 때까지 5년간의 담임을

소개로 우치무라의 수제자인 동경대 교수 야나이하라 다다오(矢內原忠雄)를 개인적으로 사사했다.『연사수록(研史隨錄)』의 회고에 따르면 야나이하라와의 만남은 이기백에게 큰 영향을 끼쳤다고 한다.

8) 국가재건최고회의 의장 박정희가 여러 차례 직접 류달영을 만나 본부장직을 맡아 줄 것을 요청했다. 박정희는 "덴마크 연구에 조예가 깊은 나를 재건국민운동의 본부장으로 위촉하고 싶다"고 했다고 한다. 국민운동에 박의장이 간섭하지 않을 것을 조건으로 수락했다고 한다. 류달영,『소중한 만남』, 솔, 1998, 252~253쪽.

김교신이 맡았다.9) 류달영은 양정고 졸업 후 수원고등농림학교에 재학하던 시절에도 김교신의 주일 성서모임에 출석했고, 수원고농을 졸업하고 개성 호수돈여고에 부임하여 개성 송도고보로 옮겨온 김교신과 일상을 같이 했다. 일제 말기 김교신이 흥남질소비료공장에서 근로복지계장으로 근무할 때는 김교신의 요청에 따라 흥남으로 가서 김교신이 사망할 때까지 도왔다. 사정이 이런 까닭에 1942년 『성서조선』 사건으로 김교신, 함석헌과 함께 가장 오랜 기간 복역한 것도 이해될 수 있다.

'재건국민운동'에서 보인 류달영의 공동체 구상을 이해하기 위해 먼저 김교신의 텍스트로 들어가 보기로 한다. 김교신은 「조선의 희망」(1937년 3월)이라는 글에서 다음과 같이 말한 적이 있다.

> 사회 전반이 기독교적으로 변하여 상고(商賈, 상인)까지도 예수쟁이 행세하지 않고는 살 수 없이 되는 일도 조선에 희망을 약속하는 일이 아니었던 것은 서북지방에서 벌써 시험제(試驗濟)가 된 일이었다. (중략) 신학이나 전도에만 거룩함이 있고 갱생의 희망이 나온다는 것이 아니다. 양돈과 양계에라도 하나님의 창조의 원리를 헤아리며 산란의 일자와 계보의 정부(正否)를 속이지 말면서 성전(聖前)에서 행하는 일이면 다 거룩한 일이요, 희망이 전족(全族)에게 임하는 대사업이다.10)

"양돈과 양계"에 하나님의 거룩함과 민족의 희망이 있다는 것은 무슨 이야기일까. 일제시기 무교회주의자들에게 있어 민족의 경제적 독립은 매우 중요한 과제로 제시된다. 당시의 대다수 기독교 민족주의자들에게

---

9) 김교신은 양정에서 그의 교사생활 중 가장 긴 12년을 근무했고 여러 제자를 길러냈다. 양정 시절 손기정의 마라톤 코치이기도 했던 김교신이, 동경에서 열린 베를린 올림픽 국가대표 선발전에서 손의 요청에 따라 자동차로 앞서 달렸던 일화는 유명하다.

10) 김교신, 『김교신 전집 1－인생론』, 부키, 2001, 35쪽.

경제적 독립이 중요한 문제이기는 하였으나, 무교회주의자들은 신앙과 생활의 구분을 전혀 인정치 않았던 까닭에 경제적 독립생활 자체가 곧 바른 신앙생활이었다. 조선을 성서 위에 올려놓겠다는 이들에게, 민족의 영적 구원은 곧 경제적 독립을 포함하는 개념이었다. 그렇다면 경제적 독립은 어떻게 가능한가. 일차적으로 그것은 식량의 자급자족이었다.

> (경제적) 독립생활을 못할 만한 자이거든 다시 성령을 논(論)치 말고 성서를 의(義)치 말라. 논의치 않는 것이 하나님께 대한 최대의 봉사니라. (중략) 반도가 좁다 하나 전지역의 3할 못 되는 평야만을 말함이다. 나머지 7할여의 산림에 목축과 개간을 실시할진대 현 인구의 3~4배를 부지함도 난사(難事)가 아니라고 한다.[11]

김교신의 이 글에서는 '바른 신앙(정신)'과 '경제적 독립'이 '농지개발'로 이어진다. 이런 생각은 우치무라 간조에게서 온 것이었다. 이미 1920년대에 일본을 경유하여 덴마크 모델이 YMCA 등 조선 기독교계에서 운위되었던 바, 일본에서 덴마크 모델이 처음 소개된 것이 우치무라에 의해서였다. 류달영에 따르면 스승 김교신이 우치무라의 소책자 『덴마크 이야기』를 여러 권 소지하고 있었으며, 류달영이 덴마크를 연구하고 해방 후 책을 내게 된 계기도 1933년 수원고농 시절 김교신으로부터 우치무라의 이 책을 받은 일이라고 한다.[12] 1919년경 간행된 이 책 『덴마크 이야기』의 원본에 해당하는 글이, 우치무라가 발간하던 일본 무교회주의 잡지 『성서

---

11) 김교신, 「현실생활과 신앙」(1938년 1월), 위의 책, 2001, 163~164쪽.
12) 류달영, 『소중한 만남』, 솔, 1998, 91쪽. "1933년 수원고등농림 재학 시절 일본의 우치무라 간조의 『덴마크의 이야기』라는 수첩 크기의 작은 책을 읽고 나라 없이 살던 그 시절에 나는 국가관을 확립했다. 내가 일생 동안 할 일은 민족의 광복을 위하여 이바지하는 일이며 조선을 동양의 덴마크로 만드는 일이었다." (같은 책, 242쪽)

연구』1911년 11월호에 수록된 「덴마크 이야기」이다. 1911년의 바로 이 글 「덴마크 이야기」와 우치무라의 강연이 일본에서 덴마크 붐을 일으켰다. 우치무라 전집에도 수록된 이 글 「덴마크 이야기」를 잠시 살펴볼 필요가 있다.

우치무라의 「덴마크 이야기」는 한국의 무교회주의자들에게 사회개조 모델 이전에 기본적으로 큰 정서적 '격려'가 되었던 것으로 보인다.

> 나라가 작은 데다 국민도 적고, 그리고 남은 토지는 황무지가 많았습니다. 국민의 정력은 이런 때에야 시험되는 것입니다. 싸움에는 졌고, 나라는 깎였고, 국민의 의기는 소침하여 무슨 일이고 손에 잡히지 않을 때, 이런 때에 국민의 참된 가치가 판명되는 것입니다. (중략) 전쟁엔 졌어도 정신적으로는 지지 않은 국민이 참으로 위대한 국민입니다. 나라에 어두움이 깔릴 때 정신적인 빛이 필요하게 되는 것입니다.[13)]

본래 눈물이 많았다고 전해지는 김교신에게 이 책은 큰 위안이 되었음이 분명하다. 김교신과 함석헌에게 '조선민족'은 성서의 '고난 받는 자'와 동일시되었던 까닭에(함석헌의『성서적 입장에서 본 조선역사』를 생각해 보라), 우치무라의 이야기는 '눈물을 뿌리게' 하는 것이었다. 그런데 본고의 주제와 관련하여, 무엇보다 이 글에서 눈여겨보아야 할 곳은 국가개조의 방향이다.

> 더 귀한 것은 국민의 정신입니다. 그들(덴마크인-인용자)은 국토가 깎였으나 한층 더 좋은 국토를 얻었습니다. 그것은 남의 나라 땅을 빼앗은 것이 아닙니다. 내 나라를 개조했던 것입니다. (중략) 덴마크 이야기는

---

13) 우치무라 간조, 『우치무라 간조 전집』 10권, 크리스찬서적, 2001, 665쪽.

우리에게 무엇을 가르쳐 줍니까? 나라는 전쟁에 져도 망하지 않습니다. 나라의 흥망은 전쟁의 승패에 달려 있지 않습니다. 그 국민의 평소의 수양에 달려 있습니다. <u>좋은 종교, 좋은 도덕, 좋은 정신만 있으면 나라는 전쟁에 져도 쇠망하지 않습니다.</u> (중략) 덴마크로 족합니다. 아니, 그보다 더 작아도 좋습니다. <u>바깥으로 뻗으려고만 말고 안을 개발해야 합니다.</u>[14)]

우치무라는 일본도 덴마크 모델로 나아가야 한다고 생각했다. 이 점은 상당히 중요한데, 글이 발표된 1911년의 시점은 일본이 조선을 합병한 직후였기 때문이다. 이미 교육칙어에 대한 배례를 거부하고 러일전쟁을 반대하여 '국적(國賊)'으로 몰려 있었던 우치무라가, 일본 개조의 방향은 무력을 통한 '밖'으로의 진출이 아니라 내면의 힘을 통한 '안'의 개발이어야 한다고 주장한 것은 직접적으로 조선 지배를 비판한 것은 아니었더라도 당시 국가정책에 심각히 반하는 것이었다. 따라서 이 글에서 국가개조의 근본으로 제시된 '국민정신'의 강조는 국가주의를 뒷받침하는 '황도(皇道)'나 '민도(民道)'의 정신과는 다른 것이었다. 그것은 평화주의에 입각한 기독교 신앙을 의미했다.

우치무라는 1924년 신문에 기고한 칼럼 「서양의 모범국가－덴마크에 관하여」에서, 국가개조 모델로 다시금 덴마크를 운위하는 가운데 또 하나 주목할 언급을 한다.

덴마크는 이상적인 농민의 나라이다. 큰 국가는 농업으로야 이룩할 수 있다는 것이 덴마크가 세계에 가르쳐 주는 교훈이다. 큰 나라가 되려면 영국 같은 상업국가나 또는 미국 같은 공업국가가 되어야 한다고 생각하는 것은 큰 잘못이다. (중략) 일본은 원래 농본국(農本國)이다. 이제부터라도

---

14) 우치무라 간조, 위의 책, 2001, 671~672쪽.

덴마크에게서 많은 것을 배워서 농업으로 강대한 평화적 문명국을 이룩해
야 할 것이다.15)

우치무라가 미국식 공업국가가 아니라 덴마크식 농업국가를 국가개조
의 모델로 제시했다는 사실은, 재건국민운동에서의 류달영의 정책 방향이
어디에서 비롯된 것인가를 잘 말해 준다.16) 기획의 밑그림은 이미 『새
역사를 위하여』에서 제시되었다. 그 내용을 잠시 살펴보자.

책은 초판 기준으로, 크게 보아 전체 세 부분으로 구성되어 있다. 덴마크
의 개척사, 덴마크의 협동조합과 농지정책, 덴마크의 교육과 교육제도이
다. 서술방식은 단순 소개 식이 아니며, 한국의 상황을 대조하여 한국사회
가 나아가야 할 방향을 반복해서 제시하는 것이 특징이다. 일관되게
강조하는 것은 '정신'인데 이 정신을 길러내기 위해 '교육'의 중요성이
강조된다. 1958년 3판 서문에는 "국민교육"이라는 표현이 등장하는데,
'국민'이 호명되는 '아슬아슬한' 경계를 타고 있음에도 제시되는 현실국가
의 모델들이 균형을 잡아준다. "강대국가에만 눈이 팔려 허둥대는 것은
가장 어리석은 일"이며, "타국에 대하여 자기 세력을 부식하고자 하는
티끌만한 야심도 없는 약소국가들이야말로 인류의 앞을 달리는 평화와
번영의 「참피온」들인 것을 확신"한다고 하면서 그 예로 덴마크, 노르웨이,
스웨덴, 핀란드 등 북유럽 국가들을 들었다.17) 확실히 이런 생각은 우치무
라의 것임이 드러나는 대목이다.

책 전체를 통해 드러나는 류달영의 국가공동체 모델이 기본적으로
'농업국가'라는 점도 앞서 제시한 우치무라의 생각과 일치하는 부분이다.

---

15) 우치무라 간조, 위의 책, 2001, 676쪽.
16) 해방 후 원래 류달영이 계획했던 것이 국가 단위의 사업은 아니었다. 경기도
    문산에서 협업 농장을 만들고 '이상촌'을 건설하고자 했는데 한국전 발발로
    무산되었다.(류달영, 『소중한 만남』, 1998, 216쪽)
17) 류달영, 『새 역사를 위하여』, 부민문화사, 1962, 3판 서문.

1955년 재판 서문에서 류달영은 "농업한국"이라는 표현을 통해 이 점을 분명히 했다. 교육을 통한 국민정신의 확립, 이를 기반으로 협동조합에 바탕을 둔 농업국가의 건설로 요약되는 류달영의 생각은 1952년의 초판 서문에서 다음과 같이 집약되어 표현된다. "먼저 교육으로 건실한 국민을 만들고 약한 힘을 모아 협동하므로 반드시 목적할 바를 달성해 낸 농민의 나라 덴마크의 모습은 우리에게 살길을 지시하는 신의 계시"[18)라고 했다.

실제 류달영이 재건국민운동의 모델을 덴마크로 삼았을까.[19)『사상계』 1962년 1월호에 실린 재건국민운동본부 본부장 류달영과 사상계 주간 양호민의 대담 「재건국민운동의 방향과 방법」에는 류달영의 실제 구상이 비교적 뚜렷이 드러나 있다. 이 글에서 류달영은 국민재건운동의 모델이 덴마크임을 분명히 했다. "덴마크의 국민운동과 같은 운동을 전국적으로 일으켜 보자, 이것이 지금의 생각"이며, 이에 따라 우선 "사업의 중점을 교육에 두고" "다음에는 농어촌을 빨리 끌어 올리자"고 했다.[20)

또한 류달영은 사업 운영 방침의 핵심 요소로 '민간운동'의 중요성을 수차 강조하고 있다. 류달영이 2대 본부장으로 취임하고[21) 얼마 후인

---

18) 류달영, 위의 책, 1962, 초판 서문.

19) 5.16 군정기의 재건국민운동은 사실상 류달영이 이끌었다고 할 수 있다. 1961년 6월의 출범 당시 초대 본부장은 유진오였지만 별다른 활동을 하지 못하고 2개월여 만에 사임했다. 류달영은 1961년 9월부터 일을 맡아 새롭게 중앙위를 구성하고 플랜을 만들고 실행했다. 1년 8개월을 재직하고 1963년 5월 사임했을 때 후임 본부장으로 이관구를 추천한 것도 류달영이었고, 1964년 2월 재건국민운동본부 가 해산될 때까지 3대 본부장을 했던 이관구도 류달영의 운동방향을 이어나갔다.

20) 류달영·양호민, 「재건국민운동의 방향과 방법」, 『사상계』 1962년 1월호, 172~173 쪽.

21) 허은에 따르면, 류달영이 이미 2공화국 시기 대학생들의 신생활운동을 적극 지지하면서 1961년 3월 이관구 등과 '신생활협의회'를 조직했고, 여기에 참여했던 사람들이 그대로 재건국민운동본부와 중앙위원회의 중핵이 되었다고 한다. 허은 은 이를 근거로 재건국민운동본부를, 국가와 민족에 대한 나름의 플랜을 가졌던 지식인들과 군사쿠데타 세력을 일시적으로 결합시켰던 공간으로 해석했다. 허은, 「5.16 군정기 재건국민운동의 성격」, 『역사문제연구』 11호, 2003, 20~21, 30쪽.

1961년 11월에 있었던 이 대담에서, 류달영은 유진오가 본부장으로 있던 시기를 1단계 관제운동 시기로 보고 자신이 본부장을 맡는 2단계를 관제운동에서 민간운동으로의 전환기로 규정했다. 그는 향후 재건운동이 완전한 민간운동으로 바뀌기를 희망했다.[22]

　구체적인 재건국민운동의 전개를 간단히 살펴보자. 류달영은 숙소에 덴마크 지도자 그룬트비의 대형 사진을 걸어 놓고, 사업 파트를 크게 국민교육, 향토개발, 생활혁신, 사회협동 넷으로 나누었다. '국민교육'은 덴마크 모델에 따라 '농민 교육'에 주안점을 둔 것으로, 중앙과 도지부, 시군지부의 3개 각급에 교육원을 두고 농촌 지도자를 양성하고자 했다. '향토개발'은 농로 수로 개설과 농지 개간 사업으로, '생활혁신'은 주택과 식생활 등 생활환경 개선 지도로, '사회협동'은 도농 자매결연과 결식아동 급식, 학생봉사활동 조직으로 전개했다.[23]

　덴마크를 모델로 하는 류달영의 구상은 전후의 한국사회에서 과연 실현가능한 것이었을까. 미국식 자본주의를 혐오하고 한편으로는 일본 국가주의를 극력 반대했던 우치무라의 계보에 서 있으면서, 무교회주의 공동체의 이상을 국가적으로 실현해 보고자 했던 류달영의 생각에는 어떤 위험이 있었을까. 무교회주의 공동체 모델이 가능하기 위해서는 어떤 식으로든 '높은 정신성'이 요구된다. 그 정신성이란 일종의 윤리라 할 수 있는 것인데, 무엇이 국가적 차원의 '윤리'가 될 수 있을까. 다시 김교신을 상기하고, 그리고 류달영을 생각해 본다.

　　개인과 가정의 구원, 사회와 국가의 융성은 모두가 건전한 도덕생활의 기초 위에 서지 않으면 안 된다는 것이다. (중략) 그리고 <u>도덕이란 무엇인가. 생활의 근본 방침에 있어서 하나님께 대한 태도, 곧 신앙이 도덕이다.</u>[24]

---

22) 류달영·양호민, 『사상계』 1962년 1월호, 169쪽.
23) 류달영, 『소중한 만남』, 1998, 257~259쪽.

내가 만 34세 때 나의 정신적인 기둥이었던 김교신이 갑자기 별세하였
다. 나는 김교신이 세상에는 없지만 항상 그를 가슴 속에 모시고 살았다.
김교신이 서거한 뒤에 나의 친구들은 류달영은 김교신처럼 무교회 전도지
를 발간하고 성서연구 집회를 만들어 지도할 것이라고 기대하였다. 그런데
내가 깨달은 것은 <u>나는 김교신의 성실한 제자 노릇은 해야겠지만 김교신의
복사판 인생을 살아서는 안 된다는 생각이었다</u>.[25]

류달영은 김교신의 이상을 더 큰 단위에서 실현하고자 했다. 덴마크와
달리 기독교 전통이 없는 동아시아의 작은 나라에서 기독교 신앙이 국민의
정신성을 이루는 기초가 되기는 어려웠다. 그것이 불가능함은 류달영도
잘 알고 있었다. 류달영은 '신앙'의 자리에 '도덕'을 놓았다. '신앙이 곧
도덕'이라는 김교신의 사유를 반대로 뒤집어 놓은 것이다. 그렇지만 이런
생각은 대체로 매우 위험하다. '도덕'이나 '윤리'는 국가주의자들이 쉽게
전유할 수 있는 어휘이기 때문이다. '국민윤리'가 등장하는 순간, 위험은
명백해진다.

3. '풀무' 공동체 : 지역사회의 개조

1956년, 함석헌의 이름을 일약 대중에게 알린 글 「한국 기독교는 무엇을
하고 있는가?」는 다음과 같이 첫 문장을 시작한다. "여기 기독교라 하는
것은 천주교나 개신교의 여러 파를 구별할 것 없이 다 한 데 넣은 「교회」를
두고 하는 말이다."[26]

---

24) 김교신, 「예언자의 소리」(1937년 9월), 『김교신 전집 1』, 2001, 197쪽.
25) 류달영, 『만남의 인생』, 성천문화재단, 2003, 59~60쪽.
26) 함석헌, 「한국 기독교는 무엇을 하고 있는가?」, 『사상계』 1956년 1월호, 126쪽.

'「교회」'에 강조 표시를 한 이 문장은, 함석헌이 무교회주의자라는
사실을 모르는 상태에서는 온전히 이해될 수 없다. 함석헌은 한국사를
근거로, '성전(교회당)'의 수가 늘어가는 것은 '나라가 망할' 징조라고
했다.

> 내부에 생명이 있어 솟는 때에 종교는 성전 필요를 느끼지 않는다.
> 신라 말에 절이 성하고 불교가 망했고, 고려시대에 송도 안에 절이 수백을
> 셌는데 그 후에 그 불교도 나라도 망했고, 이조에 서원을 골짜기마다
> 향교를 골마다 지었는데 유교와 나라가 또 같이 망했다. 그럼 성전이
> 늘어가고 망할 것은 누구인가?[27]

함석헌은 특유의 신랄한 표현으로, 교회의 수가 증가하는 것은 오래지
않아 기독교와 나라가 같이 망할 예고라고 했다. 기독교는 교회의 종교가
아니라 내적 생명의 종교라는, 무교회주의적 입장에서의 교회 비판을
보여주는 이 글에서, 가장 날카롭게 빛나는 부분은 다음의 서술이다.
다소 길지만, 해방 후 무교회주의자들의 공동체 구상 하나를 이해하는
데 중요한 시사점을 내포하므로 충분히 인용해 본다.

> 하나님을 아무리 믿는다 하여도 우리 생활은 어쩔 수 없이 자본주의
> 제도 하에서 하고 있으니 내가 의식적으로 했거나 무의식적으로 했거나
> 내게 생활의 여유가 있다면 남의 노동의 결과를 빼앗아서 된 것이지
> 결코 정직한 이마의 땀으로 된 것이라 할 수 없다. 그런데 만일 기독교인이
> 「나는 정당한 돈으로 산다」 한다면 그럴수록 그의 양심의 정도의 낮음을
> 말하는 것이다. (중략) 나는 정당한 보수 하에 신부(神父) 목사 노릇을

---

27) 함석헌, 위의 글, 『사상계』 1956년 1월호, 138쪽.

한다 할지 모르나 그 정당은 뉘 정당인가? 하나님의 정당인가 자본주의의
정당인가? 적어도 이 사회에 사는 한 피 묻은 옷 입지 않은 종교가 없고
피로 세워지지 않은 교회당은 없을 것이다. 예수의 피가 아니고, 착취를
당하고 죽은 노동자의 피 말이다.28)

무정부주의적 성향의 무교회주의자들에게는, 공산주의도 새로운 국가
통제 시스템에 불과한 것으로 국가주의와 함께 척결될 것이었다. 그렇다
면, "어쩔 수 없이 자본주의 제도 하에서" 살면서 타인의 노동가치를
착취하지 않는 모델이 어떻게 가능할까? 타인을 착취하지 않고 또 타인으
로부터 착취당하지 않고 사는 것이 어떻게 자본주의 사회에서 가능한가.
결론은 소규모의 자급자족적 협동 공동체의 건설이었다. "정직한 이마의
땀으로" 노동하는 것, 자신의 노동으로 자립을 이루는 것이다.

해방과 전쟁이 이어졌으므로, 이들이 구상하던 지역공동체의 시도는
전후 안정이 찾아온 1950년대 중반에 이루어졌다. 함석헌이 천안에 씨알농
장을 설립하던 때(1957년)와 비슷하게, 오산 시절 함석헌의 성서모임의
멤버였던 이찬갑이 짧지 않은 준비기간을 거쳐 1958년 홍성 홍동면에서
주옥로와 함께 풀무학교와 풀무공동체를 시작했다.

남강 이승훈의 종손이었던 이찬갑은 해방 이전 평안도 정주 오산에서,
오산학교를 중심으로 하고 협동조합을 생활의 단위로 하는 오산공동체를
만들어 보고자 했으나 일제 말기의 압박과 연이은 사회주의 정권 수립으로
인해 실패한 사례가 있었다. 무교회주의와는 오산학교 교장 류영모와
교사 함석헌을 매개로 이어졌고, 함석헌의 성서 모임과 『성서조선』을
통해 김교신을 알게 되었다.

이찬갑의 풀무공동체는 무교회주의자들의 세계관과 가치관, 방법론을

---

28) 함석헌, 위의 글, 『사상계』 1956년 1월호, 136~137쪽.

집약해서 보여주는 사례이다. '새로운 세상은 농촌에서, 일과 공부를
병행하는 평민들에 의해 건설된다.' 가장 먼저 필요한 것은 지역에 기반을
둔 학교였다. 녹슨 쇠붙이를 녹이고 정련하여 새로운 농기구를 만든다는
뜻으로, 성서에도 등장하는 용어이면서 교육의 중요성을 담고 있는 '풀무'
로 학교 이름을 지었다. 이찬갑에게도 덴마크가 중요했다. 풀무학교의
모델은 덴마크 국민고등학교였다.29) 이찬갑은 해방 전인 1938년에 이미
덴마크식 국민고등학교의 운영 실무를 습득하기 위해 일본을 다녀오기도
했다.30) 백승종에 의하면, 이찬갑은 덴마크 그룬트비의 "그 나라의 역사와
말이 아니고서는 그 백성을 깨우칠 수 없다"는 말을 교육정신의 핵심으로
삼았다고 한다.31)

　이찬갑이 풀무학교를 설립할 때 교훈(校訓)으로 삼았던 '위대한 평민'32)
에는, 무교회주의 내에서도 우치무라-김교신-류달영 계보와는 조금
다른 류영모-함석헌 계보의 사유가 보이고 있어 흥미롭다. '씨알'이
그것인데, 1970년대 이후 민중주의의 '민중' 개념(명백히 '억압받는 자'의
의미를 가진)과는 일치하지 않지만 '씨알'이 원래 가지고 있는 '서민,
평민, 민중'이라는 폭넓은 내포를 '평민'이라는 표현이 보여주고 있기
때문이다.

　'평민들'이 건강하게 살아가기 위해서는 '협동'이 필수적이고 따라서
'조합'이 필요하다. 무교회주의 공동체에서 '조합'은 매우 중요한 요소인

---

29) 교육학 쪽에서는 'Folk High School'을 '국민고등학교'가 아닌 '평민대학' 혹은
　　'시민대학'으로 번역하여 사용한다. '평생교육' 개념과 연관되어, '시민대학'이라
　　는 용어는 오늘날 상당히 일반화되어 있다.
30) 이찬갑은 우치무라가 세운 구즈라(久連)평민대학에서 3개월 정도 학생으로 머물렀
　　다고 한다. 정해진, 「풀무학교의 근대 교육사적 의의」, 『한국교육학연구』 19권
　　3호, 2013, 241쪽.
31) 백승종, 『그 나라의 역사와 말』, 궁리, 2002, 26쪽, 48쪽. 이찬갑의 아들 중 형
　　이기백은 '그 나라 역사'를, 동생 이기문은 '그 나라 말'을 연구했다.
32) 현재 풀무학교의 후신인 풀무농업고등기술학교의 교훈은 '더불어 사는 평민'이다.

데,[33] 기본적으로 무교회주의자들의 공동체 구상의 근저에 조합주의적인 사회주의가 존재하기 때문이다.[34] 이찬갑의 구상이 이후 홍순명 등에 의해 구체화된 '풀무생활협동조합'은 전형적인 예로 그 내부에서 코뮌적 요소를 발견할 수 있다. 노동과 학습은 분리되지 않으며 양자가 결합되어 생활을 이룬다.[35] 이찬갑의 구상을 이어서 실현한 홍순명은 다음과 같이 말했다. "학교는 하나의 마을이어야 하고 생활의 공동체라야 합니다. (중략) 나는 미래에는 학교가 마을이 되고 마을이 학교가 되어야 한다고 믿습니다."[36]

사실 이런 방식의 무교회주의자들의 공동체 사유는 주류 질서에 대하여 어떤 '혁명성'과 '비타협성'을 띠는 것이다. 그 근거는 물론 성서에 있다. 김교신은 로마서 8장 21-22절을 근거로 다음과 같이 말했다.

(현 국가와 민족의 제반 문화를 언급하면서 - 인용자) 대체로 더러운 것이 그 본질을 이루었고, 썩을 것, 욕된 것이 그 중심세력을 점거하였다. 그러므로 한번 뜯어고쳐서 새로운 질서로 만들어야 할 것이다. 그리스도의 던지신 불로 인하여 모든 육에 속한 것은 불타 없어지고 영화하여 영원한 것이 되어야 한다. (중략) 식물과 동물, 지구와 천체가 모두 새 질서를 갈망하고 있다.[37]

---

33) 장기려도 1968년 한국 최초의 의료보험조합을 만들었다. 장기려는 풀무학교의 후원회장을 맡아 오랫동안 도움을 주었다.

34) 우치무라가 이미 북유럽 복지국가들을 현실에 존재하는 이상적인 국가모델로 운위한 바 있었다.

35) 풀무학교 자체에서 '식량의 자급'과 '경제적 자립'을 위해 쌀과 채소 농사, 양계를 한다.

36) 홍순명, 『더불어 사는 평민을 기르는 풀무학교 이야기』, 내일을 여는 책, 1998, 8~9쪽.

37) 김교신, 「우주의 새 질서」(1939년 9월), 『김교신 전집 2』, 2001, 173쪽.

대개의 무교회주의자들은 정치적인 혁명성을 보이지는 않았다. 자기 정신의 혁명을 기초로 생활의 혁명을 이루고자 했다. 그런 의미에서, 인용문 가운데 주목할 부분은 마지막 문장이다. 혁명적 변화가 일어나야 할 영역으로 인간사회뿐 아니라 자연계 일반을 지칭한 것이다. 그렇다면 이러한 신앙은 어떤 생활로 나타나야 하는가. 김교신의 다음 글을 보자.

> (창세기 1장에서) "하나님이 가라사대 … 이 있을 지어다" 하였고 그와 동시에 자연적 재료를 항상 빼지 않고 "물에다 산출케 하라" "땅에다 살게 하라"하여 (중략) 오늘 과학의 사명은 모세의 제언한 바를 탐색하여 "생명은 생명으로써만 산출함"이라는 것과 (중략) 하나님이 명령하고 방편으로 물에게 혹은 땅으로 협조케 하니 이에 능력과 재료와의 사이에 생명 성장의 신비한 사실이 현현되었다.[38]

"생명은 생명으로써만 산출함"이라는 표현은 무교회주의 공동체 구상에서 중요한 함의를 지닌다. 이 부분은 왜 무교회주의자들이 현대 도시문화를 저주하고 농촌사회를 통해 공동체적 이상을 구현하려 하는지를 설명해준다. 성서에 대한 이러한 해석은 구체적인 농업 방식으로도 나타난다. '오직 생명으로 생명을 키운다.' 한국에서 유기농업이 사실상 처음으로 도입, 실현된 것이 무교회주의자들에 의해서라는 사실은 잘 알려져 있지 않다. 한국의 유기농업은 일본에서 도입된 것으로, 1975년 9월 일본 '애농회'의 고다니 준이치 회장의 풀무학교와 양주 풀무원[39] 방문으로 시작되었다.[40] 비슷한 시기인 1976년, 류달영도 한국유기농업연구

---

38) 김교신, 「지질학상으로 본 하나님의 창조」(1928년 4월), 위의 책, 2001, 32쪽.
39) 풀무원의 창립자 원경선은 풀무학교 이사진 중 한명이었고, 풀무학교의 이름을 따서 농장의 이름을 지었다.
40) 홍순명, 앞의 책, 1998, 67~68쪽.

회를 창립했다.

오늘날 조합주의와 생명주의는 무교회주의자들만의 것은 물론 아니다. 원주의 장일순이 만든 생협 '한살림'은 최근 전국적으로 영향력을 확대하고 있다. 그렇지만 장일순도 노자사상을 매개로 보면 류영모-함석헌과 닿은 면이 있다. 어느 면에서 볼 때, 이들의 구상은 현재도 진행 중에 있다.[41]

4. 분기점, 그리고 영향

'풀무'로 대표되는 지역공동체 구상이 가지는 의의는, 무엇보다도 무교회주의가 가진 무정부주의적 속성을 가장 현실적으로 구현해 내려 한다는 점에 있다. 이들은 '악마적' 자본주의와 국가주의에 대항하는 보루로 자족적 농촌 지역공동체를 구상했다. 그 이념은 홍순명의 다음과 같은 언급에서 집약적으로 요약되어 있다.

> 농업은 생명을 유지하는 가장 중요한 산업이고 지역 자립의 중요한 기초입니다. (중략) 근본적으로 경제적 경쟁원리와 농업은 서로 어울릴 수 없습니다. 식량자급은 평등한 국제관계 확립을 위하여 양보할 수 없는 기본 권리입니다. 또 이런 식량자급의 기초가 되는 것은 기업주의나 효율주의 농업이 아니라 마을 공동체를 중심으로 하는 자립 농업입니다.[42]

같은 이름을 가지고 있지만, 홍순명의 생각은 '풀무'공동체와 '풀무원'

---

41) 현재 홍동 지역에는 적지 않은 녹색당원들이 있다. 2012년 10월 녹색당의 재창당대회가 열린 곳이 홍성 홍동이다.

42) 홍순명, 앞의 책, 1998, 77쪽.

의 차이를 잘 보여주는 것이기도 하다. 풀무공동체에게 있어 '기업주의 농업', 대기업화란 자본주의의 착취 시스템으로 들어감을 의미한다(물론 이들이 풀무원에 대해 '대놓고' 이렇게 말하지는 않는데). 이들은 자본주의 기업에 대한 대안으로 언제나 '조합'을 내세운다.

풀무공동체가 성립할 수 있었던 것은, 생활협동이 가능한 정도의 소규모 집단에 기반을 두므로 무교회 신앙을 공유할 수 있었기 때문이다. 무교회주의에서 가장 강조하는 '자발적' 정신의 각성이 어느 정도 가능했다.[43] 그 이상(理想)은 "학교이면서 교회이고, 동시에 자급자족하는 마을"[44]이다. 풀무의 이상을 놓고 판단했을 때, 무교회주의는 본질적으로 소형화, 소수화 될 수밖에 없는 것으로 보이기도 한다. 그럼에도 그 영향력이 작다고 하기는 어려운데, 환경과 생태가 강조되고 '국가적 이념' 운운에 염오를 느끼는 오늘에 와서는 더욱 그러하다.

이제 다시 류달영의 구상으로 눈을 돌려 보자. 류달영은 재건국민운동본부장으로서 자신의 구상에 따라 국민운동을 전개해 나가고자 했지만 내부에서조차 국가주의자들과의 갈등이 있었다.[45] 결국, 쿠데타 세력이 선거를 통해 '민간' 정권으로 옷을 갈아입은 직후인 1964년 2월, 재건국민운동법이 폐기되고 운동본부도 해체되었다. 결과적으로 정권에 이용당한 모습이 되었을 때 류달영은 분격했다. 오랜 무교회주의 동지이자 '스승의 벗'인 함석헌이 정권에 대한 비판을 쏟아내고 있을 즈음, 류달영은『동아일보』1965년 5월 15일자에 다음과 같은 글을 기고했다.

5.16 군사혁명은 실패한 혁명으로 이 나라의 하나의 비극으로 종말지어

---

43) 풀무는 설립 초기부터 시작하여 현재에도 우치무라의 일본 제자들이 세운 학교, 공동체와 교류하고 있다.
44) 홍순명, 앞의 책, 1998, 137쪽.
45) 재건국민운동 내의 노선 차이에 대해서는 허은, 「5.16 군정기 재건국민운동의 성격」,『역사문제연구』11호, 2003, 38쪽, 42쪽.

졌다는 사실을 기억해야 한다. (중략) 국민의 자유와 민주주의를 짓밟는 군정이란 존재할 수 없는 것이었다. 그러나 존재할 수 없었던 것이 존재하였고, 또 그것이 완전히 실패로 돌아가고 만 것이다. (중략) 군정이 가장 좋은 성과를 거두는 일이 있더라도 이것이 결코 우리 역사의 자랑이 될 수는 없다. (중략) 우리에게는 단 한 가지 혁명만이 용납될 수 있다. 그것은 민중 자신의 자아혁신을 바탕으로 하는 이른바 고요한 국민의 혁명이라고 할 것이다.[46]

앞서 2장에서 언급한, 1961년 11월의 류달영과 양호민의 대담에서, "(재건국민운동을) 세상에서 흔히 하나의 관제운동으로, 심지어는 일본시대의 국민총력연맹 같은 것으로 비교"하고 있다는 양호민의 우려에 대해 류달영 역시 "이것이 정말 민간운동으로 잘 될 것이냐"라고 걱정했던 것은 결국 현실이 되고 말았다.

류달영의 구상은 1970년대 공화당 정권에서 농촌 '새마을운동'으로 전유되었다. 협동조합의 구상은 정권에 의해 '농협'이라는, 자금줄로 농민을 묶어두는 매개로 변질되었고, 신앙의 윤리는 국가주의를 강제하는 '국민윤리'로 변했다. '잘 살아 보자'의 총체적인 의미는 경제제일주의로 왜곡되었다. 애초부터 위험했던 바, 결국 국가주의 통제 시스템으로 함몰되고 만 것이다.

류달영이 국가정책에 참여함으로써 이루어낸 성과는 물론 크다.[47] 그렇지만 그런 성과들은 적어도 '무교회주의자들'이 구상하던 것은 아니었다.

---

46) 류달영, 「비극의 5.16이 준 이 나라 역사의 교훈」, 『동아일보』 1965. 5. 15.
47) 오늘의 '평생교육' 개념은 1980년 류달영이 헌법으로 제정케 함으로써 대중화된 것이다.

〈참고문헌〉

1. 자료

『김교신 전집 1 – 인생론』, 부키, 2001.
『김교신 전집 2 – 신앙론』, 부키, 2001.
류달영 양호민 대담, 「재건국민운동의 방향과 방법」, 『사상계』 1962년 1월호.
류달영, 『새 역사를 위하여』, 부민문화사, 1962.
_____, 『소중한 만남』, 솔, 1998.
_____, 『만남의 인생』, 성천문화재단, 2003.
함석헌, 「한국 기독교는 무엇을 하고 있는가?」, 『사상계』 1956년 1월호.
홍순명, 『더불어 사는 평민을 기르는 풀무학교 이야기』, 내일을 여는 책, 1998.
『우치무라 간조 전집』 10권, 크리스찬서적, 2001.

2. 논저

백소영, 「왜 하필 무교회인가」, 『기독교사상』 2003년 9월호.
백승종, 『그 나라의 역사와 말』, 궁리, 2002.
정해진, 「풀무학교의 근대 교육사적 의의」, 『한국교육학연구』 19권 3호, 2013.
허은, 「5.16 군정기 재건국민운동의 성격」, 『역사문제연구』 11호, 2003.

1950년대 한국 기독교의 전쟁 인식과 평화 담론의 가능성

임 진 영

1. 들어가는 말

한국 기독교에서 평화 담론의 가능성과 의미를 탐구하는 이 글은, 한국 장로교의 대표적 보수 신학자인 박형룡 목사(1897~1978)가 1929년에 쓴 '비전론(非戰論)'의 다음 구절을 상기하고자 한다.

예수의 무저항 교훈을 여자적(如字的) 해석으로 관찰할까, 복수법 오용의 금지라고 설명할까? 차역 상지(相持) 미결하는 난제라 차에 판단을 감시(敢試)치 안커니와 설혹 비전론자가 일보를 양하야 여자적 해석의 지반(地盤)을 포기(抛棄)할지라도 결코 주전론에 원조를 여함은 아니다. … 어차(於此)에 일 미약한 부녀가 유(有)하야 수성(獸性)의 악한에게 습격을 당하거든 방관자가 악한을 설유(說諭)하다가 불청(不聽)하는 경우에 완력으로 저지를 시(試)함은 부득이한 행동이라 할지나 전쟁 형식으로 악한과 기 가족친우를 살해하고 동시에 습격된 부녀의 가족친우까지 생명 재산을 희생케 함이 정의 인도에 적당한가? 일인(一人)의 부녀를 보호하기 위하야 악한 일 명과 비교적 무죄한 자 구십구 명을 일거에 학살함이 가한가? 전쟁이란 차와 심사(甚似)

일인의 생명이 보호를 수하는 반면에 일백의 무죄한 아녀(兒女)가 희생되
는 것이다. 연전(年前) 중국동란에 미국정부가 군대를 파유하야 선교사를
보호하려 할 시에 미국의 신문은 비난하기를 병정을 희생하야 선교사를
보호함은 가허(可許) 의미인가? 선교사만 미국인이오 병정은 미국인이
아니냐? 선교사를 소환하고 출병을 중지하면 선교사와 병정을 양개(兩皆)
보호함이 아닌가 하였다. 구약에 방수전(防守戰)을 승인하는 듯한 구절이
종종 발견됨은 사실이다. 연이나 차(此)는 당시 인심이 완악함을 인하야
모세가 기처(棄妻)함을 용납한 것과 유사한 일건이 아닌가 한다. 음행
이외의 이유로 기처함을 인(人)의 도덕의식이 충분히 발달되지 못한 구약
시대에는 임시로 용납하였으나 율법과 선지자를 완전케 하신 신약의
예수는 왈 「모세가 이등(爾等)의 마음이 완악함을 인하야 기처함을 용납하였거니
와 다만 초(初)에는 연(然)치 아니하니라」, 하시고 차를 죄악으로 논단하셨나니
전쟁도 도덕의식이 불완전한 시대에 임시용납을 수(受)하다가 완전한 시대에
폐기될 일종의 죄악이라 함이 정당할 것이다.(강조_ 인용자)[1]

박형룡은 인간에게 최악의 참사인 전쟁이 기독교의 정신과 교훈에
위반되느냐 아니냐 하는 문제가 장구한 토론 중에도 승부를 내지 못한
것이 '심히 기이한 사실'이라면서, '비전론(非戰論)'과 '방수전(防守戰) 옹호
론'의 두 입장과 핵심 쟁점을 정리한다. 그의 주장의 핵심은, 구약 성경과
초대 교회, 십자군 시기의 교회에서 전쟁을 긍정하는 듯한 태도가 나타나는
것은 사실이지만 그것은 일종의 '시기상조' 혹은 '교회의 속화'에 기인한다
는 것이다. 중세의 십자군 운동이 교회의 세속화 때문에 일어난 일이라
보는 것은 보편적 인식이다. "전쟁도 도덕의식이 불완전한 시대에 임시용
납을 수(受)하다가 완전한 시대에 폐기될 일종의 죄악"이라고 보는 것

---

1) 박형룡, 「전쟁에 대한 기독교의 태도(2)」, 『신학지남』 11(3), 1929. 5, 17~18쪽.

역시 기독교 역사관의 입장에서 보편적일 수 있다. 여기에서 주목할 것은 그가 주장의 근거를 모세의 율법에 대한 예수의 '말씀의 해석'에서 가져오고 있다는 점이다. 모세 시대에 이혼을 허락한 것은 그 시대의 '도덕의 불완전함' 때문이듯이, 구약 시대에 전쟁을 인정한 이유 역시 마찬가지라는 것이 '시기상조론'이다. 그러한 맥락에서 그는 어떠한 전쟁 도 '호(好)결과를 출(出)한다는 변명'을 할 수 없다며 강경한 '비전론(非戰論)' 을 편다. 또한 초대 신자들이 병역을 거절한 이유는 '우상봉사(偶像奉仕)'를 꺼린 것보다 먼저 "대규모 살인이라는 관념이 양심을 고(苦)롭게 하였을" 것이라며, '양심적 병역 거부'를 옹호하는 입장에 선다. 박형룡의 '비전론' 이 단지 원론적·이상주의적인 논의가 아니었음은, 기독교가 군축운동의 역사에 기여한 바를 서술하고, 국제연맹·세계법정·군축회의 등에 '기독 교의 감화력'을 기대하는 것으로 결론을 삼고 있음에서 알 수 있다.

그러나 이후 한국 교회와 박형룡의 신학이 걸어간 길은 매우 아이러니컬 한 것이었다. 박형룡이 위의 글에서, 과거 인류가 노예제도를 폐지함에 근 이십세기를 노력하였으니 그보다 몇 배나 더 '흉독한 전마(戰魔)'를 폐하려면 훨씬 더 장구한 세월이 요구될 것이나 장차 '예수의 진리'가 '세계 인심을 감화'한다면 '병기가 농구로 변할 것'을 확신한다고 말한 1929년 이후, 중일전쟁과 태평양전쟁, 한국전쟁의 참화가 이어진다. 그러 나 이 전쟁을 '성전(聖戰)'으로 미화하고 맹목적 지지를 보낸 한국 기독교의 지배적 목소리에 대해서 위의 '강력하고도 예언자적인' 목소리는 철저하 게 침묵의 길을 걷게 된다.[2]

---

2) 박형룡의 '비전신학'에 대하여 강인철은 "한국의 개신교와 천주교 지도자들 모두를 겨냥한, 강력하고도 예언자적인 '사전경고'처럼" 들린다고 쓴 바 있다.(강 인철,『전쟁과 종교』, 한신대학교 출판부, 2003, 311쪽.) 박형룡은 1926년 프린스턴 신학교를 졸업, 루이스빌 남침례교신학교에서 박사과정을 수료한 후 1927년 귀국하여 1931년 평양신학교 교수로 취임한다. 이 글을 쓴 1929년 그는 평양 산정현교회 전도사로 있었다. 박형룡의 보수주의 신학에 대한 한 연구에 의하면

위의 글은 제1차 세계대전과 제2차 세계대전 사이에 극도로 고양된 기독교 평화주의 운동의 영향[3])과 보수주의 신학이 가졌던 긍정적 가능성 속에서 나온 것이었다. 세계 교회사에서 역사적 평화교회의 소수파들이 '문자 그대로' 믿는 신앙을 견지했던 것과 유사하게 '정통' 신앙을 고수한 소수의 한국 기독교인들은 일제 말기 '신사참배'를 거부하고 '순교'의 길을 걷는다. 그러나 '우상숭배' 이전에 "대규모 살인이라는 관념이 양심을 고(苦)롭게 하였을" 것이 분명한 '전쟁' 그 자체에 대한 반대는, 일제하에서는 민족주의 감정으로 인해 확산될 수 없었고, 한국전쟁을 겪으면서는 '공산주의'라는 악에 대한 체험적 공포와 증오의 감정을 넘어설 수 없었다. '전쟁 반대'는 '자유주의 비판' 속에서 길을 잃었다. 1953년 휴전협정 조인 이후 '안보'는 '평화'를 대체했다. '반공(反共)'이 '반전(反戰)'보다

'근대주의'와 '자유주의'로부터 한국의 '보수주의' 기독교를 확립하고 수호하려고 했던 박형룡의 신학은 초기에는 '개혁주의' 신학의 폭넓은 세계를 받아들이고 있었으나, 1930년대와 1950년대 '자유주의' 논쟁과 교회의 분열을 겪으면서 후기로 갈수록 자유/보수의 이분법 속에 편협한 '근본주의' 신학으로 경도되고 복음의 편협한 이해, 사회문제에 대한 무관심, 복음의 진리에 입각한 징계와 교권 정치의 혼동, 분리주의 성향 등 '근본주의'의 모든 특징들이 드러났다고 본다.(장동민, 『박형룡의 신학 연구』, 한국기독교역사연구소, 1998, 406~423쪽.)

3) 기독교 평화 이론가들은 전쟁에 대한 기독교의 대응방식을 전통적으로 세 가지로 대별하였다. 정당한 전쟁-십자군 : 성전(聖戰)-평화주의.(R. H. 베인튼, 『전쟁·평화·기독교』, 대한기독교출판사, 1981, 제14장 참조.) 좀 더 세부적으로 나눈 잉거에 의하면, 여섯 가지 유형의 스펙트럼으로 대별된다. 십자군=성전－정의로운 전쟁－'내키지 않는 슬픈' 전쟁－'이번 전쟁'에 대한 반대－비폭력 저항－소명인 평화주의－무저항 : 등록거부·물러나기.(J. M. Yinger, 『종교사회학』, 대한기독교 서회, 1973, 460쪽.) 제1차 세계대전 이후 세계 교회는 '정의로운 전쟁'이란 있을 수 없다는 인식에서 국제기구 결성을 열렬히 지지하고 에큐메니컬 운동을 촉발시켰다. 전 세계 지식인들 사이에 반전 평화운동이 일어나고 톨스토이의 무저항주의와 간디의 비폭력운동이 광범위한 영향을 끼치게 된다. 그러나 이 시기에 평화주의 입장을 취했던 많은 이들은 제2차 세계대전 이후 평화주의 입장을 포기하고, 잉거의 표현에 의하면 '내키지 않는 슬픈 전쟁'의 입장을 취하게 된다. 한국교회에서도 '성전'과 '북진통일'을 주장하는 대세 앞에서 침묵했던 이들의 입장이 이에 해당된다고 볼 수 있다.

중요했던, 아니 '반공주의' 그 자체가 '국시'이고 '우상'이었던 오랜 시간 동안 '평화'는 불온한 단어였고, '원수를 사랑하라'는 계명은 단지 이상적 규범으로만 존재했다. 신사참배를 거부하고, 아들을 죽인 '공산주의자 원수'를 양자로 삼은 '순교자 주기철'의 이야기는 범인으로서는 감히 도달할 수 없는 '사랑의 율법'을 전하는 이야기로 찬양해 마땅하지만, 전쟁을 반대해 '양심적 병역 거부'를 하고 감방에 가는 기독교인의 실천 윤리는 '이단'의 행위이고 '그들의 사정'이므로 옹호될 수 없다는 것4)이 현재까지 '정통' 신학을 자부하는 한국 교회의 주장이 되었다.

이토록 미약한 평화주의의 전통과 선악 이분법의 강력한 반공주의의 영향력 안에서, 참혹한 전쟁을 직접 겪으면서 한국 교회는 평화를 위한 교회의 역할을 어떻게 정립했던가. 분단체제 남한에서 반공주의가 내면화 되고 각종 물리적 폭력과 억압을 정당화하는 이데올로기로 기능하며 민족 분단이 낳은 고통이 반세기가 넘게 지속되는 동안, 교회 안에서 반공주의의 억압성에 대한 인식과 평화주의의 지향은 어떤 가능성으로 존재했던가. 이런 물음에 대한 답을 찾기 위한 시도로서 이 글은 전쟁의 상흔이 그대로 남아 있었던 1950년대 기독교 평화 담론의 가능성을 찾아보

---

4) 한국 기독교계에서 양심적 병역 거부 문제가 이슈화된 것은 1999년 7월『복음과 상황』에 김두식의「여호와의 증인과 그 인권」이 실리고, 이를『한겨레21』의 신윤동욱 기자가 관심 있게 다루면서부터이다. 그 이후 대체복무 입법이 추진되자, 한기총 이단사이비대책위원회는 "대체복무는 이단종교에 대한 특혜일 뿐 아니라 안보를 위협"하는 것이라며 대체복무에 반대하는 성명을 발표했다. 한기총 정연택 사무총장은 "대체복무는 단순히 인권 문제가 아니다. 이단 종파의 문제, 국방의 문제가 복잡하게 얽혀 있다. 더구나 대체복무제 도입이 국민에게 이단 종파를 인정하는 것처럼 보일 수 있다. 이런 상황을 우리는 도저히 받아들일 수 없다. 군대를 안 가는 것은 그 사람들 사정"이라면서 "이단 종교에 특혜를 주는 것은 기독교인으로서 용납하기 어렵다"고 했다(김두식,『칼을 쳐서 보습을』, 뉴스앤조이, 2002, 27~28쪽.) 2007년 9월 대체복무제는 거의 입법 직전 단계에까지 갔으나 보수적 개신교의 지지를 받고 당선된 이명박 정부가 들어서면서 다시 무산됐다.

고자 한다. 이 글에서는 우선 1950년대 한국 기독교의 반공주의와 한국전쟁에 대한 인식, 1950년대 후반의 사상지형도를 간략히 살펴본 후, 기존 연구에서 주목되지 않았던 1959년『기독교사상』의 특집 글들을 분석함으로써 한국 기독교 평화 담론의 가능성과 의미를 탐구한다.

2. 한국 기독교의 반공주의와 한국전쟁에 대한 인식

한국 기독교와 반공주의의 관계에 대해서는 많은 연구가 축적[5]되었으나, 일제하 기독교사회주의에 대한 연구, 해방 직후 기독교인들의 사회주의 인식에 대해서는 더 세밀한 연구가 필요한 실정이다.[6] 해방 직후 이데올로기 지형이 전반적으로 좌경화된 반면 기독교의 경우 '우경 반쪽'에 가까웠다는 점, 일제 말기 민족운동의 좌파 주도성이 강화된 반면 기독교의 경우 종교적 진보성과 국가에 대한 종속성이 결합되면서 '반일-종교적 보수주의', '친일-종교적 진보주의'라는 관계구조가 형성되었고, 일제 말엽에 종교적 진보성은 정치적 진보성으로 발전하지 못하고 '반공'이라는 벽에 부딪혀 기형적인 방식으로 표출되었다는 점, 특히 친일 혐의가 있는 '자유주의' 측의 기독교 인사들이 단정 수립과 보수 우익 정권에 적극 참여했던 사실[7]이 이후 교회의 거듭된 분열과 민족사적 비극에 부정적 영향을 미쳤다는 점은 분명하다.

---

5) 윤정란, 『한국전쟁과 기독교』, 한울, 2015, 261쪽 참조.
6) "초기의 이론 사회주의는 기독교회의 시대적 각성을 촉구하는 자극 기능도 수행하였고 민족, 민중을 향한 봉사, 더 나아가 반일제 투쟁의 엇비슷한 목적성 때문에 기독교회 내부에서 그 둘 관계의 동질성을 논하는 바도 있었고 인맥 간의 전향과 교류의 폭도 있었다."(서정민, 「한국 기독교의 반공 입장에 대한 역사적 이해」, 『기독교사상』 355, 1988. 7, 62쪽.)와 같은 견해는 주목을 요한다.
7) 강인철, 「분단과 평화에 대한 기독교인의 역사적 책임」, 『기독교사상』 39(6), 1995. 6, 22쪽.

하지만 해방 직후 월남 기독교인의 대표자였으며 이후에도 한국 기독교를 대표했던 한경직(1902~2000) 목사의 1946년 설교문을 본다면, 당시 '기독교사회주의'는 '공산주의'와 대비되는 개념으로 존재했다.[8] 이는 마치 유신론/무신론, 민주주의/독재주의, 건설/파괴가 대립항인 것과 같았다. 그가 이 글에서 생각한 건국이념은 '자유민주주의'나 '자본주의'가 아니라 '기독교사회주의'에 가까웠던 것으로 보인다.[9]

이를 1947년 「기독교와 공산주의」라는 설교문과 비교해 보면 의미 있는 변화를 볼 수 있다. 한경직은 이 글에서 유토피아의 관념과 공산주의를 혼동하지 말 것을 강조하고, 유토피아에 도달하는 길에는 여러 가지가 있는데, ① 기독교 ② 사회주의자 ③ 기독교 사회주의자 ④ 플라톤의 『공화국』⑤ 공산주의자 등이 가리키는 길이 저마다 다르다고 말한다.[10] 여기에서 '기독교사회주의'는 더 이상 공산주의의 대립항, 지향해야 할 이념으로 설정되지 않으며, 설교의 대부분은 공산주의 비판으로 채워진다. 1946~1947년 사이에 반공주의 경향이 급속히 강화된 것이다. 한경직은 이 글에서 공산주의자를 「요한계시록」에 나오는 '적룡(赤龍)'으로 표현한다. 이들은 '괴물'이며 민족반역자로서 '삼천리강산을 돌아다니며 삼킬 자를 찾고 있는 중'이라고 했다. 그는 "이 괴물을 벨 자가 누구입니까?"라며 이를 물리칠 수 있는 것은 하나님의 말씀뿐이라고 설교했다.[11]

---

8) 한경직, 「기독교와 정치」(1946), 『한경직목사 설교전집 1』, 대한예수교장로회총회 교육부, 1971, 26쪽.

9) 1950년대 초반까지도 많은 지식인들은 자본주의에 비우호적이었고, 이 때문에 공산주의에 반대하는 것이 곧 자본주의를 지지하는 것은 아님을 분명히 하곤 했다. 당시에는 '자유민주주의'에 대한 지지가 절대적이 되었으므로, '자유주의적 사회주의'를 지향한다는 형용모순의 표현이 나오기도 했다.(이하나, 「1950~60년 대 반공주의 담론과 감성 정치」, 『사회와 역사』 95호, 한국사회사학회, 2012, 211~214쪽.)

10) 한경직, 「기독교와 공산주의」(1947), 『한경직목사 설교전집 1』, 대한예수교장로회 총회교육부, 1971, 141쪽.

한국전쟁이 일어나자 일부 기독교인은 전쟁을 신의 심판[12]으로 이해했으나, 공산주의자들을 '사탄'과 동일시하는 견해가 대다수였다. '선민의식'과 '구원론'도 등장했다.[13] 한국전쟁 당시 공산 세력에 의해 '순교'한 것으로 알려진 목사 손양원은 한국전쟁의 발발 원인을 네 가지로 구분하면서 그중에 가장 큰 이유가 '기독교의 죄악'이라고 주장했다. '4000년 역사상 초유의 신벌'인 '대환란'의 원인으로는 ① 국가 지도자들의 범죄적 결과, ② 한국 민족의 범죄 결과, ③ 미군정 시의 잘못된 영향, ④ 기독교의 죄악을 들었다. 그는 기독교의 큰 죄악은 '신(新)신학과 신사참배 불회개'로 말미암은 교회분열이라고 했다.[14] 이렇듯 소수의 자성적 목소리도 있었지만 그보다는 공산당 규탄의 목소리가 압도적이었다. 많은 기독교인들은 한국전쟁을 일으킨 공산주의자들을 '적룡', '아낙 자손', '사탄', '마귀'로 표현했다.

기독교인들은 '전쟁 반대'가 아니라 '휴전 반대'에 앞장섰다. 1953년 「세계 교회에 보내는 휴전 반대 성명서」에서는 "마귀의 승리를 초래할 휴전을 반대"한다며, 휴전은 "그리스도로 하여금 마귀와의 타협을 강요하는 것"이라고 주장했다. 공산주의는 "영원히 회개할 수 없는 마귀"이며, 이들을 전멸시키는 것만이 세계평화를 이룩하는 것이기 때문에 이 전쟁에서 이길 수 있도록 신의 축복이 내리기를 기원했다.[15] 신을 부정하는

---

11) 한경직, 위의 글, 1971, 149쪽.
12) 전쟁 발발 2개월 전인 1950년 4월 제36회 장로회 총회에서 교권을 둘러싸고 난투가 벌어져 무장경관까지 출동하는 사태가 벌어졌다.(김양선,『한국기독교해방십년사』, 대한예수교장로회 총회종교교육부, 1956, 249쪽.) 전쟁은 교회분열에 대한 심판이므로 회개해야 한다는 목소리가 높았지만, 전쟁 피난 과정과 전후에도 교회 분열은 계속되었다.
13) 강인철,「한국 개신교 반공주의의 형성과 재생산」, 역사비평 70, 2005, 51쪽.
14) 손양원,「한국에 미친 화벌의 원인(1950. 9. 13.)」, 안용준 편,『산돌 손양원목사설교집』, 경천애인사, 1962, 31~39쪽.(윤정란, 앞의 책, 2015, 66쪽에서 재인용)
15) 김양선, 앞의 책, 1956, 140~143쪽.

공산주의 체제를 무너뜨리는 것이 신의 뜻이라고 보았으므로, 기독교인들은 전쟁의 최전선에서 활동했다. 기독교구국회와 기독교의용대가 결성됐고, 한국군의 사상 무장을 위해 군종 제도를 만들었다. 서북청년회 출신들은 한국군에 대거 입대해 앞장서 전투에 임했다.[16]

전쟁이 끝난 후에는 '남은 자의 사명'에 대한 '선민의식'이 강조되었다. 하나님이 한민족을 선택해 특별한 사명을 부여하신 계기와 징표가 바로 한국전쟁이라는 설교가 이어졌다. 공산주의자들에 대한 분노와 함께, 북한 동포들을 악의 세력에서 구원해야 한다는 구원론, 선교론이 주를 이루었다. "북한은 문자 그대로 질식 상태에 놓였고, 우리 한국에도 사탄의 회라고 볼 수밖에 없는 공산당"[17]이 있으니, 많은 교회를 설립해 '십자군'을 양성하는 것이 기독교인들의 임무라는 것이었다.

이상의 극단적 표현들에서 볼 수 있듯이, 한국 교회의 주류는 한국전쟁을 '성전(聖戰)=십자군전쟁'으로 인식했다. 1950년대는 분명 기독교 반공주의의 절정기였다. 한국전쟁 이후 강화되고 확장된 반공주의와 선악 이분법적 사고 체계는 1950년대 말의 재일교포 북송 반대로 이어졌으며, 1961년 '반공'을 국시로 내건 5·16 군사정변에 대한 지지로 나타났다고 볼 수 있다.[18] 하지만 그토록 강고한 반공주의도 단순히 억압적 이데올로기로서만 존재한 것이 아니라 다양한 이념과 접합되고 균열되면서 변화해 왔음에 주목한다면, 냉전 체제의 한복판에서 등장했던 조봉암(1899~1959)의 '평화통일론'과 유사한 맥락에서 기독교 '평화' 담론의 가능성과 의미를 찾을 수 있을 것이다.[19]

---

16) 윤정란, 앞의 책, 2015, 제3장, 제5장 참조.
17) 한경직, 「죽도록 충성하라 : 영락교회 창립 십일주년 기념 예배」(1956. 12), 『한경직 목사 설교전집 2』, 1971, 257쪽.
18) 강인철, 「한국 개신교 반공주의의 형성과 재생산」, 『역사비평』 70호, 역사문제연구소, 2005, 51~52쪽.
19) 지면의 한계로 이 글에서는 생략하지만, 6·25를 '형제 싸움'이며 '꼭두각시놀음'으

3. 1950년대 후반의 사상지형도, '화해와 공존'의 의미

1950년대 후반의 사상지형도는 국제적으로는 냉전체제의 변화, 국내적으로는 평화통일론의 등장으로 대별된다. 조봉암의 약진(1956년 대통령선거)과 진보당 사건(1958. 1), 조봉암 사형(1959. 7)이라는 일련의 사건들은, 1956년 2월 소련의 흐루시초프가 평화공존론을 제시함으로써 국제정세에 미묘한 변화가 생긴 이후, 1959년 9월의 캠프데이비드 회담이 상징하듯 부분적으로 냉전체제의 완화가 가시화되는 과정에서 일어난 것이다. 1955년 8월에 열린 제네바 원자력회의를 계기로 하여 세계 지식인들 사이에는, 원자탄의 가공할 위력 때문에 제3차 세계대전은 일어나지 않을 가능성이 커졌으며 그럴수록 더욱 적극적인 평화운동을 벌여야 한다는 주장이 힘을 얻고 있었다. 1957년 소련은 대륙간유도탄 실험에

로 본 함석헌(1901~1989)의 평화사상과 「생각하는 백성이라야 산다」(『사상계』 1958. 8)의 의미는 아무리 강조해도 지나치지 않다. 함석헌은 "슬피 울어도 부족한 일인데. 어느 군인도 어느 장교도 주는 훈장을 자랑으로 달고 다녔지 「형제를 죽이고 훈장이 무슨 훈장이냐」하고 떼어 던진 것을 보지 못했다. … 전쟁 중에 가장 보기 싫은 것은 종교단체들이었다. 피난을 시킨다면 제 교도만 하려하고 구호물자 나오면 서로 싸우고 썩 잘 쓰는 것이 그것을 미끼로 교세 늘이려고나 하고 그리고는 정부, 군대의 하는 일 그저 잘 한다 잘 한다 하고, 날씨라도 맑아 인민군 폭격이라도 좀 더 잘 되기를 바라는 정도였다. 대적을 불쌍히 여기는 사랑, 정치하는 자의 잘못을 책망하는 의의 빛을 보여주고 그 때문에 핍박을 당한 일을 한 번도 보지 못했다. 그 간난 중에서도 교당은 굉장히 짓고 예배 장소는 꽃처럼 단장한 사람으로 차지 어디 베옷 입고 재에 앉았다는 교회를 보지 못했다."(함석헌, 앞의 글, 1958, 33쪽)며 한국 교회를 통렬하게 비판했다. 이단 종파 이외에 양심적 병역 거부의 전통을 찾기 어려웠던 한국 기독교계에서 최초의 병역 거부자는 1957년 3월 함석헌과 함께 씨알농장을 시작했던 신학생 홍명순이었다. 그는 1년 4개월을 복역했다. 함석헌은 1961년 퀘이커와 인연을 맺고 본격적으로 평화주의 사상을 펴게 되는데, 함석헌이 참여한 퀘이커 모임은 미국 및 영국 출신의 퀘이커들이 이윤구를 비롯한 소수의 한국인들과 함께 1958년 2월 서울에서 시작한 모임이었다.(김성수, 『함석헌 평전』, 삼인, 2001, 122~123쪽.)

성공했고 인공위성 스푸트니크 1호를 발사했으며, 미국 역시 지하 핵실험에 성공하고 인공위성을 쏘아 올렸다. 이와 같은 국제정세로 인해 냉전체제의 최전선인 한국에서도, 이승만 정권이 독재권력 강화를 위해 외치던 '북진통일' '무력통일'의 논리, 당장 선제공격을 해서 만주와 시베리아에 미국의 원자탄·수소탄을 퍼붓고 공산주의자들을 굴복시키자는 극우 반공주의자들의 주장이 서서히 힘을 잃고 있었다. 이승만 정권의 실정과 부패, 사사오입 개헌과 같은 우민관에 대한 반발, 한글 문해자들과 지식층의 증가 및 도시화 현상이 맞물려, 대규모 궐기대회를 중심으로 한 북진통일운동은 약화되고, 1956년 대통령선거에서 평화통일론을 들고 나온 조봉암이 이승만 당선을 위협할 정도의 위력을 보이면서, 극우 반공주의 이데올로기와 이승만 독재정권에 균열이 감지되었다.[20] 위기에 처한 이승만 정권은 진보당 사건을 만들어 조봉암을 처형하고, 국가보안법 개정을 시도하고 경향신문을 폐간하는 등 1960년 대통령선거를 위한 체제 정비에 들어갔다.

　이러한 상황에서 『기독교사상』의 1959년 1월호 권두언은 「'반공'과 '인권'－두 가지 당면과제」라는 제목으로 국가보안법 개정 문제를 다룬다. "국가의 안전과 이익을 확보함을 목적으로" 개정안을 낸 정부 여당의 입장과 "현재의 한국적 상황 하에서는 국민의 여러 가지 기본 인권이 유린당할 수밖에 없"기에 "공포에 가까운 의구를 느끼고 있는" 야당의 입장을 대비시키는 대목은 그로부터 50년도 더 지난 시점에서 오가는 말들과 조금도 다를 바 없어 보인다. 여당은 개정안 입법화를 뒷받침하기 위해 <반공투쟁위원회>를 조직하여 "국민의 주의를 '반공' 과업에로 집중시키고 있고, 야당은 <국가보안법 개악투쟁위원회>를 결성"하여 반대에 나선 상황에서, 『기독교사상』의 권두언 필진은 정쟁에 휩쓸리지

---

20)　서중석, 『조봉암과 1950년대(상)』, 역사비평사, 1999, 259~302쪽.

않는 냉정한 시각으로, '반공'과 '인권 확립' 양대 과업을 완수해야 한다며 몇 가지 입장을 피력한다. 그 중에서도, 종교인의 입장에서 볼 때 '언론의 자유'는 절대적인 사회적 조건이라는 항목이 국가보안법 개정안에 대한 『기독교사상』지의 핵심적 입장으로 보인다. 매우 조심스러운 어투이긴 하지만, '이상과 현실 사이의 긴장'을 매개로 문제를 해결하려고 하는 것이 종교인데, 표현의 자유가 허락되지 않는 곳에서는 종교가 국가, 사회에 대하여 아무런 공헌도 할 수 없다는 것을 이유로 개정안에 반대 입장을 표하고 있는 것이다.

세계적 냉전 체제 속에서 화해·공존·평화 같은 말들은 기독교 윤리와 연관된 중요한 문제였음에도, '용공'으로 의심받기 쉬운 위험하고 불온한 단어였다.21) 그러한 상황에서 『기독교사상』은 1959년 2월호 특집으로 '화해의 제문제'를, 3월호 특집으로 '기독교 신앙과 평화의 제문제'를 다룬다. 1월호 지면에 실린 다음 호 예고에 의하면, 「화해의 개념」(홍현설), 「화해와 공존」(신흥우), 「국제회의에 표현된 「화해」의 사상」(김천배), 「화해와 교회의 책임」(R. 니버) 등 네 편의 글이 특집으로 실릴 예정이었지만, 흥미로운 제목을 달고 있는 김천배의 글과 R. 니버(Karl Paul Reinhold Niebuhr, 1892~1971)의 글은 2월호에 실리지 않았다. 신흥우(申興雨, 1883~1959)22)와 홍현설(洪顯卨, 1911~1990)의 글 두 편만 실렸는데, 그

---

21) 그것은 냉전 체제의 최전선에 서 있던 남한의 기독교에만 해당된 것은 아니었다. 가톨릭 영성가 토마스 머튼이 평화론을 썼던 1962년 미국에서도, '평화'는 의심스러운 단어였다. '평화'라는 말을 쓰는 사람은 '빨갱이' 소리를 들을 각오를 해야 했다. 그가 쓴 책은 40년간 수도원에 보관돼 있다가 2004년에야 공식 출판됐다.(토마스 머튼, 『머튼의 평화론』, 분도출판사, 2006, 8쪽.)

22) 신흥우는 개화운동가이자 감리교 지도자로 배재학당장과 YMCA 청년이사, 총무를 역임했고, 흥업구락부 사건으로 투옥되기도 했다. 태평양전쟁에 협력하여 2005년 기독교대한감리회 자료집의 친일부역자 명단에 포함되었다. 해방 후 이승만의 단정 수립을 지지했으나 1952년 대통령선거에 무소속 출마한 후에 반 이승만 진영에서 활동했다. 『기독교사상』에 이 글을 쓸 당시에는 민주당 상임고문이었다.

내용 역시 '화해 추구'나 '공존 지향'과는 거리가 멀었고, 흐루시초프의 평화공존 주장에 대한 비판이 주요 내용이었다.

홍현설은 "지금 공산 진영에서는 '평화적인 공존'을 말하고 있으나, 진정한 화해가 없이 공존만 하는 데는 보다 더 큰 불행의 씨가 심어지는 것이라고 생각"[23]한다는 의구심을 표명한다. 신흥우의 논조는 더욱 강경하다. "오늘날 자유주의자들에게 대립하여 있는 공산주의자들은 공존을 제창"하고 있으나, 이는 '일시적 유화책'으로 마치 자유주의자들이 공존 사상을 배격하는 것처럼 선전하기 위한 것이라고 폄하한다. 또한 예수가 도적·죄인과 '병존'을 했지 '공존'한 것은 아니라는 식으로 '공존' 반대 논리를 펴기도 한다. 현재 에큐메니트 대표 중에는 중공의 유엔 가입을 지지한다는 견해가 있는데 이는 공산주의자들에게 이용만 당하는 것이라고 비판한다. "죄를 버리고 예수를 믿어야 화해가 이루어진다"며 "그리스도교 세계운동은 좋은 것"이지만, 현재는 그 근본원칙과 정신을 잃어버린 '거짓 영도자들'의 행동을 만류·배격하여 처음의 "순수하던 운동이 궤도에서 탈선치 않게 하는 것이 우리의 긴박한 의무"라고 주장한다.[24] 신흥우는 글에서 WCC라고 명시하고 있지는 않지만, 이를 중심으로 한 에큐메니컬 운동, 공산권의 교회를 포함시켜 세계교회협의회를 만들려는 지도자들이 말하는 '화해와 공존'에 반대한다는 것을 분명히 하고 있다.

이와 같이 '화해와 공존' 특집의 글들은 냉전 시대 반공주의의 자장에 강하게 붙들려 있었다. 이는 『기독교사상』에 실린 다양한 이념 스펙트럼의 글들 중에서도 가장 오른쪽에 위치한 것이었다. 이 잡지는 교파를 초월하여 여러 필진의 글을 싣고 있지만, 기본적으로 세계교회협의회(WCC)에 가입

---

23) 홍현설, 「화해의 원리와 실천」, 『기독교사상』 18, 1959. 2, 28쪽. 홍현설(洪顯卨, 1911~1990)은 감리교신학대에 오래 재직한 신학자로, 『기독교사상』 창간에 위원장으로 참여했으며, 한국크리스찬아카데미 이사장, YMCA 이사장을 지냈다.
24) 신흥우, 「공존과 화해」, 『기독교사상』 18, 1959. 2, 23쪽.

한 한국기독교교회협의회(KNCC) 산하 대한기독교서회에서 발행되는 잡지였던 만큼, 두 단체의 입장과 궤를 같이하고 있었다. 그와 반대편에 선 '근본주의' 기독교의 입장을 비판하는 논조의 글들이 다수였고, 에큐메니컬 운동에 많은 관심을 가지고 이와 관련된 글들을 싣고 있었다. 필진의 면면을 보더라도 교파를 초월하여 미국에서 학위를 받고 돌아온 신진 신학자들이 대부분[25]이어서, 이들은 세계교회의 움직임에 적극적으로 반응하고, 이를 한국 교회의 문제와 연관시켜 성찰하고 해결책을 모색하였다.[26]

이 잡지는 매호마다 '세계기독교뉴스'를 상세하게 전하고 있다. 1959년 1월호의 '세계기독교뉴스' 코너는 「미국의 중공정책을 비판−미국 WCC 세계질서연구위원회」라는 제목 아래 미국 내 각 교파와 교회 단체 대표들이 회의에 참석하여 '공산국가와 좀 더 친근한 관계를 가질 것', '중공을 승인하고 유엔에 가입되도록 할 것'을 촉구했다는 뉴스를 전하고 있는데, 신흥우의 글은 이에 대한 반대 입장을 분명히 한 것이다. 세계적 냉전체제의 균열은 기독교적 선악이원론의 해체와, 공산주의를 절대악으로 보는 견해를 수정할 것을 요청하였지만, 참혹한 전쟁을 겪고 공산 정권의 탄압으로 월남한 기독교인이 대다수를 이룬 한국 교회의 입장에서 보자면 반공주의는 완강한 신조여서, KNCC가 한국전쟁 기간 결국 '휴전 반대'를

---

25) 『기독교사상』은 1957년 8월 창간된 뒤 홍현설·김하태 등이 지속적으로 편집위원을 맡았다. 편집위원들의 약력은 윤정란, 「1950년대 『기독교사상』의 창간과 방향」, 『역사학연구』 48, 2012, 223쪽 참조.

26) 『기독교사상』의 창간 배경에는 신비주의와 교회의 분열 등 한국교회의 모든 문제의 근본원인이 신학적 훈련의 부족에 있다는 인식이 있었다. 한국사회와 분리된 타계주의, 개인주의를 조장하는 근본주의의 맹목적 신앙으로는 공산주의에 대처할 수 없기에, 깊이 있는 신학의 발전을 통해 현실대응력을 갖는 것이 중요하다고 보았다. 윤정란의 연구는 『기독교사상』의 창간과 그 내용이 1950년대 중후반 반공주의가 맹목적 반공에서 '승공' 담론으로 변화하는 경향 속에서 나온 것이라고 주장한다.(윤정란, 위의 글, 2012, 221쪽.)

택했듯이, 1950년대 WCC의 공존·화해 지향은 결코 받아들일 수 없었던
것으로 보인다.

4. 1959년 『기독교사상』 특집의 평화 담론

1) 전쟁과 평화에 대한 기독교 윤리 : 성경 해석의 문제

국가보안법 문제를 다룬 권두언 제목이 '반공과 인권'이었던 데 비해,
'기독교 신앙과 평화의 문제'를 특집으로 다룬『기독교사상』 1959년 3월호
의 권두언 제목은 '안전과 정의'였다. 이것은 당시 '평화'의 개념이 '전쟁
혹은 폭력 없음의 상태'인 '안전'과 같은 것으로 일반적으로 이해됐음을
보여주지만, 글의 내용은 기실 그러한 이해의 일면성을 비판하고 '안전과
정의는 평화의 양면'임을 주장하는 것이다. 해당 호 특집면의 글들은
1950년대 후반 한국 기독교계의 전쟁과 평화에 대한 인식의 최대치를
보여준다. 비록 역사적 평화교회의 전통이 거의 없는 상황에서 기독교
윤리 원론과 '집총 거부' 사건에 대한 대응 논리를 펴는 내용이 주를
이루었지만, 현대 기독교 사상가들의 평화주의 논쟁을 소개하는 등 세계교
회의 사상 동향이나 시대감각에 뒤지지 않고 당면 문제에 대한 기독교의
해답을 찾으려는『기독교사상』의 면모를 보여주기에 충분했다.

서두의 박형룡의 글에서도 보았듯이 기독교 평화주의 논쟁의 핵심
쟁점은 '성경 해석'과 '교회의 역사적 태도에 대한 해석'이다. 이 두 문제를
중점적으로 다룬 장문의 글이「역사적으로 본 전쟁과 평화에 대한 그리스
도인의 태도」(이장식)이다. 이 글은 '세상과 국가에 대한 교회의 태도'는
역사적으로 달랐으므로 전쟁에 대해서도 일률적인 태도를 기대할 수는
없지만, 어느 견해가 더 건전하고 보다 더 그리스도교 정신에 가까운가

하는 판단은 내릴 수 있으며, 이것이 그리스도교 윤리학의 과제라고 보고, 그 시대적 변천을 상세하게 고찰한다.

이장식(李章植, 1921~)은 이 글에서 전쟁의 윤리 문제에 대하여 예수는 분명한 언급을 하지 않았다고 주장한다. "내가 세상에 화평을 가져온 줄로 생각지 말라. 나는 화평을 가져오기 위함이 아니고 싸움(劍)을 가져오기 위하여 왔노라"(마태 10 : 34)라는 구절에 대하여 이는 "단순히 자기가 세상에 오신 때문에 그를 믿는 신자들을 미워하는 사람들이 맹렬한 반대를 일으켜 큰 싸움이 날 것을 말씀"[27]한 것이라고 본다든지, "세례 요한 때부터 천국은 침노를 당하나니 침노하는 자는 빼앗느니라"(마태 11 : 12)는 구절에 대하여 '힘쓰는 자가 천국에 들어가는 도리를 가르치는 단순한 비유로서 전쟁을 말하신 것'이라고 보는 등, 기독교 평화주의에서 논쟁의 대상이 되는 구절들을 그는 모두 '비유'로 해석하고 '우리가 알려는 전쟁 윤리에 직접 관련되는 말씀'이나 '당면 문제에 대한 해답'은 아니라고 본다. 예수의 말에서 우리는 단지 '평화를 행동의 원칙으로' 삼는다는 결론을 내릴 수 있을 뿐이라는 것이다. 살인을 금하고 항거와 보복행위를 금한 것이 군인의 직업과 양립할 수 없는 것은 분명하지만, 그는 이 교훈이 '어떤 완전상태의 사회에서만 적용될 것인지' 또는 그리스도의 제자들이 '한 국가의 시민으로서도 그대로 지켜야 할 윤리인지' 판단을 얻기 어렵다고 보았다.

2) 전쟁에 대한 교회의 역사적 태도

전쟁에 대한 교회의 역사적 태도를 상세하게 고찰하는 이장식의 관점 역시 각 시대마다 평화에 대한 진지한 노력이 있었으므로 그 타당성을

---

27) 이장식, 「역사적으로 본 전쟁과 평화에 대한 그리스도인의 태도」, 『기독교사상』 19, 1959. 3, 9쪽.

인정해야 한다는 것이다. 그는 초대교회 시기를 ① 개종한 군인을 군대에서 떠나게 하지는 않았지만, 66~70년의 유대인 전쟁 때 참전하지 않고 산으로 도망했던 초기 사도 시대, ② 교회가 분명히 평화를 유지하기 위해 진지한 노력을 하고 세계만민의 평화와 지배자들을 위해 기도했으나 실생활에서 전쟁과 군인에 대한 태도는 분명치 않았던 말기 사도 시대, ③ 그리스도교의 전파야말로 전쟁 종결의 목적 달성의 첩경이라고 보았던 초기 변증가들의 시대, ④ 평화를 찬양하고 무기를 부숴서 농구를 만든다는 이사야서의 예언을 즐겨 말하면서 전쟁을 다만 상대적으로 정당시했던 말기 변증가들의 시기 등으로 나누어 자세히 고찰하고, 초대 교회의 평화주의와 그 논거들을 논증한다.[28] 콘스탄틴 대제 이후 평화주의는 물러가고 어거스틴의 '정당전쟁론'이 등장하였는데, 그것은 정당한 의도, 정부의 지원, 정당한 행동이라는 세 원칙을 가지고 있었다. 이장식은 어거스틴의 정당전쟁론에 대해 "국가 자체를 보호하는 경우에는 국가도 불공평할 수 있다는 것을 몰랐을까? 몰랐을 리가 없으나 어거스틴은 당시 로마제국이 야만족의 침략으로 위태하게 된 것을 보았기 때문"[29]이라며, 옹호하는 입장에 선다. 하지만 중세에 만일 평화가 있었다면 그것은 개개 신자의 '중세적인 비관 사상'과 '타계적인 탈세사상'과 '마음의 평안'에 있었을 것이라며 중세 교회의 십자군 전쟁에 대한 태도에 대해서는 비판적으로 서술한다.

전쟁에 대한 프로테스탄트의 태도를 고찰하는 항목에서는 루터와 칼빈을 비교하면서 칼빈이 루터보다는 '좀 진보적이고 민주주의적'이었으며, '저항의 교리'를 가르쳤다고 본다. 특히 칼빈의 '저항의 교리'를 가장 잘 사용한 것은 영국 청교도들이었고, 밀턴은 말하길 "정치 지배자가 종교적 문제에 강권 행사의 권리가 없다. 「하나님은 왕들이 백성의 손으로 벌을 받지 않게 하셨다」는 주장은 가장 거짓된 말"[30]이라고 했으며,

---

28) 이장식, 위의 글, 1959, 11~13쪽.
29) 이장식, 위의 글, 1959, 14쪽.

청교도들의 신교 자유의 투쟁이 근대민주주의 시작이 되었다는 것, 루터와 칼빈이 정도의 차이는 있으나 폭군에 대한 전쟁은 정당전쟁으로 보았다는 것을 강조한다. 결국 신교의 투쟁은 신앙의 자유를 원한 것이었으나 교회의 평화만을 가져온 것이 아니라 현대적인 민주주의 정체의 계약정부가 출현했다는 것, 그러나 신교는 어떤 정체(政體)든지 상관없이 신교의 자유만 확보되면 만족할 수 있었다는 것이다.

하지만 이장식은 프로테스탄트들이 가졌던 정당전쟁관이 오늘날에도 실효성을 가지고 있는가 하는 의문을 제기한다. 문제는 종교/정치의 분리가 세속사회 사상과 연관돼 있고, 이는 국가의 권위를 하나님으로부터 온 절대적인 것으로 볼 수 없다는 결론에 이르게 된다는 점을 지적한다. 그런데도 크리스천은 국가의 권위에 무조건 복종할 것인가? 국제간 이해 충돌로 되는 무서운 대규모 전쟁이 정당전쟁의 행위를 할 수 없게 하는데 크리스천은 그런 '비(非)정당전쟁' 행위에 참가할 수 있을 것인가? 부득이 전쟁에 복역하면서 한편 세계적 단체의 역할로 평화공작을 성취하도록 바랄 것인가? 혹은 비교적 입장에서 악을 벌한다는 상대적 정당전쟁에 참여한다고 생각해 '자기 위로'를 받을 것인가? 그의 글은 이렇게 답이 없는 무수한 질문들로 끝난다. 크리스천은 평화를 얻기 위해 싸웠고, 반전사상을 가지더라도 '개인적 보신책'으로 가진 것이 아니었다는 점을 강조할 때, 그의 입장은 정당전쟁론에 가까워 보이기도 한다.

그러나 답 없는 질문의 나열 속에서 실제로 그의 전쟁관은 잉거의 기준에 의하면 '내키지 않는 슬픈 전쟁'에 속한다고 보아야 한다. 원자력무기의 가공함을 경험한 현대에 정당전쟁이란 사실 가능하지 않다는 것, 하지만 상대적으로 '더 적은 악'을 택하기 위해 전쟁에 참여한다고 생각해 '자기 위로'를 받을 수는 있다는 것, 병역 거부가 개인적 보신책이 될

---

30) 이장식, 위의 글, 1959, 17쪽.

수 있으니 크리스천은 어쩔 수 없이 '평화를 얻기 위해 싸울 수밖에' 없다는 것이 그의 입장이라고 보아야 할 것이다. 이러한 결론은 그의 글이 초대교회의 평화주의를 긍정적으로 보고 있음에도 불구하고, 그 전통을 복원·계승한 역사적 평화교회들, 종교개혁을 전후로 등장하고 16세기 이후 국가와 개혁교회의 극심한 박해 속에 정립된 평화주의 전통(아나뱁티스트와 그 후예인 메노나이트, 스위스 형제단, 18세기 영국의 퀘이커 등)에 대해서는 고려하지 않고 있다는 점에서 자연스러운 것이었다.[31] 반면 강원용의 글은 이러한 평화주의 전통의 존재를 전제로 하고 있다.

3) 절대적 평화주의와 상대적 평화주의

강원용(姜元龍, 1917~2006)의 「평화주의의 입장과 그 한계」는 필자의 면모로나 글의 성격으로나 '평화' 특집에서 가장 주목할 만한 글이다. 현대 세계교회의 평화주의 입장을 소개하고 논평하는 이 글의 전제는, 전통적으로 그리스도교는 전쟁 참가를 인정했지만, 17세기 이후 평화주의 운동이 대두하여 논쟁을 일으켰고, 두 번의 세계대전을 겪은 현대 세계교회의 사상적 동향은 평화주의가 대세라는 것이다. 가톨릭의 정전(正戰) 사상이나 루터와 같이 '좋은 군주, 충성된 신하의 당연한 의무'로서 전쟁에 참가한다는 사조는 이제 거의 자취를 감추었고, 대체로 평화주의 입장을

---

31) 평화주의에 대한 한국교회의 이해는 주로 세계교회협의회(WCC) 관련 인사들(한경직, 강원용 등)을 통해서 이루어진 것으로 보인다. 평화주의 교회들은 제2차 세계대전 이후 WCC에 참여하여 전쟁에 반대하는 공동의 증언을 했으며, 1968년 대회에서도 평화를 의제로 하는 데 큰 역할을 했다. 이후 WCC는 세계개혁교회연맹(WARC)의 '정의, 평화, 창조세계의 보전(Justice, Peace and Integrity of Creation : JPIC)' 운동을 이어받아 1983년 JPIC 위원회를 조직하고 1990년 서울 대회에서 제안 문서를 내는 등 평화주의 전통을 받아들인 행보를 계속했다.(상세한 내용은 세계개혁교회연맹(WARC) 서울총회 공식자료 『정의·평화·창조질서의 보전』, 대한예수교장로회총회출판국, 1989 참조.)

취하고 있으나 그 내용에 있어서만 여러 가지 차이를 보일 뿐이라고 한다. 현재의 관점에서 볼 때 이러한 전제는 매우 순진한 낙관론을 담고 있는 것처럼 보인다. 세계 곳곳에서 오히려 근본주의적 종교 갈등이 전쟁과 테러의 악순환을 낳고 정치의 신학화, 신학의 정치화가 문제시되는 오늘날, '정당한 전쟁'은 물론이고 '성전(聖戰)=십자군' 논리까지 재등장하고 있기 때문이다. 하지만 국제정세와 종교정치의 우려스러운 경향과는 별개로, 세계 교회의 차원에서는 역사적 평화교회의 전통에 대한 재평가가 광범위하게 이루어지고 평화주의 사상이 점점 더 힘을 얻고 있는 것도 사실이다. 강원용의 글은 평화주의 입장을 '절대적 평화주의'와 '상대적 평화주의'로 나누어 전자를 간략하게 소개하고, 후자 중에서 '니버의 현실주의적 평화주의'와 '바르트의 실제적 평화주의'를 비중 있게 다루고 있다.

　냉전 체제의 이념 갈등과 '평화공존' 문제를 말하는 데 있어서 강원용은 생생한 체험과 폭넓은 배경 지식을 가진 문제적 인물이었다. 그는 해방 직후 목사의 길을 걷기 전에 김규식, 여운형 등 중도파 정치 지도자들이 주도하는 좌우합작위원회에서 활동했으며, 그로 인해 '용공'으로 몰려 여러 번 곤욕을 치른 바 있었다.[32] 또한 김재준 목사의 제자로서 한국 장로교의 '대한예수교장로회(예장)/대한기독교장로회(기장)' 분열의 중

---

32) 강원용은 또한 진보당 사건으로 사형을 당한 조봉암과도 관계가 있는 인물이었다. 조봉암은 1956년 평화통일론을 내세워 이승만과 대결한 선거에서 비록 개표 결과로는 졌지만 실질적 승리라는 평을 얻을 정도로 놀라운 선전을 했다. 강원용의 자서전에 의하면, 진보당을 창당한 조봉암은 강원용이 1957년 가을 귀국하자 그를 찾아왔다. 조봉암은 대통령이 될 수 있다는 확신과 미국이 자신을 지지할 것이라는 낙관을 가지고 강원용에게 진보당 참여를 부탁했지만, 강원용은 조봉암의 좌익 전력에 대해 의심을 가지고 있었고, 미국이 그를 지지해 줄 것이라 믿지도 않았으므로 그 부탁을 거절했다. 조봉암은 1959년 간첩죄와 국가보안법 위반죄로 사형에 처해졌다. 자서전을 쓰는 시점에서 돌아보니 그는 공산주의자가 아니었다며, "남북문제, 민족문제에 30년 앞을 내다보는 혜안을 가진 인물"(강원용, 『빈들에서 2』, 열린문화, 1993, 100쪽.)이었다고 강원용은 평가한다.

심에 있던 인물이기도 했다. WCC에도 여러 번 한국 대표로 참석했는데, 캐나다 유학 중이던 1954년 에반스톤 제2차 총회 당시 WCC 청년부 위원이던 강원용은 서울의 연락을 받고 '기장' 측 총대로서 첫 참가 신청을 했다.33) 그 후 강원용은 1955~1956년, 라인홀드 니버와 폴 틸리히가 있던 유니언 신학교에서 공부를 했는데, 두 사람은 기독교 사회윤리와 인간실존 문제에 있어서 그에게 새로운 눈을 뜨게 해주었다고 한다.34)

강원용이 '현실주의적 평화주의' 입장으로 명명한 라인홀드 니버의 '절대적 평화주의'에 대한 비판은 다음과 같다. 절대 평화주의는 기독교의 복음을 잘못 이해하고 있다. 복음은 '사랑의 율법'을 실행하는 것이 불가능한 인간에 대한 '하나님의 사죄의 은혜'에 있는데, 평화주의자는 복음을 '실행 가능한 사랑의 율법'과 동일시한다. 이는 인간의 원죄를 부인하고 인간의 본성을 선으로 보는 르네상스적 인간관과 동조하므로 '이교적인 것'이다. 이러한 평화주의 사상과 일치하는 역사적 현실은 존재하지 않는

---

33) '예장'측이 강원용의 참석에 반대하여 우여곡절 끝에 겨우 참석한 이 총회에서 그는, '예장'측 대표들이 이승만과 약속한 '동서 공존 반대'를 표명하기 위해 '촌극'을 벌이며 애쓰는 모습을 보게 된다.(강원용, 위의 책, 1993, 50쪽.) 한국전쟁 기간 동안 WCC는 유엔군 참전 촉구, 한국교회를 통한 구호물자 지원 등 중요한 역할을 했다. 하지만 중공 참전 이후 전쟁이 장기화돼 WCC가 휴전 회담을 촉구하자, 이승만은 '고신파'를 부추겨 WCC를 용공 조직으로 공격하고 한국기독교협의회(KNCC)와의 관계를 절연시키고자 하였다. WCC의 휴전 찬성 입장과 이승만의 휴전 반대 입장 사이에서 동요했던 KNCC는 결국 이승만 노선을 선택했지만, 이승만은 1954년 WCC 총회에 한경직의 참석마저 가로막았다.(윤정란, 『한국전쟁과 기독교』, 한울, 2015, 115~149쪽.) 이승만 정부는 'WCC는 용공 조직'이라며 여권을 내주지 않다가 나중에 '조건부'로 여권을 내주었는데, 한국 대표들이 총회에서 동서공존을 반대해야 한다는 것이 조건이었다. 강원용에 의하면, 한국 대표들은 그 약속을 지키기 위해 전전긍긍했고, 연설은 좌중의 비웃음을 샀다. 그러나 귀국 후 언론에는 이들이 '만장의 박수갈채'를 받았다는 '활약상' 기사가 보도됐다. 강원용은 "그렇게밖에 쓸 수 없는 한국의 정치 현실, 교회 현실이 더욱 쓴웃음을 자아내게 했다"고 쓰고 있다.(강원용, 앞의 책, 1993, 50쪽.)

34) 강원용, 위의 책, 1993, 43쪽.

다. '사랑의 윤리'에도 불구하고, "인간의 현실은 항상 불안 속에 떨고 있고 또 이웃을 참으로 사랑할 수 없는 존재이다."[35] 인간은 이기적이기에 정부는 강제권을 가져야 한다. 이 강제 속에는 물론 악의 요소가 포함돼 있으므로, 권력을 제재할 수 있는 민주주의적 요소가 필요하다. 지배계급, 지배국가가 상대적인 정의의 표준을 침범할 때는 이를 견제하고 저항해야 한다. 저항은 전쟁을 각오해야 한다. "독재자를 반대하면서도 전쟁에 참가할 것을 거부한다는 것은 독재자와의 공모를 꾀하는 것과 마찬가지"이며 "잘못된 현상을 수정해야 할 책임을 회피하는 것이다. 무정부상태(니버는 전쟁을 무정부상태라고 부른다)는 독재정치보다 나은 것이다. 왜냐하면 전쟁을 통해서는 세력의 재편성이 가능하기 때문이다."[36]

강원용은 언급하고 있지 않지만, '전쟁이 독재보다 낫다'는 니버의 단정적인 발언은 평화주의/비평화주의 사이에서 몇 번의 선회를 거듭하고 나치즘과 스탈린 독재를 경험한 이후 나온 것이었다. 제1차 세계대전 이전에 평화주의자였던 니버는 '모든 전쟁을 종식시키기 위한 전쟁'이라는 월슨 대통령의 주장에 동조하여 평화주의 입장을 포기하고 전쟁을 지지했지만, 파괴적인 결과를 목도하고 다시 평화주의 입장으로 복귀한다. 그러나 히틀러의 나치즘 앞에서 그는 평화주의 입장을 최종적으로 포기하고 오히려 평화주의가 가지는 현실적 무책임성을 공격하는 데 힘을 기울인다. 니버는 공산주의를 나치즘보다 더 무서운 '우주적 악'이라고 표현할 정도로 반공주의적이어서, 이 점에서 다른 견해를 가지고 있었던 칼 바르트(Karl Barth, 1886~1968)에 대해 1956년 헝가리 사태에 대한 견해를 밝히라고 강한 비판을 가하기도 하였다.[37]

---

35) 강원용, 「평화주의의 입장과 그 한계」, 『기독교사상』 19, 1959. 3, 21쪽.

36) 강원용, 위의 글, 1959, 22쪽.

37) 정미현, 「칼 바르트 사상의 변화 : 반전 평화운동과 관련하여」, 『현대신학의 동향』(조직신학논총 제8집), 2003. 8, 65쪽.

　니버에 비해 절대평화주의 입장에 더 가까운 칼 바르트의 입장을 강원용은 '실제적 평화주의'라고 명명한다. 바르트는 전쟁을 정당화해 온 전통적 신학의 입장에 비해서 평화주의의 입장이 '거의 무한히 정당하다'고 단정한다. 하지만 어떤 '한계상황'에서는 보다 더 적은 악을 위하여 예외의 경우를 인정해야 한다는 것이 절대평화주의와 다른 점이다. 바르트는 절대평화주의자들이 "결국 병역의 의무가 가지고 있는 불유쾌한 면을 타인에게 맡겨버리고 타인에 대한 인간의 질서를 유지할 책임을 회피함으로써 바리새주의에 떨어질 뿐 아니라 전쟁을 길게 만드는 가장 확실한 역할을 한다"[38]고 비판한다.

　이와 같이 니버와 바르트의 주장을 통해 절대평화주의의 한계를 지적한 다음, 강원용은 다시 평화주의자의 입장에 선 재비판을 소개한다. 그는 메노나이트의 대표적 평화신학자인 요더(John Howard Yoder, 1927~1997)를 참조하며 니버와 바르트의 주장이 가진 한계들을 지적한다. 니버의 신학이 십자가는 강조하지만 부활은 거의 문제시하지 않고, 개인보다 더 도덕적인 교회에 대하여는 논하지 않고 있으며, 신생의 교리, 성령의 역사가 무시되고 있다는 것이다. 또한 바르트의 신학은 성서 해석이 아니라 '한계상황'이라는 개념 아래 정치적 상황에서 하나님의 명령을 찾는다고 비판한다. 이러한 요더의 비판에 덧붙여 강원용은 상대평화주의와 절대평화주의가 차이점에도 불구하고 평화를 지향하고 성서의 명령에 순종한다는 공통점을 가졌음을 지적한다. 그리고 한계 면에서도 이 둘은 어떤 입장이나 정책을 '하나님의 나라와 동일시할 똑같은 위험성'을 품고 있다고 주장한다. 그러나 같은 위험에도 불구하고 그는 절대주의가 훨씬 더 많은 위험성과 모순을 품고 있음을 지적하며, 다음과 같은 입장을 취한다.

---

38) 강원용, 앞의 글, 1959, 23쪽.

죄악에 무젖은 역사 속에서 나 홀로 깨끗하게 산다는 노력은 예수를 사형선고 하면서 대야에 물 떠놓고 손 씻던 빌라도의 도로(徒勞)에 불과하다. 상대적인 역사 속에서 스스로 역사의 진흙탕 속에 발을 잠그면서 보다 더 큰 악마적 세력을 극복하는 일에 참여하는 것이 사랑의 율법에도 충실하려는 바른 태도일 것이다.[39]

이러한 강원용의 입장은 니버의 '현실주의적 평화주의'에 가까운 것이다. 그러나 니버가 '무정부상태가 독재보다 낫다'는 입장을 취했던 데 반해, 이후 4·19와 5·16으로 이어지는 역사적 현실 속에서 강원용은 '독재가 무질서보다 더 적은 악'이라는 입장에서 군사혁명의 성공을 기대했다.[40] 그는 통일 논의가 전성기를 이루었던 1961년 봄 『기독교사상』 3월호에 「남북통일과 우리의 과제」라는 글을 써서 오스트리아 모델 평화통일을 해야 한다는 주장을 펴기도 했는데, 그랬던 그조차 민주당 정권 하의 무질서와 학생들의 통일 논의에 불안을 느꼈고, 박정희의 좌익 경력을 의심해 미 대사관에 제보할 정도였다는 것은 한국전쟁의 상흔과 반공주의의 위력을 말해 주는 것이라 하겠다. 남한 사회 기독교 지식인의 관점에서 공산주의보다 '더 큰 악마적 세력'은 없었고, 전쟁보다 더 무서운 것은 없었다. 현실주의적 평화주의는 자칫 "타자의 악을 절대화하고 그것을 치는 것을 정당화하므로 다시 '정전(正戰)'을 긍정할 위험을 내포"하고 있음을 분명히 하면서도, 강원용은 그 위험을 안고 '현실주의적 평화주의'의 입장을 택하였다.

기독교의 전쟁관 중 '성전(聖戰)이론'은 더 이상 설득력이 없어졌다고 하나, 실제로는 조지 부시(George W. Bush)가 이라크전을 '십자군'이라고 불렀듯이 '정당전쟁론'의 변형된 방식으로 언제든지 재등장할 가능성을

---

39) 강원용, 위의 글, 1959, 25쪽.
40) 강원용, 앞의 책, 1993, 148쪽.

가지고 있다. 평화주의를 비현실적 이상론이라고 반대하는 사람들은 대부분 정당전쟁론의 입장에서 군 복무의 필요성과 전쟁의 불가피성을 말한다. 하지만 역사적으로 어거스틴의 3원칙에 입각한 정당전쟁이 실제로 존재했던 적이 있는가, 더욱이 인류 전체의 공멸을 초래할 수 있는 핵무기 시대에 과연 정당전쟁이 가능할 것인가 묻는다면 부정적 답변을 할 수밖에 없을 것이다. 이렇게 성전은 물론이고 정당전쟁마저 옹호될 수 없다면, 기독교인의 전쟁관을 '절대적 평화주의'와 '상대적 평화주의'로 나누어 논의했던 강원용의 관점은 지금까지도 유효성을 가지는 것이라고 하겠다. 물론 강원용은 니버의 반공주의 입장과 현실주의적 윤리에 공명하고 있기 때문에, 그와는 다른 지점에 서서 반공주의의 절대화와 흑백논리의 위험성을 비판하고 자본주의 사회 안의 기독교에 대한 반성을 촉구했던 바르트의 평화주의가 가지는 중요한 의미는 부각시키지 않고 있다. 바르트는 히틀러에 대항하기 위해 정당전쟁을 옹호했으나, 1950년대 이후에는 핵무기 시대에 정당전쟁이란 있을 수 없다며 철저한 반전론의 입장에 섰다.[41] 니버 또한 정부의 책임과 사회윤리의 입장에서 '덜 악한' 전쟁을 옹호하면서도, 모든 교회가 평화주의에 동참하길 요구하지 않는 한 개인적 차원의 평화주의와 병역 거부에 대해서는 이단이 아니라며 옹호했는데[42] 이 점도 강원용의 글에서는 고려되지 않고 있다. 하지만 니버와 바르트의 상대적 평화주의, 요더의 절대적 평화주의의 입장과 논점을 분명히 보여줬다는 것만으로도 한국 기독교 평화 담론에서 이 글의 의미는 매우 중요하다고 본다.

---

41) 정미현, 앞의 글, 2003, 69~70쪽.

42) R. Niebuhr, "Why the Christian Church is not Pacifist", *Christianity and Power Politics* (Scribners, 1940), p.104 ; 김두식, 앞의 책, 2002, 156쪽 참조.

4) 안식교도의 '집총 거부' 사건과 '양심적 병역 거부' 문제

1950년대 후반 국제정세의 변화와 에큐메니컬 운동의 영향도 작용했지
만, 이 특집이 기획된 직접적 계기는 '안식교도 집총 거부 사건'이었다.[43]
특집 면에 실린 네 편의 글 중 두 편이 '안식교도 집총 거부'를 제목
혹은 부제로 달고 있을 뿐 아니라, 「그리스도인의 평화 : 집총 거부 사건
발생에 즈음하여 안식교도의 평화정신을 피로한다」의 필자인 이창규(李昌
圭)가 삼육신학원 교수라는 점은 특히 주목을 요한다. 삼육신학원은 현
삼육대학교의 전신으로서, '집총 거부'로 문제가 된 제칠일안식일예수재
림교회(이하 '안식교') 교단의 신학교이다. 비록『기독교사상』이 교파를

---

43) '안식교단' 측은 '재림교회'로 불리기를 원하지만, 이 글에서는 이슈가 된 당시의
명칭을 그대로 따른다. 양심에 따른 병역 거부자들 중에서 징집 자체를 거부하는
여호와의 증인들은 민간법정에서 '병역기피'로 처벌받았던 반면, 안식교인들은
일단 군에 입대한 후 집총을 거부했기 때문에 '항명죄'로 처벌받았다. 1956년에는
예비역 훈련에 소집된 안식교인들이 집총을 거부해 실형을 선고받았으나 70여
일 만에 석방됐고, 1957년 4월3일 국방부 장관 김용우는 장관 특명을 통해 각
군 참모총장에게 안식교인 병사들을 위생병 또는 기타 직접 무기를 휴대치
않는 병과에 가급적 배치할 것을 명령했다. 그런데 1959년부터는 현역 입대자가
집총을 거부해 항명죄로 처벌받기 시작했다. 논산훈련소에서 집총을 거부한
신학생 출신 안식교인 청년 2명이 6개월 형을 선고받은 것을 시발로 1년에
10여 명씩 안식교 청년들이 처벌을 받았다. 그러나 당시의 형량은 길어야 1년
이내였다. 집총 거부자들에 대한 처벌이 강화된 것은 5·16정변으로 군사정부가
들어선 이후이다. 베트남 파병 이후 한국사회의 군사화 경향이 더 강화되면서
안식교회 지도부는 흔들리기 시작했고, 1970년대 유신독재 하에서 안식교 지도부
는 결국 '집총 거부' 신념을 철회하였다. 이후 한국사회에서 양심적 병역 거부는
'여호와의 증인'에 의해 대표되었다.(이상 '양심적 병역 거부'의 역사는 한홍구,
『대한민국사 2』, 한겨레출판, 2003, 제4부 참조 ; '안식교단'의 '비무장 군복무'에
관한 연구로는 오만규, 「한국의 양심적 참전 거부자들과 그 기독교적 비판자들의
신학전통」, 『한국기독교신학논총』 26, 2002 ; 오만규, 「제칠일 안식일 예수재림교
회 비무장 군복무의 기원과 발전」, 『한국교회사학회지』 12, 2003 ; 두 교단의
비교연구로는 김돈회, 『양심적 병역거부의 포기와 유지 : '재림교회'와 '여호와의
증인'에 대한 비교연구』, 한신대 석사논문, 2009 참조.)

초월한 잡지를 표방하긴 했으나, 이단(異端)에 대한 배타주의 경향이 극심한 한국 교회의 풍토에서 당사자의 목소리를 직접 들으려는 편집진의 시도는 의미 있는 것이었다.44) 하지만 정작 이창규의 글에서는 '집총거부'나 '양심적 병역 거부' 그 자체에 대한 언급은 전혀 없다. 자신의 교단인 '안식교'를 비롯하여 평화주의 교회의 전통에 대한 역사적 고찰도 찾아볼 수 없다. 서두에서 '그리스도인으로서 화평을 어떻게 누릴 것인가'에 대하여 쓸 뿐 정치와 종교의 분리 원칙에 따라 정치에 대하여는 논하지 않겠노라고 분명히 선을 긋고 시작하는 이 글은, 시종일관 '신앙의 근본 원리'에 대해서만 이야기한다.

그리스도교 신앙의 기초는 신구약성경이며 성경만이 신앙생활의 법칙임을 강조하는 이창규의 글에는 '화평과 사랑' '사랑과 율법' '양심과 자율' 등의 소제목 하에 무수히 많은 성경 구절이 인용돼 있다. 그러나 이 수많은 인용 구절을 '해석'하고 현실에 '적용'하여 설명하는 부분은 극히 드물어서, '양심적 병역 거부'에 대한 필자의 분명한 생각을 찾기는 어렵다. 그나마 '양심과 자율'을 논하는 대목에서 양심에 대한 강조를 통해, 기적과 예언과 병자 치료만 강조하는 위험한 종교에서 '양심과 도덕과 이성'을 무시하지 않는 건전한 종교가 되어야 한다는 것, 복잡다단한 신학설과 교파 분쟁을 반복하는 것을 피하고 신앙의 근원으로 돌아가야 한다는 것, 성경을 철저히 연구하되 '고등 비평가의 전철을 밟아 하나님께 도전'하지 말 것을 주장한다.45) 이창규의 글에서 확인할 수 있는 것은 안식교가 신구약의 '문자적 해석'에 굳게 선 '극보수파'에 속한다는 것,

---

44) 미국 개신교회는 안식교를 이단으로 보지 않는다. 보수적인 기독교단체인 미국복음주의협의회(National Association of Evangelism)는 안식교를 구성원으로 받아들였고, 다른 주요 교단들도 정통 개신교로 인정하고 있지만, 한국 개신교회는 안식교를 이단으로 보고 있다.

45) 이창규, 「그리스도인의 평화 : 집총거부 사건 발생에 즈음하여 안식교도의 평화정신을 피로한다」, 『기독교사상』 19, 1959. 3, 31쪽.

'정교분리' 입장을 지키기 위해 사회적 이슈가 된 '집총 거부'에 대해서는 직접적 언급을 회피하면서 '평화와 사랑의 율법'이라는 신앙의 근본 원리만을 설파하려 한다는 것이다.

이에 비해 홍현설의 글은 안식교의 역사적 전통과 배경, '집총 거부 사건'에 대하여 다음과 같은 매우 중요한 논의를 하고 있다.46) 원래 안식교는 극히 보수주의적인 복음주의 계통에 속하는 교파로서, 토요일 안식일을 고수하고 문자적 해석, 전(前)천년설, 종교의 절대적 자유, 교회와 국가의 완전 분리를 주장한다. 중세기 수도원 식의 공동체적 생활양식을 보존하고 있으며 금욕주의적 생활을 한다. 전쟁을 반대한다고 해도 양심적인 반전론 (conscientious objector)자는 아니고 양심적인 협력자(conscientious cooperator)이며 애국적인 비전투원일 뿐이다. 미국의 안식교 경영 대학에서는 강력한 의무사관 양성을 하고 있으며 제2차 세계대전 중에는 무려 1만 2천 명의 군의관이 전선에서 활약했다.47) 얼마 전까지는 미국에도 종교적 평화주의자들을 보호하는 법령이 없었으나 루즈벨트 대통령 때 양심적 반전론자들을 보호하는 '비전투원 복무령(Civilian Service Act)'이 생겼다. 홍현설은 "불행히 아직도 우리나라에는 그런 법령이 없는 고로 설혹 양심적인 비전론자를 처단했다고 하여도 국가의 처사가 잘못 되었다고는 할 수 없을 것이다. 아직까지 우리나라에 그리스도교의 영향이 너무 미약한 것을 한탄해야 옳을 것"48)이라고 주장한다. 그러나 불행하게도 그로부터 57년이 지난 지금까지도 양심적 병역 거부자를 위한 대체복무제가 입법화되지 못한 데는, '그리스도교의 영향'도 있다. 한국기독교교회협의회 인권위원회는 대체복무제 도입에 찬성하고 있지만, 이를 '이단 종교에 대한

---

46) 홍현설, 「안식교도의 집총 거부 사건에 대하여」, 『기독교사상』 19, 1959. 3, 32~36쪽.

47) 양심적 병역 거부의 역사와 세계 각국의 대체복무제에 대해서는 김두식, 앞의 책, 2002, 제4장 참조.

48) 홍현설, 앞의 글, 1959, 34쪽.

특혜'라며 반대하는 '보수주의' 한국 교회의 힘은 아직도 큰 영향을 미치고 있다.

홍현설이 기독교 평화주의 전통이나 양심적 병역 거부 그 자체에 대해서 찬성 입장을 표하는 것은 아니다. 그는 "평화주의자나 비평화주의자의 쌍방의 신념을 다 같이 존중하여야 한다"는, '모호한' 입장에 서 있다. 그는 신학자 하크네스(Georgia Harkness)의 말을 인용해 "개별적인 그리스도인은 그가 어떻게 자기의 행동의 코오스를 취하여야 할 것에 대해서 하나님 앞에서 기도하는 중에 스스로 결단을 짓지 않으면 안된다"[49]고 본다. 그러한 평화주의/비평화주의 논쟁에 대한 입장에도 불구하고 홍현설은 양심적 병역 거부자들에 대하여는 분명히 동정적이며, 대체복무제 입법에도 찬성한다.

> 다만 내가 바라는 것은 우리나라에도 하루 속히 양심적인 비전론자들을 보호하는 법령이 만들어지는 동시에 그것이 될 때까지 안식교도들도 전투원은 안 될지라도 군의관이 되어서도 국가에 봉사할 수 있도록 국방을 책임 맡은 국민동원 부서에서는, 현명하고 이해 있는 조치를 할 수 있기를 충심으로 바라마지 않는다. 그리하여 우리나라도 문명국이라는 긍지를 계속해서 가질 수 있기를 염원하는 바이다.[50]

'양심적 비전론자'를 위한 대체복무제 유무가 '문명국의 긍지'를 가져온다고 보는 그는, 앞으로도 이런 사건이 계속 발생할 수 있으니 교회와 정부가 협력하여 그 해결책을 찾도록 진지한 연구와 노력이 있기를 기대한다는 말로 결론을 삼고 있다. 이러한 그의 입장은 신앙의 차이에도 불구하고 소수 종파의 종교의 자유를 지켜 주기 위해, 1960년대 미국에서 국가와

---

49) 홍현설, 앞의 글, 1959, 34쪽.
50) 홍현설, 위의 글, 1959, 36쪽.

의 법정 투쟁에 나섰던 '아미쉬의 종교적 자유를 위한 전국 위원회'(NCAR F : The National Committee for Amish Religious Freedom)와 같은 종교적 관용의 면모를 보여준다. 그러나 한국 기독교계는 '대체복무제'에 대하여 1959년의 이 글에 나타난 사회적 소수자 관용의 수준에서 오랫동안 조금도 나아가지 못했다. 오히려 반공주의적 국가주의가 강화되면서 처벌은 더 가혹해지고 탄압은 더 무자비해졌음에도 불구하고, 기독교윤리의 차원에서 마땅히 해야 할 '인권'에 대한 문제제기조차 오랫동안 '이단' 시비 속에 봉쇄되고 말았다.

5. 나가는 말

해방 이후 월남 기독교인 중심으로 형성된 한국 교회는 한국전쟁을 통해 반공주의를 종교적 신앙의 수준으로 내면화 하였다. 이들에게 한국전 쟁은 '성전(holy war)' 혹은 '정당한 전쟁(just war)'이었다. 그러나 이러한 지배적인 인식이 지속되는 한편, 1950년대 후반 평화통일론의 등장과 함께 '화해' '공존' '평화' 같은 '위험한' 단어들이 등장했다.

1959년 『기독교사상』 특집 면에 실린 글들은 반공주의 인식을 강고하게 지녔으면서도, 기독교 복음의 '사랑의 율법'과 평화주의(pacifism) 논쟁에 의거하여 '정당한 전쟁'을 합리화하는 논리가 가지고 있는 모순과 위험성 을 보여주고 있다. 이 글들은 평화주의와 비평화주의의 논쟁에 대한 모호한 태도에도 불구하고 '대체복무제 입법'에 찬성하는 입장(홍현설), 전통적 기독교의 전쟁관인 '정당전쟁론'에 수많은 의문을 표하는 방식으 로 '내키지 않는 슬픈 전쟁'의 관점을 취하는 입장(이장식), '절대적 평화주 의'와 '상대적 평화주의'의 위험성과 한계를 비교하며 '현실주의적 평화주 의'의 길을 택하는 입장(강원용) 등으로 대별된다. 또한 '이단'으로 배척되는 '안식교단'의 글을 싣는 개방성을 보여주기도 한다. 이 글들은 한국 기독교의 한국전쟁 인식과 반공주의의 절대화에 대해 구체적 자기성찰을 보여주지는 않지만, 대체복무제를 지지하거나, 전쟁 일반에 대해 "타자의 악을 절대화하고 그것을 치는 것을 정당화하므로 다시 '정전(正戰)'을 긍정할 위험"(강원용)을 더 깊이 성찰할 수 있는 가능성으로 나타났다. 그러나 이후 '양심적 병역 거부'의 역사가 보여주듯이, 1960년대 이후 군부 정권의 등장과 군국주의의 강화 속에서 한국 기독교는 침묵했으며, 기독교 평화 담론과 평화운동의 가능성은 오랫동안 봉쇄되었다.

기독교인들은 늘 통일을 위해 기도해 왔지만, 그 '통일'이란 흔히 '북진통일', '흡수통일' 같은 식으로 '악마적 공산주의 집단'을 멸망시키는 것이라고 생각해 왔다. '공존' '화해' '평화'라는 말은 세계적 냉전체제가 약화·해체된 이후에도 의심스럽고 불온한 흔적을 지우지 못했다. 역사적으로 보자면, 남북한 정부가 7·4공동성명을 발표했을 때에도 대다수의 교회들은 '이념과 체제를 초월한 민족대단결'이라는 원칙을 의심스럽게 보았고, 오히려 반공정책이 약화될까봐 두려워했다. 1988년 한국기독교교회협의회(NCCK)가 발표한 '민족의 통일과 평화에 대한 선언'이 '반공이데올로기'를 '종교적 신념'처럼 우상화하였던 '죄를 고백'하고 난 후에는, 여러 보수주의 교단에서 격렬한 반발이 일어났고 결국 이듬해 한국기독교총연합회(한기총)이 결성되었다. 이는 1990년대 중반 이후 대형교회를 중심으로 한 보수주의적 경향의 강화[51]와 맞물려 '공격적 반공주의' 집단의 정치세력화라는 결과를 낳았다.

신구약성서에 '평화' '평안' '평강'으로 번역된 히브리어 '샬롬(shalom)'이 매우 풍부한 의미를 담고 있으며, 기독교의 복음이 '평화의 복음'이라는 것은 누구도 부정하지 않는다. 해마다 성탄절이 되면, 기독교인이 아니더

---

51) 강인철, 「1990년대 이후의 개신교 지형 : 보수 헤게모니의 점진적 확장」, 『한국의 개신교와 반공주의』, 도서출판 중심, 2006, 571~584쪽.

라도 "하늘에는 영광, 땅에는 평화"(누가복음 2 : 14)라는 구절을 어디에서
나 볼 수 있다. 예수가 제자들에게 남긴 "평안을 너희에게 끼치노니
곧 나의 평안을 너희에게 주노라. 내가 너희에게 주는 것은 세상이 주는
것과 같지 아니하니라."(요한복음 14 : 27)라는 말 속에는 그 복음의 핵심이
들어 있다. 그러나 개역개정판 성경에서 이 구절의 '평화(shalom)'가 '평안'
으로 번역된 것처럼, 한국 교회에서 '평화'의 개념은 타계주의와 심령주의
의 현실 도피적 전통에 의해 왜곡되고, 사회구조의 차원과는 동떨어진
채 마음의 평화, 영혼의 평화, 내세의 평화로 받아들이는 경향이 있어
왔다. '진정한 평화는 하나님으로부터 오는 것'이라는 생각에서 더 나아가,
현실적으로 사람이 할 수 있는 일은 기도 외에는 아무것도 없으며 내
마음이 평화로우면 세상에도 평화가 온다는 식의, '안정'과 '평화'를 동일
시하는 소극적·수동적 관점이 '평화'에 대한 한국 교회의 지배적인 인식이
었다.52)

  그러나 "화평케 하는 자에게 복이 있나니, 저희가 하나님의 아들이라
일컬음을 받을 것"(마태복음 5 : 9)이라는 산상수훈의 구절에서처럼 평화
란 능동적으로 '만들어가는 것'이다. '평화를 만드는 자(peace-maker)'가
곧 '하나님의 아들'이라는 이 구절은 기독교 평화주의 전통의 오랜 모토였
다. '그리스도의 평화(Pax Christi)'라는 개념이 가진 역설적인 성격, 사회정
의와 연관된 역동적인 '평화 만들기' 과정으로서의 성격을 망각할 때,
'평화'는 현실도피, 대세 추종, 안정 추구로서 이해되기 쉽다. 한국 기독교
에서 오랫동안 평화주의 전통이 미약했던 것은, 한국전쟁의 상흔과 반공주
의의 억압 속에서 진보적 기독교인들조차 이러한 역동적 성격을 무시하고
평화를 '비현실적 이상'으로 봤기 때문이고, '이단'에 대한 무조건적 배타
주의 경향이 강한 때문이었다. 1950년대 후반의 기독교 평화 담론 역시

---

52) 세계개혁교회연맹(WARC) 서울총회 공식자료 『정의·평화·창조질서의 보전』,
   대한예수교장로회총회출판국, 1989, 138쪽.

비슷한 한계를 가지고 있었지만, 기독교 지식인들이 당대 평화주의 논쟁의 최전선에서 '집총 거부'라는 사회 문제를 놓고 기독교 윤리를 고민했다는 점은 큰 의미를 지닌다. 한국 기독교가 더 이상 '한국전쟁의 원한'에 붙들려 있지 않기 위해서, '평화'를 만들어가기 위해서 되돌아보아야 할 지점으로서 1959년 『기독교사상』의 평화 담론은 존재한다.

〈참고문헌〉

1. 자료

강원용, 『빈들에서(1,2)』, 열린문화, 1993.
『기독교사상』 17~19호, 대한기독교서회, 1959.
김양선, 『한국기독교해방십년사』, 대한예수교장로회총회 종교교육부, 1956.
『신학지남』 11(2~3), 신학지남사, 1929.
세계개혁교회연맹(WARC) 서울총회 공식자료 『정의·평화·창조질서의 보전』, 대
　　　　한예수교장로회 총회출판국, 1989.
『한경직목사 설교전집(1,2)』, 대한예수교장로회총회 교육부, 1971.

2. 논저

강인철, 「분단과 평화에 대한 기독교인의 역사적 책임」, 『기독교사상』 39(6), 1995.
＿＿＿, 『전쟁과 종교』, 한신대학교 출판부, 2003.
＿＿＿, 「한국 개신교 반공주의의 형성과 재생산」, 『역사비평』 70, 역사문제연구소,
　　　　2005.
＿＿＿, 「1990년대 이후의 개신교 지형 : 보수 헤게모니의 점진적 확장」, 『한국의
　　　　개신교와 반공주의』, 도서출판 중심, 2006.
김돈회, 『양심적 병역거부의 포기와 유지 : '재림교회'와 '여호와의 증인'에 대한
　　　　비교연구』, 한신대 석사논문, 2009.
김두식, 『칼을 쳐서 보습을』, 뉴스앤조이, 2002.
김성수, 『함석헌 평전』, 삼인, 2001.

서중석, 『조봉암과 1950년대』, 역사비평사, 1999.

오만규, 「한국의 양심적 참전 거부자들과 그 기독교적 비판자들의 신학전통」, 『한국기독교신학논총』 26, 2002.

_____, 「제칠일 안식일 예수재림교회 비무장 군복무의 기원과 발전」, 『한국교회사학회지』 12, 2003.

윤정란, 「1950년대 『기독교사상』의 창간과 방향」, 『역사학연구』 48, 2012.

_____, 『한국전쟁과 기독교』, 한울, 2015.

이하나, 「1950~60년대 반공주의 담론과 감성 정치」, 『사회와 역사』 95, 한국사회사학회, 2012.

장동민, 『박형룡의 신학 연구』, 한국기독교역사연구소, 1998.

정미현, 「칼 바르트 사상의 변화 : 반전 평화운동과 관련하여」, 『현대신학의 동향』 (조직신학논총 제8집), 2003.

Bainton, Roland Herbert, 채수일 옮김, 『전쟁·평화·기독교』, 대한기독교출판사, 1981.

Merton, Thomas, 조효제 옮김, 『머튼의 평화론』, 분도출판사, 2006.

Yinger, John Milton, 한완상 옮김, 『종교사회학』, 대한기독교서회, 1973.

1960~1970년대 조지 오글 목사의 도시산업선교 활동과 산업 민주주의 구상

이 상 록

대한항공 002호기가 태평양 위로 빠져 나오고, 간식이 제공되었다. 한 젊은 여 승무원이 내 앞에 식판을 놓고는 내 무릎에 엽서 한 장을 떨어뜨리고는 아무 말 없이 서둘러 갔다. 나는 엽서를 힐끗 보았으나 잠시 기다렸다가 뒤집어서 읽어 보았다.

"오글 목사님, 안녕히 가십시오. 저는 한 젊은이입니다(제 이름을 쓸 수 없습니다.) 저희 대부분은 목사님께서 저희 나라의 진정한 자유와 민주주의를 위해 일했다는 것을 압니다. 우리의 마음도 목사님과 함께 울고 있습니다. 목사님의 이름은 역사에 남을 것입니다. 상황이 변할 것이며 머지않아 목사님께서는 일을 계속하기 위해 한국으로 초청될 것이라고 저는 생각합니다. 제발 건강하십시오."

나는 울기 시작했다. 그것이 눈물로 가득 찬 순간들이 많았던 그 긴 하루의 마지막 순간이었다. 747기가 계속 미국을 향해 가고 있었을 때, 나는 우편엽서를 무릎에 올려놓은 채 차츰 깊은 잠에 빠졌다.[1]

1. 머리말

1974년 12월 14일 오명걸이라는 한국 이름을 가진 조지 오글(George E. Ogle, 1929~) 목사가 한국 정부로부터 강제 퇴거 명령을 받고 미국으로 추방당했다. 오글 목사에게 강제 퇴거 명령을 내린 것은 출입국관리법 제31조(강제 퇴거) 3항에 따른 것인데 이에 따르면 법무부 장관은 오글 목사를 '대한민국 국시에 위배되는 행동을 한 자' 내지 '공안을 해하는 행동을 한 자'로 판단하여 국외로 강제 퇴거 조치시킨 것이었다.[2] 법무부가 밝힌 오글 목사 추방 이유는 ① 1974년 10월 10일 상오 10시 한국기독교교회협의회 소강당에서 있었던 구속자를 위한 목요 기도회에서 "인혁당 사람들은 아무런 죄도 없고 증거도 없이 극형을 선고받았으므로 우리는 인혁당 사람들을 살리도록 노력해야 한다"고 발언하여 '국시를 위배'했고, ② 1974년 11월 14일 기독교협의회 강당에서 열린 기도회에서 "구속자를 석방하라"는 머리띠를 두르고 농성 시위를 했으며, ③ 1974년 11월 24일 서울 흑석동 감리교회에서 개최된 도시산업선교회 주최 구속자를 위한 기도회에서 "정부는 현행 헌법을 철회하고 새로운 민주주의를 수립하는 것만이 최대의 과제다"는 등의 '선동 발언을 했다'는 것 등이었다.[3] 한국

---

1) 조지 오글, 「우리의 마음도 여러분들과 함께 울고 있습니다」, 『시대를 지킨 양심』, 서울 : 민주화운동기념사업회, 2007, 69쪽.

2) 1974년 당시 출입국관리법(법률 제2437호, 1973.1.15 개정) 제31조는 "법무부 장관은 다음 각호의 1에 해당하는 외국인을 국외로 강제 퇴거시킬 수 있다"이며, 3호는 "12조 각호의 1에 해당하는 사유가 입국 후에 발견되었거나 발생된 자"로 오글 목사의 경우 12조(입국의 금지) 중 3호 "대한민국의 국시에 위배되거나 경제 질서를 교란하는 행동을 할 우려가 있다고 인정되는 상당한 이유가 있는 자" 또는 4호 "공안을 해하거나 풍속을 문란하게 하는 행동을 할 우려가 있다고 인정되는 상당한 이유가 있는 자"를 적용한 것으로 보인다. 법제처 국가법령정보 센터(http://www.law.go.kr)

3) 「오글 목사(미국인)에 출국령, 법무부 입국 목적 외 활동으로」, 『경향신문』 1974. 12. 14, 1면.

정부가 이처럼 정치적인 이유로 미국인을 강제로 추방 시킨 것은 매우 이례적인 일이었다.

한국 정부의 오글 목사 추방 직후 미 국무부 하비브 동아시아 담당 차관보는 함병춘 주미 대사를 국무부로 불러 한국 정부의 처리 방식에 유감을 표명하였고, 미 국무부 대변인이 공식 브리핑을 할 정도로 미국은 한국 정부의 미국인 추방 조치에 노골적으로 불쾌감을 표명했다. 곧이어 주미 한국 대사관은 미 국무성에 오글 목사의 추방은 법적으로 하자가 없었다고 설명하였고, 김동조 외무부 장관은 스나이더 주한 미 대사에게 오글 목사 추방에 대해 해명해야 했다. 공식 외교 라인에서 미국 정부를 달래고 설득하는 사이에 김종필 국무총리는 오글 목사 추방 이틀 후인 16일 부산 경남 지구 통일주체국민대회 대의원들과의 리셉션에서 오글 목사를 맹비난하였다. 이 자리에서 김종필 총리는 "우리는 정말 오랜만에 박대통령과 같은 훌륭한 영도자를 가지게 되었다"면서 그는 개헌을 주장하는 사람들을 "자기 분수를 모르는 사람들"이라고 비난하면서 외국인 선교사가 "남의 나라 헌법에 대해 고쳐야 한다느니, 인혁당 사건 관련자가 죄가 없다느니" 하는 등의 발언과 시위를 행했기 때문에 추방된 것이라고 하였다. 더 나아가 그는 오글 목사가 조사 과정에서는 "입국 목적 외 활동을 시인한다면서 그 대신 내쫓지는 말아 달라"고 말해 놓고 추방 후에는 "정치 활동을 한 일이 없다고 표리부당한 말을 했다"고 악의적으로 비난하였다.[4] 미국에서 김 총리의 비난을 전해들은 오글 목사는 언론을 통해 이에 대한 반박 성명을 내고 누가 거짓말을 했는지 중앙정보부와 법무부 출입국관리사무소 조사 기록을 일반에 공개할 것을 요구하기도 하였다.

박정희 정부의 오글 목사 추방에 대해 미국 정부는 유감 표명 정도로

---

4) 「김 총리, 오글 목사 비난」, 『동아일보』 1974. 12. 19, 2면.

대응하고 넘겼지만, 1970년대 한미 관계의 삐걱거림에 일정한 영향을 끼쳤다. 주지하듯이 유신헌법 선포 과정에서 미 국무부가 보여준 태도는 안보의 관점에서 이를 용인하는 것이었다. 박정희 정부는 미 국무부의 인내심을 시험하는 것처럼 당혹스럽게 만드는 사건들을 만들어 갔고, 오글 목사의 추방 또한 그러한 일들 가운데 하나였다. 미 국무부와 달리 미 의회는 '인권' 문제를 매개로 하여 한국 정부에 대한 미국의 정책 기조를 바꿔야 한다는 기류가 강하게 흐르고 있었다. 추방 4일 후인 12월 20일 오글 목사는 미 하원에서 프레이저 의원이 주도하는 한국 인권 청문회에 나와 한국의 인권 문제와 자신의 추방 경위 등을 증언하였다. 그 다음날『뉴욕타임스』기자는 미 하원 청문회에서의 오글 목사 증언 사실을 보도하면서 오글 목사의 추방 이후 한국에서 반(反)정부 세력이 증대되고 있고 이들의 활동이 더욱 가열되고 있으며, 오글 목사 추방으로 인해 앞으로 한국 정부가 난처하게 될지 모른다고 분석하였다.

　사태의 표면을 보면 기자의 예측처럼 오글 목사 추방이 한국 정부를 직접적으로 난처하게 만들지는 않은 것처럼 보인다. 하지만 오글 목사 추방 사건은 한국의 '재야' 진영과 종교계의 투쟁 의지와 결속력을 강화시켰고, 선교사들을 중심으로 한 반정부 국제 네트워크를 강화시켰다. 언론인 짐 스텐츨(Jim Stentzel)의 회고처럼 오글 목사가 포함된 선교사 모임인 월요 모임 회원들은 한국에서는 금지된 외국 언론 기사를 해외로부터 받아서 한국 내에 배포하기도 했고, 한국의 민주주의와 인권 상황에 대한 여러 자료들을 외국으로 밀반출하여 일본과 미국 언론에 공개될 수 있도록 하였다. 미 국무부는 미국의 냉전 헤게모니를 유지하기 위해 제국의 관점에서 '자유민주주의'의 레일로부터 이탈한 유신체제를 폭발하지 않도록 관리하는 입장이었지만, 바로 이 '자유민주주의'로 인해 미국은 다시 유신체제에 개입할 수밖에 없었다. 자유민주주의적 가치에 기반해 유신체제의 반인권성을 폭로하는 한국의 재야 지식인과 미국

종교인들의 탄원과 간청에 미 의회는 '인권' 문제를 내세워 미 행정부를 압박했고, 미 행정부는 주한미군과 원조예산 감축 카드를 만지작거리며 박정희 정권을 압박했다. 오글 목사는 추방 이후 주로 비공식적 루트를 통해 유신체제의 인권 문제와 노동 탄압 등을 제기하였으나, 한국 사회에서는 서서히 잊혀져 갔다. 1987년을 거쳐 한국이 법·제도적 차원에서 '민주화'되고 민주화 운동의 역사를 정립해 가면서 오글 목사는 명예롭게 호명되었다. 오글 목사는 1994년 민청학련운동계승사업회 초청으로 방한하였고, 2002년에는 민주화운동기념사업회 초청과 한국인권문제연구소의 '한국인권상' 수상 등으로 내한하기도 하였다.

오글 목사는 이처럼 인혁당 사건 관련자 탄원과 추방 사건으로 조명되어 왔지만, 1954년 한국 땅에 발을 들인 이래로 그는 목회와 도시산업선교회 활동에 전념해 왔다. 오글 목사의 도시산업선교회 활동과 그의 철학에 대해서는 도시산업선교회와 노동운동을 다룬 몇몇 연구에서 매우 제한적으로 언급되고 있을 뿐, 오글 목사 자신의 자서전적 회고기를 제외하면 관련 글이 거의 없다고 해도 과언이 아니다. 기독교와 교회가 한국 보수주의의 핵심적 생산처로 자리 잡고 있는 2015년 한국의 현실에서 1960~1970년대 조지 오글 목사의 기독교 이해와 산업선교 활동을 어떻게 기억해야 할 것인가?

이 주제와 관련하여 1960~1970년대 교회와 노동자의 만남을 다룬 기존 연구 가운데 세 편의 저작을 간략히 언급하고자 한다. 첫 번째는 구해근의『한국 노동 계급의 형성』이다. 너무나 잘 알려진 그의 저작은 E. P. 톰슨의『영국 노동 계급의 형성』으로부터 많은 영향을 받은 것인데, 구해근은 노동 계급의 형성을 자본주의적 생산관계 구조로부터 다소 자동적으로 형성되는 것으로 이해하는 환원주의적 해석을 비판하면서 노동 계급이라는 집단 정체성이 복잡적인 요인 속에서 끊임없이 구성되어 간 것으로 해석하였다. 그는 1970년대 한국 노동운동에서 여성 노동자들이

중요한 역할을 담당했던 요인을 경공업 여성 노동자들과 진보적인 교회
조직 간에 형성된 긴밀한 연계에서 찾고 있다.[5] 도시산업선교회와 가톨릭
노동청년회의 활동이 1970년대 노동운동에 끼친 영향을 절대적으로 강조
하는 입장이다.

두 번째는 1970년대 도시산업선교회 활동과 노동운동의 관계를 실증적
으로 분석한 장숙경의 저서이다.[6] 이 저서의 결론은 구해근의 그것과
비슷하다. 그러나 장숙경의 연구는 종교 조직으로서 도시산업선교회의
흐름을 좀 더 면밀히 추적하면서 노동운동에 끼친 영향을 분석한다는
면에서 주목된다. 보수적인 신앙 교육을 받은 산업선교 실무자들이 점차
노동자 편에 서서 노동운동을 조직·지원하는 역할을 하게 되기까지의
과정과 도시산업선교회 운동가들과 박정희 정권과 결탁한 보수 개신교
세력과의 갈등도 분석하였다.

세 번째는 앞의 두 저서와는 해석 및 접근 방식이 다른 김원의『여공
1970-그녀들의 反역사』이다. 이 책의 7장과 8장은 각각 "여공들은 '투사'
였나?"와 "교회는 여공들의 친구였나?"라는 도발적인 제목인데, 제목만큼
이나 내용도 도발적이다. 그는 다음과 같이 구해근의 해석을 정면에서
비판하면서 도시산업선교회가 1970년대 노동운동에 끼친 부정적인 영향
들을 지적한다.

"동일방직 및 여성 민주노조에서 도시산업선교회 등 이른바 교회 단체
와의 연계가 반드시 긍정적이었는가에 대해서는 부정적일 수밖에 없다.
노조 활동 및 방향에 대한 지나친 개입, 노동 문제의 사회화를 통한
노조로서 기능 약화, 민주 대 어용이라는 이분법에 기초한 '어용 만들기'
등 숱한 모순과 균열이 민주노조 운동과 도시산업선교회 사이에는 놓여져

---

5) 구해근, 「제4장 순교자, 여성 노동자와 교회」,『한국 노동계급의 형성』, 서울 : 창작
　 과비평사, 2002, 145쪽.
6) 장숙경,『산업선교, 그리고 70년대 노동운동』, 서울 : 선인, 2013.

있다. 하지만 이러한 모순과 균열은 구해근이 생산한 1970년대 민주노조운동에 대한 담론 속에는 철저하게 배제되어 있다."[7]

김원은 노동자들의 구술을 통해 '민주-어용 노조'의 대립 구도 자체가 선명하지 않았던 지점을 드러내고, 조화순·인명진 등 당대 도시산업선교회의 핵심 활동가들의 이면을 밝혀내기도 하였다. 그의 문제 제기는 정통성과 연속성으로 파악하는 민주화운동 담론과 '민주화 담론의 국가화'를 근본적으로 비판하고 있다는 점에서 매우 중요하다.

그러나 김원의 문제 제기와는 다른 맥락에서 친미·자본·보수·세습의 아이콘으로 전락한 한국 개신교의 역사를 거슬러 읽기 위해 도시산업선교회 활동가들의 실천과 사유를 재해석할 필요가 있다고 생각한다. 여기서 특별히 오글 목사를 중심에 두고 다루려는 것은 "목사님의 이름은 역사에 남을 것입니다"라는 엽서를 쓴 어느 청년의 소망과도 관련이 있다. 그렇지만 이 글이 단순히 오글 목사에 대한 헌사를 쓰기 위한 작업은 결코 아니다. 그 실천과 사유의 시대적 한계와 약점들을 드러내면서 동시에 그것의 의미를 찾아내어 기억할 수 있도록 하는 것, 그것이 오글 목사와 도시산업선교회를 역사화해야 하는 역사가의 숙명일 것이다.

2. 오글 목사의 도시산업선교 활동

1) 오글 목사의 선교사 파견과 한국교회의 산업전도 운동

조지 오글은 1929년 1월 7일 미국 펜실베이니아 서쪽 탄광 지대 작은 철도 마을인 핏케언(Pitcairn)에서 태어났다.[8] 그는 1947년부터 1951년

---

7) 김원, 『여공 1970-그녀들의 反역사』, 서울 : 이매진, 2005, 555쪽.
8) 이하 그의 일생에 대한 내용은 "The Rev. George E. Ogle : Biographical Data",

사이에 테네시(Tenessee)에 있는 메리빌(Mary Ville) 대학을 다녔는데, 그 시절 버튼 퀴너 박사로부터 경제 정책이 노동자들에게 끼치는 영향에 대해 인상적인 가르침을 받은 것으로 회고하였다. 메리빌 대학 졸업 이후 그는 듀크(Duke) 대학 신학교에 다녔는데, 그곳에서는 노스캐롤라이나 주의 노동운동을 접했고, 천주교 신부들이 노동자들의 삶 속으로 들어가 가난한 삶 속에서 예수를 체현하고자 했던 경험에 관심을 갖기도 하였다. 듀크 대학 재학시절 그는 감리교선교위원회의 선교사 모집에 자원하여 1954년부터 1957년까지 3년간 한국에서 감리교 선교사 생활을 하였다. 당시 그는 대전에 있는 감리교 신학교와 공주의 영명고등학교에서 영어를 가르치고 교회의 청년부와 함께 일하며 한국어를 배웠다. 3년간의 선교사 프로그램을 마치고 1957년 그는 미국으로 돌아가서 시카고에 있는 루즈벨트 대학교에서 노동문제에 관한 과정들을 이수하였고, 웨스트사이드 교구에 있는 작은 교회의 목사로 봉직했다.

1960년 2월에 그는 아내 도로시와 함께 서울에 왔다. 당시 이들은 연세대학교에서 한국어 공부를 하고 있었는데, 한국에 온 지 2개월 만에 4·19혁명을 겪게 되었다. 오글 목사는 4·19 당시보다도 제2공화국 수립 이후인 1960년 11월 16일 연세대학교 학생들이 당시 연세대 재단 이사장인 찰스 소어(Charles A. Sauer, 1891~1972) 박사의 사택 문을 부수고 들어가 건물과 가구를 파괴하는 사건을 목격한 것을 더 강렬하게 기억하고 있었다. 1961년 9월 한국 감리교 주교는 오글 목사를 인천에서 산업전도를 맡도록 배정하였다.

전 세계적으로 '산업전도'는 20세기 초 미국과 유럽 등지에서 교회가 공장 노동자들을 전도의 대상으로 삼고 관심을 기울인 것에서부터 비롯된

George E. Ogle Papers, 국사편찬위원회 소장 문서와 『시대를 지킨 양심』(서울 : 민주화운동기념사업회, 2007)에 수록된 조지 오글의 「우리의 마음도 여러분들과 함께 울고 있습니다」의 내용을 참조하여 작성하였다.

것으로 본다. 특히 제2차 세계대전 이후 프랑스에서 가톨릭교회가 '산업목사' 제도를 두기 시작한 것을 중요한 계기로 삼고 있다. 한국에서는 1950년대 초부터 기독교인 경영자들이 공장 노동자들을 전도하고자 공장 내에서 예배를 드리는 활동 등을 전개하고 있었는데, '산업전도'라는 명칭이 사용되고 본격적으로 소개되기 시작한 것은 1957년 무렵부터이다.9) 1957년 3월 동아시아 기독교연합회의 산업전도 간사였던 헨리 존스(Henry D. Jones) 목사가 내한한 것이 중요한 계기였다. 존스 목사를 중심으로 한 각 교파 전도부 책임자 회의에서 한국기독교연합회 산하에 산업전도위원회를 두기로 하였으나, 회의 이후 계획은 무산되고 교단별로 산업전도 활동이 독자적으로 추진된다.10) 예수교장로회는 1957년 4월 12일 전도부 산하에 '산업전도위원회'를 설치하였다. 예수교장로회는 1957년 8월 당시 전도부장이던 황금찬 목사와 어라복 선교사를 일본과 대만의 산업선교를 시찰시켰고, 영등포와 안양에 3명의 교역자를 파송했으며, 1958년 11월 오철호 전도사를 임용하고 인천, 대전, 부산 등 12개 도시에 각 지방 산업전도위원회를 조직하는 등 초기 산업전도를 이끌었다.

미국의 교회 조직은 아시아에서의 '산업전도'를 위해 자금 지원과 전문 인력 방문 교육, 선교사 파견 등 물심양면의 지원을 아끼지 않았다.11) 1958년 6월 필리핀 마닐라에서 개최된 제1회 아세아산업전도대회에는 4인의 한국 대표가 참가하였는데, 이 대회에서는 아시아에서 산업화가

---

9) 장숙경은 오철호의 사후 구술을 근거로 한국에서 산업전도가 1955년 어라복(Robert C. Urquhart) 선교사가 파견되면서 시작되었다고 하였는데, 어라복이 산업전도의 기초 작업을 시작한 것은 문경시멘트공장이 준공된 1957년 9월 이후이기 때문에 산업전도의 출발을 1955년으로 잡는 것은 어색하다. 무엇보다도 어라복 자신이 남긴 글("Industrial Evangelism in Korea Past, Present, and Future")에서 한국에서의 산업전도 시작을 1957년 존스 목사의 방한으로 잡고 있다.

10) 오철호, 「한국에 있어서의 산업전도의 실태」, 『기독교사상』 5-5, 서울 : 대한기독교서회, 1961, 63쪽.

11) 장숙경, 앞의 책, 2013, 32~37쪽.

촉진됨에 따라 교회는 종래의 프로그램을 재검토하여 재조직할 필요가 있다는 점이 강조되었다. 이 대회 보고서를 소개한 홍현설(감리교신학교 교장)은 산업 노동자들을 "현대의 산업문명의 광야에서 길을 잃은 영혼들"이라며 노동자들의 비인격화 현상을 산업 사회의 특징으로 부각시켰다. 또한 교회는 이들 속으로 들어가 그리스도의 복음을 전하며 노동자들의 권익을 옹호하는 노동조합의 조직을 도와야 한다고 하였다.[12]

노동자들의 '소외'와 '비인격화' 등에 주목하기는 했으나, '산업전도'는 기본적으로 산업화에 대응하여 노동자들을 교인으로 만드는 개신교의 교세 확장 활동의 성격이 강했다. 노동자 처우개선이나 노동조합 설립 지원 등을 교회가 담당해야 한다고 했지만, 산업전도 활동에 관여하던 목사나 선교사 등은 노사 협조와 노사 간의 우호 증진을 위한 중재자가 되는 것을 교회의 중요한 역할로 상정하고 있었다.[13]

초기 산업전도 활동가들의 인식은 "경영주 편이나 종업원 편에 치우쳐서 어느 한 편만을 두둔하는 일방적인 활동을 할 수 없고", "사장 한 사람만 예수 믿게 하는 데 성공하면 그 공장 노동자들은 저절로 교회에 나오게 된다"고 생각할 만큼 안일하였다.[14] 오글 목사가 인천에 부임하기 전에 산업전도에 임하던 목사들도 공장 경영주의 힘을 이용하여 노동자들에게 전도하는 태도를 취하고 있었다. 그러나 오글 목사가 오면서 인천 지역 산업전도에는 새로운 분위기가 조성되기 시작하였다.

---

12) 홍현설, 「산업전도에 대하여 – 아세아산업전도대회 보고서를 중심으로」, 『기독교사상』 3-1, 서울 : 대한기독교서회, 1959, 31~32쪽.
13) 홍현설, 위의 글, 1959, 33쪽.
14) 장숙경, 앞의 책, 2013, 42~43쪽.

2) 오글 목사의 인천도시산업선교회 활동

감리교의 경우 1961년 봄 인천 내리교회의 윤창덕 목사가 동일방직 여성 노동자들을 위한 예배를 시작했고, 주안교회의 조용구 목사가 한국기계공업에서 노동자들을 위한 예배와 상담 활동을 시작했다.15) 1961년 10월 오글 목사는 인천 동구 하수동에 초가집 한 채를 구입하고, 윤창덕·조용구 목사 등과 함께 '인천산업전도위원회'를 조직하였다.

당시 오글 목사는 '그리스도는 교회뿐만 아니라 공장에도 계시다'는 신학적 믿음 아래 공장에 계신 주 그리스도를 발견하려는 사업으로 산업전도사업을 이해하고 있었다. 개인을 향한 복음보다는 사회에 대한 전도를 강조하는 미국 교회의 태도를 그는 공장에 적용해 보고 싶어 했다.16) 공장 경영진을 통해 근로자들을 전도하는 방식으로부터 벗어나서 전도자 자신이 노동자들 속으로 들어가 직접 그들의 세계에서 몸으로 경험하는 것으로부터 선교가 모색되어야 한다는 생각을 갖고 있었다. 오글 목사는 인천에 있던 한 공장을 방문하여 점심시간에 노동자들을 만나 자기 소개를 나누었으나 노동자들의 반응은 의심 반, 호기심 반의 태도였다. 오글 목사는 설교보다는 노동자들의 일상생활이나 궁금한 점을 이야기하는 것으로 점심시간의 만남을 이어갔고, 공장에서의 산업 재해로 노동자가 크게 다쳤을 때 오글 목사가 병원에 달려가서 부상당한 노동자를 위해 기도를 한 이후 노동자들은 오글 목사에 대한 경계심을 풀게 되었다.17)

---

15) 한국기독교교회협의회 한국교회산업선교 25주년 기념대회, 『1970년대 노동현장과 증언』, 서울 : 풀빛, 1984, 102쪽.

16) 인천산업전도위원회 오명걸, 「산업전도사업보고서(1961. 11~1962. 11)」, "Materials in Korean, 1962~1972 & Undated [Folder 15], 42쪽, Series 2 : Inchon Urban Industrial Mission, 1962~1972, George E. Ogle Papers, 국사편찬위원회 소장 자료(원 소장처 : 미국 에모리대학 피츠신학도서관).

17) 조지 오글, 「우리의 마음도 여러분들과 함께 울고 있습니다」, 『시대를 지킨 양심』, 서울 : 민주화운동기념사업회, 2007, 45~46쪽.

오글 목사는 프랑스의 '노동자 사제(Worker Priest)'의 영향을 받아 목사와 전도사도 노동자들과 함께 노동하며 생활하는 가운데 복음을 전해야한다는 점을 깊이 생각했고, 1962년 3월 12일 이승훈이라는 신학생을 5개월간 공장에서 노동하도록 한 것이 그 출발이 되었다.

산업선교 실무자들의 노동 훈련 과정을 살펴보면, 1962년 이승훈 전도사(인천판유리와 대성목재 5개월), 조문걸 전도사(인천중공업 1967년까지), 조승혁 목사(대성목재 1964년 1월까지), 1963년 김치복 목사(인천부두)와 안연순 전도사(흥한방직 1966년 3월까지), 1966년 조화순 목사(동일방직), 유흥식(이천전기), 1967년 김호현 전도사(인천판유리, 인천부두)와 윤문자 전도사(중앙도자기), 김정국 목사(인천공작창)가 각각 공장에서 노동 체험을 한 후 산업선교 활동을 시작하였다.[18]

1967년 2월 오글 목사를 중심으로 한 인천산업전도위원회는 '1962년 9월부터 1966년 12월 31일까지의 5년간의 활동 과정을 중심으로' 하는 「인천산업전도위원회 종합활동보고서」를 작성하였다. 이 보고서에서 '노동자 목회' 활동에 대한 평가를 살펴보면, 초기 이승훈 전도사를 공장에 보내 보니 애초 의도와 달리 교역자가 노동자의 세계에 들어가는 것은 쉽지 않았고 노동하면서 전도하는 것이 막상 실제 현장에서는 잘 실행되지 않거나 역효과를 일으키기도 하였다고 하였다.[19]

초기 인천산업전도위원회에서는 교회 중심의 프로그램들도 병행하여 전도 활동을 펼쳤는데, 교회와 교역자들이 노동자들을 잘 이해하지 못한 채 서툴게 다루면서 초기 교회 중심의 프로그램들이 사실상 실패하였다. 그리하여 인천산업전도위원회는 1962년 6월에 평신도 노동자를 위한

---

18) 한국기독교교회협의회 한국교회산업선교 25주년 기념대회, 앞의 책, 1984, 104쪽.

19) 「인천산업전도위원회의 종합활동보고서」, "Materials in Korean, 1967~1972 & Undated [Folder 16], 8쪽, Series 2 : Inchon Urban Industrial Mission, 1962~1972, George E. Ogle Papers, 국사편찬위원회 소장 자료(원 소장처 : 미국 에모리대학 피츠신학도서관).

느헤미야 모임 활동을 개시하였다. 초기 활동은 실패와 새로운 모색의 과정이었다. 이 과정에서 오글 목사와 활동가들은 단지 근로자들을 회개시킴으로써 그들을 교회로 이끌고자 하는 산업전도사업의 기본 방향에 대해 의문을 표시하였다. 오글은 산업전도에 나서는 목회자들이 직접 노동함으로써 노동자와 노동 사회를 이해할 수 있도록 하는 데 치중하였다. 이 과정에서 노동자를 무시하거나 낮추지 않고 '수난덩어리'인 그리스도를 노동자 대중 속에서 발견할 수 있도록 노동자를 섬기는 겸손한 종의 자세를 가질 것을 목회자들에게 요구하였다.[20]

1966년 11월 1일부터 조화순 목사는 동일방직에 노동자 목회 훈련을 들어가게 되었다. 오글 목사는 조화순 목사에게 '훈련 받으러 가는 것'이므로 "전도한다는 건방진 생각을 하지 말라"며 "노동자에게 배운다는 생각만 하고 열심히 일을 하라"고 지시하였다. 공장에서 자기보다 어린 노동자들에게 명령을 받고 모욕적인 언사를 듣자, 조화순은 "내가 누군데, 무식한 것들! 저렇게 팔자 사나운 것들한테 내가 이런 취급을 받다니 이게 무슨 꼴이냐" 하며 견딜 수 없는 억울함과 죽이고 싶을 정도의 증오심에 어찌할 줄을 몰라 했다고 한다. 하지만 노동자를 배우러 들어와서 노동자에 대한 증오심에 불타는 자신을 발견한 조화순은 부끄러움에 참회의 눈물을 흘리며 고난과 모욕을 받으면서도 용서를 하였던 예수의 성육신을 떠올렸다고 한다.[21] 조화순은 동일방직 사건 무렵까지도 근본적인 엘리트 의식을 버리지는 못했지만, 노동자 목회 훈련 과정을 통해 자신을 낮추고 노동자와 일상생활을 함께 나누는 방법을 배워 갈 수 있었다.

1967년 1월 조화순은 동일방직에서의 훈련을 토대로 보고서를 작성하여 제출하였다. 이 보고서에는 장시간 중노동에 시달리는 여성 노동자들의

---

20) 인천산업전도위원회, 위의 글, 19쪽.
21) 한국여신학자협의회 여신학자연구반 편,『고난의 현장에서 사랑의 불꽃으로─조화순 목사의 삶과 신학』, 서울 : 대한기독교서회, 1992, 70~76쪽.

처지와 '담임이나 반장들의 인간 이하의 언사에 참을 수가 없'고, 교회에도
별 관심이 없어 하는 노동자들의 모습이 담겨 있다. 조화순은 보고서에서
다음과 같이 자신의 자세와 각오를 밝히고 있다.

> 그들은 인간 대우를 받기를 원하고 있습니다. 비단 물질적인 것만이
> 아니라 인격적으로 인간 대우를 받기 원하고 있습니다. 그러므로 그들을
> 이해하고 동참하고 섬길 줄 아는 평신도의 자세가 먼저 믿는 크리스천들에
> 게 있기 위해 그들을 위해 그들을 훈련 지도하는 일이 있어야겠다는
> 것입니다. (중략) 짧은 기간이지만 강하게 느끼어지는 것은 하나님은
> 공장 안에서도 역사하고 계시다는 것입니다. 여러 가지로 어려움이 많고
> 고달프지만 성령의 인도함 따라 이 몸 다 바쳐 헌신하려 합니다.[22]

1968년 1월 태국 방콕에서 열린 동아시아교회협의회(EACC) 도시산업선
교연구협의회를 계기로 '산업전도'라는 용어는 '산업선교'로 바뀌게 된다.
명칭 변경은 "공장 앞에서 설교하는 것이 아니고 산업 사회의 보다 나은
발전에 관심을 갖는다"는 이 회의의 선포에 발맞춘 것으로 노동자 문제를
교회 중심적 시각에서 보던 것에서 벗어나 노동조합 조직과 운영을 중심으
로 사업을 전개하기로 한 것이었다.[23] 오글 목사를 중심으로 일찍부터
노동자 중심의 선교 활동을 견지해온 인천산선의 경우 명칭 변경이 실제
활동에 좀 더 부합하는 것인 동시에 명칭 변경을 계기로 교육과 훈련의
내용의 중심이 종교적인 것에서 산업과 노동에 대한 것으로 이동하게
되었다. 1968년에 인천산선은 노동조합 지도자 훈련을 18개 사업장에서

22) 조화순, 「산업전도활동보고서(동일방직 공업주식회사를 중심으로) 1967년 1월
20일 현재」, "Materials in Korean, 1962~1972 & Undated [Folder 15], 25~26쪽,
Series 2 : Inchon Urban Industrial Mission, 1962~1972, George E. Ogle Papers, 국사편찬
위원회 소장 자료(원 소장처 : 미국 에모리대학 피츠신학도서관).
23) 장숙경, 앞의 책, 2013, 66~67쪽.

40명을 선정하여 3주간 '노동조합의 조직과 운영, 단체 협약 문제, 인간관계와 노사 협력 문제, 지도자론, 노동 관계 제법' 등을 교육시켰다. 또한 조합원 교육 프로그램을 운영하기도 하여 '한국의 노동 조건과 근로기준법', '한국의 임금 구조와 그 결정 방식', '경제 발전과 산업 재해 문제' 등에 대한 실무 세미나를 실시하였다.24) 1969년에는 '노조최고지도자 훈련 프로그램'을 한국노총 경기도 지역협의회와 공동으로, 한국노총과 경기도 노동위원회 및 인천시청의 협조를 받아 실시하려 하였다. 이 프로그램에서는 '조합주의와 노동운동의 기본적 사상 문제'나 '노동운동의 실제 문제와 사례 연구' 등을 교육, 토론하는 한편, '리더십 운영 및 경영자적 리더십' 등의 내용을 다루고자 하였다.25) 한국노총이나 경기도·인천시 등과 협조 관계를 맺었던 점 그리고 노조 지도자들에게 '리더십' 교육을 시켰던 점 등은 당시 인천산선의 활동의 보수성을 일정하게 암시한다. 특히 1969년 훈련 활동 계획서를 보면, 오글 목사가 한국생산성본부에 톱 매니지먼트(Top Management) 훈련(단기)과 인사 관리 훈련(단기)에 파견 훈련을 계획하고 있을 만큼 '체제'의 '개발주의'와 그 거리가 멀지 않았던 지점이 존재한다.26)

인천산선에서 노동조합 지도자들을 교육·훈련시키고 있던 1960년대 말까지도 오글 목사와 인천산선은 조합 내 분쟁 발생 시 화해를 모색하는

---

24) 인천기독교산업선교위원회, 「기독교대한감리회 도시산업선교 활동 보고서(경인 지역 산업선교활동을 중심으로)」, "Materials in Korean, 1967~1972 & Undated [Folder 14], 10~11쪽, Series 2 : Inchon Urban Industrial Mission, 1962~1972, George E. Ogle Papers, 국사편찬위원회 소장 자료(원 소장처 : 미국 에모리대학 피츠신학 도서관).

25) 인천기독교도시산업선교위원회, 「1969년 도시산업선교 활동계획서」, "Materials in Korean, 1962~1972 & Undated [Folder 18], 5~6쪽, Series 2 : Inchon Urban Industrial Mission, 1962~1972, George E. Ogle Papers, 국사편찬위원회 소장 자료(원 소장처 : 미국 에모리대학 피츠신학도서관).

26) 인천기독교도시산업선교위원회, 위의 글, 1969, 14쪽.

노사 협조적 태도를 취하고 있었다. 일례로 그는 1969년『새가정』지에 쓴「공장과 복음」이라는 글에서 6년간 노사 분쟁이 지속되었던 인천의 어느 공장 노조에서 산업선교위원회에 도움을 요청했을 때, 크리스찬아카데미의 아카데미 하우스에서 연 노사 대표와 학자들의 모임 참석을 주선해 노사 협력의 길을 열었던 일을 자랑스럽게 소개하기도 하였다.[27] 그러나 1970년대에 접어들면서 전태일 사건과 김진수 사건(한영섬유에서 노조 탈퇴를 강요하며 깡패를 동원하여 조합원 김진수를 폭행 치사에 이른 사건)이 발생하자 기존의 노동조합과 산업선교회의 사이에는 갈등이 커져갔다. 1971년부터 1973년 사이 오글 목사는 박사학위를 받고자 미국 위스콘신 대학으로 가 있었지만, 오글 목사와 함께 산업선교 활동을 함께해 온 조승혁, 조화순 등은 어용 노조를 거부하고 노사 협조의 태도를 버리면서 "노동자의 편에서 그들의 고난에 참여할 것"이라는 급진적 태도로 선회하게 된다.

3. 오글 목사의 기독교 사상과 산업 민주주의

1) 교회 비판과 민중신학

오글 목사의 도시산업선교 활동은 세계교회협의회(WCC)를 중심으로 한 1960~1970년대 세계 교회의 변화와 궤적을 같이하는 것이었다. 특히 1960년대 세계교회협의회는 교회의 사회적 책임과 참여를 '선교'의 중심으로 강조하고 있었는데, 이는 '하나님의 선교(Missio Dei)'라는 개념으로 요약될 수 있다.[28] 기존의 '교회 선교'가 개인 구원에 중심을 둔 '전도'

---

27) 오명걸,「공장과 복음」,『새가정』, 서울 : 새가정사, 1969. 4, 40쪽.
28) 박경서, 이나미,『WCC 창으로 본 '70년대 한국 민주화 인식』, 서울 : 지식산업사,

활동에 머문 것이었다면, '하나님의 선교'는 하나님의 피조물인 사회 전체의 총체적인 구원을 강조하는 것이었다. 1952년 독일의 빌링겐 대회에서 호켄다이크(J. Hoekendijk)는 개신교 선교 개념이 지나치게 교회 중심적 선교라는 사실을 지적하면서 교회 중심의 선교를 세계 중심의 선교로 바꿀 것을 주장하였다.29) 이때부터 '하나님의 선교' 개념이 등장하기 시작하였고, 세계교회협의회가 '하나님의 선교'를 강조하면서 교리적으로 '교회'의 위상이 낮아지게 된다.

오글 목사의 교회 비판은 '하나님의 선교'에 입각한 세계 기독교계의 흐름 속에 있으면서도 노동자들을 포함한 '낮은 사람들'의 편에서 '교회' 중심 신학을 비판하고 있다는 점에서 급진적인 측면이 있었다. 오글 목사는 한국 교회의 현실을 '타락'이라고 규정하며, '교회와 사회와의 단절'이 심각한 상황이라며 이로부터 산업선교의 필요성을 제기하고 있다. 그는 한국의 교회가 산업화해 가는 사회구조에서 중대한 도전을 받고 있으나, 재래의 타성을 그대로 보존하고 지속하려는 경향을 보이고 있다면서 당대 개신교 교회의 모순점을 6가지로 정리하여 설명하였다.30)

① 교회와 그리스도의 몸을 혼동하는 것 : 오글 목사는 '그리스도의 몸'에 대한 정당한 해석은 교회란 그리스도의 삶을 실천하여 성육신에 참여하고 그와 동일하게 되어야 한다는 것을 의미하는데, 당대의 교회는 성찬식을 통해 '그리스도의 몸'을 "신자들의 구원과 욕망을 의미하는 것"으로 변질시켰다고 비판하였다.

2010, 233~234쪽.

29) 안승오, 「세계교회협의회(WCC)의 하나님 나라 이해와 선교」, 『선교와 신학』 12, 서울 : 장로회신학대학교 세계선교연구원, 2003, 197쪽.

30) 조지 오글, "Church and Industrial Society", 23~35쪽, Series 1 : Writings by Ogle, 1961~1978, George E. Ogle Papers, 국사편찬위원회 소장 자료(원 소장처 : 미국 에모리대학 피츠신학도서관).

② 악과 물질을 혼동하는 것 : 일부 목사들은 노동자들을 앞에 두고 '영적인 생활만이 선하고 물질적인 세계는 악하다'거나 '당신들이 일생 동안 해야 하는 노동의 생활은 이 세상에 속한 것이기 때문에 가치가 없다'고 해석될 소지의 설교를 하곤 하였다. 오글 목사는 세상과 물질은 하나님에 의해 창조된 것이기 때문에 육신(물질)적인 부분과 영적인 부분을 나누어 생각하는 사고 방식은 기독교적인 것이 아니라고 비판하였다. 현대 교회에서 예수는 은혜를 베푸시는 영으로 이해되고 있어서 그를 믿고 예배하는 것이 현세와 내세에서 축복받는 길이라는 식의 기복 신앙으로 해석되는 것에 오글 목사는 반대하였다.

③ 성육신을 분리하는 것 : 오글 목사는 성육신을 올바로 이해하기 위해서는 예수를 당시 생존했다 죽은 사람으로 보는 것이 아니라 인간 사회가 개성적인 완전한 구현을 이룰 때까지 역사하는 분으로 보아야 한다고 하였다. 성육신의 참뜻은 인간들과 이 사회가 그의 완전한 육체가 되게 하는데 있으나, 한국의 교회는 예수를 시공간적으로 가두어 해석하고 만다.

④ 개인의 공동성을 이해 못하는 것 : 오글은 현대 교회가 외치는 여러 말들이 현대인의 공동 의식을 망각하게 하고, 사회 속에서 살아 있는 개인이 아니라 추상적이고 고립된 개인에게 교회가 말을 걸고 있는 것이 문제라고 보았다.

⑤ 예배와 제사를 혼동하는 문제 : 오글은 예배의 목적은 하나님의 뜻을 실천하는 것이며, 예배의 내용은 정의를 세우는 것과 사람들 사이에서 실제로 사랑을 베푸는 일인데, 현대 교회는 정의와 사랑은 던져 버리고 껍데기뿐인 의식만을 행하고 있다고 비판하였다.

⑥ 평신도와 목사의 관계 : 현대 교회에서 목사의 위치는 거룩과 경건 쪽이고 평신도의 위치는 세상이라는 이미지가 있는데, 이는 신학적으로 용납될 수 없는 것이라고 오글은 주장하였다. 그는 현대 교회에서

목사의 인상은 거룩하다거나 하나님의 뜻을 사모하는 사람이기보다는 쥐꼬리만 한 실력으로 교회라는 작은 울타리 안에서 스스로 만든 권위를 내세우는 존재고 비쳐지고 있다고 하였다. 현대 교회에서는 "목사를 잘 대접하는 교회는 큰 은혜를 받는다"는 식으로 목사와 은혜를 무매개적으로 연결시키고, 심지어 목사를 통해 구원을 받는다는 식의 설교를 하기도 하는데 오글 목사는 현대 사회에서 목사들의 이 같은 태도는 비웃음을 사기에 알맞은 위험한 생각들이라고 조롱하였다.

오글 목사는 이처럼 현대 교회들이 안고 있는 문제들은 극단적으로 심각한 것이라면서 "이미 교회는 죽은 것이고 장례식만 안 치렀다"며 교회 스스로 변해야 할 필요성을 강한 어조로 제기하였다.

오글 목사는 예수는 위와 같은 현대 교회의 종교적 태도에 반대하셨다면서 예수를 재해석하였다. 그는 예수가 마태복음 12장과 23장에서 복음을 전파하는 것, 십일조를 바치는 것, 안식일을 지키는 것 등은 모두 부차적인 것에 불과하다고 말했다고 보았다. 예수는 가난하고 버림받은 사람들과 함께 살며 그들을 위해 생을 사는 사람이었다는 것이다. 예수는 부자나 종교적인 사람들이 천국에 가기에 앞서 가난한 사람들, 죄인들, 창녀들이 먼저 들어갈 것이라고 말하였다는 사실을 그는 강조하였다. 예수는 권력 없는 자들을 대변하면서 교회는 물론 국가와도 날카롭게 대립하여 싸웠는데, 이것이 결국 그들의 반감을 사게 되어 십자가에서 죽음을 당하게 된 것이라고 그는 보았다.[31]

예수를 이렇게 해석하면, 교회의 기본 방향은 계율과 종교적인 행사에 치중하는 것이 아니라 가난하고 압박받는 사람들을 위해 정의와 자비를 베푸는 것으로 바뀌어야 한다. 오글 목사는 예수가 시작한 성육신은

---

31) 오명걸 지음, 박종화 옮김, 『그리스도의 몸이 되어』, 서울 : 대한기독교서회, 1971, 160~161쪽.

당대 한국 사회에서도 계속되어야 한다며, 탄광촌 갱 속에서 생명의 위험을 무릅쓰며 일하는 광부들은 이미 예수의 몸 된 사람들이고, 공장 기계 앞에서 오랜 시간의 노동을 행하는 노동자들 또한 그리스도의 몸이라고 보았다. 그는 '교회'라는 이름 때문에 그것이 곧 그리스도의 몸일 수는 없으며, 교회와 그리스도의 몸과는 아무런 상관이 없을 수도 있다고까지 말하였다.[32]

그는 산업 사회에서는 약자인 노동자의 편에 서서 새로운 헌신을 하는 것이 하나님의 뜻을 알아 가는 과정이며 교회에 부과된 책임이라고 하였다. 생산과 이윤의 증가를 추구하는 산업 사회와 인간성 자체가 가지는 상반되는 목표가 "그리스도 안에서는 조화를 이룰 수 있기 때문"에 교회는 산업 사회 속에 깊숙이 참여하는 그리스도가 되어야 한다고 오글 목사는 주장하였다.[33]

2) 산업 민주주의 구상

오글 목사는 1970년대 이후 '민주주의'에 대해 적극적으로 발화하기 시작했는데, 그의 관심은 '산업 민주주의'에 놓여있었다. 그는 1971년에 미국에 돌아가서 위스콘신 대학에서 박사 과정을 밟게 도는데, 1973년에 취득한 그의 박사학위논문 제목은 「경제 발전에서 노동조합의 역할－남한의 사례」였다.

'산업 민주주의(industrial democracy)'라는 용어는 19세기 중반 프루동(Pierre-Joseph Proudhon)이 처음으로 사용한 것으로 알려져 있으나, 사회과학적으로 체계화시킨 것은 웹 부부(Sidney and Beatrice Webb)의 저작 『산업 민주주의』(1897)가 출간되면서부터였다. 웹 부부는 '산업 민주주의'라는

---

32) 오명걸, 위의 글, 1971, 162쪽.
33) 오명걸, 위의 글, 1971, 46~48쪽.

개념을 노동조합의 구조와 기능을 설명하기 위해 사용하였다. 즉 내부적으로는 노동조합이 민주주의의 원칙으로 구성되어야 하며, 외부적으로는 '집단적 협상'의 방법으로 기능해야 한다는 것을 '산업 민주주의'의 핵심으로 그들은 설명하였다.[34] 그 후 '산업 민주주의'는 민주주의의 본질을 산업 체제 속에서 관철시키는 것으로 정의되어 왔으며, 시대·장소·논자에 따라 다양한 스펙트럼을 갖고 있었다.

한국에서는 1969년 12월 고려대학교 노동문제연구소에서 간행한 『노동연구』 창간호에서 임성한(고려대 노동문제연구소 연구위원)이 산업 민주주의를 소개하였는데, 그는 산업 민주주의를 "자본가·경영자 등의 사용자 우위의 자본주의도 아니고, 노동자 우위의 공산주의도 아닌 노사가 상호 대등한 입장에 서는 것"이라고 하였다. 그는 영국의 산업 민주화 정책이나 서독의 경영 참가 제도 등을 거론하면서 '선진 민주주의' 국가에서 산업 민주주의는 협력적 노사 관계를 지향하는 것을 지칭한다며 노사 협조에 기반한 노동조합 운동과 노사 협의제의 중요성을 강조하였다.[35]

오글 목사의 '산업 민주주의' 개념은 1960년대 후반 한국에 소개되기 시작하던 노사 협조적 산업 민주주의론과 일정한 차이를 지니고 있었다. 과정적으로는 '노사 협조'나 '노사 협의'가 필요하지만, 궁극적으로는 '노동자 중심'이라는 당파성을 지지하는 입장에 서 있다는 것이 그 차이의 핵심이었다.[36]

산업 민주주의자들의 일반적인 아이디어와 마찬가지로 오글 목사는

---

34) Walther Müller-Jentsch, "Industrial Democracy : Historical Development and Current Challenges", *Management Revue*, 19-4, 2008.

35) 임성한, 「노동문제의 정치사적인 지위」, 『노동연구』 1, 서울 : 고려대 노동문제연구소, 1969, 42~43쪽.

36) 이 부분은 세밀한 접근이 요구된다. 오글 목사는 「생산성과 노사 협력」(『노동공론』, 1977. 9)에 쓴 것처럼 노사 협력 관계 자체를 긍정적으로 보고 있지만, 노사 협력을 이룰 수 없는 현실을 노조의 입장에서 비판하려는 문제의식이 중요하다. 이는 1970년대 자유주의의 보수성과 진보성을 동시에 내장한 것이었다.

'민주주의'의 핵심을 '참여'에서 구하였다. 그는 민주주의를 '국민 각자의 생활 또는 사회에 영향을 미치는 모든 제도의 결정 과정에 국민들이 참여하는 것'이라고 정의하였다. 덧붙여 '시민들이 자기들의 생활 환경에 영향을 미치는 시청의 계획에 참여한다든지, 노동자들이 자기의 조합과 기업체의 의사 결정 과정에 참가한다든지, 국민들이 정치적인 제도에 참여하면서 자기의 대표자들을 자유로이 선택한다든지' 하는 것 등이 모두 민주주의에 해당한다고 설명하였다.[37]

그는 한국의 민주주의를 설명할 때, 그 배경으로서의 '경제 발전'을 긍정하는 태도를 표명했다. 오글 목사는 "한국은 과거 대통령의 지도하에 경제 발전 분야에서 큰일을 성취하여 왔다", "기독교인은 경제 발달을 반대하여 대결하는 것은 아니다. 우리는 진정으로 이것을 지지한다"며 경제 발전을 적극 지지하였고, 그것이 대통령의 지도하에 성취되어 왔다는 보수적인 시각을 드러내기도 하였다.[38]

그러나 그는 '경제 발전'이 이루어지고 나서야 '민주주의'를 발전시킬 수 있다는 지배적 담론에 대해서는 비판적인 입장을 취했다. 오글 목사는 나치 독일의 예를 들면서 산업 발전은 앞섰지만 나치정권이 노동조합을 파괴하고 시민들의 자유를 억압했던 사례를 환기시켰다. 그는 대만이나 소련처럼 경제적으로 발전했지만 노동자들이 자신들의 조직으로 활동하지 못하고 정부가 만든 노동 조직에서만 움직이는 사례를 언급하며, 경제가 발전하더라도 노동조합이 어용적으로 정치 기구화 되어 버리면 '민주주의'와 멀어진다는 점을 강조하였다. 그는 사용자와 노동자가 서로

---

37) 조지 오글, 「민주주의를 결정하는 요인」, "Documents re-Deportation in Korean, 1974~1975 : 1"(강연록, 행정 처분 취소 등 청구의 소), 96~97쪽 ; Series 3 : Deportation from South Korea, 1974~1975, George E. Ogle Papers, 국사편찬위원회 소장 자료(원 소장처 : 미국 에모리대학 피츠신학도서관).

38) 오명걸, 「경제 개발과 민주화」, 『기독교사상』18-12, 서울 : 대한기독교서회, 1974, 53쪽.

대립하고 긴장하는 것이 부정적인 것이 아니라 긍정적이고 민주주의적인 것이라고 주장하였다. 오히려 노사 양측의 긴장 상태가 사라진 것은 민주주의가 없는 것과 마찬가지라며, 경제 발전을 앞세워 노사 간의 긴장 해소를 명분으로 노동계를 탄압하는 지배 블록의 행태를 비판하였다.[39] 그는 경제 발전에 조응하는 사회 발전과 시민적 참여를 바람직한 방향으로 상정하였다.

오글 목사는 절대주의적인 독재 사회에서 종국에는 '민주주의적 개혁'이 통하지 않게 되어 "무서운 혁명"을 초래하게 된다는 입장에서 반독재 민주주의를 주장하고 있다. 그런 측면에서 그의 산업 민주주의론은 예방혁명적 성격을 내장하고 있고, 보수적인 한계를 명백히 지닌 것이었다. 하지만 '근로기준법을 준수하라'고 외친 전태일이 다분히 소박하고 보수적인 인식을 지녔음에도 상징적인 실천을 수행하였듯이, 1970년대 한국 사회의 맥락에서 오글 목사의 산업 민주주의론은 급진적으로 (재)해석될 여지가 많았다.

그는 1960년대 후반부터 여러 사업장 노조와 함께 노동 교육 프로그램을 운영했고, 중앙 노동 부처와 지역 노동 부처, 대학 연구소 등에 초청 강연을 다니기도 하였다. 위스콘신 대학교에서 박사학위를 받고 돌아온 1973년에는 서울대학교 상과대학에서 노사 관계학을 가르치는 초빙교수로 강의를 맡게 되었다. 당시 그는 학생 시위와 대학 폐쇄로 수업을 별로 할 수 없었고, 그 대신 민주화운동에 대한 지원활동에 더 많은 시간을 투여했노라고 회고하였다.[40]

---

39) 조지 오글, 「산업 민주주의와 조합 민주화」, "Documents re-Deportation in Korean,1974~1975 : 2"(강의록), 20~21쪽 ; Series 3 : Deportation from South Korea, 1974~1975, George E. Ogle Papers, 국사편찬위원회 소장 자료(원 소장처 : 미국 에모리대학 피츠신학도서관).

40) 조지 오글, 「우리의 마음도 여러분들과 함께 울고 있습니다」, 『시대를 지킨 양심』, 서울 : 민주화운동기념사업회, 2007, 53쪽.

이 같은 활동과 더불어 그의 산업 민주주의론은 아카데미와 노동 현장에 일정한 영향을 끼쳤을 것으로 보인다. 그는 '경제 발전이 되고난 후에야 민주주의는 가능하다'며 민주주의를 경제 발전 속에 유폐시킨 지배 블록의 담론과는 정반대로 경제 발전이 "사회의 모든 권위와 권력을 집중"시켜 반민주적 결과를 초래할 가능성이 높다고 경제 발전과 민주주의의 상관관계를 비판적으로 보았다.

오글 목사는 산업 민주주의를 두 가지로 나누어 보았다. 첫째는 노동 계급에 속한 사람들이 사회적으로 다른 계급과 차별 없이 사회에 참여할 수 있도록 하는 것이고, 둘째는 노동자와 노동조합이 공장의 운영이나 근로 규칙, 근로 조건 등에 대해 회사와 동등한 위치에 서서 결정하는 공장 내부의 민주화 문제이다. 첫째 문제와 관련하여 오글은 '선진국'과 '후진국'을 가릴 것 없이 산업혁명 이후의 세계는 계급 사회라고 보고, 이 계급 간의 차별을 없애기 위한 사상을 '민주주의'와 '공산주의'의 두 흐름으로 설명하였다. 그는 민주주의를 사회 각 계급에서 자신을 대표할 대표자를 뽑아 사회에 참여함으로서 자기의 권익과 위치를 보존하자는 사상으로, 공산주의를 소수의 상류층의 세력과 권력이 너무 크므로 다수의 노동자들이 사회 제도를 장악해서 통치해 보자는 하류 계급의 혁명 사상으로 정리하였다.[41]

이 같은 정리 방식은 일견 냉전 시대의 진영론처럼 보이기도 하는데, 물론 오글의 입장은 계급 대표 간의 경합으로서의 '민주주의'를 지지하는 입장이지만, 노동자들의 혁명 사상으로서의 공산주의에 대해 노골적인 비판적인 의견을 드러내고 있지는 않다. 다만, 오글 목사는 '당-관료-국가' 체제가 '노동자-인민'에게 일방적으로 지시하는 현실 사회주의 국가

---

41) 조지 오글, 「산업 민주주의와 조합 민주화」, "Jesus and Freedom(예수와 자유)", 37~38쪽 ; Series 4 : Subject Files, 1945~1981, George E. Ogle Papers, 국사편찬위원회 소장 자료(원 소장처 : 미국 에모리대학 피츠신학도서관).

의 하향식 통치에 대해서만큼은 대단히 비판적이다. 그는 산업 민주주의를 설명하면서 노동자들의 공장 참여와 관련하여 '노사협의회'나 노동법 등 노동자의 참여를 보장한 기성의 제도를 중시하고 있으며 분명 자본주의 체제 자체에 대해서 비판적인 입장을 드러내고 있지는 않다.

하지만 그는 산업혁명 이후에 형성된 피라미드 계급 사회가 '참여 민주주의'를 무력화시키고 있다는 관점에서 하층의 다수 인민들이 소수의 지배자들에 맞서는 저항("긴장")의 중요성을 강조하고 있다. 그는 자유의 쟁취와 민주주의의 구현은 "일반 국민과 노동자들의 끈질긴 요구, 긴장, 투쟁, 나아가서 혁명을 통한 결과"라고 설명하였다.[42] 소수의 상류층에 자본과 권력이 집중된 피라미드 구조 하에서 기성의 제도와 법칙에 순응해서는 민주주의를 실현하기 어렵다며 노동자들의 저항 운동이 급진적일 때 민주주의적 제도가 창조될 수 있다는 입장을 취하고 있다. 그는 민주주의 사회를 구성하기 위해서는 하향적인 제도를 개혁하여 상향적인 사회를 창조해야 한다고 보았다. 이 상향적인 민주주의 사회를 만들기 위해서는 "위에 있는 현재의 권위자들에게 이 새로운 사회를 만들어 줄 것을 기대할 수 없"으며, "시민들이 스스로 자기 요구를 계속적으로 해야"하고 권위자들의 손에 집중된 그들의 조직과 구별되는 시민들의 자기 조직을 구성하는 운동이 중요하다고 오글 목사는 주장하였다.[43] 그는 그 핵심 조직을 '노동조합'으로 보았다.

그는 산업 사회의 중심은 공장이지만, 하향식 공장에서 노동자들은 모든 것을 생산하지만 그 생산 과정이나 근로 조건에 대해 결정권이 없으며 그 이익을 기업주와 주주들에게 배분함으로써 착취당하고 있다고

---

42) 오명걸 지음, 박종화 옮김, 『그리스도의 몸이 되어』, 서울 : 대한기독교서회, 1971, 10쪽.
43) 조지 오글, 「산업사회와 민주주의」, "Jesus and Freedom(예수와 자유)", 88쪽, Series 4 : Subject Files, 1945~1981, George E. Ogle Papers, 국사편찬위원회 소장 자료(원 소장처 : 미국 에모리대학 피츠신학도서관).

하였다. 오글 목사는 노동조합을 '민주주의의 학교'라고 설명하면서 노동
자들이 생산하는 이익을 노동자들을 위해 배정하도록 하는 운동, 자기
생활과 공장에 대한 결정을 노동자들이 할 수 있도록 민주화하는 운동을
하는데 근본적인 목적이 있다고 보았다. 그는 회사의 일방적인 의사
결정에 의해 노동자가 부당한 일을 당했을 때 조합이 데모와 같은 집단행동
을 통해 회사에 맞서 싸워야 하며, 노동조합은 노동자들의 힘의 중심이
되어야 한다고 하였다.

그는 노동조합의 정치적 성격을 긍정하였다. 그것은 '정치가들이 조합
을 이용하고, 조합이 정치가들을 이용하는 관계'를 긍정하는 것인데,
다만 전자의 경우 직업 정치가들이 아니고 노동자와 서민 중에서 선출된
사람이어야만 "자유로운 사회와 발전하는 사회를 창조할 수 있을 것"이라
며 노동자와 노동조합의 정치 운동을 적극적으로 부르짖고 있다.[44] 그는
노동자 정치를 '대의제 민주주의'에의 참여라는 틀 속에서 사유하였다고
볼 수 있다.

그는 '절대주의 독재'에 대한 방어의 개념으로 참여 민주주의를 사유하
기도 하는데, 예를 들어 노동자들의 회사 경영에의 참여를 그 같은 맥락에
서 주장한다. 즉, 나치 시대에 히틀러를 독일의 자본가, 기업주들이 뒷받침
해 주었듯이 재벌과 집권자들이 합세하여 독재 사회를 구성하지 않기
위해서는 기업주들과 재벌의 세력과 결정권을 제한해야 하며, 이를 위해
노동자들의 기업경영에 참여할 수 있도록 보장하는 것이 자유와 민주주의
를 세우는 데 관건이 될 것이라는 주장이다.[45]

---

44) 조지 오글, 「노동조합과 정치적인 활동」, "Jesus and Freedom(예수와 자유)", 106쪽 ;
   Series 4 : Subject Files, 1945~1981, George E. Ogle Papers, 국사편찬위원회 소장
   자료(원 소장처 : 미국 에모리대학 피츠신학도서관).
45) 조지 오글, 「산업사회와 민주주의」, "Jesus and Freedom(예수와 자유)", 94쪽 ; Series
   4 : Subject Files, 1945~1981, George E. Ogle Papers, 국사편찬위원회 소장 자료(원
   소장처 : 미국 에모리대학 피츠신학도서관).

오글 목사의 참여 민주주의는 '치안 수단으로서의 자율적 자기 통치'의 성격을 지니고 있다. 그는 도시 시민들의 민주주의를 설명하면서 시카고의 빈민 아파트 주민 사례와 서울 와우아파트 붕괴 이후 주민 자치의 사례를 거론하였다. 시카고 빈민가의 아파트에서 밤에 깡패들이 아파트에 들어와 도둑질을 하며 여자들을 강간하자, 아파트 주민들이 교회 목사와 상의한 후 주민 총회를 열고 아파트의 성인 남성들이 집단적으로 자율 경비를 담당하여 깡패들을 몰아낼 수 있었다는 사례를 그는 '민주주의'적 자치로 설명한다. 와우아파트 붕괴 이후 아파트 주민들이 아파트 운영 관리 문제를 감독하고 협력하기 위해 자치 조직을 만들자 중앙정보부가 이 조직을 해산시키는 공작을 하였다. 그 이유는 자치회장이 야당 당원이기 때문이었다.[46] 오글 목사는 시민들의 민주적 자치에 대해 권위주의적 통치자들이 탄압을 하는 현실을 환기시키고자 와우아파트 주민 자치회의 사례를 들었다.

> 에레미야 시대에 고위 정치가들과 부자들이 그들의 집을 짓기 위해서 가난하고 약한 사람들에게 강제 노동을 시켰으며 보수는 주지 않았습니다. 에레미야는 이 불의를 보고 그들의 아비의 시대와 비교했습니다. 그들의 아비의 시대에는 공평과 의리를 행했으며 그로서 하나님의 축복을 받았습니다. 그러나 가난한 사람들을 핍박하는 이스라엘은 축복을 받을 가능성도 없었으며 멸망을 당하지 않을 수 없었던 것입니다. 하나님의 명령은 공의와 의리를 행하는 것이며 약한 자를 압박하지 말라는 것입니다.
> — 에레미야 22 : 13, 16

오글 목사의 노동자 정치와 노동조합을 통해 산업 민주주의를 실현하고

---

46) 조지 오글, 위의 글, 96~97쪽.

자 하는 기획은 앞서 살펴본 그의 신학론과 밀접한 관련이 있다. 그는 약자들의 편에서 그들의 권리를 보호하는 것을 '하나님의 정의(正義)'로 보고, 산업 사회의 약자인 노동자들의 편에 서는 것을 하나님의 정의를 실천하는 것으로 생각하였다.

3) 활동가, 지식인, 그리고 노동자들

오글 목사의 활동과 생각이 도시산업선교회 운동 전반이나, 현장 노동자들에게 어떤 영향을 끼쳤는지를 엄격하게 확인하는 것은 쉽지 않다. 다만, 조승혁, 조화순, 남재민, 유흥식, 김호현 등 인천산선 활동가들에게 오글 목사의 영향력은 절대적이었던 것으로 보인다. 이들은 인천 지역에서만 활동한 것이 아니라 '한국산업선교도시협회'라는 초교파적 기구를 통해 '산업선교' 활동가들과 만나 교류·훈련·연대 활동을 전개하고 있었다. 오글 목사가 도시산업선교회 활동가들에게 강한 영향력을 행사할 수 있었던 것은 1960년대였고, 그 영향력의 핵심적인 내용은 세계교회협의회 또는 미국의 감리교 교단과 한국의 목회자들 사이에서 조직적·재정적·사상적 중계자 역할을 하는 것이었다. 그는 한 명의 에이전트로 인천에서 활동하였으나, 단순히 미국 또는 세계 교단의 지령을 전달하는 이에 머물지는 않았다. 한국의 공장과 노동자들의 현실과 맞부딪치면서 그 자신도 변모해 가고 있었다. 그 변모의 핵심은 노사 협조주의에서 노동자 중심주의로의 이동이었다. 그는 '노동자 목회'를 통해 목회자들을 활동가로 만들어 냈고, 그 활동가들에게 노동자 편에 서도록 독려하는 역할을 하였다. 그리고 산업선교회는 1960년대 공장 속으로 파고들어 노동자들과 유대 관계를 형성하였고, 1970년대 노조에 대한 사측의 파괴 활동을 대면하면서 급진화 되어 갔다. 이 시기 오글 목사의 영향력은 제한적이었지만, 노동조합의 정치적 성격을 강조했던 오글의 주장은 1970년대 산업선교

활동가들도 '하나님의 정의'를 실현한다는 맥락에서 공유하고 있었다. 이하 지식인과 노동자들의 목소리는 오글 개인이 남긴 효과라는 맥락에서가 아니라 1970년대 도시산업선교회의 효과라는 측면에서 간략히 살펴보도록 하자.

1970년대 민주 노동운동에 대한 도시산업선교회의 배후 지원 활동으로 도시산업선교회는 기성 교회 교단으로부터 '빨갱이'라는 비난을 들어야했고, 비신자 노동자들로부터 의혹을 샀던 도시산업선교회는 노동자들의 신뢰를 얻을 수 있었다.『기독교사상』편집 고문이던 한완상은 1978년 동일방직 사건, 1979년 YH 여성 노동자 농성 사태 이후 '산업선교의 역군'들을 "민중의 모범"으로 떠받들며, 산업선교에 대한 교회의 탄압에 맞선 담론을 구축하려 노력하였다. 그는 산업선교 활동가들이야말로 "착한 사마리아 사람들", "성서의 복음을 실천하는 사람들", "보이는 이웃을 온몸으로 사랑함으로써 보이지 않는 하나님을 사랑하는 사람들"이라고 극찬하였다.[47] 더 나아가 그는 부익부 빈익빈과 같은 산업화의 역기능을 노동조합이 완화시키는 역할을 할 수 있다고 주장하였고, "불순·용공"으로 지탄받는 '산선'이 실제로는 "공산주의 불순 세력이 침투하기 쉬운 구조적인 모순이 가득 찬 상황에서 공산주의 침투를 근원적으로 막을 수 있게 하는 구실"을 담당했다며 '반공주의적' 문법을 차용하여 산선의 역할을 옹호하였다.[48] 서남동은 '하나님의 선교'가 교회의 중심 개념이 되어야 한다며, 고난 받는 자들 편에 서는 산업선교 활동이 바로 교회 선교의 본령이라고 주장하였다.[49] 1970년대 지식인의 '민중주의'의 기저에 노동운동과 선교 활동이 접합된 도시산업선교회 활동으로부터

---

47) 한완상,「한국의 여리고와 산업선교」,『기독교사상』23-11, 서울 : 대한기독교서회, 1979. 11, 22쪽.
48) 한완상 외,「정담-왜 산업선교는 선교의 본령인가」,『기독교사상』23-11, 서울 : 대한기독교서회, 1979. 11, 40쪽.
49) 한완상 외, 위의 글, 1979, 41~45쪽.

자극 받은 사실이 놓여 있음을 엿볼 수 있다.

N나일론 노동자인 박점순은 1973년 7월에 입사하여 높은 생산성을 내기 위해 열심히 일하고 공부하던 중 야학을 통해 노동조합에 관심을 갖게 되었고, 어느 날 동료와 함께 산업선교회를 찾게 되어 목사님과 실무자들과 가까워지면서 "아, 이렇게 아무렇게나 세상을 살아서는 안 되겠구나, 좀 더 진지하고 인간답게 살아야겠다"고 다짐을 하게 되었다고 고백하였다. 그녀는 도시산업선교회 활동에 참여하면서 노동자로서의 자의식이 강해져갔고, 노동자들의 권익을 침해하는 사회 제도에 대해 비판적인 시각을 가질 수 있게 되었다. 물질의 노예가 되어 가는 노동자들의 현실을 안타까워하며, 노동자들이 스스로 노동자로서의 긍지와 자부심을 갖도록 사회가 노동자들의 권익을 보호해야 한다고 그녀는 주장하였다. 그녀는 자본주의 사회에서 자본가와 노동자 사이의 불평등이 강화되고 있음을 노동자의 입장에서 토로하며, 근로기준법 준수를 촉구하기도 하였다. 또한 공공성을 배반하고 상업화하는 방송매체가 젊은이들의 의식을 왜곡시킨다고 비판하였다.[50]

> 오늘의 현실을 꿰뚫어 보면 인간이 태어나기가 무섭게 물신을 섬기는 실정이다. 그래서 나만 잘 살겠다고, 남보다 편하고 호화롭게 살겠다고 서로 경쟁하고 아귀다툼하는 것이다. 개인주의가 아무리 이 사회를 지배하고 있지만 적어도 근로자들의 세계에서만이라도 나 개인을 위해서만이 아니라 나 자신보다는 내 주위의 동료를 위해 주고 좀 더 평등한 사회, 정의로운 사회, 빛나는 평화의 세상을 만들기 위해 온갖 노력과 정의로운 투쟁을 아끼지 말아야겠다.[51]

---

50) 박점순, 「근로자의 의식구조」, 『기독교사상』 23-11, 서울 : 대한기독교서회, 1979. 11, 31~32쪽.
51) 박점순, 위의 글, 1979, 33쪽.

위의 글은 1970년대 여성 노동자들이 임금 인상과 같은 경제적 노동쟁의에만 관심을 갖고 있던 것이 아니라, 노동자주의를 사회 정의나 사회적 공공성과 연결시키고자 하는 강한 신념을 갖기도 했음을 알 수 있게 한다. 이 같은 신념은 종교의 영향이 없이는 나오기 어려운 것이었다. 『기독교사상』 1979년 11월호에는 '현장의 소리'라는 코너를 통해 도시산업선교회 활동가들로부터 영향을 받은 여러 노동자들의 목소리가 실려 있다. 위의 박점순뿐만 아니라 김순옥, 장금숙, 김연자, 송복순 등은 여성 노동자들이 겪는 저임금 장시간 노동의 고통과 사회적 멸시의 시선을 토로하며 "인간답게" 살고 싶다며, 노동자들의 입장에서 사회적 정의가 실현될 수 있기를 기원하는 내용들이 주를 이루고 있다. 그녀들이 호소하는 '인간다움'과 '정의로움'의 밑바닥에는 '하나님의 선교'와 상통하는 신학적 세계관이 놓여 있었다.

4. 맺음말

미국의 감리교선교위원회에서 선교사를 모집할 때, 교단은 그 선교사의 임무를 어떻게 규정하고 있었을까? 아마도 감리교의 복음을 아시아 제3세계에 확산시키기 위한 에이전트로 조지 오글 목사를 한국에 파송하였을 것이다. 제국의 선교 프로젝트의 일환으로 그는 한국에 왔지만, 그가 인천산선을 중심으로 수행하였던 활동과 생각의 영향력은 감리교선교위원회의 의도와 미국 교단의 기획으로 환원될 수 없는 차이가 발생하고 있었다.

오글 목사가 노동자 선교 운동 과정에서 보여준 그의 실천 지향은 랑시에르가 말한 '무지한 스승'에 가까워 보인다. 노동자의 무지와 삶 그 자체로부터 그는 예수 그리스도의 몸을 찾고자 하였다. 그리고 가난한

자, 억압받은 자, 사회적 약자로부터 예수 그리스도의 정신을 찾고 실천하려 했던 그의 신학과 교회 비판은 부자의 종교, 보수의 아이콘으로 자리 잡고 있는 한국 개신교의 현실에 비춰 볼 때 중요한 시사점을 제공한다.

그러나 오글 목사의 노동자 정치-종교 운동과 사상이 매끄럽기만 한 것은 아니었다. 김원의 지적처럼 1970년대 도시산업선교회의 활동가들은 노동자들의 역동성을 이분법적 구도 아래 가둬 두고 공장 외부와 연결된 민주화운동으로 확장시키면서 노동 현장의 일상 정치에서 부분적으로 실패하는 모습들을 보이곤 하였다. '무지한 스승'을 찾아가던 1960년대 도시산업선교회의 활동 전략의 이면에는 소수의 정예분자들을 노동운동가로 키워 내려는 조직적인 프로그램이 자리 잡고 있었다. 평신도 운동 등이 병행되었음에도 불구하고 이 같은 프로그램들은 지도-훈련의 관점에서 노조 활동가를 길러내는 방식으로 당초의 기획 의도를 배반할 가능성들을 내포한 것이었다.

그의 산업 민주주의 구상 속에는 '상향식 민주주의', '노동자 중심의 노동운동 강조' 등을 통해 인민 대중의 역동성을 끌어낼 여지가 담겨 있었다. 하지만 그는 대의제 민주주의에 기반한 계급 대표의 정치로 민주주의를 제한하고, 그 속에서 노동자들의 참여를 극대화할 것을 추구하였다. 오글 목사는 노동자 대중을 '대표하는 것의 곤란함 내지 불가능함'을 직시하는 대신 매끄럽게 '대의'해야함을 주장함으로써 노동자 정치가 대의자의 전유 아래 반노동의 정치로 전락할 수 있는 위험성에 대해 눈을 감았다. 그가 말하는 산업 민주주의의 내포 속에는 '참여-자율'이라는 이름 아래 수행되는 '민주적 주체'의 통치성과 '자유＋민주주의'의 틀 속에서의 계급 정치 지형이 고스란히 담겨있다. '참여-자기 통치'로서의 산업 민주주의는 언설 면에서의 부분적 급진성에도 불구하고, 노사정 위원회 방식의 제한적 노동 정치와 '지도된 민주주의'로 전락한 위험성이 존재한다. 오글 목사는 1970년대 기독교 계열의 자유주의 기획의 급진성과 보수성을 동시에 보여주는 사례라고 생각한다. 그 지점은 2000년대 이후 한국 민주주의의 현실에서도 뼈저리게 작동하고 있다. 인민 대중에게 허여된 '참여'의 자리가 더 넓어지더라도 인민이 정치적 힘에서 멀어지는 '역설적 현실'이 '참여 민주주의'의 한계로 작용해 왔음을 숙고해야 할 것이다.

〈참고문헌〉

1. 자료

Series 1 : Writings by Ogle, 1961~1978, George E. Ogle Papers, 국사편찬위원회 소장 자료(원 소장처 : 미국 에모리대학 피츠신학도서관).

Series 2 : Inchon Urban Industrial Mission, 1962~1972, George E. Ogle Papers, 국사편찬위원회 소장 자료(원 소장처 : 미국 에모리대학 피츠신학도서관).

Series 3 : Deportation from South Korea, 1974~1975, George E. Ogle Papers, 국사편찬위원회 소장 자료(원 소장처 : 미국 에모리대학 피츠신학도서관).

Series 4 : Subject Files, 1945~1981, George E. Ogle Papers, 국사편찬위원회 소장 자료(원 소장처 : 미국 에모리대학 피츠신학도서관).

오명걸, 「공장과 복음」, 『새가정』, 서울 : 새가정사, 1969. 4.
_____ 지음, 박종화 옮김, 『그리스도의 몸이 되어』, 서울 : 대한기독교서회, 1971.
_____, 「경제개발과 민주화」, 『기독교 사상』 18-12, 서울 : 대한기독교서회, 1974.
오철호, 「한국에 있어서의 산업전도의 실태」, 『기독교사상』 5-5, 서울 : 대한기독교서회, 1961.
임성한, 「노동문제의 정치사적인 지위」, 『노동연구』 1, 서울 : 고려대 노동문제연구소, 1969.
한국기독교교회협의회 한국교회산업선교 25주년 기념대회, 『1970년대 노동 현장과 증언』, 서울 : 풀빛, 1984.
홍현설, 「산업전도에 대하여 – 아세아산업전도대회 보고서를 중심으로」, 『기독교사상』 3-1 서울 : 대한기독교서회, 1959.

2. 논저

구해근,『한국 노동 계급의 형성』, 서울 : 창작과비평사, 2002.

김원,『여공 1970−그녀들의 反역사』, 서울 : 이매진, 2005.

박경서·이나미,『WCC 창으로 본 '70년대 한국 민주화 인식』, 서울 : 지식산업사, 2010.

안승오,「세계교회협의회(WCC)의 하나님 나라 이해와 선교」,『선교와 신학』12, 서울 : 장로교신학대학교 세계선교연구원, 2003.

장숙경,『산업선교, 그리고 70년대 노동운동』, 서울 : 선인, 2013.

조지 오글,「우리의 마음도 여러분들과 함께 울고 있습니다」,『시대를 지킨 양심』, 서울 : 민주화운동기념사업회, 2007.

한국여신학자협의회 여신학자연구반 편,『고난의 현장에서 사랑의 불꽃으로−조화순 목사의 삶과 신학』, 서울 : 대한기독교서회, 1992.

Walther Müller-Jentsch, "Industrial Democracy : Historical Development and Current Challenges", *Management Revue*, 19-4, 2008.

민족 표상의 (불)가능성
─7·4 남북공동성명 이후의 생명, 씨올, 민중─

이 철 호

1. 민족통일의 새로운 구상들 : 『씨올의 소리』 좌담회의 경우

7·4 남북공동성명을 전후로 하여 장준하가 통일 문제를 기존과는 다른 시각에서 바라보기 시작했다는 것은 널리 알려진 사실이다. 그는 기존의 반공주의 원칙에서 벗어나 적극적으로 민족통일론을 개진했다. 적어도 장준하 자신의 공식적인 발언에 따르면, 그러한 분단 인식의 변모에 결정적인 계기가 되어준 것은 키부츠(kibbutz) 공동체였다.

> 저는 이스라엘에 가서 한 2주일 동안 있는 동안에 이스라엘의 천재적인 정치 운영 방식을 봤습니다. 내가 너무 피상적으로 본 것인지 모르겠습니다마는 그것을 본 연후에 그것을 보기 전까지는 공산주의와 자유민주주의라는 것은 불구대천의 원수다. 이렇게 생각했던 제 생각이 달라졌습니다. 이스라엘의 경우 사실상 복합 사회입니다. 아시다시피 기브쯔라고 한다면 이 이상 더 철저한 공산 사회가 있을 수 없을 정도의 조직입니다. 아마 소련도 중공도 이렇게 철저할 수는 없을 것입니다. 이것은 완전한 공산 사회입니다.

그 기브쯔가 이스라엘에서 적어도 전 농산물에 32%를 내고 있는가 하면은 그와 반면에 완전히 자본주의 체제인 대농장을 가지고 기업 영농을 하는 그런 측도 있고 또 모샤브라고 하는 조직이 있어서 공동 투자, 공동 영농으로서 생산하는 그런 것도 이 모든 것들이 완전히 그 사회 속에서 공존하고 있는 것을 보았습니다. 이런 것들이 이스라엘이란 국가 속에서 평화적으로 공존하고 있으면서 그 나라를 부강하게 하고 있다고 볼 때 이것이 우리 민족 사회에도 적용될 수 있지 않나 생각했습니다.[1]

위의 인용은 1972년 7월 31일 YMCA에서 개최된 토론회 내용의 일부이다. 안병무, 함석헌, 양호민, 백기완, 선우휘, 천관우, 김동길, 법정, 계훈제 등이 참석한 자리에서 가능한 발언을 삼가던 장준하가 토론회 말미에서는 민족통일의 당위성을 역설하게 되는데 그 중요한 근거 중 하나가 바로 키부츠의 사례였다. 「민족통일의 구상」이라는 주제의 이 토론회는 같은 날 오전에 열린 함석헌과 김도현(『영남일보』 논설위원)의 발제를 중심으로 이루어졌다. 어떤 참석자는 사상, 이념, 제도를 초월한 민족통일이란 비현실적인 이상에 불과하고 "기득권"은 쉽게 변하지 않는다면서 회의론을 내놓았고, 또 어떤 참석자는 통일에 있어 민중이 주체가 되어야 한다고 하지만 정작 그 민중의 규정 자체가 난해하니 결국 "컨트롤 타워"인 정부에 의존할 수밖에 없다고도 했다. 그 와중에 장준하는 이른바 '복합 사회'라는 용어를 빌려 그 어느 때보다 통일을 향한 적극적인 노력이 요구된다고 주장한 것이다.

그런데 장준하의 '복합 사회'는 민족통일 구상의 역사적 선례를 김구의 '좌우 합작'에서 찾으려 한 백기완의 논리와 상통한다. 백기완은 그 정치적 의도가 무엇이든 간에 7·4 남북공동성명의 가능성을 민족자주통일의

---

1) 「민족통일의 구상」(토론회), 『씨올의 소리』, 1972. 8, 58~59쪽.

맥락으로 재탈환할 필요성을 우선시하는 입장에 서 있었다. 그가 보기에 남북문제를 외세나 냉전의 논리에 간섭되지 않고 가장 주체적으로 해소하려 했던 인물은 김구였다. "우리 근대 인물 중에서 여러 사람이 많지만 내가 보기엔 백범 김구 선생 따라갈 사람 없어요. (중략) 그러니까, 그런 사람의 실천적인 과제에다 우리가 뿌리를 박아놓고 거기서부터 우리 민족을 통일할 수 있는 하나의 염원을 구체적으로 창조한다면 나는 가능하다고 봅니다."2) 남북통일의 구체적인 방안으로 김구 노선을 고평한 것은 장준하도 마찬가지였다. 백기완은 1972년에 설립된 '백범사상연구소'의 대표를 맡았고, 장준하도 여기에 깊숙이 개입했다.3) 그리고 보면, 『씨올의 소리』 좌담회에서 선통일 후민주론을 주장하는 이들의 주요 논거는 통시적으로는 김구의 좌우 합작, 공시적으로는 이스라엘 키부츠로 요약 가능하다. 그리고 이를 토대로 제기되는 민족통일론의 구상, 즉 대안적인 국가 모델은 천관우가 제기한 '복합 국가'라 할 수 있다.

　『씨올의 소리』 좌담회에서 천관우는 이미 자신이 공론화한 '복합 국가' 구상에 관해 재론했다. 그는 무엇보다 7·4 남북공동성명을 둘러싼 지식인 집단의 심리적, 정치적 곤경을 언급하면서 복합 국가론이 그 실질적인 대안일 수 있음을 강조하고자 했다. 이를테면 남북통일이 자유민주주의를 극도로 위축시키리라는 불안, 또 정반대로 이러한 가치에 얽매이다 보면 모처럼 제기된 통일의 가능성이 사라지고 민족 분열이 영구화될지도 모른다는 불안, 이 이중의 불안 의식을 해소하는 방안이 복합 국가론이 된다. "하나의 국가로서의 덩어리를 형성하고, 아마 처음에는 결함이라든가 좀 약한 것이 될 가능성이 많겠지마는 그런 걸 하나 만들어 놓고 점차 시간을 둬 가면서 양쪽에서 대화와 교류를 통해서 혹은 국제 정세

---

2) 위의 글, 56쪽.

3) 장준하의 김구 노선 지지의 전후 맥락에 대해서는 공임순, 「1960년과 김구—추모, 진상 규명, 통일론의 다이아그램」, 『한국학연구』 35, 인하대 한국학연구소, 2014.

혹은 세계 사조의 변화 이런 것을 통해서 기다려 가면서 점진적으로 (중략) 단일 국가를 추진해 가는 그런 방안이다."4) 요컨대, '복합 국가'란 남한과 북한의 현 체제를 고스란히 상호 인정하는 상태에서 점진적인 통일을 추구하자는 것이다.

이 '복합 국가론'에 『사상계』를 대표하는 장준하가 적극적으로 공감을 표명했다는 점은 의미심장해 보인다. 그것은 남북통일 문제를 계기로 비로소 『사상계』 지식인 그룹의 핵심이 『씨올의 소리』로 재편되었음을 의미한다.5) 더 정확하게는 함석헌 등이 내세운 민족통일론에 동조함으로써 『사상계』 초기의 사상적 지반에 해당하는 기독교 그룹과 재결속하게 된다.6) 잘 알다시피 장준하는 백낙준이나 김재준 같은 기독교 지식인들의 지지와 후원 속에서 『사상(思想)』의 명맥을 이어갈 수 있었고, 『사상계』가 대표적인 지식인 잡지로 급부상하게 된 데에는 누구보다 함석헌의 공헌이 지대했다. 하지만 1960년대 이후로 『사상계』의 주요 사상 및 담론이 '경제적 민족주의'에서 '저항적 민족주의'로 변화하는 일련의 과정 속에서 초기의 기독교적 원천은 더 이상 부각되지 못했다. 한편으로는 김증한, 엄민영, 한태연, 성창환, 유창순, 이정환 등 경제적 민족주의론을 주장했던 『사상계』 그룹의 일부가 정권에 가담하고, 다른 한편으로는 장준하 자신이 국회의원으로 출마하면서 와해되었다 해도 무방한 『사상계』와 서북계 기독교 그룹이 『씨올의 소리』로 재결합했고, 그 결정적인 계기가 바로 7·4 남북공동성명 이후 제기된 민족통일 논쟁이었던 것이다.

그리고 보면 장준하가 민족통일의 선례로 거론한 '키부츠'의 나라가 이스라엘이라는 사실은 우연이 아닌지도 모른다. 앞으로 살펴보겠지만,

---

4) 「민족통일의 구상」, 앞의 책, 44쪽.

5) 장규식, 「1950~70년대 '사상계' 지식인의 분단 인식과 민족주의론의 궤적」, 『한국사연구』 167, 한국사연구회, 2014, 327쪽.

6) 특히 김재준과 관련해서는 이철호, 「'사상계' 초기 서북계 기독교 엘리트의 자유민주주의 구상」, 『한국문학연구』 45, 동국대 한국문학연구소, 2013.

장준하나 백기완 그리고 이들의 멘토였던 함석헌이 민족통일에 역사적, 세계사적 당위성을 부여하는 과정에서 주요 전제로 삼는 것은 한민족이 유례없는 고난의 민족이라는 일종의 선민의식과 직결되어 있다.[7]

2. 함석헌의 민족통일 표상 : 생명, 씨올, 민중

『씨올의 소리』 1972년 9월호에는 앞서 언급한 토론회의 연속 기획으로 함석헌과 신상초의 대담이 실렸다. 이 대담을 통해 7·4 남북공동성명에 대한 두 사람의 관점의 차이가 비교적 뚜렷하게 부각되었다. 한쪽이 정치적 의도보다 민족통일의 가능성을 우선시한다면, 다른 한쪽은 바로 그 정치적 맥락부터 제대로 파악할 것을 요청하고 있다. 이를테면 신상초에게 7·4 남북공동성명 이후의 정국은 여전히 "혼선" 그 자체지만, 함석헌에게는 시대와 역사의 준엄한 "명령"이 된다.

> 하지만 우리는 거기 추측 억측을 하려 할 것 없이 단순한 민중이 청천백일 아래 내놓고 주고받는 때의 의미로 자주, 평화, 이념, 제도의 차이를 초월한 통일을 내세워서 관철할 각오만 하면 됩니다.
> 그들이 안과 밖이 다르면서도, 죽을 때까지 권력의 자루를 놓지 않으려는 고집을 버리지 않을 것을 뻔히 알면서도, 평화와 통일이라 하는 것은 그 본의가 아니니만큼 엄중한 대세의 명령을 들었기 때문에 하는 말입니다. 그것은 절대적인 것을 그들도 압니다. 그러므로 국민은 모든 정치 선언을 그 정치 당국자가 하는 것으로 알 것이 아니라 역사 자체의 명령으로 알아야 할 것입니다. 꾀를 부려 서로 경쟁하려 하기보다는 철저히

---

7) 장규식, 앞의 논문, 322~323쪽.

어리석어져야 할 것입니다.[8]

　대담을 시작하면서 신상초는 7·4 남북공동성명의 배경을 비교적 상세하게 설명한 바 있다. 그는 베이징과 모스크바에서 각각 개최된 정상회담을 예로 들어 최근의 남북 화해 분위기가 동북아를 둘러싼 국제 정세 변화의 산물이고, 이들 강대국들이 기대하는 것은 '분단 해소'가 결코 아니라 '분단 동결'에 불과하다고 논평했다. 7·4 남북공동성명의 본질에 대해 신상초가 분단을 기정사실로 전제한 상태에서의 평화 공존 추구로 해석한 데 반해, 함석헌은 이를 민족통일이라는 역사적 진보, 민족적 발전을 향한 서막으로 이해하려 했다. 그에 의하면, 설령 이 선언이 특정 지배 집단의 이해관계 속에서 배태되었다 해도 궁극적으로는 누구도 거역할 수 없는 '시대의 대세', '역사의 명령'임을 아는 것이 중요하다. 이 순간 남북통일이라는 현안은 더 이상 정치적 이슈가 아니라, 어떤 면에서는 일체의 논리적 접근을 불허하는 하나의 신앙이 되어 버린다. 민족통일이 남과 북, 지배와 피지배, 서양과 동북아 간의 첨예한 쟁점을 초월하여 존재하는 절대적 공리(公理)라고 할 때, 그 선언을 둘러싼 국제 정치나 남북 관계의 복잡한 이면을 파악하려 애쓰기보다 아무 단서 없이 믿어버리는 '마음'이 가장 중요해진다. "7·4 성명을 하지 않았습니까? 민족통일이 돼야 한다고 소리치지 않았습니까? 그것은 시대의 명령이니만큼 옳은 소리입니다. 어길 수 없는 명령입니다. 그대로 실행할 것을 마음에 다짐해야 할 것입니다. 액면 그대로 받아들이자는 것은 이 때문입니다. (중략) 사람은 믿어야 믿음을 받습니다. 활짝 열어 놓아야 합니다. 불신 국민을 가지고 어떻게 민족통일을 합니까?"[9] 7·4 남북공동성명을 역사적 필연으로 믿는 믿음 안에서 비로소 민족통일의 가능성이 개방된다는 함석헌의

---

8) 「민족통일을 위한 대담」, 『씨올의 소리』, 1972. 9, 40쪽.
9) 「민족통일을 위한 대담」, 위의 책, 47쪽.

발언은 더없이 종교적인 육성으로 들린다.

함석헌의 민족통일론은 7·4 남북공동성명 직후에 처음 개진된 것이 아니라 실은 그 이전부터 일관되게 제기된 주장이었다. 앞서 '명령'이라는 단어를 사용했던 함석헌은 「민족 통합의 길」이라는 글에서는 "천명(天命)" 으로 표현하기도 했다. 그런데 이 용어는 남북통일의 당위성을 지시하는 것 이상의 의미를 지니기에 주목된다. 여기서 "천명"이란 우주에 내재하는 근본 원리, 곧 생명의 원리를 뜻한다. 우주만물의 근원이 생명의 호흡, 즉 기(氣)라고 할 때 가장 고상하고 신비로운 기를 영(靈) 또는 정신(精神)이라 하고, 인간과 인간이 이루는 모든 공동체는 정신이나 영에 기초한 만큼 최고 단계의 생명체라 할 수 있다. 함석헌에 따르면, 모든 생명이 숨을 쉬는 원리는 낡은 것을 뱉고 새 것을 마시는(吐故納新) 데 있고, 특히 그 낡은 것이 독(毒)이라면 반드시 뱉어내야만 생기(生氣)를 되찾을 수 있으며, 인격적 생명의 경우 더 높은 단계로 고양되는(escalation) 과정을 반드시 거쳐야만 한다. "지금 우리 사회는 질식(窒息)이 되고 마비가 된 상태입니다. 우선 38선으로 남북이 막혔으니 허리를 졸리워 아래위로 피가 통치 못하는 셈입니다. (중략) 이대로 더 오래 가면 아주 죽어버릴 수밖에 없습니다."[10] 그런 의미에서 한민족이 현재보다 더 높은 역사적 단계로 고양되는 것, 민족적 생기를 저해하는 독소를 제거하는 것, 낡은 체제를 허물어뜨리고 새로운 체제로 나아가는 것, 이 모든 과제를 단숨에 해결하는 길이 바로 남북통일이 된다.

이 유기체적 생명론은 분단과 통일 문제를 이해하는 데에만 적용되지 않는다. 함석헌이 하나의 보편 원리로서 역설한 '생명'은 일체의 대립과 분열을 넘어 하나의 전체를 이루려는 속성을 지니며, 이 생명의 원리가 구현될 때 사회의 진보도 가능해진다. 일찍이 함석헌은 혁명에 관해

---

10) 함석헌, 「민족 통합의 길」, 『씨올의 소리』, 1972. 6~7, 14쪽.

논하면서 바로 이 생명론에 의존했다. 5·16 군사쿠데타를 다룬 글 중
「인간 혁명(人間革命)」에서 그는 혁명의 본질을 파악하기 위해서는 무엇보
다 "생명의 원리"[11]부터 이해해야 한다고 강조했다. "생명의 가장 높은
운동은 돌아감이다. 생각이란, 정신이란, 창조주에게서 발사된 생명이
무한의 벽을 치고 제 나온 근본에 돌아가는 것이다. (중략) 혁명, 곧 revolution
은 다시 돌아감이다."[12] 우선 개인의 내부 생명이 그것을 억압하는 제도적
힘에 맞서 긴장하고 마침내 폭발하는 것이 '혁명'이라 할 수 있다. 이때
개체의 생명력은 신, 곧 "우주적 생명"과 공명한다. 그런 의미에서, 함석헌
은 역사의 진보를 인류 진화의 수평적 시간 축 위에 어느 순간 도래하는
신의 수직적 개입(섭리)으로 이해한다. 다시 말해, 역사의 방향이 다른
무엇도 아닌 하나님의 뜻(섭리)과 일치하게 될 때 비로소 진정한 혁명이
된다. 함석헌의 혁명론은 이미 그가 각별하게 사용한 '씨올'이라는 어휘에
그대로 응축되어 있기도 하다. 잘 알다시피, 씨올의 '씨'에는 씨앗으로
상징되는 무한한 생명력의 의미가 담겨 있고, '올'에는 대우주와 소우주가
감응하면서 하나의 전체를 이룬다는 관념이 내재해 있다. 즉, '씨올'이라는
말에는 개체와 전체, 물질과 영혼, 인간과 신 사이의 조화로운 결합이
전제되어 있다. 따라서 '씨올'과 '민중'이 동의어라면 그것은 민중의 뜻이
곧 신의 섭리라는 의미도 지니는 것이다. 함석헌에게 혁명의 주체가
군인 아닌 민중이 되어야 하는 필연적인 이유가 여기에 있다.

그와 동일한 논리로 통일의 주체 역시 민중이어야 한다. 흥미롭게도
대담의 마무리 발언 가운데 신상초는 남북 대화에 있어 "정권을 잡고
있는 사람들"이 "제일 중요한 문제"라고 전제한 후 "대중이라는 게 지금
현재로 봐서 무기력하기 짝이 없"을 뿐 아니라 정치적 영향력도 미미한
것 아니냐고 반문했다. 하지만 함석헌의 생각은 그와 정반대이다. "통일에

11) 함석헌, 「인간 혁명」, 『인간혁명』(함석헌 저작집 2), 한길사, 2009, 50쪽.
12) 함석헌, 위의 글, 36쪽.

는 정부가 주체가 돼서는 안 됩니다. 정권의 통일이 아니기 때문입니다. 민중이 주체가 돼야 합니다. 민족의 통합이기 때문입니다."[13] 앞서 언급한 대로, 1960년대의 문맥에서 혁명 주체가 마땅히 민중이어야 하듯이 통일 주체 또한 민중이 되어야 하는 근본적인 이유는 씨올 사상의 핵심에 해당한다. 그러므로 민족통일을 논하는 글에서도 아래의 구절은 함석헌에 의해 재차 강조된다.

> 그 의미에서 다시 한 번 강조하고 싶은 것이 씨알주의입니다. 위에서 주체 이야기를 했습니다마는 역사의 주체는 씨알이기 때문입니다. 명(命) 의 내리는 곳이 씨알입니다. 인심(人心)이 천심(天心)이란 말은 이래서 있습니다. 그 인심이란 어느 개인이나 단체의 마음이 아닙니다. 전체 씨알의 마음입니다.[14]

물론 민중을 주체로 설정한 통일론은 국가주의에 대한 가장 강력한 비판이 된다. 그런데 함석헌의 민족통일론 이면에는 그러한 의의 못지않게 한계도 분명하다.

첫째, 동양(정신)과 서양(물질)을 양분하는 인식론적 통념을 재생산한다 는 비판에서 결코 자유로울 수 없다. 민족통일은 정책이나 군사 문제, 곧 기술적인 문제가 아니라 정신적인 문제라고 역설하는 대목은 「민족 통합의 길」 전체에서 반복적으로 등장한다. 이는 언론의 자유를 불허하는 정부가 민족통일 과제의 주체가 되어서는 안 된다는 지적이기에 한편으로 는 정당하지만, 기술과 정신의 이분법적 인식을 정부 비판의 차원을 넘어 동서양 문화론의 수준에까지 확장시키려 했기에 문제적이다. 요컨대, 전쟁을 가능케 하는 과학 기술의 발전은 서양적 특성인 데 반해 동양은

---

13) 함석헌, 「민족 통합의 길」, 앞의 책, 35쪽.
14) 함석헌, 위의 글, 26쪽.

자연과 정신을 중시한다는 인식이 함석헌의 민족통일론을 이루는 토대 중 하나임에는 틀림없어 보인다.

둘째, 그의 민족통일론은 단순히 기술과 과학이 아닌 근대성 전반에 대한 부정에 기초해 있다. "우리 이 민족적 비극의 원인은 근대 문명인 것을 알아야 합니다. 이 정치가 근대화(近代化)를 목에 핏대를 돋혀 부르짖는 이유를 알 수 있을 것입니다."15) 함석헌이 통일 문제와 관련해 강도 높은 근대성 비판론을 제기하는 직접적인 이유는 박정희 정권이 내세운 일련의 경제 개발 정책과 무관할 수 없겠으나 단순히 그것만도 아니다. 앞서 분단 상태를 생명의 호흡이 불가능한 일종의 "질식"으로 이해하는 함석헌의 관점에서 보면, 자연이나 정신을 도외시하는 근대성의 원리 자체가 반생명주의적이다. 유기체적 생명론에 의하면 민족이야말로 "하나의 보다 높은 생명"이므로, 민족 통합의 문제는 거듭 강조하지만 정신과 마음의 문제가 되는 것이며 그 세계사적 선례는 이스라엘이다.16)

마지막으로 상기한 두 가지 사항의 귀결로서 한민족의 선민의식이 자명한 사실로 전제되기에 이른다. 함석헌이 민족통일을 두고 "천명"이나 "명령"이라는 표현을 빈번하게 사용한 데에서 알 수 있듯이, 한민족은 곧 하나님의 섭리에 의해 선택된 민족이라는 명제가 성립 가능해진다. 이미 한국사를 고난사(苦難史)로 이해하는 함석헌에게 민족통일은 종교적 주제가 될 수밖에 없는 것이다.

하지만 바로 이러한 이유로 함석헌은 한국 민족주의의 표본이자 그

---

15) 함석헌, 위의 글, 31쪽.

16) 다음의 구절을 참조. "세계 역사는 세계 심판이라는 쉘리의 말은 천고의 명언입니다. 남북한의 갈라짐, 동서 독일의 대립, 두 월남의 싸움은 인류에 대한, 특히 그 정치에 대한 심판입니다. 천벌입니다. 천벌이라면 그것은 심정(心情)의 문제요 정신의 문제지 결코 재주나 기술의 문제가 아닙니다. 같은 홍수나 화산의 재난을 당하고도 히브리(강조-원문)의 어진 마음들은 정신 도덕의 문제로 해석했고 그 밖의 다른 민족들은 재주 기술 문제로 대했습니다. 그 누가 옳았던 것은 이미 역사 위에 환합니다." 함석헌, 위의 글, 6쪽.

가능성의 극단이기도 했다. 7·4 남북공동성명 직후『씨올의 소리』가 연속 기획으로 마련한 특집에서 논의의 중심은 물론 함석헌이었다.『사상계』 내에서도 신상초나 양호민 같은 이들이 선언의 진정성을 의심하고 통일 가능성에 회의적이었던 사정을 고려한다면, 그는 적어도 당대로서는 민족통일을 표상하는 가장 진보적인 선례로 평가될 만하다.[17] 또한 민족통 일 표상을 가능케 하는 담론적 원천이 그가 1960년대 이전부터 각별하게 숙성시켜 온 생명론이라는 점에서 보면, 1972년 전후의 민족통일론은 함석헌 사상의 임계점에 해당한다. 다시 말해 그의 생명론은 통일 문제에서 한국 민족주의의 진보적 가능성을 극명하게 보여주는 데 기여하지만, 동시에 그것은 한민족을 지극히 신성화(神聖化)함으로써 오히려 민족에 대한 자유로운 상상을 불허하는 결과를 초래하기도 했다.

3. 민족의 요동 : 함석헌과 백낙청

남북통일 문제에 접근하는 방식에서 선명하게 드러난 함석헌 특유의 민족주의에 관해 동시대 지식인들은 과연 어떻게 반응했을까? 1978년 『창작과 비평』은 「내가 생각하는 민족문학」이라는 제목으로 좌담회를 개최했는데, 여기서 함석헌의 민족주의론이 중요한 쟁점 가운데 하나가 되었다.[18] 고은, 유종호, 구중서, 이부영, 백낙청이 참석해 1970년대 민족문 학의 공과를 논하는 가운데 고은이 먼저 함석헌의 최근 글을 언급하자

---

17) 이를테면, 1970년대를 회고하는 자리에서 송건호는 '민중의 기독교'가 되기 위해서는 '통일을 위한 기독교'가 되어야 하며, 이는 "한마디로 7.4 남북공동성명 을 지지할 수 있는 기독교"라고 말한 바 있다. 좌담회, 「1980년대를 맞이하며」, 『백낙청 회화록』 1, 창비, 2007, 537쪽.

18) 이를 다룬 최근의 논의로는 이상록, 「1970년대 민족문학론」,『실천문학』108, 실천문학사, 2012년 겨울호, 128~130쪽.

백낙청을 비롯한 다른 참석자들이 자신의 견해를 피력하는 방식으로 논의가 진행되었다. 그들이 문제시한 함석헌의 주장이란 민족주의가 지역적 자폐성을 넘어 세계주의로 나아가야 한다는 것이었다. 참석자들은 한민족이 세계사 발전에 직접적으로 기여하기보다 당면한 분단 문제를 해소하는 일이 더 긴요하다는 데에 합의했다. 유종호는 함석헌의 글이 이상주의에 경사되어 있다면서 현실을 초월하는 "종교의 언어"라 비판했고, 구중서는 민족주의 비판이 자칫 '민족'과 '국가'를 동일시할 수 있다고 우려했다. 그럼에도 백낙청이 보기에, 함석헌의 논의 자체가 유의미한 대목이 있다면 그것은 국가의 절대화를 근본적으로 부정하는 '국가 도구론'의 입장을 취한 점이다. "역사가 진전할수록 국가 기구는 불필요해지고 공동체의 자치 기능이 강화된다는 생각은 종교적 비전일 뿐 아니라 사회사상의 주류"[19]여야 마땅하다.

함석헌의 민족주의론을 종교적 이상주의의 극단으로 비판하면서 참석자들이 대개 공통적으로 지적하는 부분은 샤르댕(Teilhard de Chardin) 사상의 수용이다. 유종호는 함석헌이 인류와 우주의 역사를 "어떤 황홀한 완성을 향해 가는 하나의 웅장한 진화의 드라마"로 이해하는 이른바 "우주론적인 사관"을 견지하고 있는데, 이는 외견상 그럴 듯해 보여도 결국 구체적 현실을 직시하지 못하는 공허한 논리라고 평가했다. 심지어 그런 종류의 발언은 베트남과 라틴 아메리카에서의 분쟁을 무마하거나 호도할 목적으로 사용하는 경우에나 적합한 일종의 "연수표(延手票)"와 다름없다는 것이다. 문제가 된 「역사 속의 민족관」에서 함석헌은 "전체의 시대"가 도래했으므로 시대착오적 민족관에서 벗어나 "세계라는 나라" 안에서 모든 민족이 하나임을 역설했다. 전체는 곧 "우주"이고 "부단히 자라는 전체"라는 구절이 일러주듯이, 진화하는 우주 관념은 물론 샤르댕

---

19) 「내가 생각하는 민족문학」, 『창작과 비평』 49, 창작과비평사, 1978년 가을호, 15쪽.

사상에서 연유한다. "내가 테야르 드 샤르댕에게서 배운 것 중 가장 중요한 것은 이것입니다. 이 앞으로 오는 시대는 전체의 시대라는 것입니다."[20]

그런데 샤르댕에게 매료되기로는 좌담회 사회자인 백낙청의 경우도 마찬가지였다. 「시민문학론」의 이론적 거점은, 유종호가 다소 조롱조로 언급했던 바로 그 "우주론적인 사관"과 정확히 일치한다.

> 동시에 인류 자체가 하나의 미완(未完)의 종(種)이요 우리가 아는 인류 역사는 생명의 한층 높은 단계, 인간 각자가 더욱 인격화되면서 하나의 사회로서 전체화되는 단계(personalising totalisation, super-humanisation)를 향한 진화의 첫걸음에 지나지 않는다는 통찰을 그(샤르댕 – 인용자)는 내세우고 있다. 이러한 관점에서 볼 때 오늘날 정체 모를 열병처럼 전 세계를 휩쓸고 있는 민주주의에의 집념은 한 동물학적 집단으로서의 인류가 자신의 우주 진화사적(宇宙進化史的) 위치를 어렴풋이나마 인식하고 이에 고무되어 있다는 증상이라 할 수 있다. (중략) 그리하여 '자유, 평등, 우애'의 진정한 의미도 적어도 이론적으로는 우주론적인 근거 위에서 명확히 정립될 수 있다.[21]

'우주론적인 근거'를 통해 주체 담론을 정당화하기로는 백낙청의 경우도 함석헌에 비해 결코 덜하지 않다. 백낙청이 우주를 관통하는 생물 진화의 도정 속에서 시민문학론 또는 시민 주체의 가능성을 발견했다면, 함석헌은 바로 거기서 민중(씨올)의 도덕적 자기완성을 보고자 했다.[22]

---

20) 함석헌, 「역사 속의 민족관」, 『우리 민족의 이상』(함석헌 저작집 13), 한길사, 2009, 145쪽.
21) 백낙청, 「시민문학론」, 『민족문학과 세계문학/인간 해방의 논리를 찾아서』, 창비, 2011, 26쪽.
22) 이철호, 「세속화 이후의 한국문학 – 기독교, 모더니티, 우주」, 『문학과 사회』

그럼에도 그들이 공유하는 '샤르댕'이란, 예컨대 '발전론적 역사주의'일 수도 있고 '범신론적 우주관'일 수도 있으나, 더 중요하게는 '유기체적 생명론'이라 해야 온당하다. 개인의 자유, 평등, 우애 같은 민주주의적 가치의 실현도 결국 민족이나 인류를 포괄하는 우주 공통의 진화라는 생각, 반대로 우주, 역사, 정치, 종교 영역에 생명 진화의 법칙이 두루 관철된다는 생각은 샤르댕을 중심으로 함석헌과 백낙청이 공유한 관념들에 해당한다. 이 "생명의 원리"가 민족주의의 한 구성 요소이고 게다가 '시민'과 '씨올'에서 시작했어도 민중으로 귀결되었음을 감안한다면, 이들의 사유는 각각 민족주의의 구심적, 원심적 경향을 대표한다 해도 무방해 보인다.

그런 의미에서 좌담회 중 다른 참석자들이 점차 함석헌 비판의 수위를 높일 때마다 백낙청이 샤르댕식의 우주론적 사유가 지닌 미덕−역사가 진전할수록 국가 기구는 불필요해지고 공동체의 자치기능이 강화된다는−을 재차 강조했던 까닭을 이제 얼마간 짐작해 볼 만하다. 민족주의의 자장 안에서 함석헌과 백낙청이 공유했던 것은 적지 않다.[23] 전체로서의 세계와 제3세계는 과연 다른 것인가? 제3세계적 가치를 통해 서구의 한계를 넘어서는 것과 물질 중심의 서구적 근대에 맞서 동양 정신의 가치를 고평하는 것은 결국 서구적 보편을 민족에 재기입하는 일이 된다는 점에서 서로 닮아 있지 않은가? 최근 한 사학자는 함석헌과 백낙청이 공통적으로 상정한 민족관이 엄밀하게 말해 "종족-상징주의적 관점 (ethno-symbolism)"에 기초한 민족 이해라고 규정한 후 이들이 말한 '민족'은

108, 문학과지성사, 2014년 겨울호.

23) 함석헌과 백낙청 공히 서구적 보편의 내면화 사례라 지적한 이상록, 「1970년대 민족문학론」, 앞의 책, 2012, 116쪽. 그리고 백낙청 초기 비평이 "거룩하고 본질적 인" 역사관에 기초해 있음을 김우창의 서평과 관련해 논의한 박연희, 「1970년대 제3세계적 시각과 세계문학론−김우창과『세계의 문학』을 중심으로」,『동악어문학』 65, 동악어문학회, 2015.

초역사적이지도 또 서구 편향적이지도 않다고 주장했다.[24] 하지만 이런 종류의 '내발론적 사고'는 함석헌과 백낙청이 유기체적 생명론 같은 서구적 보편의 토착화 담론을 공유했다는 사실을 충분히 고려하지 못한 판단이다. 요컨대, 그것이 민족이든 시민이든 간에 혈연, 영토, 문화를 초월한 시공간의 지평, 곧 우주 진화의 관점에서 주체를 보편화하는 방식은 샤르댕 사상을 직접적으로 인유한 것이나, 이를 민족주의와 접합시키는 과정에서 불가피하게 서구적 보편의 내면화, 이를테면 동도서기론이나 근대 초극론의 1970년대 판본이라는 문제에 연루되지 않을 수 없다.

4. 김지하의 동북아 생명 운동과 율려(律呂)

1970년대 후반 함석헌이 구상했던 '민족주의의 세계화'는 그로부터 20여 년 후 김지하에 의해 더욱 구체화된다. 널리 알려진 대로 1970년 『사상계』의 폐간에 가장 직접적인 도화선이 된 것은 김지하의 「오적(五賊)」이었고, 1972년 『씨올의 소리』를 비롯해 『다리』, 『창조』 등이 중앙정보부로부터 판매 금지 처분을 당할 때에도 그의 시 「비어(蜚語)」가 논란의 중심에 있었다. 김지하는 투병과 투옥을 반복하면서 1970년대를 대표하는 저항 지식인으로서의 삶을 살아갔다. 1974년 민청학련 사건으로 사형을 구형받자 사르트르, 노엄 촘스키, 오에 겐자부로 등 세계 각국의 문화계 인사들이 김지하 구명 운동을 벌였고, 이듬해 형 집행 정지 처분으로 석방되었으나 한 달도 채 되지 않아 다시 반공법 위반 혐의로 구속되었으며, 이에 자유실천문인협의회를 중심으로 김지하의 재구속에 항의하는 시국 성명 '162인 선언'이 발표되기도 했다. 그리고 1975년 의문사한 장준하의

---

24) 홍석률, 「1970년대 민주화 운동 세력의 분단 문제 인식」, 『역사와 현실』 93, 한국역사연구회, 2014, 490쪽.

추도식에서 함석헌, 천관우, 김대중 등은 「김지하를 석방하라」라는 성명서를 내놓았으며, 그 후로도 김지하의 석방을 요구하는 지식인들의 항거는 이어져 마침내 전두환 정권에 의해 석방이 이루어진 것은 1980년 겨울의 일이다. 이렇듯 1970년대 내내 투옥과 투병으로 지쳐버린 심신이 하나의 계기가 되어 김지하는 이른바 '생명 운동'에 몰두하기 시작했다. '생명 운동'에서 시작해 '율려 운동'에 이르는 김지하 사상의 궤적은 함석헌이 제기한 민족주의론을 계승하면서도 그 한계를 초극하려 한 문제적 시도였기에 주목된다.

> 지금과 같은 국민국가, 민족국가를 가지고는 진정한 의미의 세계화가 잘 안 될 거라고 봅니다. 그렇다면 (생명운동에서 논의한 바 있는) 지방 자치 문제라든가, 시장의 성화 문제도 그때 다시 살아나지 않겠느냐? 시장이라는 것은 소위 이념이 생기기 이전부터 있었던 것이고, 제도보다도 수명이 깁니다. 가족과 비슷하다고. (중략) 그러니까 시장은 그대로 두되 지금과 같은 금융 자본주의적 시장이 아니라 인간다운 품성을 보장해 주는, 그리고 아까 얘기한 신인간주의적인 우주적 인간성, 영적인 인간성을 보장해 주고, 착취와 빈곤, 억압으로부터 벗어나 영적인 완성을 보장해 주는 사회로 나아갈 수 있도록 거룩한 시장이 되어야 한다는 거죠.25)

거룩한 시장. 이는 사실상 율려 사상의 핵심을 응축한 표현이다. 율려 사상은 한편으로는 상고사(上古史)와, 다른 한편으로는 글로벌 자본주의 체제와 밀접한 연관을 지닌다. 글로벌 자본주의 체제하에서 한민족 고유의 문화적 정체성은 '율려'에, 그 현재적 대안은 '거룩한 시장'에 있는 것이다.26) 다시 말해 1970년대 민족문학 내지 민중문학의 쾌거였던 김지하는

---

25) 김지하·이문재, 「인간성에 대한 새로운 인식이 시급하다-'율려 문화 운동'을 펼치는 시인 김지하」(인터뷰), 『문학동네』 17, 문학동네, 1998년 겨울호, 32쪽.

한민족을 둘러싼 국제적 조건의 다변화라는 21세기적 상황 속에서 민족주의의 향방을 재론하고자 했다. 그가 문제시한 것은 죽은 식수, 농약이나 중금속이 함유된 식품, 비정한 관리사회, 인간적 유대를 저해하는 주택 구조 같은 일상적 삶의 조건부터 더 넓게는 미국 할리우드 영화나 록(Rock) 음악의 폐해, 금융위기 이후의 IMF 체제, 엘니뇨와 오존층으로 상징되는 지구 환경 파괴까지 실로 광범위하다. 김지하에 따르면 이러한 시대적 급변은 무엇보다 민족(또는 민중)의 존재 양식이 눈에 띄게 달라졌음을 시사하는 일이 된다.

「생명의 담지자인 민중」이라는 글의 서두에서 김지하는 '민중' 자체가 어떤 절대적 실체일 수 없음을 대전제로 삼아 새로운 시대에 부합하는 개념 정의가 요청된다고 강조했다. 그 예로 제시한 것이 다름 아닌 제3세계의 민중이다. 즉, 민중 개념이 지식인 담론에서 활성화된 계기가 제3세계의 출현과 직결되어 있으나, 이제는 제3세계적 현실과도 들어맞지 않게 되었다는 것이다. 알제리의 경우 룸펜 프롤레타리아가 민중운동의 주체 세력이라면, 중남미의 어느 국가에서는 산업 노동자가 반동적이고 오히려 중산층이 혁명적이다. 게다가 다국적 기업으로 인해 제3세계의 현실은 사회, 민족, 문화마다 그야말로 "복잡 다양"하고 또한 "변화무쌍"하다는 것이 그의 진단이다. 그것은 한국 민중의 대표 격인 '농민'의 경우에도 예외가 아니다. 김지하가 보기에 "농약 공해의 피해자이면서 동시에

---

26) '영성과 모더니티' 문제와 관련해서도 의미심장한 다음의 구절을 참조. "그렇다면 자연과 우주와 인간의 관계를 다시 살펴야 할 것 아니냐? 특히 인간의 마음, 영적인 측면과 우주의 변화를 다시 살펴보기 위해서도 율려가 필요한 것 아니냐? 거기에서부터 음악, 예술로 발전하고, 새로 나타난 문화에 의해서 새로운 문화 이론, 사회 정치 경제 도구가 나타날 때 동양, 동북아시아로부터 새로운 문화 운동이 시작돼 금융 자본주의의 폐해, 문명 말기에 처한 세계의 위기를 극복하기 위한 대안을 내놓아야 할 것 아닌가, 이 과정에서 민족통일의 바른 길도 찾고, 우리들 생활도 건설해야 할 것이 아닌가 하는 생각을 하게 된 거죠." 김지하·이문재, 「인간성에 대한 새로운 인식이 시급하다」, 위의 책, 30~31쪽.

공범자이며 가해자"[27])인 농민만큼 모순된 존재도 없으니, 민중을 역사적 실체로 재정의하기 위해서는 근본적인 발상의 전환이 요구된다.

김지하가 제안하는 바는 민중을 더 이상 정치 경제적 측면만이 아니라, "생명에 대한 인식"[28])에 기초해서 바라보는 시각에 있다. 달리 말해 "영성(靈性)"[29])의 관점에서 우주 만물을 관조하자는 것이다.

> 풀, 벌레, 동식물과 토양과 이 우주에 있는 실재하는 모든 것은 다 유기적인 한 생명의 움직임이라는 인식과 깨침, 즉 체인(體認)을 말한다. 한 생명체라는 생각, 또 수만 년 전에 살았던 것과 수억 년 후에 살아 있을 어떤 것과도 한 생명의 흐름이라는 것, 그러니까 내가 죽어도 죽지 않는다는 것, 없어지지 않는다는 것 — 바로 그 큰 생명이 내 주인이시고 주인공이시다.[30])

이 인용에 내포된 문맥에는 생태주의나 한살림 운동도 있고 후천개벽 사상도 있으며, 특히 샤르댕을 매개로 함석헌과 백낙청이 한때 공유했던 유기체적 생명론도 있다. 실제로 김지하 자신이 샤르댕을 중요하게 인용하기도 했다. "우주 시대에는 우주적인 인간"이 필요하다면서 '삼일신고(三一神誥)'를 강조하는 가운데 샤르댕을 언급하는 대목이 그 좋은 예다.[31]) 그리고 보면 민중을 새롭게 정의하기 위해서는 우선 그것이 "끊임없이

---

27) 김지하, 「생명의 담지자인 민중」, 『김지하 전집』 1, 실천문학사, 2002, 192쪽.
28) 김지하, 위의 글, 183쪽.
29) 김지하, 위의 글, 224쪽.
30) 김지하, 위의 글, 224쪽.
31) 김지하·이문재, 「인간성에 대한 새로운 인식이 시급하다」, 앞의 책, 34~37쪽. 관련 구절을 인용하면 다음과 같다. "떼야르(Teillard de Chardin)도 내면적 의식의 증대와 외면의 복잡화, 이것을 한 사람만이 영원한 기쁨을 얻을 수 있다고 하는데, 이것이 삼일신고의 결론이기도 하지."(35쪽)

변화하고 흐르고 생동하는" 어떤 것임을 인식해야 한다는 것은 "생명적 관점"으로 이해되며, 또 앞서 김지하가 문제시한 21세기적 상황이라는 것도 한마디로 "반생명"이라 요약 가능하다.[32) 상기한 생명주의의 맥락에서 김지하가 정의하는 민중이란 이와 같다. "생명이 서식할 수 있는, 살아 움직이는, 생동하는, 끝없이 변화하며 반복 확장하는 장소가 바로 민중이다."[33) 그중 가장 광역화된 형태의 '생명의 장소'로 거론된 것이 바로 동북아(東北亞)다.

  김지하의 동북아 생명 운동이 문제적인 이유는 우선 함석헌의 경우와 크게 다르지 않다. 서구 문화를 '반생명'으로 규정한다는 점에서 그 역시 서구적 보편에의 강박을 보여주기 때문이다.[34) "서양인들은 표피만 본다. 이미 이루어진 제도 또는 물질화된 생산관계가 사람의 생존과 생각을 제약하는 측면만 봤지 그 실상인 사람의 생명의 운동은 보지 않는 것이다."[35) 제3세계의 민중은 시대의 흐름 속에서 참으로 변화무쌍한 데 비해 서구는 몇 세기 동안 고정 불변한다는 것, 그럼에도 서구와 동양으로 대표되는 무수한 이항 대립적 현실이 "생명(공동체)" 안에서 하나의 조화를 이룬다는 것은 자기모순에 불과하다. 과연 "개체와 전체, 중생과 민중, 노동과 유희, 정신노동과 육체노동, 생산과 문화, 영성과

---

32) 김지하, 「생명의 담지자인 민중」, 앞의 책, 179쪽·210쪽.

33) 김지하, 위의 글, 222쪽.

34) 자연관에 내재된 생명 사상의 모순에 관한 논평으로는 김철, 「민족-민중문학과 파시즘 - 김지하의 경우」, 『국문학을 넘어서』, 국학자료원, 2000, 81~84쪽. 그에 따르면, 김지하의 생명 사상은 자연과의 조화를 이상화하지만 실상 "인간의 시선 아래 자연을 복속시키는 전도된 인간 중심주의"에 불과하며, 이는 일제에 의해 훼손된 민족정기를 회복시킨다는 명분 아래 거리낌 없이 고목을 제거하려는 에피소드에 잘 드러나 있다. "나무껍질 조금 벗겨 가지고요. 농약방에 가면 나무 죽이는 약이 있어요. 그걸 주사기로 뽑아 가지고 몇 군데 주사를 놓으면 뿌리까지 바싹 말라 죽어요. 그래가지고 없애 버리는 게 낫죠."(김철, 위의 글, 84쪽에서 재인용)

35) 김지하, 앞의 글, 2002, 201쪽.

과학이 둘이 아니라 하나인 거대한 생명의 바다와 같은 새 삶의 공동체, 새로운 생명 공동체"는 가능하기나 한 것인가? 그에 따르면 동북아 생명공동체란 유불선(儒佛禪)을 통합한 수운(水雲), 증산(甑山), 일부(一夫) 사상을 중심에 놓고 서양 사상을 "선택적으로" 수용함으로써 실현 가능해진다. 이때 동서 회통의 중심이 되는 에센스가 '율려'이며, 이를 여실히 보여준 고대 사회는 바로 '통일신라'이다. 그런데 여기에 도달하기까지 김지하가 각별하게 사용하는 개념과 수사들―범신론(汎神論), 신인합일(神人合一), 동방적 르네상스, 신인간(新人間) 등은 반세기 전에 김동리가 주창한 제3휴머니즘론의 요지와 일치한다.[36]

20여 년 전에 함석헌이 구상했던 새로운 민족 공동체는 김지하에 의해 더욱 뚜렷하게 구현된 셈이다. 민족을 초극한 생명 공동체를 구현하는 데 있어 그 핵심 사상이 함석헌의 경우 기독교였다면 김지하에게는 후천개벽 사상이 된다. 그리고 통일신라에 고유한 율려 사상이 또다시 선민으로서의 한민족을 정당화해 준다. 다른 한편 김지하가 하필 '제3세계'와의 관련 속에서 민중을 논의하고 민족국가의 대안모델을 제시하려 한 데에서 미루어 짐작해 보자면, 그의 율려 사상 및 동북아 생명 운동은 백낙청을 비롯한 『창비』 계열의 민족주의에 대한 그 나름의 답변이기도 하다. 즉 김지하의 민족주의는 '함석헌적인 것'과 '백낙청적인 것' 사이의 절충과도 같다.

앞서 언급한 대로, 김지하는 '민중' 개념이 절대적 실체일 수 없으며 현재의 제3세계적 현실과도 부합하지 않는다고 비판했다. '제3세계 민중' 또는 '제3세계 현실'에 대한 김지하의 비판은 그보다 수년 전 동일한

---

36) 김지하가 김범부와 김동리를 강조하는 맥락은 김지하·이문재, 앞의 글, 34쪽 ; 김지하, 「율려란 무엇인가」, 앞의 책, 449쪽. 김동리와 김범부 사상이 일본의 근대 초극론과 깊게 연관된 사정에 관한 상론으로는 김건우, 「김동리의 해방기 평론과 교토학파 철학」, 『민족문학사연구』 37, 민족문학사학회, 2008.

문제에 천착했던 백낙청의 경우와 흥미로운 대비를 보여준다. 이를테면, 「민중은 누구인가」에서 백낙청은 진보적인 역사 주체를 가리켜 굳이 '민중'이라 명명해야 할 필요성에 관해 논하는 가운데, 봉건적인 함의나 폄하적인 의도가 농후한 '서민' '대중' 등과 달리 '민중' 개념에 내포된 어떤 "긴장" 곧 지배와 피지배 간의 역사적 긴장에 주목하고자 했다. 물론 "한마디로 지배니 압박이니 수탈이니 하지만 이것도 또한 그때그때 민중의 구성이 다르듯이 그 성격이 달라져왔"37)더라도, 게다가 현대에 이르러 통치방식이 더욱 교묘해짐에 따라 이른바 "지배관계의 국제화" 시대가 도래했다 하더라도, 여전히 지배와 억압이 엄존하는 한 '민중'은 생산 주체이자 역사 주체임을 부정할 수 없다.

여기서 '지배관계의 국제화'라고 부름직한 현대세계의 특징적인 현상이 벌어진다. 한편으로는 다른 나라, 다른 인종을 지배함으로써 다 같은 주인들이라는 환상을 국내 민중에게 심어주는가 하면, 다른 한쪽에서는 강대국의 심부름을 해줌으로써 자기 나라 민중에 대한 전근대적인 지배권을 유지해나가는 사태도 벌어진다. (중략) 국제화된 지배관계를 포함한 오늘날 인간사회의 많은 중요한 운명결정이 일단 국가단위, 민족단위의 결정을 거치게 되어 있는 현실에서, 하나의 민족으로 된 하나의 국가를 둘로 갈라놓고 그것을 예의 국제화된 지배관계를 강화하는 빌미로 삼으려는 움직임은 그 누구에 의한 것이든 민중해방을 위해 가장 먼저 이겨내야 할 목표가 된다.38)

위의 인용에서 가장 현대화된 '민중' 개념은 무엇보다 제3세계의 맥락에

---

37) 백낙청, 「민중은 누구인가」, 『민족문학과 세계문학1/인간해방의 논리를 찾아서』, 창비, 2011, 557쪽.
38) 백낙청, 위의 글, 562~563쪽.

서 이해되고 있다. 강대국은 다른 민족국가를 압제함으로써 자국의 통치를 정당화하고, 후진국은 그러한 강대국의 논리에 기꺼이 순응함으로써 지배관계를 영속화하려 한다. 내부/외부의 이중지배로부터 인간적인 삶을 회복하는 것을 '민중해방'이라 이해할 때, 제3세계 중에서도 남북으로 분열된 한국이야말로 그같은 "긴장"의 최전선임은 자명한 사실이다. '분단현실'과 '통일과제'의 인식은 백낙청 비평이 시민문학론, 농민문학론에서 민족문학론을 거쳐 민중문학론으로 나아가는 데에 있어 결정적인 계기였다. 그 분기점의 중심에 민족통일을 비로소 공론화한 7·4 남북공동성명이 있다.

7·4 남북공동성명 이후 함석헌이 민족통일 문제를 세계사적 보편성의 측면에서 조망할 것을 제안했다면, 백낙청은 서구중심주의로 수렴되지 않는 제3세계의 특수한 역사의식에 주목하는 일이 최우선이라 강조했다. 하지만 다시 김지하의 관점에서 보면 그 두 가지 시도는 이미 역사적 시효가 끝났다고 해도 무방하다. 전지구적 자본주의 체제의 도래는 새로운 민중 표상 또는 민족주의의 갱신을 요구한다는 것이다. 더욱 본격화된 세계화로 인해 민족국가의 경계가 불투명해진 상황에서 (제3)세계가 아닌 동북아 생명 공동체를 통해 민중(또는 민족)을 역사적으로 재정당화하려는 김지하는 두 가지 선례의 절충이자 퇴행에 해당한다. 다시 말해, 함석헌은 민족통일에 세계사적 보편성을 부여하기 위해 '민족의 세계화'를 주창했고, 이에 비해 백낙청은 서구 중심의 단일한 세계 표상이 지닌 인식론적 한계나 폭력성을 비판하는 가운데 '제3세계'를 한민족의 실천적, 담론적 성소로 확증하려 했다. 그럼에도 이들은 문화사 또는 리얼리즘의 맥락에서 서구 자체를 고정불변하는 대상으로 전제했다는 점에서 상통하며, 이같은 본질주의적 관점을 자신의 사상 속에 고스란히 계승한 경우가 바로 김지하라 할 수 있다. 김지하는 '백낙청적인 것'과 '함석헌적인 것'이 교차하는 바로 이 지점에서 민족 표상의 21세기 버전을 마련했지만, 그것은 "기우뚱

한 균형"이라기보다 전도된 서구주의나 배타적 민족주의일 가능성이
크다.

5. 민족 표상의 (불)가능성

서두에서 장준하의 남북통일 구상이 백기완이나 문익환, 그리고 함석헌
의 『씨올의 소리』 등으로 이어진 기독교적 생명주의의 문맥에서 비롯된
것임을 지적했다. 하지만 유기체적 생명론의 측면에서 민족통일을 바라보
는 관점이 기독교에만 특유한 것일 리 없다. 이미 언급한대로, 장준하와
김구의 계보 속에서 통일론을 내놓은 김지하에게 그 사상적 바탕은 동학이
었다.

> 백범 김구 선생은 "통일에는 통일의 사상이 있어야 한다"고 말씀하신
> 적이 있습니다. 장준하 선생도 "우리의 민족통일은 통일 이상이다"라는
> 말을 한 적이 있습니다. 이것은 단순한 국토 통일, 민족의 재결합으로
> 통일이 되리라는 생각은 너무도 소박하다는 이야기입니다. 통일에는
> 통일의 사상이 있어야 한다는 것은 통일을 창조적 통일로, 이상사회
> 실현의 길로 연결시킬 수 있는 창조적인 철학이 밑에 깔려 있지 않으면
> 안 된다는 이야기입니다.
> 나는 그것을 일단은 수운과 해월 사상에서 발견합니다. 그것은 생명의
> 세계관이요, 생명 운동에 의한 인간과 자연과 우주질서의 회복입니다.
> 그리고 개벽의 실천이며 생명을 공경하는 새로운 문명의 창조와 결합된
> 민족통일이어야 한다는 생각입니다.[39]

---

39) 김지하, 「개벽과 생명 운동」, 『김지하 전집』 2, 실천문학사, 2002, 57쪽.

그렇다고 해도 "생명의 문법"[40]을 말하며 민족통일의 당위성을 주장하는 1990년대의 김지하는, 이보다 앞서 "생명의 원리"를 통해 7·4 남북공동성명에 접근하려 했던 1970년대의 함석헌과 과연 다른가? 통일이라는 과제는 한민족의 숙원이면서 동시에 세계사적 현안이라고 할 때, 함석헌의 민족통일론은 바로 그 세계사적 지평 위에서 한국 민족주의를 신성화하는 방식을 보여준다. 그런데 왜 군이 생명주의 담론에 의존해야 하는 것인가? 그 질문은 함석헌의 시대와 단절해 전지구적 자본주의 체제를 겨냥한 김지하의 경우에도 예외일 수 없기에 문제적이다. 우선 생명주의에 내재된 '유기체주의'가 민족주의 담론의 근간을 이루기 때문이지만, 더 중요하게는 '생명'이라는 어휘 자체가 지닌 신비주의적 어법이 개체와 전체, 물질과 정신, 남과 북 같은 이항 대립을 넘어 어떤 조화로운 통일성을 상상케 하는 담론적 효과를 발휘하기 때문이기도 하다.[41]

흥미롭게도 1980년대 초반 이른바 '김지하 현상'과 관련해 김병익은 동학이나 증산교 등을 두루 종합한 그의 민중론의 핵심으로 "생명주의"를 지적한 바 있다.[42] 그에 따르면, 김지하의 민중론을 이루는 사상적 요소들은 "여타의 민중론 및 정신적 지향들"과 반드시 일치하는 것은 아니며 심지어 첨예한 대립관계에 있기도 하다. 그런 맥락에서 김지하가 겪은 고난의 이력을 "탈신성화"하는 대신에 그 사상이 "우리에게 어떤 가능성을 제시하며 혹은 불가능성을 예시하는가"[43]를 성찰하자는 충고는 여전히 유효하다.

어떤 면에서 보면 김지하의 생명 사상은 '민족' 표상의 가장 유력한 방식이라 할 만하다. 이를테면 샤르댕식의 우주 진화, 리얼리즘이 추구한

---

40) 김지하, 「생명 운동으로서의 율려」, 『김지하 전집』 1, 실천문학사, 2002, 480쪽.
41) 이에 관해서는 이철호, 「영성과 모더니티」, 박헌호 편, 『백 년 동안의 진보』, 소명출판, 2015 참조.
42) 김병익, 「김지하 現象」, 『기독교사상』, 대한기독교서회, 1984. 12, 193쪽.
43) 김병익, 위의 글.

역사적 진보의 현단계를 가장 극명하게 보여주는 민족통일론의 범례가
되기에 부족하지 않아 보인다. 그의 발화에는 동시대의 함석헌, 장준하를
비롯해 김범부, 김동리를 거쳐 멀게는 최제우나 최시형에 이르는 이전
세대의 육성이 집약되어 있다 해도 과언이 아니기 때문이다. 그렇게
보자면 김지하의 생명 사상은 '민족' 표상의 가능성 자체이다.

  하지만 백낙청의 리얼리즘론에 얼마간 침윤되어 있고 함석헌의 통일론
에는 의식적으로 천명되어 있는, 초역사적이면서 동시에 서구 편향적인
민족 표상이 하나의 환상에 불과하다는 사실을 명징하게 예증해주는
것도 김지하의 생명 사상이다. 탈서구화의 지향 속에서 전통 사상의
현대적 계승을 도모하면서도 결국 서구적 보편주의를 재생산하고, 바로
그 민족적 전통을 내재적 발전의 동력으로 합리화하기 위해서라면 보수주
의 사상과 문학까지도 포괄하기를 주저하지 않는 생명 사상이란 그야말로
'민족' 표상의 불가능성 자체이기도 하다.

〈참고문헌〉

1. 자료
『씨울의 소리』
김지하, 「생명의 담지자인 민중」, 『김지하 전집 1』, 실천문학사, 2002.
함석헌, 『인간 혁명』(함석헌 저작집 2), 한길사, 2009.
_____, 『우리 민족의 이상』(함석헌 저작집 13), 한길사, 2009.

2. 논저
공임순, 「1960년과 김구—추모, 진상 규명, 통일론의 다이아그램」, 『한국학연구』
        35, 인하대 한국학연구소, 2014.
김건우, 「김동리의 해방기 평론과 교토학파 철학」, 『민족문학사연구』 37, 민족문학

사학회, 2008.

김병익, 「김지하 現象」, 『기독교사상』, 대한기독교서회, 1984. 12.

김지하·이문재, 「인간성에 대한 새로운 인식이 시급하다－'율려 문화 운동'을 펼치는 시인 김지하」(인터뷰), 『문학동네』 17, 1998년 겨울호.

김철, 「민족-민중문학과 파시즘－김지하의 경우」, 『국문학을 넘어서』, 국학자료원, 2000.

김현주, 「1960년대 후반 문학 담론에서 '자유'와 민주주의, 근대화주의의 관계」, 『상허학보』 41, 상허학회, 2014.

박연희, 「1970년대 제3세계적 시각과 세계문학론－김우창과 『세계의 문학』을 중심으로」, 『동악어문학』 65, 동악어문학회, 2015.

백낙청, 「시민문학론」, 『민족문학과 세계문학/인간해방의 논리를 찾아서』, 창비, 2011.

이상록, 「1970년대 민족문학론」, 『실천문학』 108, 실천문학사, 2012년 겨울호.

이철호, 「'사상계' 초기 서북계 기독교 엘리트의 자유민주주의 구상」, 『한국문학연구』 45, 동국대 한국문학연구소, 2013.

_____, 「세속화 이후의 한국문학－기독교, 모더니티, 우주」, 『문학과 사회』 108, 문학과지성사, 2014년 겨울호.

_____, 「영성과 모더니티」, 박헌호 편, 『백 년 동안의 진보』, 소명출판, 2015.

장규식, 「1950-70년대 '사상계' 지식인의 분단 인식과 민족주의론의 궤적」, 『한국사연구』 167, 한국사연구회, 2014.

편집부, 「내가 생각하는 민족문학」, 『창작과 비평』 49, 창작과비평사, 1978년 가을호.

찾아보기

출전

신규환, 「한중 선교병원의 '정체성' 논쟁 비교연구 : 제중원과 시의원의 사례를 중심으로」, 『동방학지』 172집, 연세대학교 국학연구원, 2015.

김성연, 「근대 지식의 구축과 미션스쿨의 좌표 : 연희전문학교 도서관 기증사를 중심으로」, 『동방학지』 173집, 연세대학교 국학연구원, 2016.

김인수, 「일제하 이훈구의 토지이용조사의 정치적 의미」, 『사회와 역사』 107집, 한국사회사학회, 2015.

정미현, 「릴리어스 호튼 언더우드의 선교 사역과 여성의식」, 『동방학지』 171집, 연세대학교 국학연구원, 2015.

정한나, 「재동경조선YMCA의 토포스와 『기독청년』의 기독교 담론」, 『인문사회과학연구』 17-2호, 부경대학교 인문사회과학연구소, 2016.

강동호, 「세속화와 한국 근대시의 형성」, 『현대문학의 연구』 56호, 한국문학연구학회, 2015.

나종석, 「다산 정약용을 통해 본 유교와 천주교의 만남-한국적 근대성의 논리를 둘러싼 논쟁의 맥락에서-」, 『사회와철학』 31집, 사회와철학연구회, 2016.

장석만, 『한국 "근대" 종교의 탄생』, 서울 : 모시는사람들, 2016.

김건우, 「해방 후 한국 무교회주의자들의 공동체 구상」, 『사이』 19호, 국제한국문학문화학회, 2015.

이상록, 「1960~1970년대 조지 오글 목사의 도시산업선교 활동과 산업 민주주의의 구상」, 『사이』 19호, 국제한국문학문화학회, 2015.

이철호, 「민족 표상의 (불)가능성 -생명, 씨울, 민중-」, 『사이』 19호, 국제한국문학문화학회, 2015.

필자 소개 | 가나다순

강동호 | 연세대학교 경제학과를 졸업하고 같은 대학교 국어국문학과에서 박사과정을 수료했다. 현재 계간『문학과사회』편집동인으로 있으며, 최근에는 기독교적 세속화의 맥락에서 한국 근대시사를 연구하고 있다. 지은 책으로『현대시론』(공저),『한국 문학의 가능성』(공저) 등이 있다.

김건우 | 서울대 국어국문학과를 졸업하고 같은 대학교에서 한국현대문학 전공으로 박사학위를 받았다. 현재 대전대학교 국어국문창작학부 교수로 재직 중이다. 해방 후 한국지성사를 연구하고 있다. 지은 책으로『사상계와 1950년대 문학』,『혁명과 웃음』(공저) 등이 있다.

김성연 | 연세대학교 국어국문학과에서 근현대문학연구로 박사학위를 받았다. 현재 연세대학교 비교사회문화연구소 전문연구원으로 있으며 근현대출판물의 서사 양식과 사회적 의미를 탐구 중이다. 지은 책으로는『영웅에서 위인으로』, 주요 공저로는『문학과 과학』, 기독교관련 논문으로는「식민지 시기 기독교 출판과 책의 유통」이 있다.

김인수 | 서울대학교 사회학과에서 사회사/역사사회학 및 지식사회학으로 박사학위를 받았다. 현재 연세대학교 국학연구원 박사후연구원으로 있다. 주요 연구영역은 일제하 조선에서의 사회조사와 통계 등 사회과학적 실천을 매개로 한 지식정치이며 최근에는 사회조사사를 통해 20세기 한국의 사회과학사를 다시 서술하는 작업을 진행하고 있다. 지은 책으로는『서울대학교 사회발전연구소 50년사, 1965~2015』,『식민지 검열』(공저),『식민지의 일상, 지배와 균열』(공저) 등이 있다.

나종석 | 연세대학교 철학과를 졸업하고 독일에서 헤겔과 비코에 대한 논문으로 철학박사학위를 받았다. 현재 연세대학교 국학연구원 HK교수로 있다. 주요 연구영역은 서양 정치철학과 한국근현대사상사 분야이다. 특히 독일관념론, 현대정치철학 그리고 동아시아 유교사상 및 20세기 한국철학사상에 대해 연구하고 있다. 관련 글들로는『유교적 공공성과 타자』(공저),『유학이 오늘의 문제에 답을 줄 수 있는가』(공저) 등이 있다.

신규환 | 연세대학교 사학과를 졸업하고 같은 대학교에서 중국근현대사로 박사학위를 받았다. 현재 연세대학교의과대학 의사학과 연구조교수로 있다. 주요 관심은 도시사회사와 의학사를 포함한 동아시아 의료사회사이다. 최근에는 질병의 사회사와 도시공간의 사회사를 연구하고 있다. 지은 책으로는『질병의 사회사』(2006),『국가, 도시, 위생』(2008),『북경똥장수』(2014) 등이 있다.

이상록 | 한양대학교 사학과를 졸업하고 같은 대학교에서 한국현대사로 박사학위를 받았다. 현재 국사편찬위원회 편사연구사로 재직하고 있다. 주요 관심은 민주주의의 역사와 산업화 시기의 일상생활사이다. 지은 책으로는『근대의 경계에서 독재를 읽다』(공저),『대중독재의 영웅만들기』(공저),『일상사로 보는 한국근현대사』(공저),『냉전과 혁명의 시대, 그리고 사상계』(공저) 등이 있다.

이선호 | 연세대학교 사학과를 졸업하고 같은 학교에서 교회사로 박사학위를 받았다. 연세대학교 박사후연구원, 한국기독교문화연구소 연구원을 지냈으며 현재 연세대학교에서 강의하고 있다. 교회사와 기독교 관련 문화사 및 의료사에 관심을 갖고 있다. 세브란스 일가 문서고 연구, 세계보건기구(WHO)의 한국 활동 연구, 대한뇌전증학회 20년사, 한국간담췌외과역사 등에 대한 작업을 진행한 바 있다.

이철호 | 동국대학교 국어국문학과에서 박사학위를 취득했다. 현재 동국대학교 다르마칼리지 교수로 재직 중이다. 근대문학 형성기가 주전공이지만 최근에는 하나의 개념어가 서로 다른 이념적, 문화적 지향을 지닌 사상가들을 통해 재전유되는 되는 양상을 연구하고 있다. 지은 책으로는 『영혼의 계보 : 20세기 한국문학사와 생명담론』이 있고, 주요 공저로는 『백 년 동안의 진보』, 『센티멘탈 이광수』, 『저수하의 시간, 염상섭을 읽다』, 『문학과 과학』 등이 있다.

임진영 | 연세대학교 국어국문학과에서 황순원 소설 연구로 박사학위를 받았다. 현재 연세대학교에서 강의하고 있다. 최근의 주요 관심사는 문학을 포함한 다양한 글쓰기에서 국가권력이 작동하는 양상 그리고 기독교와 국가권력의 관계이다. 논문으로 「작가연구의 방법과 대상 문제」, 「월남 작가의 자의식과 권력의 알레고리」, 「희망의 논리, 화해의 수사학 : 김대중 글쓰기의 변화과정과 수사학적 분석」 등이 있다.

장석만 | 서울대학교 인문대학을 졸업하고, 같은 대학교에서 한국의 종교개념 형성사로 박사학위를 받았다. 현재 한국종교문화연구소의 소장으로 있다. 주요 관심은 19세기 말 20세기 초의 한국 근대종교사 및 신체의 역사이다. 최근 쓴 글로는 「식민지 조선의 '문명-문화-종교'의 개념적 네트워크」, 「세속종교의 이분법 형성과 근대적 분류 체계의 문제」, 「식민지 조선에서 여자들이 운다」 등이 있다.

정미현 | 이화여자대학교에서 독문학과 신학을 전공하고 1993년 스위스 바젤대학교에서 조직신학 분야 신학 박사학위를 받았다. 현재 연세대학교 교목이며, 연합신학대학원 교수로 재직하고 있다. 조직신학, 젠더이론, 에큐메니즘, 지속가능한 개발이론 등을 아우르는 종합적 연구를 시도한다. 유럽전통신학에 대한 이해를 바탕으로 지구 남반구의 다양한 난제들을 각 상황 속에서 신학화하는 작업을 이어간다. 대표 논저로는 Reis und Wasser, 『릴리어스 호튼 언더우드』가 있다.

정한나 | 연세대학교 국어국문학과 박사과정을 수료했다. 「1910년대 전반기 『매일신보』문체 연구」로 석사학위를 받았으며, 근대 초기의 언어 환경 및 그것이 매체에 반영되는 양상에 관심을 가지고 연구를 진행 중이다.

연세국학총서 111

한국의 근대성과 기독교의 문화정치

김예림·김성연 편

초판 1쇄 발행 2016년 7월 10일

펴낸이 오일주
펴낸곳 도서출판 혜안

등록번호 제22-471호
등록일자 1993년 7월 30일

주소 ⑦ 04052 서울시 마포구 와우산로 35길 3(서교동) 102호
전화 3141-3711~2
팩스 3141-3710
이메일 hyeanpub@hanmail.net

ISBN 978-89-8494-557-9 93910
값 34,000 원